高等院校智慧物流与供应链系列教材

供应链大数据：理论、方法与应用

代四广　曹玉姣　申红艳　赵学彧　编著

机械工业出版社

本书详细介绍了供应链大数据的理论、方法及相关应用，包括供应链大数据概述、供应链大数据平台、供应链大数据分析基本方法、销售大数据、采购大数据、生产制造大数据、物流大数据、金融大数据、供应链大数据运营等内容，全书内容较为完整，章节结构比较合理，基本覆盖了供应链大数据理论体系的各个方面。

本书针对供应链人才培养的知识需求，结合行业应用介绍大数据分析在供应链各个环节的具体应用，详述典型环节中的大数据分析应用方案、原理，可以培养学生的数据思维和数据应用能力。

本书可作为高等院校供应链管理、大数据管理、物流管理、物流工程、电子商务管理、管理科学与工程等相关专业的教材，也可作为物流和供应链领域从业人员的业务培训教材，还可作为相关学者、科技人员的参考用书。

本书配有教学 PPT、教学大纲、电子教案和课后习题答案等教学资源，读者可登录www.cmpedu.com免费注册，审核通过后下载，或联系编辑索取（微信：13146070618，电话：010-88379739）。

图书在版编目（CIP）数据

供应链大数据：理论、方法与应用 / 代四广等编著. —北京：机械工业出版社，2023.8（2025.1重印）

高等院校智慧物流与供应链系列教材

ISBN 978-7-111-73541-0

Ⅰ. ①供⋯　Ⅱ. ①代⋯　Ⅲ. ①供应链管理-数据处理-高等学校-教材　Ⅳ. ①F252.1

中国国家版本馆 CIP 数据核字（2023）第 134639 号

机械工业出版社（北京市百万庄大街22号　邮政编码100037）
策划编辑：王　斌　　　　责任编辑：王　斌　解　芳
责任校对：韩佳欣　陈　越　　责任印制：单爱军
保定市中画美凯印刷有限公司印刷
2025年1月第1版第2次印刷
184mm×260mm・19.25 印张・500 千字
标准书号：ISBN 978-7-111-73541-0
定价：89.00 元

电话服务　　　　　　　　网络服务
客服电话：010-88361066　　机　工　官　网：www.cmpbook.com
　　　　　010-88379833　　机　工　官　博：weibo.com/cmp1952
　　　　　010-68326294　　金　书　网：www.golden-book.com
封底无防伪标均为盗版　　　机工教育服务网：www.cmpedu.com

高等院校智慧物流与供应链系列教材
编委会成员名单

主　　任：李文锋

副 主 任：刘伟华　魏学将（执行）　王　猛（执行）

顾　　问：张金隆　张培林　张庆英　凌大荣　郑朝霞
　　　　　刘大成　贺可太　刘　军

委　　员：（按姓氏笔画排序）
　　　　　马向国　王　勇　王坚红　田益峰　代四广
　　　　　毕　娅　刘元兴　刘伟华　汤中明　杨　晋
　　　　　汪贻生　周小芬　周志刚　周琼婕　郑少峰
　　　　　徐海峰　辜　勇　熊文杰　戴小廷

秘 书 长：胡毓坚

副秘书长：时　静　王　斌

出 版 说 明

当前,物联网、云计算、大数据、区块链、人工智能、无人驾驶、自动化与机器人等技术在物流领域的广泛应用,推动传统物流向智慧物流转型。党的二十大报告明确指出:"加快发展物联网,建设高效顺畅的流通体系,降低物流成本。"对现代物流与供应链人才的专业知识、管理技能和综合素质提出了更新、更高、更全面的要求。

为了适应创新型、复合型和应用型智慧物流与供应链人才培养的需要,机械工业出版社联合多所高校,汇集国内专家名师,共同成立教材编写委员会,组织出版了"高等院校智慧物流与供应链系列教材",全面助力高校智慧物流与供应链人才培养。

本套教材力求实现物流与供应链管理专业同工科、理科等相关专业的充分结合,突出交叉学科融合特性;以我国智慧物流与供应链人才需求为牵引,在继承经典的物流与供应链理论、方法和技术的基础上,充分吸收国内外智慧物流与供应链发展的新理论、新技术和新方法,突出学科前沿性;以现代高等教育理论为依据,在充分体现智慧物流与供应链相关专业(方向)先进教学理念的基础上,引入优质合作企业的案例、技术、产品及平台,实现产教融合、协同育人,突出实践应用性。同时,系列教材教学配套资源丰富,便于高校开展教学实践;主要参编者皆是身处教学一线、教学实践经验丰富的名师,教材内容贴合教学实际。

我们希望这套教材能够充分满足国内众多高校智慧物流与供应链相关专业的教学需求,为培养优质的智慧物流与供应链人才提供强有力的支撑。并希望有更多的志士仁人加入到我们的行列中来,集智汇力,共同推进系列教材建设!

高等院校智慧物流与供应链系列教材编委会

前　言

伴随技术的迅速发展和国家的积极推动，我国的智慧供应链与大数据技术应用发展迅速。如何基于大数据实现产品开发、采购、生产、分销等供应链全过程的高效协同，打造新型的智慧供应链是一个新课题。同时，供应链大数据发展带来的智能化、自动化、无人化等新趋势，也对人才能力提出了新的要求。为了增强从业人员对供应链大数据的认知，构建供应链大数据理论、方法及相关应用的基本框架体系，培养从业人员的大数据思维和应用能力，我们编写了本书。

本书从理论和案例两个角度对供应链大数据的理论、方法及相关应用进行全面的介绍。全书包括供应链大数据概述、供应链大数据平台、供应链大数据分析基本方法、销售大数据、采购大数据、生产制造大数据、物流大数据、金融大数据、供应链大数据运营等内容，并辅以大量实例介绍了供应链大数据的发展与应用情况。

本书的特色如下：

1）注重内容的体系性，构建了完备的供应链大数据知识体系，包括供应链大数据平台、供应链大数据基本方法，大数据分析在销售、采购、生产制造、物流和供应链金融中的应用，以及供应链大数据的运营。

2）注重理论和实践的结合性，深入相关供应链企业进行充分调研，引入大量案例和实例，构建体现企业应用和研发的最新供应链大数据理论、方法和体系。

3）注重人才培养的目标性，详述供应链各典型环节中的大数据分析应用方案、原理，加强实践应用指导，培养学生数据思维和利用大数据统计工具、数据挖掘和机器挖掘算法等"发现业务问题→选择业务数据→处理业务数据→解决业务问题"的数据应用能力。

本书由代四广、曹玉姣、申红艳、赵学彧联合编写，代四广编写了第2章和第9章，曹玉姣编写了第1章和第8章，申红艳编写了第4章和第5章，赵学彧编写了第3章、第6章和第7章。

本书从大纲拟定到初稿完成再到最终定稿，得到了天津大学刘伟华教授、武汉工商学院王猛副教授、湖北第二师范学院柴新副教授、黄俊杰、雷德智以及机械工业出版社的编辑的大力支持和帮助，同时在编写过程中参考了业内多名专家、学者的成果，在此一并表示诚挚的谢意。

本书配有教学PPT、教学大纲和课后习题答案等教学资源，读者可通过以下方式免费获取资料：

1）访问www.cmpedu.com下载本书配套资源。

2）扫描关注机械工业出版社计算机分社官方微信公众号——身边的信息学，回复73541即可获取本书配套资源下载链接。

由于编者水平及时间有限，加上供应链大数据科学发展迅猛，相关理论、技术和应用不断更新，书中难免有错漏和不足之处，恳请广大专家和读者批评指正。

编　者

目 录

出版说明
前言

第1章 供应链大数据概述 ·············· 1
学习目标 ·· 1
导入案例 ·· 1
1.1 大数据与大数据时代 ············· 1
1.1.1 大数据的定义 ·················· 2
1.1.2 大数据时代 ·················· 2
1.1.3 大数据分析 ·················· 3
1.2 大数据驱动供应链转型 ··········· 5
1.2.1 供应链系统 ·················· 5
1.2.2 大数据驱动的供应链 ········· 6
1.2.3 智慧供应链 ·················· 7
1.3 供应链大数据的概念与构成 ······ 9
1.3.1 供应链大数据的概念 ········· 9
1.3.2 供应链大数据的构成 ········· 9
1.4 供应链大数据的价值与作用 ····· 12
1.4.1 加快供应链数字化转型并生成智慧供应链 ············· 12
1.4.2 提升供应链协同管理能力 ··· 13
1.4.3 提高企业供应链管理效益 ··· 14
本章小结 ·· 15
本章练习 ·· 15

第2章 供应链大数据平台 ·············· 17
学习目标 ·· 17
导入案例 ·· 17
2.1 供应链大数据平台概述 ·········· 19
2.1.1 供应链大数据平台的内涵 ··· 19
2.1.2 供应链大数据平台的主要功能 ·························· 20
2.1.3 供应链大数据平台的特性 ··· 21
2.2 供应链大数据平台框架 ·········· 22
2.2.1 数据源模块 ················· 22
2.2.2 数据采集加工存储模块 ······ 25
2.2.3 大数据模型库模块 ··········· 27
2.2.4 大数据应用模块 ············· 28
2.2.5 大数据共享模块 ············· 31
2.2.6 大数据客户端模块 ··········· 31
2.3 供应链大数据平台的应用与发展 ·· 32
2.3.1 我国供应链大数据平台的发展现状 ······················ 32
2.3.2 供应链大数据平台的典型应用 ··· 35
2.3.3 供应链大数据平台的发展趋势 ··· 41
本章小结 ·· 42
本章练习 ·· 42

第3章 供应链大数据分析基本方法 ······ 43
学习目标 ·· 43
导入案例 ·· 43
3.1 数据预处理方法 ···················· 44
3.1.1 数据预处理的背景 ··········· 44
3.1.2 数据预处理的目的 ··········· 45
3.1.3 数据预处理流程 ············· 46
3.2 数据挖掘方法 ······················· 51
3.2.1 聚类分析方法 ················ 51
3.2.2 关联规则分析方法 ··········· 55
3.2.3 决策树分析方法 ············· 60
3.2.4 回归分析方法 ················ 65
3.2.5 预测方法 ····················· 68
3.2.6 机器学习与启发式算法技术 ··· 69
3.3 数据可视化方法 ···················· 74
3.3.1 数据表格统计分析 ··········· 74
3.3.2 数据统计图表分析 ··········· 76
3.3.3 数据输出 UI 设计 ··········· 77
3.3.4 地理信息数据可视化 ········ 78

3.3.5 数据动态仿真模拟 …………………… 79
本章小结 ……………………………………… 80
本章练习 ……………………………………… 80

第4章 销售大数据 …………………………… 82
学习目标 ……………………………………… 82
导入案例 ……………………………………… 82
4.1 销售大数据的构成 ……………………… 82
  4.1.1 商品数据 ………………………… 82
  4.1.2 客户数据 ………………………… 88
  4.1.3 销售数据 ………………………… 89
4.2 销售大数据的应用领域 ………………… 90
  4.2.1 消费者行为预测 ………………… 90
  4.2.2 销售价格优化 …………………… 94
  4.2.3 客户关系管理 …………………… 99
  4.2.4 移动营销 ………………………… 104
4.3 销售大数据的应用案例 ………………… 106
  4.3.1 数据挖掘：数据时代下的国美零售 …………………………… 106
  4.3.2 精准营销：爱奇艺的大数据营销 …… 112
  4.3.3 大数据技术应用方案：中国银行营销对策 ………………………… 115
  4.3.4 "微工具"的整合应用：大数据时代移动营销实战蓝海 ………… 118
本章小结 ……………………………………… 121
本章练习 ……………………………………… 121

第5章 采购大数据 …………………………… 123
学习目标 ……………………………………… 123
导入案例 ……………………………………… 123
5.1 采购大数据的构成 ……………………… 124
  5.1.1 供应商数据 ……………………… 124
  5.1.2 零售商数据 ……………………… 126
  5.1.3 物资采购数据 …………………… 128
5.2 采购大数据的应用领域 ………………… 129
  5.2.1 采购业务流程的优化 …………… 129
  5.2.2 采购决策优化 …………………… 132
  5.2.3 供应商管理水平优化 …………… 136
5.3 采购大数据的应用案例 ………………… 140
  5.3.1 大数据在X发电企业采购管理中的创新应用 ………………… 140

  5.3.2 数据分析挖掘在V公司采购选品平台中的应用 ……………… 142
  5.3.3 大数据视角下Y服务企业的采购流程优化 ………………… 147
  5.3.4 基于大数据分析的泛在电力物联网供应商选择 ……………… 158
本章小结 ……………………………………… 164
本章练习 ……………………………………… 164

第6章 生产制造大数据 ……………………… 165
学习目标 ……………………………………… 165
导入案例 ……………………………………… 165
6.1 生产制造大数据的构成 ………………… 167
  6.1.1 企业信息化数据 ………………… 167
  6.1.2 工业物联网数据 ………………… 172
  6.1.3 生产制造数据集成 ……………… 174
6.2 生产制造大数据的应用领域 …………… 176
  6.2.1 产品及工艺设计 ………………… 176
  6.2.2 设备诊断与健康管理 …………… 177
  6.2.3 离散车间运行数据关联、预测及调控 …………………………… 179
  6.2.4 企业生产及物料计划调度 ……… 182
  6.2.5 服务型网络协同制造 …………… 183
6.3 生产制造大数据的应用案例 …………… 186
  6.3.1 轮胎行业数字化工厂 …………… 186
  6.3.2 半导体晶圆智能化生产调度 …… 190
本章小结 ……………………………………… 194
本章练习 ……………………………………… 194

第7章 物流大数据 …………………………… 195
学习目标 ……………………………………… 195
导入案例 ……………………………………… 195
7.1 物流大数据的构成 ……………………… 196
  7.1.1 云仓储数据 ……………………… 196
  7.1.2 配送大数据 ……………………… 198
7.2 物流大数据的应用领域 ………………… 200
  7.2.1 智能仓储管理系统 ……………… 200
  7.2.2 物流中心选址 …………………… 201
  7.2.3 智慧配送 ………………………… 206
  7.2.4 应急物资调度 …………………… 211
7.3 物流大数据的应用案例 ………………… 215

7.3.1 物流中心选址实例 ………… 215
7.3.2 物流配送路径优化实例 …… 221
本章小结 …………………………… 226
本章练习 …………………………… 226

第8章 金融大数据 …………… 227
学习目标 …………………………… 227
导入案例 …………………………… 227
8.1 供应链金融概述 ……………… 227
8.2 金融大数据的构成 …………… 229
 8.2.1 核心企业数据 ……………… 230
 8.2.2 融资企业数据 ……………… 231
 8.2.3 关联服务方数据 …………… 232
8.3 金融大数据的应用领域 ……… 234
 8.3.1 设计个性化金融服务产品 … 234
 8.3.2 优化交易征信与风险控制 … 239
8.4 金融大数据的应用案例 ……… 244
 8.4.1 制造行业的供应链金融实践——
   海尔集团 …………………… 244
 8.4.2 物流行业的供应链金融实践——
   顺丰 ………………………… 249
 8.4.3 电商行业的供应链金融实践——
   阿里巴巴菜鸟网络 ………… 253
 8.4.4 金融大数据创新实践——
   感融科技 …………………… 255
本章小结 …………………………… 258
本章练习 …………………………… 258

第9章 供应链大数据运营 …… 261
学习目标 …………………………… 261
导入案例 …………………………… 261
9.1 供应链大数据运营概述 ……… 262
 9.1.1 供应链大数据运营的概念 … 262
 9.1.2 供应链大数据运营与传统运营的
   区别 ………………………… 263
 9.1.3 供应链大数据运营框架 …… 265
 9.1.4 供应链大数据运营市场概况 … 267
9.2 供应链企业开展大数据运营的
  路径 ………………………… 270
 9.2.1 确定大数据运营战略 ……… 270
 9.2.2 建立大数据运营团队 ……… 272
 9.2.3 构建大数据运营平台 ……… 275
 9.2.4 设计供应链大数据治理方案 … 278
 9.2.5 实施大数据驱动供应链企业
   运营 ………………………… 280
9.3 供应链企业开展大数据运营的
  典型应用 …………………… 280
 9.3.1 阿里零售通智慧供应链平台 … 281
 9.3.2 京东供应链大中台 ………… 287
 9.3.3 准时达端到端的智慧供应链实时
   协同平台 …………………… 292
本章小结 …………………………… 297
本章练习 …………………………… 297

参考文献 …………………………… 298

第1章 供应链大数据概述

学习目标

- 了解大数据的概念与特征，熟悉大数据分析的特点。
- 了解供应链系统的特征，熟悉大数据背景下智慧供应链特征及其实现技术。
- 了解供应链大数据的概念，熟悉供应链大数据的构成。
- 了解供应链大数据的价值与作用。

导入案例

沃尔玛供应链大数据

沃尔玛是供应链管理中的领军企业，该企业完美地证实了将大数据分析应用到整个供应链中带来的竞争优势。由于沃尔玛拥有每小时超过 100 万单的交易量，它能够收集到大量销售及库存的数据，所有数据都将进入综合技术平台进行处理，公司经理们轮流对供应链中各个层级的数据进行多方面分析，做出综合协调、基于数据的决策。

仓储经理利用该系统分析具体销售数据，优化产品分类，并通过质量检验将产品分配到当地社区。沃尔玛的营销人员通过数据分析明确顾客需求，以及需求的时间、地点。例如，通过分析数据，公司了解到在飓风来临之前人们会存储不需烹饪或可以冷藏存储的食品，如凯洛格公司的果塔饼干，尤其是草莓味果塔饼干。沃尔玛随即与凯洛格合作，加紧进货。正是这种对顾客购物细致入微的观察使沃尔玛能够更加深刻地了解客户偏好以及购物行为，同时也让沃尔玛从供应商处获得了定价及分销特许权。

沃尔玛的供应链大数据对其分布在 80 个国家或地区超过 17400 家的供应商开放。每家供应商都可以通过公司的零售链平台对自身产品进行追踪，这能够让供应商了解商场内不同产品的需求情况，实时了解商场需要再进货的时间，而不是被动地等待沃尔玛发来订单。此外，供应商还能够对数据库信息进行查询，搜索销售、装运、订单、发票、索赔及预告等相关信息，可以进入沃尔玛产品分类计划系统，在销售数据和商店特性的基础上创造专为店面量身打造的模块化布局。

简而言之，沃尔玛之所以能够成功地成为世界上最大的零售商，至少有一部分要归功于其管理全球供应链网络时应用的大数据分析系统。沃尔玛不仅引领了大数据分析的应用，更重要的是将其应用到了整个供应链中。（资料来源 桑德斯. 大数据供应链[M]. 丁晓松，译. 北京：中国人民大学出版社，2015：24-25.）

1.1 大数据与大数据时代

现代社会是一个高速发展的社会，科技发达，信息流通，人们之间的交流越来越密切，生活也越来越方便，大数据就是这个高科技时代的产物。随着我国经济的发展以及科学技术的进步，我国的数字化进程有了新的突破，为企业指引了发展方向，引入了先进的管理工具，尤其是大数据的应用可以有效地提高供应链管理下的企业的综合实力以及竞争力，最大限度地发挥供应链管理的价值。

1.1.1 大数据的定义

大数据（Big Data）是指无法在一定时间范围内用常规软件工具进行捕捉、管理和处理的数据集合，是需要新处理模式才能具有更强的决策力、洞察发现力和流程优化能力的海量、高增长率和多样化的信息资产。

关于大数据的定义，很多学者也给出了自己的观点。在维克托·迈尔-舍恩伯格、肯尼斯·库克耶编写的《大数据时代》中，大数据指不采用随机分析法（抽样调查），而是采用所有数据进行分析处理。大数据具有 5V 特点（IBM 提出）：Volume（数据量大）、Velocity（高速）、Variety（多样）、Value（价值密度低）、Veracity（真实性）。

麦肯锡全球研究所给出的大数据定义是：一种规模大到在获取、存储、管理、分析方面大大超出了传统数据库软件工具能力范围的数据集合，具有海量的数据规模、快速的数据流转、多样的数据类型和价值密度低四大特征。

结合众多学者的观点，可以发现大数据具有如下特征。

（1）数据量大（Volume）

第一个特征是数据量大。大数据的起始计量单位至少是 PB（2^{20}GB）、EB（2^{30}GB）或 ZB（2^{40}GB）。

（2）多样（Variety）

第二个特征是数据类型繁多，包括网络日志、音频、视频、图片、地理位置信息等，多类型的数据对数据的处理能力提出了更高的要求。

（3）价值密度低（Value）

第三个特征是数据价值密度相对较低，随着物联网的广泛应用，信息感知无处不在，信息海量，但价值密度较低，如何通过强大的机器算法更迅速地完成数据的价值"提纯"，是大数据时代需要解决的难题。

（4）高速（Velocity）

第四个特征是高速，即产生速度快，这是大数据区分于传统数据挖掘最显著的特征。

（5）真实性（Veracity）

第五个特征是数据的真实性。具体指数据的准确性和可信赖度，即数据的质量。

大数据的价值体现在以下几个方面。

1）对大量消费者提供产品或服务的企业可以利用大数据进行精准营销。

2）中小微企业可以利用大数据做服务转型。

3）传统企业充分利用大数据的价值实现转型。

1.1.2 大数据时代

最早提出"大数据"时代到来的是全球知名咨询公司麦肯锡，麦肯锡称："数据，已经渗透到当今每一个行业和业务职能领域，成为重要的生产因素。人们对于海量数据的挖掘和运用，预示着新一波生产率增长和消费者盈余浪潮的到来。"大数据在物理学、生物学、环境生态学等领域以及军事、金融、通信等行业存在已有时日，却因为近年来互联网和信息行业的发展而引起人们的关注。

正如《纽约时报》的一篇文章中所称，"大数据"时代已经到来，在众多领域中，决策将日益基于数据和分析而做出，而并非基于经验和直觉。

哈佛大学社会学教授加里·金说："这是一场革命，庞大的数据资源使得各个领域开始了量化进程，无论学术界、商界还是政府，所有领域都将开始这种进程。"

既有的技术架构和路线，已经无法高效处理如此海量的数据，大数据时代对人类的数据驾驭能力提出了新的挑战，也为人们获得更为深刻、全面的洞察能力提供了前所未有的空间与潜力。

当数据的处理技术发生翻天覆地的变化时，大数据时代，人们的思维也要变革。

第一个思维变革：利用所有的数据，而不再仅仅依靠部分数据，即不是随机样本，而是全体数据。

第二个思维变革：人们唯有接受不精确性，才有机会打开一扇新的世界之窗，即不是精确性，而是混杂性。

第三个思维变革：不是所有的事情都必须知道现象背后的原因，而是要让数据自己"发声"，即不是因果关系，而是相关关系。

1.1.3 大数据分析

大数据包括结构化、半结构化和非结构化数据，非结构化数据越来越成为数据的主要部分。据 IDC 的调查报告显示：企业中 80%的数据都是非结构化数据，这些数据每年都按指数增长 60%。

企业如何从海量数据中获取信息？在以云计算为代表的技术创新大幕的衬托下，这些原本看起来很难收集和使用的数据开始容易被利用起来了，通过各行各业的不断创新，大数据开始为人类创造更多的价值。大数据分析技术的战略意义不在于掌握庞大的数据信息，而在于对这些含有意义的数据进行专业化处理。换而言之，如果把大数据分析看作一种产业，那么这种产业实现盈利的关键在于提高对数据的"加工能力"，通过"加工"实现数据的"增值"。

适用于大数据分析的技术，包括大规模并行处理（MPP）数据库、数据挖掘、分布式文件系统、分布式数据库、云计算平台、互联网和可扩展的存储系统。

随着云时代的来临，大数据分析常和云计算联系到一起。实时的大型数据集分析需要像 MapReduce 一样的框架来向数十、数百或甚至数千的计算机分配工作。大数据与云计算的关系就像一枚硬币的正反面一样密不可分。大数据必然无法用单台的计算机进行处理，必须采用分布式架构，它的特色在于对海量数据进行分布式数据挖掘，但它必须依托云计算的分布式处理、分布式数据库和云存储、虚拟化技术。

相较于传统的数据分析，大数据分析技术有效结合了各种信息技术的优势，在技术方面具有规模化、数字化和网络化特点，在服务方面具有自主化、个性化、智能化等特点。其主要特点表现为以下几个方面。

1）数据分析结果具有不确定性。利用大数据技术收集到的信息都是已经存在的相关数据，并对此进行分析，同时还要预测后续的一系列问题，虽然数据分析的准确性相对较高，但是依旧存在着预测不准确的情况，因此应用大数据技术具有不确定性的特点。

2）需要大量用户的参与。大数据下数据处理需要更多的信息支撑，大数据信息、信息服务以及知识体系都需要数据信息的支撑，因此需要用户提供更多的数据信息，这直接影响大数据分析的结果。

3）大数据具有自主性的特点，可以根据用户的需求来提供相应的服务。
4）大数据是一种绿色服务。作为一种与各种先进的信息处理技术相结合的服务体系，从数据资源的提取和处理来看，大数据技术可以看作是绿色服务。

大数据时代，大数据的分析呈现出如下主要趋势。

（1）数据的资源化

资源化是指大数据成为企业和社会关注的重要战略资源，并已成为大家争相抢夺的新焦点。因而，企业必须提前制订大数据营销战略计划，抢占市场先机。

（2）与云计算的深度结合

大数据离不开云处理，云处理为大数据提供了弹性可扩展的基础设备，是产生大数据的平台之一。自 2013 年开始，大数据技术已开始和云计算技术紧密结合，预计未来两者的关系将更为密切。除此之外，物联网、移动互联网等新兴计算形态，也将一同助力大数据革命，让大数据营销发挥出更大的影响力。

（3）科学理论的突破

随着大数据的快速发展，就像计算机和互联网一样，大数据很有可能是新一轮的技术革命。随之兴起的数据挖掘、机器学习和人工智能等相关技术，可能会改变数据世界里的很多算法和基础理论，实现科学技术上的突破。

（4）数据科学和数据联盟的成立

未来，数据科学将成为一门专门的学科，被越来越多的人所熟知。各大高校将设立专门的数据科学类专业，也会催生一批与之相关的新的就业岗位。与此同时，基于数据这个基础平台，也将建立起跨领域的数据共享平台，之后，数据共享将扩展到企业层面，并且成为未来产业的核心一环。

（5）数据泄露泛滥

未来几年数据泄露事件的增长率也许会达到 100%，除非数据在其源头就能够得到安全保障。可以说，在未来，每个企业都有可能面临数据攻击，无论其是否已经做好安全防范。而所有企业，无论规模大小，都需要重新审视如今的安全定义。在财富 500 强企业中，超过 50%将会设置首席信息安全官这一职位。企业需要从新的角度来确保自身以及客户数据在创建之初便获得安全保障，而并非在数据保存的最后一个环节。

（6）数据管理成为核心竞争力

数据管理成为核心竞争力，直接影响财务表现。当"数据资产是企业核心资产"的概念深入人心之后，企业对于数据管理便有了更清晰的界定，将数据管理作为企业核心竞争力，持续发展，战略性规划与运用数据资产，成为企业数据管理的核心。数据资产管理效率与主营业务收入增长率、销售收入增长率显著正相关；此外，对于具有互联网思维的企业而言，数据资产竞争力所占比重为 36.8%，数据资产的管理效果将直接影响企业的财务表现。

（7）数据质量是 BI（商业智能）成功的关键

采用自助式商业智能工具进行大数据处理的企业将会脱颖而出。其中，要面临的一个挑战是多数据源会带来大量低质量数据。想要成功，企业就需要理解原始数据与数据分析之间的差距，从而消除低质量数据并通过 BI 获得更佳决策。

（8）数据生态系统复合化程度加强

大数据的世界不只是一个单一的、巨大的计算机网络，而是一个由大量活动构件与多元参与者元素所构成的生态系统，即由终端设备提供商、基础设施提供商、网络服务提供商、网络接入服务提供商、数据服务使用者、数据服务提供商、触点服务、数据服务零售商等一系列的参与者共同构建的生态系统。而今，这样一套数据生态系统的基本雏形已然形成，接下来的发展将趋向于系统内部角色的细分（即市场的细分）、系统机制的调整（即商业模式的创新）、系统结构的调整（即竞争环境的调整）等，从而使得数据生态系统复合化程度逐渐增强。

1.2 大数据驱动供应链转型

在大数据时代，通过对供应链上海量数据的收集、甄别，不仅可以为终端的市场用户勾勒出关于消费习惯、消费能力的"消费画像"，反映出市场真实的需求变化，也可以使企业依据数据分析的结果，了解到具体的业务运作情况，从而判断出哪些业务带来的利润率高、增长速度较快等，并通过实时的数据针对业务做出必要的调整，把主要精力放在真正能够给企业带来高额利润的业务上，确保每个业务都可以赢利，从而实现高效的运营。利用大数据分析技术，企业可以挖掘大量内部和外部数据所蕴含的信息，将企业战略从业务驱动转向数据驱动，从供应链管理角度进行智能化决策分析，从而制定更加行之有效的发展战略。在大数据时代，智慧供应链是一个必然发展趋势。

1.2.1 供应链系统

供应链是指围绕核心企业，通过对信息流、物流、资金流的控制，从采购原材料开始，制成中间产品以及最终产品，最后由销售网络把产品送到消费者手中，将供应商、制造商、分销商、零售商和最终用户连成一个整体的功能网链结构模式。它不仅是一条连接供应商和用户的物流链、信息链、资金链，还是一条增值链，物料在供应链上因加工、包装、运输等过程而增加其价值，给相关企业带来收益。

依据系统原理，供应链是一个多环节集成系统。供应链系统是由相互作用、相互依赖的若干组成部分结合而成的具有特定功能的有机整体，是以给终端客户提供商品、服务或信息为目标，从最初的材料供应商一直到最终用户的整条链上的企业的关键业务流程和关系的一种集成。

Douglas.M.Lambert 等人在前人研究和对 90 多家实施供应链管理的企业进行调查的基础上，提出了供应链系统的模型，如图 1-1 所示。

该模型突出强调了供应链上各节点企业之间相互关联的本质以及成功设计和管理供应链系统的一些关键问题。供应链系统由三个相互关联的部分组成：供应链网络结构、供应链业务流程、供应链管理要素。

1）供应链网络结构。供应链网络结构是指确定供应链上的关键成员企业及其相互之间的关系。关键成员企业之间的关系是指明确各企业在网络结构中的纵向和横向结构中的位置。横向结构是指供应链的价

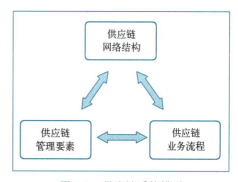

图 1-1 供应链系统模型

值链体系结构，而纵向结构是指单个企业和其供应商、客户的关系。对供应链的价值链体系进行建模，确定供应链的起始位置，描述企业在供应链中的作用和角色，分析供应链价值体系中存在的问题及其根源。企业在纵向结构中的位置，就是确定单个企业的供应链流程的需求、顾客价值的实现情况，分析企业内流程中存在的问题和根源。

2）供应链业务流程。供应链业务流程指确定在供应链系统中哪些核心流程应该连接并集成起来。全球供应链论坛将供应链中的流程总结为客户关系管理流程、客户服务流程、需求流程、生产流程、采购流程、产品研发流程、反馈流（信息流、资金流）流程。分析供应链业务流程需

要企业从自己的核心能力出发，定义自己的核心流程，将非核心流程转让。

3）供应链管理要素。供应链管理要素指供应链管理和集成的效果取决于供应链上企业边界处流程接口的管理和集成的程度。流程接口的集成和管理，包含物理连接和技术因素两个方面的因素。

供应链系统主要体现如下几点特征。

1. 供应链系统的整体功能

供应链系统的整体功能是组成供应链的任一成员都不具有的特定功能，是供应链合作伙伴间的功能集成，而不是简单叠加。如果要打造一个真正的以全程供应链为核心的市场能力，就必须从最末端的供应控制开始，到最前端的消费者，在整个全程供应链上，不断优化不断建设，然后集成这些外部资源。供应链系统的整体功能集中表现在供应链的综合竞争能力上，这种能力是任何一个单独的供应链成员企业所不具有的。

2. 供应链系统的目的性

在供应链里流动的有物流、信息流、知识流、资金流，如何有效降低库存、加速物流及相关流的周转、提高企业生产及商品流通的效率、迅速对市场机遇进行反应成为迫切需要解决的问题。供应链系统有着明确的目的，即在复杂多变的竞争环境下，以最低的成本、最快的速度、最好的质量为用户提供最满意的产品和服务，通过不断提高用户的满意度来赢得市场，这一目的也是供应链各成员企业的共同目的。

3. 供应链系统主体间的密切关系

供应链系统中主体之间具有竞争、合作、动态等多种性质的供需关系。这种关系是基于共同利益的合作伙伴关系供应链系统目的的实现，受益的不只是一家企业，而是一个企业群体。供应链管理改变了企业的竞争方式，强调核心企业通过与供应链中的上下游企业之间建立战略伙伴关系，使每个企业都发挥各自的优势，在价值增值链上达到多赢互惠的效果。因此，各成员企业均具有局部利益服从整体利益的系统观念。

4. 供应链系统的环境适应性

在经济全球化迅速发展的今天，企业面对的是一个迅速变化的买方市场，用户在时间方面的要求也越来越高，用户不但要求企业要按时交货，而且要求的交货期越来越短，这就要求企业能对不断变化的市场做出快速反应，不断地开发出定制的"个体化产品"去占领市场以赢得竞争。供应链具有灵活快速响应市场的能力，通过各节点企业业务流程的快速组合，加快了对用户需求变化的反应速度，各主体通过聚集而相互作用，以期不断地适应环境。

5. 供应链系统的层次性

从系统层次性的角度来理解，相对于传统的基于单个企业的管理模式而言，供应链管理是一种针对更大系统（企业群）的管理模式。运作单元、业务流程、成员企业、供应链系统、整个运作环境构成了不同层次上的主体，每个主体具有自己的目标、经营策略、内部结构和生存动力。供应链各成员企业分别是一个系统，同时也是供应链系统的组成部分；供应链是一个系统，同时也是它所从属的更大系统的组成部分。

1.2.2 大数据驱动的供应链

依据供应链管理理论，供应链环节主要由采购、制造、物流、销售4个部分组成，企业仅仅关注其中的某一个部分是不够的。沃尔玛公司使用大数据分析将由采购到销售的整个供应链连接起来。在销售环节中，销售终端机记录并追踪顾客的消费需求，这一信息通过供应链传递给各方。沃尔玛的零售链平台正是通过这一方式总揽全局，通知各方，连接供给方与销售方。任何信息都能够同时传递给其他部门，比如说，采购环节出现短缺状况、物流环节出现滞后状况、制造环节出现生产停滞状况等。

在供应链管理中应用大数据分析为企业带来了巨大的竞争优势，大数据驱动企业供应链管理进一步转型升级，朝着智能化方向发展。通过大数据分析，企业可以更加深入地了解到消费者的行为与需求，并与之建立更紧密的联系；企业可以进行精准营销，促进消费，提高消费者的忠诚度；按照消费者的购买意愿定价，并实时随市场变化更改定价；发挥营销投资的最大收益，优化门店和配货中心的选址地点。最重要的是，企业能够平衡需求与库存，杜绝库存短缺或过剩。

从采购到销售，供应链网络中的企业将大数据分析运用到供应链的各个环节。销售方面，营销大数据分析快速发展，以便更好地理解消费者行为；物流方面，物流管理应用大数据分析交通路线与物流节点的优化设计，大幅提高物流运作效率；生产制造方面，越来越多地应用大数据分析优化库存和转运能力，加速智能制造发展；采购方面，更多地利用大数据分析进行供应商的评价管理，降低企业经营成本与经营风险。

以英特尔公司为例，其列出了大数据分析的大量优势，包括提供数据可视化服务以帮助企业实现供应链可视化。应用大数据分析，英特尔能够全面监督供应链网络的决策，如完成订单时间、库存需求、交通及短缺成本。对英特尔来说，大数据分析不仅可以提供技术性供应链决策，还可以帮助企业处理更广泛的业务，涵盖了从明确供应商到管理碳排放等方面的问题。

大数据背景下，供应链管理决策主要由两个关键部分组成：第一个是供应链网络设计，包括物理结构以及系统内业务环节设计，这些是采购、制造、物流以及销售环节的组成部分；第二个是信息技术，信息技术使信息共享、传播和处理能够协调统一（见图 1-2），是大数据分析的核心。信息技术管理是供应链管理的支柱，没有它的沟通和支持，便无法实现整个供应链决策的制定与沟通。供应链网络设计和信息技术系统设计共同支撑着整个供应链的决策，相辅相成，共为整体，并且都需要应用和实施大数据分析。

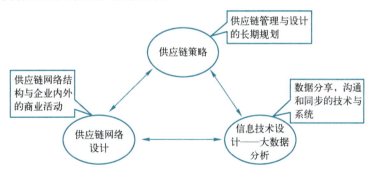

图 1-2　网络与信息技术设计支持供应链

大数据分析推动了供应链管理的智能化发展，促进了整个供应链绩效的提高。大数据分析给企业带来了前所未有的洞察力。当今经济环境中，要保持企业的竞争优势，应在整个供应链管理中贯穿大数据分析决策，由此建立智慧供应链。

1.2.3　智慧供应链

供应链管理领域出现了很多新的技术，如物联网、人工智能、机器学习。这些变化促使企业的供应链需要有更高的敏捷性和适应性。内外部环境的改变，迫使企业必须走向智慧供应链。

供应链管理应用大数据分析能够实现供应链智慧化。

简单地说，智慧供应链是指利用移动计算、物联网、云计算、人工智能技术、网络与通信技术、安全技术等一系列新兴技术对传统供应链进行的升级。

传统供应链的数据来源于企业内部 ERP 系统,更像企业内部封闭的系统,所以会存在数据孤岛、系统之间不连接的问题。供应链的本源其实就是数据的来源(如企业内部订单、交易和库存系统等),能否接受外部信息,这是区别传统供应链和智慧供应链的关键。智慧供应链与传统供应链相比,具备以下特点。

(1)智慧供应链技术的渗透性更强

基于智慧供应链,供应链管理和运营者会系统地主动吸收包括物联网、互联网、人工智能等在内的各种现代技术,主动将管理过程适应引入新技术带来的变化。

(2)智慧供应链可视化、移动化特征更加明显

智慧供应链更倾向于使用可视化的手段来表现数据,采用移动化的手段来访问数据。

(3)智慧供应链注重人机系统协调性

在主动吸收物联网、互联网、人工智能等技术的同时,智慧供应链可以更加系统地考虑问题,考虑人机系统的协调性,实现人性化的技术和管理系统。

亚马逊是应用智慧供应链的典型例子。亚马逊建立了一个新型供应链体系,串联起绝大多数供应链决策,并对其进行优化,甚至为此雇用了一个由供应链分析与运营研究员组成的团队。该团队运用"非稳定随机模型"进行大数据分析,以此作为履行订单、货源、运营能力以及库存的决策依据。亚马逊为联合补货建立了新的算法,还在库存单位水平实施了新型预测手段。模型基于历史需求,同时考虑了历史事件与未来规划,为每个订单的履行、库存规划、采购周期和采购数量进行了预测。模型利用数据信息共享串联并沟通了整个供应链。

销售点数据和射频识别两项技术共同实现了供应链智慧化,它们共同建立了信息流,用于更好地理解消费者需求,管理库存、供应和货源,协调供应链的各个方面。

(1)销售点数据

销售点的交易数据分析始于 20 世纪 70 年代,最初通过扫描条码获取。如今,销售点数据技术从门店和其他销售渠道实时获取数据,获取手段更加多样。目前,这些数据已经可以通过更为精准的手段来获取、分析和使用。

在门店实时获取的销售点数据包含着大量的客户信息,包括数量、价格、折扣、使用优惠券等,它们能够用于管理供应链。除此之外,数据还记录了地点信息,既可以用于确认流通的商品种类和流通速度,又能用于地理分析和区域本土化研究。

如果将这些信息加载到商店会员卡中,企业就能够进行高等级的市场分区,建立详细的客户档案,通过评估和优化库存,帮助企业更好地适应市场需求。这种技术还能够帮助高利润门店解决库存短缺问题;用于后续价格评估和其他激励措施评估,以提高总体利润率;管理淡季运营,减少不必要的清仓行动。

(2)射频识别技术

射频识别技术在工业领域被广泛用于辨识和追踪商品。举例来说,在生产中与汽车相连的射频识别标签能够在流水线上追踪汽车;制药厂能够运用射频识别在配货中和仓库中追踪产品。射频识别技术还能够用于库存添置,确保每一件货物都能各就各位。用射频识别标签读取仓库中的托盘,无论标签位于产品的什么位置,都能够确认、清点商品,记录其位置。射频识别技术正慢慢地渗透到供应链的各个环节,是供应链管理智能化的一种无形驱动力。

销售点数据和射频识别技术是实现智慧供应链的双重力量。智能化供应链系统将实时获取的销售点客户数据与应用了射频识别技术的门店的智能化、自动化库存订单和补货系统结合起来,实时监测门店的消费情况,确保门店几乎零缺货。基于两项技术所获得的数据的分析结果能够帮助企业在货物数量低于警戒线时向货架发送补货提醒,还能在库存低于安全库存时发送补货

订单。利用射频识别技术，仓库也能变得智能化，可以按需持续管理库存，发送补货订单。进货订单可以实现自动化，可以实时追踪运输中的库存，供应链得到了扩展，数据分析结果可以提供给制造商和分销商。

随着数据分析能力的提升，企业能够从信息中获取更多的情报，建立更智能的供应链。应用大数据分析能够确定产品数量、确定配货中心的最优选址，优化库存和补货系统，实现运输成本最小化。大数据分析使得那些利用科技支撑其商业战略、增强竞争能力的企业实现了供应链优化，从而获得了竞争优势。基于大数据分析技术，现代企业开始进行供应链划分，这种划分建立在多重因素之上，包括产品成本、货运成本、创新性及其他因素。同样，企业也可以根据企业信用、质量、成本、风险来划分供应商。最后，大数据分析将这些分区按照供给和需求进行匹配，创建最优的供应链网络。

德国百货零售商店麦德龙集团使用射频识别技术检测产品在门店内的移动，并能够追踪产品移动的方式，从而管理库存量，提供缺货预警；识别商品，给出与之相关的产品推荐。所有这些管理活动实时完成，并能够通知顾客相关产品是否有货。

随着供应链变得越来越复杂，必须采用更好的工具来迅速、高效地发挥数据的最大价值。要让数据发挥价值，首先要处理大数据，要能够共享、集成、存储和搜索来自众多源头的庞大数据。而就供应链而言，这意味着要能够接受来自第三方系统的数据，并加快反馈速度。其整体影响是增强协同性、加快决策制定和提高透明度，这对所有相关人员都有帮助。供应链作为企业的核心网链，将彻底变革企业市场边界、业务组合、商业模式和运作模式等。大数据将用于供应链从需求产生、产品设计到采购、制造、订单、物流以及协同的各个环节，通过大数据的使用对其供应链进行翔实的掌控，更清晰地把握库存量、订单完成率、物料及产品配送情况等；通过预先进行数据分析来调节供求；利用新的策划来优化供应链战略和网络，推动智慧供应链成为企业发展的核心竞争力。

1.3 供应链大数据的概念与构成

供应链大数据正以各种方式和路径影响着企业的商业生态。供应链中产品研发与制造、采购、物流、销售等重要环节的数据量都十分巨大。面对海量的数据，大数据技术能够通过构建数据分析中心，深度挖掘数据背后的信息价值，将大数据作为企业的战略资源，充分发挥大数据在企业战略规划、商业模式创新以及运营管理提升等方面的优势，为企业科学管理和决策提供支持。

1.3.1 供应链大数据的概念

供应链是一个系统，主要由采购、制造、物流、销售 4 个部分组成。随着当今世界经济与科技的发展，供应链除了以上 4 个主要部分，还相应产生了供应链金融等配套保障环节。这些环节贯穿着组织运营的各个方面，传递着客户价值。截至目前，关于供应链大数据的概念，学术界还没有公认的统一说法。因此，结合供应链与大数据的相关研究，本书认为，供应链大数据指的是从采购到销售的整个供应链环节中、在所有供应链企业主体中产生的海量、高增长率和多样化的信息数据，这些数据需要新处理模式才能具有更强的决策力、洞察发现力和流程优化能力。

1.3.2 供应链大数据的构成

供应链大数据主要由采购大数据、生产制造大数据、物流大数据、销售大数据和供应链金融大数据构成。

1. 采购大数据

采购环节主要指货源或购货，指负责从供应商处购买商品和服务的一切活动及过程。尽管营销在处理消费者问题方面发挥着主要作用，但货源才是在供应环节发挥主要作用的一步。

企业在采购方面花费了大笔资金，对这一过程进行合理规划则可以节约资金，这对企业有着重大意义。在大多数制造企业中，采购环节有着公司最大的支出，会占到总成本的 50%～90%。实际上，一辆汽车超过 80%的成本都源于零配件采购，生产商只负责装配零件。在这一环节应用大数据分析能够实现巨额结余。

大数据分析对于采购环节的影响十分重要。在采购环节，采购大数据能够分析客户的偏好和购买行为，这反过来能够为企业与供应商的谈判提供信息，企业可以利用这些价格及交易方面的信息为自己争取关键产品的特许经营权。利用采购大数据，企业可以优化采购渠道选择，将供货商整合进数据系统。一些企业还会应用大数据辨别各个供货商的特点，为与供货商进行谈判提供信息。一些公司将大数据应用在自动售货机的数据分析上，并根据成本或风险等标准为"何种贩售机提供何种产品"给出建议。

以亚马逊为例，应用大数据分析优化采购策略，管理物流体系，保证货物由制造商运送到客户手上，整个过程应用大数据分析货物补充、协调补货以及单一货源的合理组合。实际上，亚马逊在经营中已经将先进的优化手段——供应链大数据分析技术应用到了完成订单、扩大库存能力、库存管理、采购物流等各个环节。

2. 生产制造大数据

生产制造负责创造产品和服务。在企业运营中，生产制造将企业的投入转化为最终商品。这些投入包括原材料、科技、信息、人力资源（如工人、员工、经理）以及技术设施（如建筑和设备），制造的产出是企业生产的产品和服务，涵盖了各行各业。

企业广泛地在这一环节应用数据分析以改进生产的各个方面。许多企业将大数据分析应用在库存管理、优化库存水平、优化维修保养、判断需要更新的设备的位置和时间、生产力评价和企业能力限制的研究等方面。

在生产力与质量方面，生产制造大数据有着广阔的应用空间。企业可以分析每天的生产绩效，其数据可以来自门店销售、库存单位销售以及单位员工销售额。目前，这些系统数据越来越接近实时报送，实时提醒企业生产力变动或质量下降等问题。企业可以通过统计观察生产数据来查看生产准确率和产品质量。当下，生产制造大数据的使用趋势是频率高、速度快以及颗粒化数据报告，帮助企业及时地对生产做出有针对性的调整。

人力资源优化是生产制造大数据的又一重要应用。这一技术通过优化劳动力、自动化追踪考察、改善劳动日程，在保持服务水平的同时降低生产成本。举例来说，零售商可以调查收银台的收支情况，如每小时交易额等；电话咨询中心主管可以根据客户投诉、满意度调查来分析客户服务质量，或者是由公司电话解决的客户问题数。生产制造大数据还能够更好地预测人力需求，并将预测结果与人力资源优化结合起来，这在人力需求高峰期显得尤为重要。

3. 物流大数据

物流是指在供应链中，将产品在规定时间内运送到指定地点的业务。物流使产品在供应链中得以流动和存储，与之相关的决策包括计算库存、协调调配原材料、安排配送路线以及货运。大数据分析在物流这一领域应用于优化仓储、补充库存、配货中心最优化选址以及运输成本最小化这些方面，许多企业还将大数据分析应用于车辆维修、行车路线日程以及运输中转站选址等事务。在货运领域，企业通常将其应用到选址优化、库存规模与供货路线方面。由于物流大数据能够将客户分组，企业便可以利用分组来规划运输路线、运输方式以及运送不同产品等相关要素。物流大数据应用最多的领域是交通和路线选择。一些企业通过使用加载 GPS 导航的大数据远程信息处理技术和路线优化来改善货运运输。交通运输分析能提高燃料效率，进行预防性检修，优化司机行为和行车路线，从而提高物流效率。利用大数据实时关注天气以及其他的干扰性因素也有助于路线优化。UPS 公司在 20 年前就开始收集相关的数据。21 世纪初，UPS 公司研发了一个道路优化与导航（On-Road Integrated Optimization and Navigation，ORION）集成系统为司机指路导航。

物流大数据还应用于库存管理领域。

4. 销售大数据

供应链中的销售环节是指市场营销，它将企业与消费者联系起来，确定消费者需求，促进新兴产品消费以及发现市场机遇。一个企业组织及其供应链要保持竞争力，就必须比竞争者更好地满足消费者需求，这就是销售环节的责任，这促使企业将大数据分析应用到获取消费者需求、建立市场微分段、预测消费者行为等方面。

微分段是大数据分析的重要应用。对市场营销来说，尽管市场划分的概念并不陌生，大数据分析近几年却在这一领域实现了大规模创新。大数据与愈发精细化的统计工具相结合，将微分段推向快速发展的高潮。目前，企业能够收集并追踪个体消费者的消费行为数据，将其与传统市场营销工具相结合。随着收集的数据越来越个性化，越来越具有时效性，企业便能够根据客户行为的变化来调整自身策略。零售企业尼曼·马库斯（Neiman Marcus）公司将行为分区与其多成员奖励项目相结合，应用精细化的分析程序确认、定制、刺激消费，将市场定位于高端市场，使得企业高端消费者的购买量有了显著提高。

销售环节的另一项大数据分析应用是优化定价。定价和营销的日趋个性化和数据统计的日趋精细化将优化定价发展到了一个新高度，不同的信息源能够实施评估和通知定价决策。马里奥特（Marriott）公司利用一个精密的数据统计系统，考虑到从客户种类到天气情况等影响要素，为贵宾房进行最优定价，并对定价进行适时调整。

同时，在销售大数据应用上，专门为考查消费者行为而设计的应用程序朝着精密化方向发展，销售大数据应用经历了前所未有的增长。企业在销售领域对大数据分析的应用远远不止于客户与市场划分，而是使用它对消费者行为从本土化营销、情感分析到门店内的消费行为等方方面面进行诠释与跟踪。一些零售商还将其应用于贸易方面，尤其是定价及产品搭配优化，这些企业信息情报将供应链内的数据与供应商相连，将门店、仓库和交通运输中的各项活动串联在一起，是整个供应链的驱动力。

5. 供应链金融大数据

供应链金融是运用供应链管理的理念和方法，为相互关联的企业提供金融服务的活动。主要业务模式是以核心企业的上下游企业为服务对象，以真实的交易为前提，在采购、生产、销售各环节提供金融服务。由于每家企业都有自己的供应链条，因此展现出一个庞大的供应链网络。不同的金融企业把自己的服务产品化，赋予不同的产品名称。

供应链金融大数据应用主要是指供应链企业通过云计算、机器学习、物联网、区块链等技术来匹配供应链金融大数据的方法和过程。供应链大数据金融关注大数据工具的选择和运用，强调供应链金融活动主体在互联网扩张过程中掌握和运用云平台、云计算、机器学习、物联网、区块链等手段的技术层级。供应链金融中的大数据应用主要体现在以下方面。

（1）判断需求方向和需求量

供应链上的企业存在着紧密的关联关系。终端消费量的变动，必然会引起上游各环节的变动。大数据时代，大数据可帮助人们判断一系列变动的规律。同时，人们还可以把一定时期内的流通和消费看作一个常量，而将地区、方向、渠道、市场的分配作为变量。

（2）目标客户资信评估

利用供应链金融中的大数据，可以对客户财务数据、生产数据、水电消耗、工资水平、订单数量、现金流量、资产负债、投资偏好、成败比例、技术水平、研发投入、产品周期、安全库存、销售分配等进行全方位分析，使信息透明化，能客观反映企业状况，从而提高资信评估和放贷速度。只看财报和交易数据是有风险的，因为可能造假。

（3）供应链企业风险分析、警示和控制

大数据的优势是行情分析和价格波动分析，能够尽早提出预警。行业风险是最大的风险，行业衰落，行内大多企业都不景气。多控制一个环节、早预见一天，都能有效减少风险。

（4）提供精准金融与物流服务

利用供应链金融大数据分析企业贷款时间、期限、规模、用途、流向、仓储、运输、代采、集采、货代、保兑、中介、担保一体化运营等经营状况，进而可以提供精准金融服务与物流服务。

1.4　供应链大数据的价值与作用

供应链管理的水平要求和复杂程度不断增加，新的形势要求企业充分运用大数据技术、互联网技术、云计算等技术对数据进行收集分析然后进一步加工处理、分析复杂的海量数据并提取关键信息，体现供应链管理的差异化并推动数据与管理相融合，促进智能化供应链管理的建立，充分发挥大数据应用的核心价值。在海量数据飞速运转的新时期，大数据在供应链管理中的价值不容小觑，优化企业供应链流程、打造更适应市场要求的新型产品，对大数据应用在供应链管理中充分发挥作用、实现大数据应用在供应链管理中的核心地位有着深远意义。

1.4.1　加快供应链数字化转型并生成智慧供应链

随着云计算、大数据、物联网和人工智能等信息技术的发展，供应链管理也改变了其原有的形态，从链条式逐渐向网状结构变化，开启了实时、智能和互联互通的数字化供应链管理时代。

数字化供应链管理是以核心企业为中心的应用平台，通过与企业内外部的各种信息化系统和平台对接，实现数据的实时获取和分享，并最大化利用数据，配以相应的业务处理，实现供应链管理的业财税一体化，以提升企业的绩效，最大限度地降低企业经营风险。

数字化平台不仅能够将许多日常工作自动化，释放人力、提高效率和减少错误，也能够整合不同来源和地点的信息，向用户提供有关供应网络的综合观点，还能迅速针对不断变化的情况做出恰当的响应。过去，供应链管理人员主要通过管理"4V"（即波动性（Volatility）、数量（Volume）、速度（Velocity）和可见性（Visibility））来优化一系列目标成果，包括成本、服务、交付和质量。这些传统的指标很难改变，但未来的供应链决策者可以利用数字化技术来完善供应链功能，从而将绩效提升到更高水平。通过更好的供应链管理还能缩短产品上市时间，支持智能制造，实现产品的小规模个性化定制，更快、更好地顺应时代的发展，也能够创造新的收入来源。

国内制造企业中的领头羊，大都在数字化建设方面做得很好。例如，海尔从 2016 年开始使用 COSMOPlat 来打通从消费者到供应商、从需求终端到供应终端的沟通平台，通过物联网、大数据技术的应用，实现质量信息、订单信息、设备信息等互联可视及数据共享，打造线上线下相结合的精准、高效、零风险的采购价值交互平台。蓝月亮公司从 2017 年开始搭建数字化管理体系，实现从上游供应商、生产商、渠道到终端消费者的闭环管理，利用 AI 进行消费者画像，利用大数据分析采购和促销时机。立白集团从 2017 年开始建设数据中台、实施 SRM（供应商关系管理）系统，并将 ERP（企业资源计划）、NPD（新产品开发）、APS（高级计划与排程）、QMS（质量管理系统）、WMS（仓库管理系统）等系统与 SRM 系统对接，实现从产品设计、生产计划、物料采购、质量管理、库存管理到财务管理供应链管理全流程的贯通和数据共享。通过打通企业内部各信息化系统，并连接供应商，企业能够建成全网络化的供应链管理，将计划工作前置并将部分管理活动向外转移，使数字功能的出发点延伸到客户端。

将供应链大数据引入供应链管理中，运用云计算对市场数据进行获取、追踪、预测、分析，从而得到可靠并且有价值的数据，发挥大数据的最大价值。大数据在供应链中的应用并不是单纯地将企业现有资源、交易订单量等数据可视化，而是利用高效手段对数据进行整理、总结并分析，来对数据资源进行深入发掘并充分应用到企业供应链的管理中，通过对有价值的数据进行分析，促进供应链管理成为企业发展上的一大核心竞争力，并提高供应链的自身价值，更快生成智慧型供应链。

1.4.2 提升供应链协同管理能力

供应链协同管理是通过对供应链各节点进行管理，调整供应链结构，共享供应链信息，优化供应链物流，以提高供应链的整体价值和竞争力。大数据环境下的供应链协同管理，将制造商、供应商、分销商、消费者以及整个生产线紧密地连接起来，通过大数据、人工智能等手段加强供应链的协同管理，从而提高供应链中资源配置和信息共享的效率。

当前的供应链协同管理是以核心企业为中心的网络结构，所有的节点都参与到了从原材料到最终消费者的供应链之中。供应链协同管理的效率取决于产品复杂性、供应商的数量、原材料的可用性、供应链长度以及客户的数量。对大多数制造商而言，其上下游的供应商、分销商以及消费者各自形成一个网络，然后通过制造商连接形成整个完整的供应链网络。在这种网络结构中，各供应链节点的信息需要依赖供应链逐级传达，而且各节点之间的关系紧密程度不同，重要节点间可能需要更紧密的关系管理，节点企业需要根据自身状况选择最合适的合作伙伴，此时各节点之间的信息共享就更加重要。

供应链大数据分析应用通过集成大数据、云计算、人工智能等各类技术，实现对供应链中各类资源的调度和管理，比如供应链中原材料的采购、产品配送、人员调度等。数据管理与服务是对海量数据进行分类、共享和可视化，为各类模型的构建和分析提供可靠的数据源，比如需求预测模型、销量预测模型等。同时，利用供应链大数据能有效监视和分析供应链各个节点的生产运作情况，帮助节点企业快速处理运营中的问题。

利用供应链大数据可以解决供应链协同管理存在的地理限制和时间限制。供应链企业可以在全球范围内寻找最合适的供应商和合作伙伴，有助于提高供应链的整体质量和市场的竞争活力。供应商、制造商、分销商、渠道商和消费者之间数据的深度共享，有效降低了供应链成本，提高了供应链的响应能力，打通了供应链上下游信息、数据、资源的高效协同，破除了信息孤岛，提高了供应链各节点间的协同能力。

大数据驱动的供应链协同管理的优势主要体现在以下几个方面。

1）大数据可以帮助企业对历史用户的销售数据、采购数据等进行搜集与分析，合理地预测消费者的购买行为，有效地预知市场需求所在，为市场反应提供了可靠的基础。在此基础之上，可以构建出市场的需求供应模型，帮助企业有效地识别市场所需，加大其对核心业务的投入，实现利润稳步增长。同时，能够帮助企业及时、有效地掌握原材料的采购信息，这使得存货的采购人员能够从繁杂的劳动中解脱，进一步开展高价值的企业活动，为企业创造更大的价值。

2）通过供应链大数据，可以有效地操控生产流程，实现基于大数据的数字化生产模式。企业利用消费支付以及购买行为的数据分析能够更加准确地预测消费者需求，将其充分融入企业产品的生产和设计中去，极大地增强了企业的市场竞争力。大数据能够快速融入供应链，不仅在于其能够帮助企业精准、快速地做出决策行为，还在于企业借助大数据能够对供应链中存在的风险进行合理的规避。大数据技术能够有效地促进供应链高效地分配企业资源，最大限度地缩短企业配送时间。

3）借助供应链大数据，可以有效针对物流运输环节的路线进行合理的规划和安排，找到最佳运输路线，对物流运输过程中的路况进行实时监控，尽可能地避免拥堵路段，对天气状态也可以进行有效监控，在恶劣天气合理地安排物流运输，提高了企业物流的配送效率。

4）大数据技术的应用可以整体提高企业财务管理的效率，有效地降低供应链内部的各个环节之间的交易成本，同时也能够更好地为企业的财务预测服务。

基于供应链大数据的供应链协同管理能满足供应链各节点的业务需求，物联网、云计算、人工智能等技术全面提升了各业务功能的运行效率，比如智能仓储管理、智能配送、智能财务等。利用供应链大数据可以实时跟踪供应链各节点的生产状况，对异常的供应链节点进行快速排查和处理，提高了供应链整体的运行效率，提高了供应链的协同能力。

1.4.3 提高企业供应链管理效益

现阶段企业的发展中，供应链管理所涉及的领域越来越多，更加系统化、复杂化，供应链管理在数据信息处理方面表现得更加准确和及时。但是随着企业的壮大，数据的规模有了巨大的增长，这就需要更加高效的技术手段来处理海量的数据。应用供应链大数据可以帮助企业实现对数据信息的高效处理，对供应链管理下所包含的各类数据信息进行整理、分析、预测等，实现以相对较低的成本提取数据价值，合理地利用数据，提高企业供应链管理的效益。

（1）整合信息，评估市场

随着市场竞争加剧，市场中的各类信息需求呈现出快速、多样的特征，通过信息整合，对这些信息萃取、过滤、分析、优化，减少了无效信息的干扰，能够有效、及时地获取最有价值的信息资源，帮助企业评估市场需求，根据市场变化把握商机，从而获得更多有效的信息价值，协调供应链上下游业务关系，优化业务流程。

（2）控制成本，完善决策

通过对供应链大数据，可以精准分析出企业想要获得的客户群体，针对这些群体的属性选择最优营销渠道和营销方式，还可以发掘出数据的隐藏价值，拓展企业的业务机遇，以最低的成本获得大量有效的客户资源，实现从根据经验到根据实时数据分析决策的过渡，实现供应链需求同步化、资源可视化以及成本利用最大化。

（3）仿真模拟，拓展业务

大数据分析已经逐渐应用到供应链的各个核心业务环节。产品的设计开发、选择供应商、采购原材料、生产制造、仓储管理、运输销售、售后服务、信息反馈等节点均可利用大数据进行建模和仿真。此举不仅可以帮助企业开发人员在不同的系统配置下进行分析，拓展信息获取、物资调控、客户跟踪等业务活动，还可以提升反应的敏捷度，促进供应链各环节紧密联系，借助大数据提高效率，平衡成本和绩效，进一步拓展企业业务。

（4）优化资源，提升效率

供应链大数据具体应用于销售、生产、库存、营销、消费者行为等环节，能够有效地优化企业资源配置，提高供应链的协同运作效率，改善供应链上下游关系，并且有助于研究消费者的消费习惯，优化供应链流程，打造个性化市场，实现供应链整体价值和消费预测及精准营销，充分发挥大数据的价值，建设智能型供应链。

对于企业发展而言，合理利用供应链大数据的优势，充分挖掘数据信息的有利价值，同时将大数据和供应链管理相结合，实现优势互补，有利于企业在管理方面的精准决策，促进企业的经营管理水平的提升。

本章小结

在供应链管理中应用大数据分析为企业带来了巨大的竞争优势，大数据驱动企业供应链管理进一步转型升级，朝着智能化方向发展。大数据背景下，供应链管理决策主要由两个关键部分组成：第一个是供应链网络设计，包括物理结构以及系统内业务环节设计，这些是采购、制造物流以及销售环节的组成部分；第二个是信息技术，信息技术使信息共享、传播和处理协调统一，是大数据分析的核心。

在供应链管理中应用大数据分析，能够实现供应链智慧化。智慧供应链是指利用移动计算、物联网、云计算、人工智能技术、网络与通信技术、安全技术等一系列新兴技术对传统供应链的升级。销售点数据和射频识别两项技术共同实现了供应链智能化，它们共同建立了信息流，用于更好地理解消费者需求，管理库存、供应和货源，协调供应链的各个方面。

供应链大数据指的是从进货到销售的整个供应链环节中、在所有供应链企业主体中所产生的海量、高增长率和多样化的信息数据。供应链大数据的主要构成有采购大数据、生产制造大数据、物流大数据、销售大数据、供应链金融大数据。

在海量数据飞速运转的新时期，大数据在供应链管理中的价值不容小觑。供应链大数据的应用可以加快供应链数字化转型，并生成智慧型供应链、提升供应链协同管理能力、提高企业供应链管理效益、优化企业供应链流程，打造更适应市场要求的新型产品。

本章练习

一、思考题

1. 大数据具有哪些特征？
2. 与传统供应链相比，智慧供应链具有哪些特征？
3. 供应链大数据由哪几部分构成？
4. 应用供应链大数据有哪些价值与作用？

二、讨论题

1. 通过调查了解，介绍供应链大数据在现代供应链管理中有哪些应用场景？
2. 结合智慧供应链的主要实现技术，讨论这些技术是如何应用于智慧供应链中的？

三、案例分析

AI 与云计算，智慧供应链两大驱动

在 BlueYonder 的官方首页上写着这样的口号：在当今不确定性大增的全球环境中，时间就是效益。BlueYonder 端到端的数字化交付平台专注于为全球领先的优秀企业提供无缝的商业体验，帮助他们以智能化方式服务客户，主动、迅捷地预测、管理各类突发事件。

运营高效和始终在线的数字供应链是最终的目标。运营高效的关键是人工智能，而始终在线就必须依赖云平台。

首先在人工智能方面。麦肯锡预计，未来 20 年间，仅通过在供应链和制造环节中应用 AI，企业便可每年创造 1.32 万亿~2 万亿美元的经济价值；同时 87%的企业软件将内嵌 AI 能力，83%的企业软件将包含基于云的 AI 开发服务。

BlueYonder 的人工智能供应链管理平台恰是 AI 技术与供应链技术的整合，可按需提供自动化的供应链管理功能，引导并使企业的业务领先于市场变化。并通过供应链管理（JDASCM）平台，加速企业生产目标的实现，并协助企业精确制定供应链策略。例如，BlueYonder 的制造计划解决方案可以利用行业领先的需求计划、库存优化、企业供应计划、订单承诺、工厂规划和排序以及销售和运营计划等功能，帮助企业有效地解决供应链的复杂性问题。

其次，在云平台方面。BlueYonder 与微软紧密合作，在微软 Azure 云平台上搭建完成了开发认知型 SaaS（软件即服务）解决方案。该解决方案基于边缘传感器，能更快地响应消费者需求信号、认知洞察和智能决策。微软 Azure 也将进一步推动该解决方案的发展步伐，在云系统、现场解决方案和边缘应用等方面为客户提供全方位的无缝体验。

微软与 BlueYonder 强强联合，并通过线上方式帮助企业客户快速了解怎样通过基于微软 Azure 和 AI 服务的智慧化的供应链管理，补足短板，实现精准获客、节省开支，从而提高企业单位产出的人效比。

BlueYonder 与微软 Azure 在智慧供应链服务上优势互补，BlueYonder 的核心解决方案及其数字化履行平台可帮助用户全面实现计划、执行、平台和零售流程的数字化交付，而通过微软的 AIML 技术驱动供应链端到端的可视化流程梳理优化和管控能力优化，并通过强大的扩展能力和广泛的增值合作商体系构建量体裁衣的解决方案。

这其实就是一种能力化的表现，将智慧供应链的管理能力以云服务的形态输出给行业，任何企业都可以将这种能力与自身行业属性相匹配，借此实现传统供应链的数字化革新，并最终走向智慧供应链，在未来的企业竞争中占据先机（资料来源　郑凯. 供应链数字化转型的"智慧之路"[R/OL].（2021-01-13）[2023-06]. https://baijiahao.baidu.com.）

根据案例回答问题。

1. BlueYonder 的人工智能供应链管理平台可以为企业提供哪些服务？
2. BlueYonder 与微软 Azure 的强强联合，对于智慧供应链的形成有何价值和意义？

第 2 章　供应链大数据平台

学习目标

- 了解供应链大数据平台的概念与分类，掌握供应链大数据平台的主要功能与特性。
- 掌握供应链大数据平台框架的构成。
- 理解我国供应链大数据平台的发展现状。
- 熟悉供应链大数据平台的典型应用，理解供应链大数据平台的发展趋势。

导入案例

大数据助力北国商城实现供应链管理协同化、透明化、智能化升级

北国商城股份有限公司（简称北国股份）是北国人百集团主力企业，成立于 2001 年，主营零售百货、超市连锁、电器连锁、珠宝连锁、奥特莱斯、餐饮娱乐、仓储运输、批发配送等。旗下共拥有各类门店 240 多家，大型配送中心、物流产业园各 1 家，运输车辆 300 余辆。

2019 年，北国股份投资建设北国高科技物流产业园，占地 303 亩，由智慧物流运营中心、常温配送中心、生鲜及食品加工中心（中央大厨房）、电器配送中心、电商物流城市集配仓、铁路物资集散中心及量贩式购物广场七个功能模块组成，为北国商城各业务板块提供配套供应链支持，并承接第三方业务，物流产业园的年货物配送额达 100 亿元。

北国商城与富勒合作，应用 FLUX SCE（包含 OCP、WMS、TMS、Datahub）供应链执行解决方案，构建协同、透明、智能的供应链管理体系，为北国商城的常温、生鲜、电器、电商以及快速增长的 3PL 等全业务板块的高效运营，提供柔性的数字化供应链支持。

1. 协同化

（1）订单协同平台，高效管理全渠道、多业态业务

北国商城销售渠道多，包括传统门店、电商平台以及其他社会渠道，业态丰富（包括零售百货、超市连锁、电器连锁、珠宝连锁、奥特莱斯、餐饮娱乐等），因此订单类型繁多，涉及作业机构多，作业环节多。FLUX OCP 提供统一的订单协同平台，通过 FLUX Datahub 与上游 ERP、北国 ERP、电商平台、供应商订单系统等无缝对接，实现线上线下全渠道、多业态订单的统一管理，并通过多系统协同作业，简化作业流程，提高物流中心作业效率。

（2）全网库存共享，提升供应链效能

北国物流作为供应链服务平台，为货主提供专业、优质供应链物流服务。通过 OCP 订单协同平台，实现全网库存共享，货主的商品可以存储于多个仓库，OCP 系统根据订单归属自动寻源，分配库存，全网库存统一管理，库存共享，所有订单可按区域、库存量选择最优出库地点，从而提高订单执行的灵活性和库存的利用率。

（3）供应商直通作业

供应商直通作业，即供应商商品在物流中心直接中转、发运至门店，节省了商品在库内的作业过程，提高了发货效率。北国原有流程只能支持整箱直通作业，而随着新零售小业态占比增

加,拆零直通业务需求越来越多。FLUX 系统很好地支持了拆零订单的直通作业。OCP 系统自动计算终端订货需求,通过 API 传输给供应商,并指导供应商按门店订货需求,分别拣选包装,打印相应的送货标签。仓库 WMS 接收来自 OCP 的订单,自动计算并生成越库作业指令,拆零直通商品在库内合并装箱打印箱标签后,直接送至集货位。

(4)多系统协同,简化操作

供应商通过 OCP 平台预约送货时间,OCP 传送信息至 WMS,WMS 自动分配月台并将信息传给园区管理系统,电子看板可视化显示相应月台号;园区闸口系统同步接收相关信息,对预约车辆自动放行;确认卸货完成后,相关信息回传各系统。对于常入车辆,WMS/TMS 直接指示相应收/发货月台。多系统联动,简化供应商入园流程,提高了园区月台使用率,减少了等待时间。

2. 透明化

(1)载具全流程管理

载具(如托盘、周转箱、周转筐等)管理是商超业态的一大特色,应用场景贯穿仓库、门店、供应商租赁、司机运输等多个作业场景。FLUX SCE 方案为北国设计和实现了载具全流程可追溯管理,对内实现了标准化载具管理,在载具流通的各个环节,使用 WMS/TMS 客户端、RF、手机 App 等采集和记录载具的数量、位置、状态等信息,全流程可跟踪、可追溯;对外实现和上下游供应商及门店客户的载具共享和租赁管理、系统记录和提供的载具流转信息,为后续的费用管理与供应商额度管理提供依据。

(2)唯一码安全溯源管理

越来越多的商品(如电器、奶粉、高档酒品等)需要溯源管理,富勒方案为北国的商品安全溯源提供了唯一码管理方案,通过与上游系统的对接,获取商品唯一码信息,在供应链流转各环节,读取、记录、校验唯一码信息,完整记录商品流转过程,正向可查询,逆向可追溯。并根据预设规则,在出现异常时系统可自动发送预警消息,便于召回及其他后续操作。

(3)订单生命周期可视化管理

FLUX SCE 方案提供的订单可视化管理,能够为供应商、门店提供直观且即时的订单视图,从而合理安排运营,提高运营的灵敏度和准确度。系统采集订单全链路各环节的状态信息,供应链上的各相关角色(如供应商、仓库、运输、运营、门店、消费者等)都可以通过客户端、微信公众号、小程序、App 等多种途径查询订单实时状态,合理安排后续作业。当订单出现异常时,系统也会将异常原因及处理结果自动通知相关联系人,以便及时调整策略和应对处理。

(4)运输可视化

通过对接北斗、GPS 等系统实现可视化在途跟踪,随时掌握车辆运行状态及位置,直观展现运输过程,对商品、车辆、司机进行全面监控、调度、保全;系统的自动化调度功能可基于即时车辆信息对在途车辆随时下达承运指令,提高车辆利用率和运输效能;可观测、监控异常,便于及时发现和干预处理。

3. 智能化

(1)库存优化、运营提升

基于 OCP 系统对订单的分析,为货主提供优化库存、自动补货等增值服务。OCP 系统可根据货主进出库频率和数量等分析货主库存结构,提供货主补货建议及合理化运营建议等,帮助货主优化库存成本和提高供应链效率;采购、供应商可通过 OCP 的订单分析结果,制订合理的生产及采购计划,提高库存周转率,降低商品积压,优化库存成本,提高资金周转率。

(2)基于订单结构分析的拣货策略

通过对订单结构的分析,WMS 系统制定了相应的拣货策略,多种策略灵活应用,从而提升作业效率。针对 BC 类商品拆零拣选,采用分区接力/并行拣选的模式,分多个作业区段,系统指导各区段作业人员结合手持终端并行作业，大幅提高作业效率。针对订单产品行偏小而数量庞大的电商订单，采用合并拣选二次播种作业模式，WMS系统按预设算法规则自动生成合并拣选任务，合并拣选完成后，采用移动式播种墙进行二次播种。

（3）智能调度

北国TMS采用先进的自动调度功能，系统自动分配订单，自动指派车辆，减少人工参与，提高效率。TMS接入订单，根据送货地址匹配线路，自动寻找该线路下的在途车辆，优先选择在途未满载车辆，匹配成功则通过司机App发布提货（或配送）指令；匹配失败，则发布抢单任务，寻找该线路下的空车，司机通过App进行抢单。若规定时间内无人抢单，则转做人工调度。

项目整体收益体现如下。

1）供应链全程透明化、协同化管理，整体效率显著提高。
2）供应链控制塔，数字化展示业务全景，订单状态一目了然。
3）管理提升，定制化多维管理报表，提供决策依据。
4）全流程绩效管理，提升员工积极性。
5）智能化仓配作业，日配送效率提升两倍。

用户对项目的评价如下："应用富勒FLUX SCE供应链执行解决方案（OCP、WMS、TMS、Datahub），北国商城实现了多业态全渠道业务的供应链协同化和全程透明化管理，在智能化方面也做了更多的优化升级，使得设备的利用率、仓库作业效率、配送效率显著提升，物流园区的日配送量达到5万箱，相较于系统上线之初，配送效率提升了近2倍；而相较于之前的粗放式管理时的日配送6000箱，配送效率总体提升了7倍多。"（资料来源　富勒科技. 北国商城实现供应链管理协同化、透明化、智能化升级实践[Z]. 2020.）

2.1　供应链大数据平台概述

2.1.1　供应链大数据平台的内涵

1. 供应链大数据平台的概念

供应链大数据平台（SCBD）以"数据可视""提质增效"为目标，通过供应链大数据采集、分析、应用，用数据指导公司经营决策，实现精益化管理与可持续发展目标。平台集成公司核心业务应用系统数据及行业数据，通过构建数据仓库，建立分析模型，实现采购、仓储、物流等供应链全场景经营数据分析与展示，具备供应商等企业风控预警能力。

2. 供应链大数据平台的分类

按照功能的不同，可以将供应链大数据平台分为交易、交付、金融三大类，即供应链大数据交易平台、供应链大数据交付平台和供应链大数据金融平台。

供应链大数据交易平台主要是三大类：撮合性质、自营性质以及一些线下业务转到线上的在线业务（如强势核心企业的订货平台、分销平台）。这些平台的共性是创造并形成了商流。

供应链大数据交付平台主要包含供应链大数据服务B2B平台，典型的像一达通，当然还有更多的采购执行、分销执行等贸易执行平台，这里的供应链作为一种服务，看上去是买卖关系，但是不同于撮合、自营以及核心企业的采购与分销，它是一种按照委托单位的要求执行贸易任务的委托关系，所以，对于受托方来讲就是提供了一种供应链大数据服务而已。这里需要延伸一下，其实物流行业B2B也是属于这一范畴。

供应链大数据金融平台包括比较多的细分，因为供应链大数据交易B2B平台和交付B2B平台都有强烈的资金需求，那么供应链大数据金融 B2B 平台就应运而生了，供应链大数据金融 B2B 平台又分为自营型和撮合型，自营型就是平台公司通过平台作为资产流量入口；撮合型则是资金方入驻平台，然后让资产与资金对接，平台本身不参与其中。

供应链大数据交易平台、供应链大数据交付平台和供应链大数据金融平台三者的关系比较复杂，往往同时提供交易、交付、金融等服务，例如，一达通全名为阿里巴巴一达通，客户在阿里巴巴平台达成了交易，一达通提供交付，一达通同时还提供供应链金融服务。供应链交付 B2B，一般也会增加供应链金融 B2B 服务，况且，客户也有这个强烈的需求，好处就是商业模式与盈利模式可以扩展与转变。供应链金融 B2B 也有提供纯资金服务的，如银行等资金方，但是像保理公司一般没有资金，往往这些平台也有转型的趋势，从而提供供应链服务交付，二者融合起来。

一般来讲，供应商和制造商的信息交换是一种繁杂无序的状态，制造商难以进行信息的查询、反馈，很难通过获得的信息对多个供应商进行有效的管理。各节点企业共同打造供应链大数据平台后，这一平台对信息进行萃取、整合、优化，依靠信息聚合，避免噪声数据和低质数据在供应链各成员企业之间传递，减少对供应链有效运营的干扰和不准确信息带来的影响。通过大数据平台，制造商可以主动根据运营的要求对供应商数据进行有目的、有针对性的管理。

2.1.2　供应链大数据平台的主要功能

供应链大数据平台的主要功能如下。

1. 连接企业供应链全程的各个环节，建立标准化的操作流程

通过供应链大数据平台，实现供应链全程的各环节计划、采购、交付到营销之间无缝衔接，建立标准化的操作流程，提高各环节的协同性，缩短供应链响应时间，降低采购成本、物流成本、仓储成本、营销成本等，成本的进一步降低最终会传导给消费者，满足其对高品质、高性价比的产品和服务的需求，确保服务质量并优化客户购物体验。

2. 整合数据资源

建立供应链企业大数据中心，实现供应链企业大数据全景视图。完成内部数据共享，实现内部系统数据整合和互联互通。促进内外数据交融，实现企业外部数据与内部数据的融合。激活沉睡历史数据，实现内部"沉睡"历史数据整合，盘活沉淀数据资产。

3. 挖掘数据资源

构建数据分析模型库，实现数据发掘的模型化分析。完成外部信息智能化分析，实现竞争情报分析能力。完成结构化和非结构化数据的整合与挖掘分析能力。建立数据探索分析能力，发现数据背后的隐藏规律。

4. 利用大数据预测消费者需求

基于供应链大数据平台，可大量收集消费者数据并进行综合处理分析。仓库人员可以利用该平台分析具体销售数据，优化产品分类，将产品分配到各个销售网点；营销人员可以利用大数据确定顾客需求以及需求的时间、地点；供应商可以利用大数据对自家的产品进行追踪，了解不同产品的销售情况，还可以对数据库信息进行查询，了解销售、装运、订单等相关信息。利用大数据对全球供应链网络实施应用分析，能够更加深刻地了解客户偏好以及购物行为，占据行业领头羊的地位。

5. 打通数据信息，协作共赢，实现协同化、一体化的供应链管理

建设数字化供应链需要获取供应链中不同参与者的数据，仅靠供应链自身的运作是无法实现供应链数字化转型的。在供应链上下游的各个环节，不同企业的信息技术系统正在产生大量复杂的数据，而这些数据目前却只能存在于各个企业的信息技术系统中，致使上下游的每个企业都积累了大量的数据，比如制造环节的数据、销售数据、促销数据，却无法充分合理利用并挖掘这些数据。企业若想从中获益，必须将这些数据放在供应链中实现数据共享，与运营数据结合起来促进企业决策。精准的需求规划需要来自零售商的关于消费者的数据，但是很多消费数据被零售商据为己有，造成数据链断裂，单靠制造商和供应商两方的数据无法打通供应链的上下游，数字化供应链也就无从谈起。因此，企业需要依靠供应链中其他参与者的协同，转变思维，打通整个供应链，协调各个环节，共享数据，共担风险，持续发展，协作共赢。

6．流程设计合理化

（1）改善库存管理

利用数字化技术结合大数据分析法进行库存管理，例如，将射频识别标签贴在水果上以跟踪检测库存量、货物所在位置情况、运送货物情况，再结合销售记录、销售网点数据、顾客反馈、天气预报、季节性销售周期等不同数据，提高预测准确性，最后将这些预测与当前库存量联系起来，不断优化库存水平。较低的库存水平可以提高服务质量，实时货物检测能够匹配供求关系，这些精确的信息会反馈到库存计算的各个环节，包括计划生产、库存水平与订单量。

（2）改善质量管理

企业可以通过在产品上安装传感器等方式来实时监测产品性能。丰田是利用数字化手段进行质量管理的典范，通过安装预警系统及时发现车辆故障，避免造成巨大损失，又通过分析软件分析保修服务分类记录的汽车故障、技工的记录、客户服务中心的通话记录，通过分析多方数据来掌握规律，及时发现故障，后台系统一旦发现问题，就会发出风险管理的警告。

（3）改善员工管理

员工调度是非常重要的问题，通过更合理的方式进行员工调度，不但能够缩短管理时间，还能够更好地根据员工技能匹配岗位，从而在顾客到达指定地点时提供优质服务。结合大数据分析技术，信息系统可以根据即将进行的促销活动、即将到仓的货物以及当地宏观经济数据精确预测消费者需求变化，系统会自动选择生产力较高的员工，在销售高峰期调度这些员工，提高企业效率，节省成本。

7．全面加强决策能力

统筹战略战术决策，全面加强数字化决策能力。预测与监控协同统一，树立事前有预测、事中有监控、事后有分析的决策机制。研发生产与市场运营联动，构建数据运营体系，提高决策敏捷性。运营分析一张图，打造价值全景视图，辅助决策者做到心中有数、决策有据。

综上所述，供应链大数据平台贯穿了生产、交易、物流、结算、金融等多个环节，推动上下游产业链协同发展。平台以交易商城为核心，数字赋能、金融赋能为两翼，构建起一个数字化、高效、透明的供应链生态圈。供应链大数据平台的成功搭建，不仅可实现企业现有供应链业务交易的线上化、仓储物流的全流程监管、生产的数字化管控、大数据驱动运营以及企业内综合业务模式与智慧化管理水平的提升，而且构建出一个更加绿色、低碳的运力池，助力供应链企业的发展。

2.1.3 供应链大数据平台的特性

供应链大数据平台是智慧/数字化供应链的运作依托，是打造智慧供应链生态系统的核心要素，应能够满足智慧供应链生态系统运作与管理要求，体现智慧供应链的系统特色，其具有以下特征。

（1）强大的数据处理能力

供应链大数据平台具备流式处理、内存计算、批量处理、数据检索、数据统计、图计算、机器学习、图像识别、语音处理、自然语言处理能力。

（2）全面可靠的安全保障能力

供应链大数据平台提供网络安全、应用安全、数据安全、存储安全和账号安全等多重安全保障，通过先进的安全理念和系统架构确保用户源数据安全。实现用户数据标签化，保障企业数据安全性，真正实现数据流通的可能。

（3）丰富的异构数据支持能力

供应链大数据平台支持各种关系型数据、非关系型数据（JSON、GIS、视频、语音、图片等）的存储和处理分析。

（4）简单易用的数据分析能力

无须技术背景，数据分析人员即可通过可视化界面轻松完成各类业务分析，同时也可使用内置算法模型，简单操作即可实现对数据深层价值的挖掘。

（5）高效快捷的部署对接能力

供应链大数据平台支持快速部署，迅速打通企业内部的各类数据源以及多种架构的业务系统，并可根据具体需求进行功能扩展，灵活方便，无须组建专门的技术团队。

2.2 供应链大数据平台框架

不同企业，面向不同的应用，其供应链大数据平台框架会略有不同，一般来说，主要包括数据源模块、数据采集加工存储模块、大数据模型库模块、大数据应用模块、大数据共享模块和大数据客户端模块六个部分。如图 2-1 所示为百分点供应链大数据平台框架图。

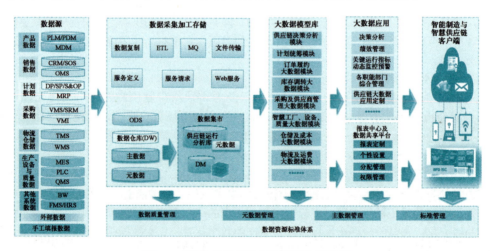

图 2-1　百分点供应链大数据平台框架图

2.2.1 数据源模块

1. 供应链产生的数据特征分析

目前，由供应链产生的数据的规模、广度和深度都在加速增长，为情景智能驱动的供应链提供了充足的数据基础。据统计，供应链中的全量数据主要有 50 多种来源（包括结构化、半结构化、非结构化数据),除去熟知的 ERP、CRM 等内部数据源,还有 40 多种外部数据源。从大数据的三个维度(3V 的角度:数据量大 Volume、高速 Velocity 和多性 Variety)进行了统计分析(见图 2-2)。其中,绝大部分数据都是从企业外部产生的。有前瞻性的制造商已经开始将大数据作为更广泛供应链协作的催化剂。

这 52 种数据源,不仅包含人们所熟知的 ERP、CRM 等系统中的内部交易数据,更包含交通数据、地理位置 GPS 数据、天气数据、社交媒体数据以及工厂生产中机器所产生的实时数据等。这些数据全面而客观地描述了整个供应链流程,为供应链中的决策分析提供了充足的数据。然而值得忧虑的是,SCM 中 80%对分析有价值的数据均为非结构化数据,如交通地图数据、用户反馈(User Generated Contents,UGC)数据、新闻网络中的舆情数据等,均为图像、文本等非结构化数据。

图 2-2 中的三个椭圆显示了供应链所接触的核心交易数据、供应链内部交易数据和各种外部数据源。外侧椭圆(其他数据)沿品种轴线具有最宽的视野,显示了供应链外部数据源的各种性质。此外,外部数据的数量和变化速度平均高于核心交易和内部交易数据。

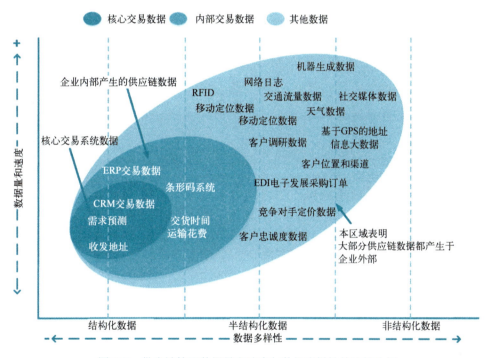

图 2-2 供应链管理数据量和速度与数据多样性的比较分析

所以,无论从数据源的广度、数据量的大小还是从非结构化数据的比重来看,现有 SCM 数据的处理对传统的关系型数据库而言都是很大的挑战。而基于 Hadoop 生态的大数据处理技术为以上所有问题提供了完备的解决方案,使得人们对大量、多源异构的供应链数据的存储和计算成为可能,而数据的获得是人们对供应链进行大数据分析的重要基础。

2. 供应链中大数据的五个主要来源

图 2-3 显示了供应链中大数据的五个主要来源:销售点(POS)数据、RFID 数据、供应商数据、制造数据和 GPS 数据。其中,RFID 和 GPS 数据可以帮助进行实时库存定位和仓储;销售点(POS)数据是需求预测和客户行为分析的主要助力之一;供应商数据可以帮助制造商监控

供应商的表现,并管理风险和产能;制造大数据和遥测有助于识别生产瓶颈和即将发生的机器故障,从而消除破坏性的机器故障。

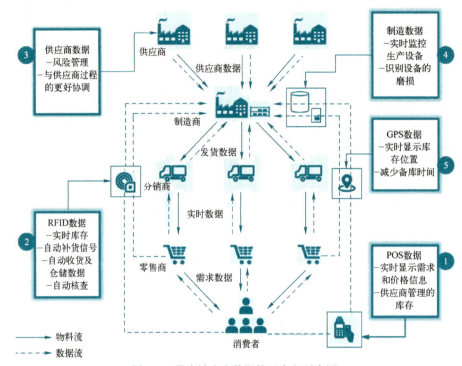

图 2-3　供应链中大数据的五个主要来源

3. 供应链大数据的类型

大数据在供应链中的应用有三种:①与业务相关,比如用户画像、风险控制等;②与决策相关,数据科学的领域,了解统计学、算法,这是数据科学家的范畴;③与工程相关,如何实施、如何实现、解决什么业务问题,这是数据工程师的工作。数据源的特点决定数据采集与数据存储的技术选型,易观智库根据供应链数据源的特点将其分为四大类:结构化数据、非结构化数据、传感器数据和新类型数据。

(1) 结构化数据

典型的结构化数据有交易数据和时间段数据。结构化数据由于其形式的限制,对于预测式分析能够起到一定作用,但仍需要加入更多的非结构化数据、传感器数据、新类型数据,才能提高现有数据的应用价值。

(2) 非结构化数据

典型的非结构化数据包括库存数据、客户服务数据、渠道数据和社会化数据。目前,传统信息系统中的数据显示为结构化数据,更多用来通过历史数据进行分析和预测,预测和分析的结果准确度差。若要满足大数据预测,则需要引入更多非结构化库存数据。

(3) 传感器数据

典型的传感器数据包括温度数据、QR 码、位置数据和 RFID 数据。目前处于积累阶段,技术成熟度有待提高,未来随着物联网技术的发展将形成新的产业,构建新的物流供应链,从而为供应链金融等带来巨大商机。

(4) 新类型数据

典型的传感器数据包括地图数据、声音数据、视频数据和影像数据。目前更多用于数据可视化领域。这部分数据使大数据的质量进一步提高,实时性更强,数据分析的精准度更高,但目前这部分数据的应用价值尚未很好显现,有待进一步挖掘。

2.2.2 数据采集加工存储模块

1. 数据采集

大数据技术针对网络数据、系统日志以及其他数据,采用了不同的采集方法。

(1)网络数据采集方法

网络数据采集是指通过网络爬虫或网站公开 API 等方式从网站上获取数据信息。该方法可以将非结构化数据从网页中抽取出来,将其存储为统一的本地数据文件,并以结构化的方式存储。它支持图片、音频、视频等文件或附件的采集,附件与正文可以自动关联。除了网络中包含的内容之外,对于网络流量的采集可以使用 DPI(深度包检测)或 DFI(深度流检测)等带宽管理技术进行处理。

(2)系统日志采集方法

很多互联网企业都有自己的海量数据采集工具,多用于系统日志采集,如 Hadoop 的 Chukwa、Cloudera 的 Flume、Facebook 的 Scribe 等,这些工具均采用分布式架构,能满足每秒数百 MB 的日志数据采集和传输需求。

(3)其他数据采集方法

对于企业生产经营数据或科学研究数据等保密性要求较高的数据,可以通过与企业或研究机构合作,使用特定系统接口等相关方式采集数据。

2. 数据加工存储

采集供应链大数据后,如果只是简单地把这些信息存储起来,这些信息之间若没有适当的交互,就会形成信息孤岛,无法产生价值。所以,采集数据后,至关重要的一步就是数据加工,包括数据的整合和打通。数据打通可以保证供应链中信息流的顺畅,整个供应链将变得透明化。此时,物流就可以根据交通情况、天气情况、订单的分布情况及产品的生产情况等,进行实时调整,保证最高效运行。而若供应链中每一步都可以根据其相关环节的信息进行实时优化,就可以实现智能协同供应链。而供应链大数据分析主要集中于四个环节:采购(Procurement)、仓储和运营(Warehouse and Operations)、物流(Transportation)、需求链(Demand Chain)。以这四个环节为中心,对供应链中的各种数据源进行整合和打通后,信息的流通和共享变得一目了然,如图 2-4 所示。

常见的大数据加工方法有三种,实际的应用中根据不同的需求可能会使用某种方法,或者同时使用多种方法。

(1)相似关联

这种加工方式并不难理解,专业的说法是协同过滤,就是要收集大量的用户浏览记录,通过相似行为进行关联推荐。例如,通过大数据给两个同学贴标签,包括"性别、年龄、喜欢的颜色、喜欢的明星、爱买的东西、爱去的地方"等,然后发现 A 和 B 的标签有很多相似之处,这样就可以将 A 喜欢购买的东西推荐给 B。

这种加工方式简单,逻辑清晰,可行性强,因而被大多数企业采用,例如,今日头条、天天快报等都采用这种算法。但它也存在缺陷,由于获取数据的手段有限,有时候并不能真实反映用户对信息的需求,很容易让用户深陷在自己的"兴趣爱好"当中,难以扩展。

(2)隐式搜索

这一算法模式看起来高端,其实很简单。其核心内容为"搜索",比如在某个软件中搜索了关键词"科学",那么该算法就会在大数据中挑选"科学"的相关信息数据主动推送给你,同

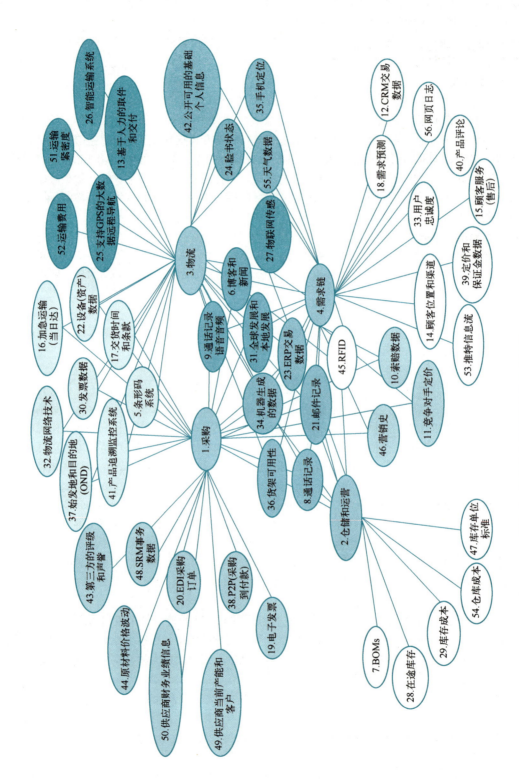

图 2-4 供应链大数据的四个主要环节

时获取你的兴趣数据。而所谓的"隐式"其实就是根据关键词"主动"推送。

这一"加工"大数据的方法是建立在搜索引擎普及之后的，与"相似关联"类似的是，不同的人搜索相同的信息有不同的目的，而不同的时间、地点搜索同样的信息也有不同的目的，用同样的标准衡量用户行为，容易产生误判。但这种算法比相似关联仍有一定优势，相似关联只能通过自身的标签做推送，相比而言，隐式搜索能扩展的范围会更大。

（3）社群+大数据

这一加工的手段相对前两个来说更智能，也是目前所有加工算法的发展趋势，它要求所加工的"大数据"能达到"矩阵"的规模，也就是说，数据的规模要更大。目前，能真正做到"社群+场景"加工算法的只有少数几家互联网巨头。

2.2.3 大数据模型库模块

1. 供应链决策分析模块

综合考虑内部和外部、宏观和微观等多方面因素对制造和供应链运作的影响，平衡企业供应链运作对效率、交付水平、弹性、质量、成本及资源统筹等多个维度的管理需求，化繁为简，全方位智能化支持供应链高效决策。另外，制造工厂和供应链运作还需要与客户端营销环节、产品研发环节及周边财务、人力资源等职能部门在数据层面进行更加高效的协同，提升统筹决策能力。由于在底层数据层面进行了贯通，该模块化的可灵活定制的、增强的大数据解决方案既能满足企业在特定时期、特定职能范畴、特定系统环境下的局部业务需求，又能有机地组合起来，从而满足企业整体决策优化。

2. 计划统筹模块

深度挖掘产品需求计划、物料供应计划、生产计划、产能计划等多个环节中产生的各类数据，结合产品不同生命周期的供需特点，对影响供需平衡的各层面数据进行全面的分析和建模，以实现供应链计划管理能力的精益求精。

3. 订单履约大数据模块

对不同业务模式、不同产品线、不同渠道、不同区域、不同客户、不同时期的订单交付情况进行全周期监控和分析，打通涉及前后端多个职能部门的预测、订单、物料供应、生产工单、仓储、运输、交货、付款等多个环节的信息流，全面提升交付水平和客户满意度。

4. 库存周转大数据模块

兼顾研、产、供、存、流、销等各环节中影响库存周转指标的相关因素，对库存周转进行多维动态的分析监控和预警，变"事后"补救为"事前"智能预警、"事中"智能优化，大幅降低呆滞库存相关损失，从全价值链融合的角度统筹库存周转的相关指标和措施，有效改变之前头痛医头、脚痛医脚的分段管控带来的弊端，避免库存失控的恶性结果发生。

5. 采购及供应商管理大数据模块

对采购订单及商务、物料供应及交期管理、物料成本管理、物料质量管理、供应商管理活动中产生的多样数据进行关联分析和多维建模，可视化监控不同类别物料、关键物料、不同供应商、不同区域的供应能力，动态预警关键指标，预见未来，未雨绸缪，最佳化供应水平及供需平衡。

6. 智慧工厂大数据解决方案

对生产各环节、各系统、各类设备中产生的海量数据进行有机整合和建模，轻松实现多工厂可视化、智能化管理，全面优化人力效率、设备运转及稳定性监控、物料损耗监控、质量管理、产能综合利用及成本管控水平。

7. 设备、质量管理模块

对设备在运行过程中产生的各类数据进行有机整合和建模，轻松实现设备稳定性、能耗等关键指标的集约化、可视化、智能化管理，并可结合 MES、PLC 等系统相关功能帮助企业提升设备稼动率及产出效率、物料损耗监控、维修保养管理、质量管理及成本管控水平，促进设备采购策略优化。

8. 仓储及成本大数据模块与物流及运费大数据模块

利用百分点强大的大数据操作平台和领先的数据分析建模能力，对制造企业或流通企业在仓储布局、日常收发盘点账务管理、运输线路规划、运输方式优化、内外部运输资源整合、设备监控、时效管理、费用管理、人员管理等方面的数据进行高效整合及价值转化，全面提升物流仓储运作管理水平，优化供应链网络布局。

2.2.4 大数据应用模块

目前，已有众多成功的大数据应用，但就其效果和深度而言，大数据应用尚处于初级阶段，根据大数据分析预测未来、指导实践的深层次应用将成为发展重点。按照数据开发应用深入程度的不同，可将众多的大数据应用分为三个层次。

1）描述性分析应用，是指从大数据中总结、抽取相关的信息和知识，帮助人们分析发生了什么，并呈现事物的发展历程。如美国的 Domo 公司从其企业客户的各个信息系统中抽取、整合数据，再以统计图表等可视化形式，将数据蕴含的信息推送给不同岗位的业务人员和管理者，帮助其更好地了解企业现状，进而做出判断和决策。

2）预测性分析应用，是指从大数据中分析事物之间的关联关系、发展模式等，并据此对事物发展的趋势进行预测。如微软公司纽约研究院研究员 David Rothschild 通过收集和分析赌博市场、证券交易所、社交媒体用户发布的帖子等大量公开数据，建立预测模型，对多届奥斯卡奖项的归属进行预测。2014 年和 2015 年，均准确预测了 24 个奥斯卡奖项中的 21 个。

3）指导性分析应用，是指在前两个层次的基础上，分析不同决策将导致的后果，并对决策进行指导和优化。例如，无人驾驶汽车分析高精度地图数据和海量的激光雷达、摄像头等传感器的实时感知数据，对车辆不同驾驶行为的后果进行预判，并据此指导车辆的自动驾驶。

当前，在大数据应用的实践中，描述性、预测性分析应用多，决策指导性等更深层次的分析应用偏少。具体到供应链大数据应用，主要包括绩效管理、决策分析、关键运行指标动态监控预警、各职能部门综合管理和供应链大数据应用定制等几个方面的应用。

1. 绩效管理

大数据的 4V（Volume 大量、Velocity 高速、Variety 多样和 Veracity 真实性）特点，可以充分解决传统绩效管理中的问题，发挥绩效管理的真正价值。其对绩效管理的重构主要体现在以下三个方面。

（1）基于大数据的战略化绩效管理

基于大数据平台，绩效管理从关注指标向关注战略目标转变。随着数据获取成本的降低，企业可以随时获得多样化的、大量的数据，数据的获取将不再成为问题，及时性也得到了有效的解决，每个部门、每个人的工作可以随时响应外部环境的变化，根据客户需求的变化及时调整和修正自身的行为，因此，绩效指标的设计和调整也需要能够及时跟上这种变化，员工不再担心指标制订后与实际工作脱节的问题，可以全身心地聚焦于自己的工作，始终保持与企业战略目标的一致性。

（2）基于大数据的过程化绩效管理

基于大数据平台，绩效管理从关注结果向重视过程转变。数据信息系统将能够随时反映每个员工的工作时间、动作、流程以及成果完成情况，包括生产、销售、人力等各类业务和管理数据在平台上进行汇总，并能够被随时调取和分析。这就为管理者及时进行过程管理提供了可靠的依据，而且绩效的沟通和辅导周期可以从年度、季度和月度缩短到周和天，管理者可以随时关注员工工作完成情况，及时进行监督和指导，这对传统的绩效管理制度和管理方式都是一个重构的过程。

（3）基于大数据的精细化绩效管理

基于大数据平台，可以实现对员工个人绩效从粗放管理向精细化管理的转变。

1）通过对员工个人工作数据、行为数据等的收集及比较和分析，对员工的工作进行精细化管理，便于员工及时发现工作中存在的问题以及绩效改进和提升的方向，并精确地寻求同事和上级的指导和帮助，提升个人工作绩效。

2）通过对员工相关数据的分析，可以对员工的绩效、能力素质等进行精准画像，指出其优势和存在的不足，为员工职业生涯发展规划提供依据。

3）便于管理者进行精细化的绩效评价，由于大数据平台能够实时反映员工绩效完成情况以及与其他员工的对比，这样绩效评价的准确度更高，也更容易被员工接受，通过对比，员工可以明白自己的差距，从而有效激励员工努力工作，不断提升。

当前，一些著名的企业已经开始利用大数据进行绩效管理的变革。以结果考核和末位淘汰而著称的通用电气公司，已经放弃了先前的评估方式，就像通用电气人力资源主管说的，这种方式"更多地变成了一种仪式，而不是推动公司前进的举措"。现在该公司通过一款名为"PD@GE"（意为"在通用电气的绩效发展"）的应用，核心是关注过程，频繁地得到员工的工作反馈，经理会经常与员工讨论工作进展情况并进行指导。因此，大数据对绩效管理的重构将回归绩效管理的本质，赋能管理、激发员工潜能，最终实现员工和企业的共同成长。

2．决策分析

（1）供应链计划，与物料、订单同步的生产计划与决策

有效的供应链计划系统集成了企业所有的计划和决策业务，包括需求预测、库存计划、资源配置、设备管理、渠道优化、生产作业计划、物料需求与采购计划等。企业根据多工厂的产能情况编制生产计划与排程，保证生产过程的有序与匀速，其中包括物料供应的分解和生产订单的拆分。在这个环节中，企业需要综合平衡订单、产能、调度、库存和成本间的关系，需要大量的数学模型、优化和模拟技术为复杂的生产和供应问题找到优化解决方案。

（2）网络设计与优化决策

对于投资和扩建，企业从供应链角度分析的成本、产能和变化更直观、更丰富也更合理。企业需要应用足够多的情景分析和动态的成本优化模型来完成配送整合和生产线设定决策。

3．关键运行指标动态监控预警

对供应链渠道以及生产现场的仪器或传感器网络收集的大量运行指标进行数据的监管、整合与分析，可以帮助改善库存管理、提高销售与分销流程的效率，以及对设备的连续监控和预测性维护。风险预警，在大数据与预测性分析中，有大量的供应链机会。例如，问题预测可以在问题出现之前就准备好解决方案，避免措手不及造成的经营灾难。还可以将问题预测应用到质量风险控制上，如上海宝钢，其生产线全部实现了流水化作业，生产线上的传感器可获得大量实时数据，利用这些可以有效控制产品质量。通过采集生产线上的大量数据，可以判断设备运营状况、健康状况，对设备发生故障的时间和概率进行预测。这样企业可由此提前安排设备维护，保证生产安全。

大数据将用于供应链从需求产生、产品设计到采购、制造、订单、物流以及协同的各个环节，通过使用大数据对其供应链进行翔实的掌控，可以更清晰地把握库存量、订单完成率、物料及产品配送情况等数据指标；通过预先进行数据分析来调节供求；利用新的策划来优化供应链战略和网络，推动供应链成为企业发展的核心竞争力。

4. 各职能部门综合管理

每个供应链企业均包括不同的职能部门，如何解决各职能部门数据孤岛、各自为政、业务不协同等问题，提高业务效率，是每个企业都要考虑的重要问题。供应链大数据平台可以集成各职能部门信息，实现各种复杂的跨部门业务的可靠、可行和高效，具体体现在以下 4 个方面。

（1）建立数据规范体系，保证数据源头统一

建立健全涵盖各业务运营数据、基础数据、主题数据的数据管理体系，制定主数据标准。供应链管理规范业务流程是从客户需求→企业采购→生产→财务→客户等，从每个业务关键环节采集标准的客户、采购、库存、质量、检验、供方、生产等重要信息，所有数据来源于供应链业务链条上产生的客观历史数据，建立相关静态数据及动态数据的规范性，保证数出一源，信息采集全面并且及时，克服主观分析的片面性。

（2）数据信息在各职能部门间及时共享和传递

为了弄清信息孤立、数据孤岛对企业管理的危害，可以看看以下案例。一个电线厂有 3 个顺序生产区。该工厂经常满负荷运转，因此用于修理和维护的时间非常紧张，但又极其重要。3 个生产区都保持着少量的库存，保证生产线在正常的简短停机期间正常运转。尽管如此，当上游生产区的停机时间超出库存容许的期限时，下游的两个区域主管和维修主管经常为此叫苦不迭，他们没有及时得到延误通知。上游的机器操作员在发生故障时是否有第一时间向下游的人发出警告的意识？偶尔有一些人会有，但更多时候，他们没有。上游的每个人都手忙脚乱，试图解决问题，他们没有时间思考下游的问题或者认为不会耽误太久，而且，他们不太确定是否有权提前通知。

在这个案例中，建立通知关系就足以彻底解决问题。一旦信息得到共享，这种类型的通知责任就终止了，至于如何根据得到的信息行动，则完全取决于被告知人。但关键在于，他需要得到信息，然后才能做出最好的决定。因此，企业中各职能部门必须实现数据的开放和各自数据信息系统的相互对接、共享，从而提高工作效率，降低沟通成本，协同推动某一事务的顺利进行。

（3）基于大数据实现各职能部门及上下游间的协同工作

通过物资采购、客户管理等打通企业内部与外部产业链客商之间的数据协同链路，把企业内部以及上下游合作伙伴（即供应商及客户）间的业务看作一个整体功能过程，形成集成化供应链管理体系，达到全局动态最优的目标，以适应市场对生产和管理过程提出的高质量、高柔性和低成本的要求，协同合作，实现战略共赢。

全面获取、传输、管理、集成外部经营环境数据，包括竞争对手数据、行业数据、市场数据、政策法规数据等，通过有效的数据组织管理，实现对集团内部业务数据、外部产业链客商数据、外部经营环境数据等的有效数据融合，从而构建一个以集团业务数据为核心服务于集团业务发展的数据资源池，为建立数据驱动的新型合作关系提供依据和支撑。

（4）基于大数据实现各职能部门间相互监督

制定和实施跨部门联动的企业规章制度和业绩考核制度。一方面，加快制定企业规章制度，对供应链企业各职能部门间关系的权力责任做出明确规定；另一方面，在各职能部门业绩考核的时候，实行关联部门之间的互相考核打分，以此遏制一些职能部门在跨部门治理进程中的故意不作为和搭便车行为，达到推动各职能部门间协同工作的目的。

5. 供应链大数据应用定制

通过大数据与云计算、物联网、移动互联网等新一代信息技术应用的结合，形成数据的全面、透彻、及时的智能感知能力，实现数据的精准洞察；将数据作为一种新的生产要素深度融入并驱动供应链企业的战略管理、创新研发、产品实现、运营管控、价值链管理等业务活动过程，实现各业务活动数据共享和自动化巡航；构建以强大模型与算法库为支撑的自主性决策执行模式，业务上形成一套"数据-信息-知识-智慧"的闭环数据驱动管理模式，提升产品全生命周

期、全业务过程、全价值链等环节的综合创新能力，增强对经营环境与市场需求变化的自适应能力，在信息经济时代高效、优质地满足各类用户个性化、多样化、定制化需求。

2.2.5 大数据共享模块

1. 报表定制与个性定制

对海量的数据进行快速分析，并实现报表内容和形式两个方面的个性化定制。内容上，对供应链各部门业务进行分析，按照业务需求形成各种维度的报表，便于业务人员掌握、分析和传输数据，通过灵活的数据交互和探索分析能力，发现更多的数据潜在价值，为管理者制定决策提供更全面的数据支撑。形式上，报表的分析方式不仅仅限于普通的表格、折线，而是提供多样化的展现和分析形式，包括自助式 BI 分析、数据可视化、报表统计、多源数据整合以及数据填报等功能，既能独立部署使用，也能与其他软件进行深度集成和 OEM（原始委托生产）合作。同时，还支持业务人员自己编制、修改、探索、分析各种业务数据与报表。

2. 分配管理与权限管理

建立覆盖数据提供、共享、使用、反馈等各个关键节点的全流程数据管理模式，保障数据可以安全又便捷地被供应链各部门成员获取和使用，实现数据的检查、分析及持续追踪和质量整改。一方面，帮助不同的业务部门之间方便地分享数据，实现数据的开放管理，优化供应链各部门的数据协同机制；另一方面，对涉及商业机密或个人隐私的数据在分享时进行权限设置、做脱敏处理，实现数据的安全使用。

2.2.6 大数据客户端模块

良好安全的客户端一方面可以提升用户体验和方便客户进行业务决策，另一方面有利于收集和挖掘客户信息，为企业深度定制响应客户多样需求和开展个性化服务打下良好基础。

1. 客户端应用软件的分类

客户端应用软件一般分为资金交易类、信息采集类和信息查询类。

1）资金交易类客户端直接面向用户提供资金交易服务，需要完全满足规范要求。

2）信息采集类客户端不直接向用户提供资金交易服务，但需要采集个人敏感信息，因此隐私合规仍然需要强满足，除了数据回退处理以及防篡改、抗抵赖等需求外，其他方面的需求也需要全部满足。

3）信息查询类客户端仅提供金融产品推介、信息查询、信息推送等服务，因此需要重点满足软件权限以及应用本身开发与设计要求。

2. 客户端的特性

（1）丰富的可视化组件

大数据客户端可提供丰富的可视化组件，让纷繁数据隐藏的价值一目了然。

（2）多界面客户端

大数据客户端全面响应供应链管理的快捷化、移动化需求，助力高效运营指挥和决策统筹。

（3）丰富的营销客户端应用引擎配套

大数据客户端实现了跨站、跨渠道、跨平台的用户及商品流通管理及全业务驱动的用户行为挖掘分析及用户画像个性化推荐。

3. 客户端的设计原则

（1）平台交互性原则

需熟悉对应平台的设计规范，包括界面框架结构、对话框等交互方式，便于设计出符合平台设计规范且友好的产品界面。

（2）业务功能理解原则

需要明白哪些业务功能是产品的核心业务流程，对界面功能的优先级展示会有参考，向用户展示这个产品可以先做什么后做什么，方便用户快速理解产品的设计思路。

（3）以用户为中心原则

关注不同行业的需求特性，对不同行业的客户，需熟悉目标用户在使用产品时的操作习惯和最关注的点，避免设计规划的原型不符合用户认知导致的用户学习成本增加或造成不好的用户体验。

（4）安全性原则

大数据可将互联网中的数据转换成有价值的资源，但在大数据使人们的生活变得愈加方便快捷的同时，安全和个人隐私泄露问题也随之爆发，人们根本不知道什么时候自己的隐私就无意中被泄露出去，这将使人们的生活安全以及隐私保护受到极大困扰，必须从技术、法规等多个角度加以解决，而客户端的设计也应遵循该原则。

安全合规的客户端应用软件，应对 App 个人隐私合规要求要进行明确说明，针对身份认证安全、逻辑安全、安全功能设计、密码算法及密钥管理、数据安全提出明确的测试指标和通过标准。

1）身份认证安全应强调检测客户端身份认证方式、认证信息安全等的输入和展示、认证失败处理机制以及密码的设定与重置方面的安全性。

2）逻辑安全应强调逻辑安全设计、软件权限控制以及风险控制等方面的要求。

3）安全功能设计应强调组件安全、接口安全、客户端抗攻击能力以及环境检测的要求，检测主体从客户端主体到集成第三方 SDK、H5、服务端接口，要求更加全面，通过标准则是从安全防护、安全检测、客户端运行环境监测全方位考量。

4）密码算法及密钥管理强调开发者需要在开发阶段即采取密钥保护措施。

5）数据安全应从数据获取、访问控制、数据传输、数据存储、数据展示、数据销毁（即数据安全全生命周期）角度提出要求，其中，数据获取不仅需要考虑个人信息收集的合规，还需要考虑客户端的防篡改、防注入、防调试等高危风险漏洞，开发者需要从检测到加固做好全面防护；数据传输则是以针对不同场景的安全防护能力作为通过标准，需要对客户端进行逐一的渗透测试以检查薄弱点，点对点整改，此外，针对数字签名，为了保证数据传输的安全性，同样要考量密钥管理条款的通过标准，增加对加密密钥的保护。

2.3 供应链大数据平台的应用与发展

2.3.1 我国供应链大数据平台的发展现状

近十年来，企业的数字化变革是一场持续的工业革命和企业不断创新成长的进程，也是一个数字化持续发展的过程。成功的数字化转型绝不是数字化变革的终点，它将是新的变革的起点。据 Dell 的研究报告，整体来说，全球供应链数字化转型进展缓慢，已有 5%的企业成为数字化转型的领军者，而中国的发展速度高于世界的水平。据埃森哲的研究报告，2019 年有 9%的中国企业跨入了数字化转型的领军者行列，而到 2020 年该比例上升到 11%。数字化转型的领军者实际是指已经完成和基本完成了企业数字化转型的企业，或者它们是数字化的原生企业，国外企业有亚马逊、苹果、微软等；国内企业有华为、阿里巴巴、美的、海尔、京东等。它们虽然先于许多企业完成了数字化转型，已经进入了所谓"后数字化时代"，但并没有停止前进，而是在继续创新技术和商业模式，不断重塑自我，把组织和运营、产品和服务方面的数字化变革，深入到提供智能化的产品和服务；深入到企业文化，以全新的工作方式、全新的与客户的互动方式、全新的认知，深入到可持续发展的循环经济模式等新的一轮变革中，这就是数字化转型的下一步。

1. 发展现状

我国社会化供应链成本占到 GDP 的 18%左右，远高于欧美国家（7%~8%）。传统的企业供应链协同与管理存在诸多弊端，如沟通方式老旧，效率低下；采购协同、互动及跟踪线下进行，无法及时响应变化；企业和供应商系统没有衔接，主要以人工进行催单和对账；产品、物料、价格没有历史记录，后续查证对比缺乏依据；合同模板的定义与审批、补充协议业务没有系统支撑，执行进度难以监督等。2017 年，国务院办公厅发布了《关于积极推进供应链创新与应用的指导意见》。2018 年 4 月，财政部、商务部联合发布了《关于开展 2018 年流通领域现代供应链体系建设的通知》。2022 年，党的二十大报告提出"要着力提升产业链供应链韧性和安全水平"。供应链时代的到来给企业带来了新的挑战与机会，非核心业务外包已成为企业应对环境变化和市场竞争的重要手段。在此大环境背景下，构建一批整合能力强、协同效率高的供应链平台迫在眉睫。

我国现有的国产供应链服务平台起步于 20 世纪 90 年代末。国内第一家上市的供应链公司为深圳市怡亚通供应链股份有限公司，成立于 1997 年，与国内外 2000 多家知名品牌商合作。怡亚通紧密聚合品牌企业、经销商、渠道商、物流商、金融机构、增值服务商等各大群体，以供应链服务为载体，以物流为基础，以互联网为手段，致力于打造一个跨界融合、共享共赢的 B2B2C/O2O 供应链商业生态圈，并以"新流通"积极推动中国流通商业变革，引领行业发展。此外，还有以卓越的供应链管理和服务、提升客户竞争力为使命的主页供应链管理公司江苏飞力达，致力于构建企业和上下游供应链、金融机构、物流行业、服务商一体化发展和管理的产业生态系统的服务平台东信达软件，以提供供应链服务为主营的专业化服务平台年富实业，IT 协同产业链平台汇新云，生鲜供应链服务平台九曳，提供采购管理系统 SaaS 服务的初创企业上海企链网络科技有限公司等。

在过去十余年的发展中，我国传统的供应链已经陆续出现破壳裂变的种种迹象，具有创新思维的供应链企业正蓄势待发。进入 2016 年以来，我国供应链行业进入高速发展期。一方面，我国企业的供应链管理需求不断凸显，另一方面，第三方物流的高速发展也为供应链的发展奠定了基础，此外供应链行业的发展受到政府重视和政策扶持。根据前瞻研究院预测，未来五年我国物流及供应链服务市场价值复合增长率将保持在 10%左右。在未来一段时间内，供应链平台生态圈将应运而生，增值服务将成为供应链的主要趋势，大数据的开发研究作为新的行业价值点，三四线城市、农村等底层供应链平台将迎来商机。

2. 存在的问题

大数据时代，数字经济正以肉眼可见的速度朝我们的日常生活飞奔，据 IDC 预测，到 2021 年，全球至少 50%的 GDP 将以数字化的方式实现，数字技术将全面渗透到各个行业，并实现跨界融合和创新倍增。个人数据的网络化和透明化已经成为不可阻挡的大趋势。正因如此，数据泄露事件时有发生，让大数据技术与个人隐私之间的矛盾变得仿佛不可调和，也让普通公众对数字经济时代和大数据风控行业产生了严重的不信任感，仿佛一提到大数据就是要窃取个人的隐私，不自觉地将个人信息与大数据风控严重对立。人们一边享受着数字经济带来的高效和便利，一边又担心大数据利用强大的算法和技术，搜集自己的购买偏好、消费习惯等信息，让自己裸露在网络世界中。

大数据发展可能导致一系列新的风险。例如，数据垄断可能导致数据"黑洞"现象。一些企业凭借先发展起来的行业优势，不断获取行业数据，但"有收无放"，呈现出数据垄断的趋势。这种数据垄断不仅不利于行业的健康发展，还有可能对国家安全带来冲击和影响。又如，数据和算法可能导致人们对其过分"依赖"及社会"被割裂"等伦理问题。大数据分析算法根据各种数据推测用户的偏好并推荐内容，在带来便利的同时，也导致人们只看到自己"希望看到的"信息，从而使人群被割裂为多个相互之间难以沟通、理解的群体，这可能引发的社会问题将是难以"亡羊补牢"的。

总体而言，我国供应链大数据平台发展过程中存在的主要问题包括大数据治理体系尚不完善、核心技术尚显薄弱、融合应用尚不成熟等，在此前提下，行业"乱象"必然丛生。

（1）大数据治理体系尚不完善

1）法律法规滞后。目前，我国尚无真正意义上的数据管理法规，只在少数相关法律条文中有涉及数据管理、数据安全等规范的内容，难以满足快速增长的数据管理需求。

2）共享开放程度低。推动数据资源共享开放，将有利于打通不同部门和系统的壁垒，促进数据流转，形成覆盖全面的大数据资源，为大数据分析应用奠定基础。

3）安全隐患增多。近年来，数据安全和隐私数据泄露事件频发，凸显大数据发展面临的严峻挑战。在大数据环境下，数据在采集、存储、跨境跨系统流转、利用、交易和销毁等环节的全生命周期中，所有权与管理权分离，真假难辨，多系统、多环节的信息隐性留存，导致数据跨境跨系统流转追踪难、控制难，数据确权和可信销毁也更加困难。

（2）核心技术尚显薄弱

目前，数据规模高速增长，现有技术体系难以满足大数据应用的需求，大数据理论与技术远未成熟，未来信息技术体系将需要颠覆式创新和变革。近年来，数据规模成几何级数高速增长。据国际信息技术咨询企业国际数据公司（IDC）的报告，2030年全球数据存储量将达到2500ZB。当前，需要处理的数据量已经大大超过人类拥有的处理能力的上限，从而导致大量数据因无法或来不及处理而处于未被利用、价值不明的状态，这些数据被称为"暗数据"。据国际商业机器公司（IBM）的研究报告估计，大多数企业仅对其所有数据的1%进行了分析应用。

基础理论与核心技术的落后导致我国信息技术长期存在"空心化"和"低端化"问题，大数据时代需避免此问题在新一轮发展中再次出现。近年来，我国在大数据应用领域取得了较大进展，大数据获取、存储、管理、处理、分析等相关的技术已有显著进步，但是大数据技术体系尚不完善，在基础理论、核心器件和算法、软件等层面，与一些发达国家仍有差距。在大数据管理、处理系统与工具方面，我国主要依赖国外开源社区的开源软件，然而，由于我国对国外开源社区的影响力较弱，导致对大数据技术生态缺乏自主可控能力，这成为制约我国大数据产业发展和国际化运营的重大隐患，大数据基础理论的研究仍处于萌芽期。

1）大数据定义虽已达成初步共识，但许多本质问题仍存在争议，如数据驱动与规则驱动的对立统一、"关联"与"因果"的辩证关系、"全数据"的时空相对性、分析模型的可解释性与鲁棒性等。

2）针对特定数据集和特定问题域已有许多专用解决方案，是否有可能形成"通用"或"领域通用"的统一技术体系，仍有待未来的技术发展给出答案。

3）应用超前于理论和技术发展，数据分析的结论往往缺乏坚实的理论基础，对这些结论的使用仍需保持谨慎态度。

推演信息技术的未来发展趋势，在较长时期内仍将保持渐进式发展态势，随技术发展带来的数据处理能力的提升将远远落后于按指数增长模式快速递增的数据体量，数据处理能力与数据资源规模之间的"剪刀差"将随时间持续扩大，大数据现象将长期存在。在此背景下，大数据现象倒逼技术变革，将使信息技术体系进行一次重构，这也带来了颠覆式发展的机遇。

（3）融合应用尚不成熟

我国大数据与实体经济融合不够深入，主要问题表现在：基础设施配置不到位，数据采集难度大；缺乏有效引导与支撑，实体经济数字化转型缓慢；缺乏自主可控的数据互联共享平台等。

当前，工业互联网成为互联网发展的新领域，然而仍存在许多问题：政府热、企业冷，政府时有"项目式""运动式"推进，而企业由于没看到直接、快捷的好处，接受度低；设备的数字化率和联网率偏低;大多数大企业仍然倾向打造难以与外部系统交互数据的封闭系统,而众多中小企业数字化转型的动力和能力严重不足;国外厂商的设备在我国具有垄断地位,这些企业纷纷推出相应的工业互联网平台,抢占工业领域的大数据基础服务市场。

当前,我国互联网领域的大数据应用市场化程度高、发展较好,但行业应用广度和深度明显不足,生态系统亟待形成和发展。

事实上,与实体经济紧密结合的行业大数据应用蕴含了更加巨大的发展潜力和价值。以制造业为例,麦肯锡研究报告称:制造企业在利用大数据技术后,其生产成本能够降低 10%~15%。而大数据技术对制造业的影响远非成本这一个方面。利用源于产品生命周期的市场、设计、制造、服务、再利用等各个环节数据,制造业企业可以更加精细、个性化地了解客户需求,建立更加精益化、柔性化、智能化的生产系统,创造包括销售产品、服务、价值等多样的商业模式,并实现从应激式到预防式的工业系统运转管理模式的转变。

2.3.2 供应链大数据平台的典型应用

1. 京东"京慧物流数据平台"

京东为助力产业数智化发展发布了四大企业级产品,分别是泛零售技术服务平台"零售云"、数字化供应链平台"京慧"、智能客服与营销平台"言犀"和市域治理现代化平台"仓灵",这些产品将在零售、物流、金融、教育、政务等众多场景中落地。其中,京东"京慧"是京东物流为商家量身打造的统一大数据产品。产品结合了京东物流内外的海量数据,运用大数据计算及分析挖掘方法,聚焦电商信息、物流产品、消费者、商品等,为物流客户提供商品分析、物流产品分析、客户分析等多维度数据服务,赋能商家、提升体验。

京东"京慧"具有 7 个功能模块、19 个主题及 60 个核心指标,其方案架构如图 2-5 所示。

(1)"京慧"的功能亮点

"京慧"的功能亮点主要体现在商品备货支持、物流全链路监控和异常订单跟踪三个方面。

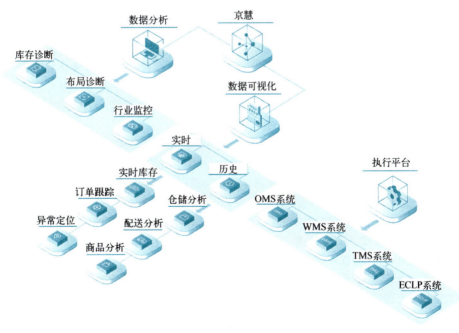

图 2-5 "京慧"物流数据平台方案架构

1）商品备货支持。"京慧"支持任意仓库及 SKU（库存量单位）的库存查询，通过库存分析查询，可以掌握每个 SKU 的库存周转天数和出库件数的情况，明细数据的导出可以帮助商家分析当前的库存结构，从而合理备货，提升销量。

2）物流全链路监控。京东物流从商家订单接收开始，监控了仓库发货、快递揽收、分拣运输、站点妥投等各环节运行单量情况，向商家提供了透明化的运营过程，让商家感受到京东物流的品牌价值。

3）异常订单跟踪。"京慧"可以及时告知商家异常订单的详细情况，提前获知并处理，从而保障消费者的用户体验，并及时避免货品的损失。

（2）"京慧"的方案优势

"京慧"的方案优势主要体现在全链路数据可视化、大盘数据异常极速定位和多维度全链条诊断分析三个方面。

1）全链路数据可视化。基于京东大数据基础，打通仓储、配送、异常等全链路数据，为商家提供一站式的物流数据服务。

2）大盘数据异常极速定位。通过自动集成海量数据和物流数据分析方法，可快速定位并跟进异常、库存布局、商品备货提供数据运营指导。

3）多维度全链条诊断分析。多维度数据纵横对比，结合科学的分析方法，对库存健康、仓储布局以及配送方案等进行深度诊断分析，提供最优实施方案指导，降低仓配成本。

京东方面表示，京东物流科技已经成为点燃供应链变革的新引擎：以物流为科技最佳应用场景，人工智能、区块链、机器视觉、实时计算、柔性自动化等技术呈现爆发趋势，JDL 京东物流创新与实践并重，领跑行业；打造规模应用的物流机器人军团，通过机器人与自动化、智能快递车、智能快递柜等技术来提高物流作业的效率，其中，自动化分拣效率提高了 100%，天狼仓将仓储效率提高了 3 倍、坪效提高了 2.5 倍，与同规模国际智能设备的数据相比，订单生产效率超出 8%，改变了商家大促期间被动应战、柔性不足的局面；夯实物联网、大数据、云计算、区块链等数据底盘技术，帮助物流行业打通链条、实现协同，加速了行业的智能化演进与模式革新，JDL 京东物流科技的红利已经惠及数以万计的商家及合作伙伴。"京慧"这一京东物流打造的数字化供应链平台型产品，能够为企业提供大数据、网络优化、智能预测、智能补调以及智能执行等一体化服务，帮助企业通过量化决策和精细化运营实现降本增效。"京慧"为安利定制化开发了商品布局、销量预测与智能补货系统、库存仿真和库存健康诊断系统方案，帮助安利节约了成品物流费用 10%以上，库存周转天数降低了 40%以上。

据京东 2022 年第二季度及上半年业绩披露，公司上半年实现营收 586 亿元，同比增长 20.9%，毛利率由去年同期的 3.7%提升为 6.2%。其中，第二季度经调整后的净盈利（Non-IFRS）达 2.1 亿元。截至 2022 年 6 月 30 日，京东物流已在国内运营超 1400 个仓库，包含云仓生态平台上的云仓管理面积在内，仓库网络总管理面积约 2600 万平方米。此外，2022 年 7 月 26 日，京东物流完成对德邦超 50%股权的收购，德邦在大件快递和快运领域的业务优势将为京东物流注入更为丰富的资源和渠道，进一步提升京东物流一体化供应链效能。

2. 联想"LEAP 大数据平台"

联想集团是世界 500 强企业，个人计算机市场份额全球第一，年营业额达 3500 亿元人民币。目前在 180 个国家和地区开展业务，有 34 个制造工厂。员工 5.7 万人，其中研究人员和科学家达 1 万人。在全球有 15 个研发基地、4 个新 AI 创新中心，每年研发投入超 100 亿元人民币，拥有 27000 个有效专利及专利申请资产。联想在全球有 3 万多个客户，每年订单超 380 万个，设备出货达 1 亿台，合作供应商 2000 多家。联想全球供应链以客户为中心向数字化转型，愿景是打造高效、敏捷、智能的数字供应链，实现极致的客户体验、行业领先的成本、卓越恒久的品质。在"Gartner2022 全球供应链 TOP25"名单中，联想再次入围并排名第 9 位，其全球供应链管理卓越度有明显提升。目前，联想的数字化转型初见成效，据测算，从预测到供应响应时间减少了 50%，全球订单管控时间由 7d 缩短到 4h，节约成本 1.86 亿美元。联想"LEAP 大数据平台"是面向企业级业务分析的平台，可以实现大数据分析和应用，完全释放企业大数据资产的价值，借助联想提供的平台、服务以及技术支持，客户可以使用自己核心的业务数据进行大数据的应用，其功能架构如图 2-6 所示。

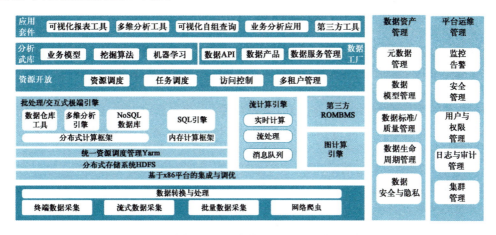

图 2-6 联想"LEAP 大数据平台"的功能架构图

联想大数据高级经理张建伟将联想"LEAP 大数据平台"的竞争优势归纳为以下 7 个方面。

（1）规划和设计的服务

包括联想在内的许多企业，在大数据应用之初都没有明确的方向，甚至也走过不少的弯路，这在很大程度上是因为对于大数据的目标和愿景缺乏清晰的认识。

在精确分析客户的需求之后，联想意识到许多客户有应用大数据的意愿，但是缺少整合的、统一的规划。为此，联想成立了专门的服务团队，从客户的需求入手，从技术、管理、数据、战略等多个角度切入，结合联想自身和行业伙伴的经验与实践，帮助客户基于联想"LEAP 大数据平台"提供规划设计服务。

（2）平台搭建服务

在确定了目标之后，接下来就是平台的搭建。在实际的应用中，客户一旦确定了应用的目标，那么接下来面对的就是基础平台的缺乏，包括数据、计算、收集等需求。为此，联想结合自身多年来在渠道、行业 ISV 中的良好生态环境，为用户提供完善的平台服务，包括基于业务场景的平台大数据技术的深度优化和服务。

（3）数据质量、数据管理服务

一旦用户引入大数据系统或者将原有的数据重组之后，数据将会是海量的、多元的、异构的。如何在企业层面对这些数据进行管理，从数据的标准、质量和安全，包括对整个数据生命周期进行管理，这成为摆在客户面前的突出问题。

联想"LEAP 大数据平台"的价值就是通过咨询、服务帮助客户构建自身的体系和流程，然后通过相关的工具进行梳理。这样一来，可以帮助客户理顺整个数据资产，以便于更好地掌控和应用数据资产。

（4）定制化的服务

相比于国外的标准化服务，我国在大数据的应用方面更具备一些"中国特色"。在我国，不同的行业，甚至不同行业的不同环节，不同的纵向生产环节，服务都是不一样的。可以说在应用层面（包括大数据层面），除了底层的计算技术以外，偏应用层面的技术很多都需要定制化地去开发。张建伟强调："同业相关的竞争对手也好，友商也好，他们其实是很难去提供定制化的服务的。这也是联想从产品向服务转型的过程中自己挖掘和自己探索的，根据客户的需求探索的定制化服务，是联想'LEAP 大数据平台'的核心竞争力"。

（5）集成开发

目前，无论哪个行业客户，在大数据应用过程中更多喜欢的是交钥匙工程，也就是完整的集成方案。这就涉及整体的系统集成，因为联想本身有自己的硬件、软件，又有自己的实施团队，所以联想可以提供给客户完整的集成方案，去帮助客户达成最终的目标。

（6）统一的运维服务

现在大数据的平台对很多企业而言（尤其是对传统企业而言），运维还是存在一定的风险和技术瓶颈。一是技术不断迭代，演进太快；二是原有的人员在学习大数据的时候需要时间、成本，还有一些企业把 IT 作为轻资产，但运维人员很难满足大数据相关的分析及运维相关的服务。在这些用户痛点上，联想都可以跟企业一起或者是帮助企业以统一运维的形式给企业提供相关的运维服务。

（7）数据变现服务

在经过上述的应用之后，大数据已经成为企业业务的一部分，进而企业也需要将现有数据进行变现。但是在这个层面，如今行业整体也处于探索阶段，包括联想在内的企业也已经与互联网、汽车等多家行业单位进行共同的数据变现的探索，比如如何整合企业内外部的渠道、通过第三方探索数据变现之路，包括商业模式等多个层面。

正因为联想"LEAP 大数据平台"的上述优势，越来越多的客户（包括宝钢集团、武汉石化、长飞光纤、海马汽车等）借助于联想"LEAP 大数据平台"实现了数据的挖掘、清洗、整理和再变现，成功拥抱了大数据时代。

3. 百分点科技"媒体数据中台"

北京百分点科技集团股份有限公司打造的"数据供应链"战略拟建立以大数据管理平台为中心的覆盖社交媒体、移动终端、内容网络等多源异构的用户偏好数据库，通过云服务平台，提供包括大数据应用产品"百分点个性化推荐引擎"、运营决策分析产品"百分点分析引擎"、商品销售预测产品"先知说"、服饰行业应用产品"百分点时尚搭配引擎"、媒体内容推荐引擎产品"推豆儿"等在内的一系列"分析即服务"型产品，消除大数据在企业间的"孤岛效应"，通过其大数据应用通道帮助零售、汽车、金融、保险、电子商务等行业打造企业所需的"数据供应链"，同时驱动这些行业的业务创新并大幅提升商业价值。

百分点科技媒体数据中台由四部分组成，如图 2-7 所示，包括数据资产管理平台、数据智能分析平台、资源发布与展示平台、资源服务共享平台，数据资产管理平台的本质是将数据资产化；数据智能分析平台的本质是将数据智能化；资源发布与展示平台的本质是将数据场景化；资源服务共享平台的本质是将数据服务化。

百分点科技媒体数据中台架构可以划分为数据汇聚、数据预处理、数据入库、数据整理、资产管理、数据服务等过程，如图 2-8 所示，该架构将"数据能力下沉、业务应用上浮"，打造"大中台、小前台"的技术布局，形成可持续的媒体数据与服务支撑平台。

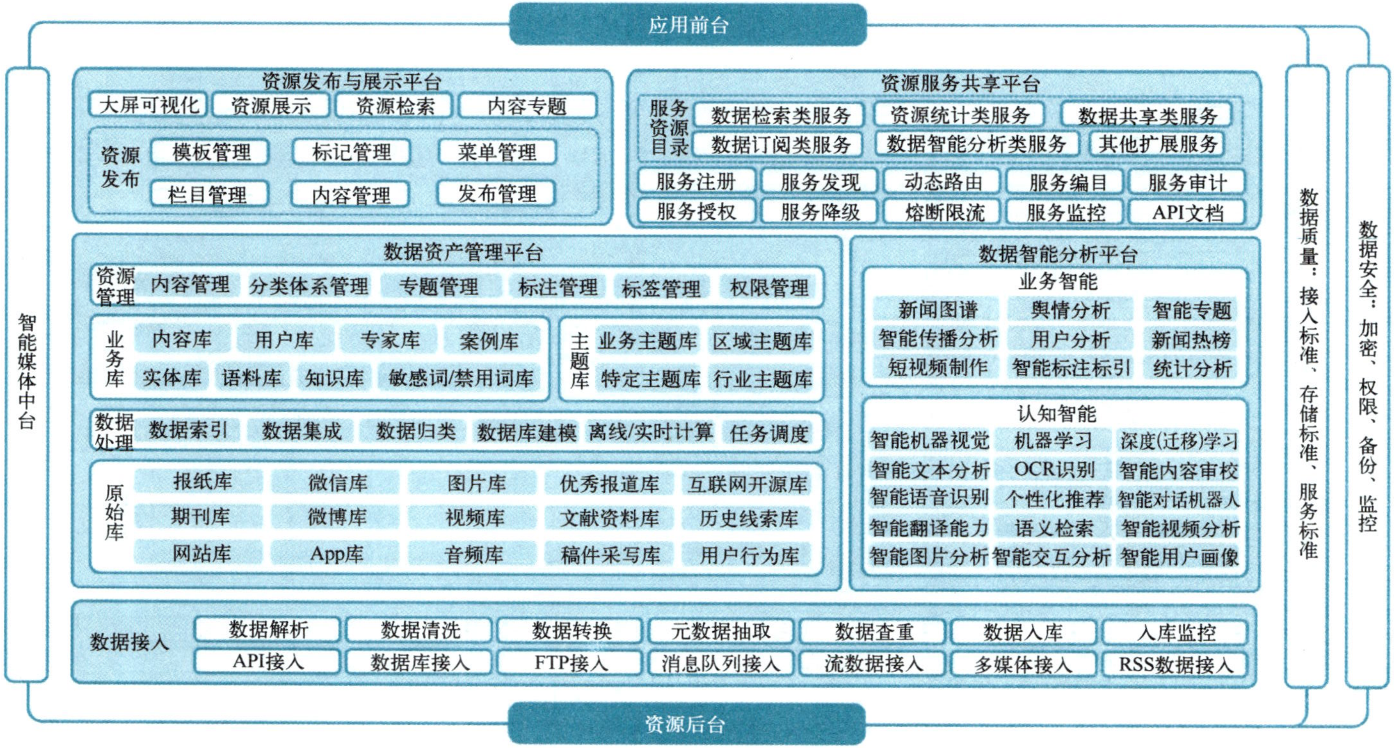

图 2-7 百分点科技媒体数据中台的组成

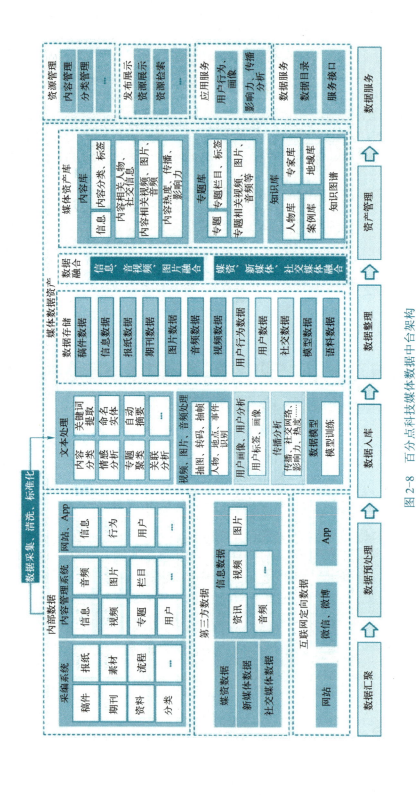

图 2-8 百分点科技媒体数据中台架构

(1) 数据汇聚

数据汇聚包括数据采集和数据集成。这些资源数据主要来源于内部数据、第三方数据、互联网定向数据等，包括稿件、报刊、期刊、社交媒体、移动客户端、网站等数据类型。支持数据库、文件、流式等多种接入方式对多源异构数据进行接入，将数据资源汇聚整合。值得注意的是，汇聚过程需要针对目前业务系统的规划实现汇聚处理，并对数据进行统一的存储规划。

(2) 数据预处理

数据预处理主要是对数据进行初步的清洗和标准化等预处理工作。数据入库前的预处理会进行字段解析、映射、转换以及处理字段的残缺、错误、数据去重等工作。清洗之后的数据需要进行标准化处理，将不同格式的数据按照统一数据格式规范转换。同时，数据入库前一般需要进行自动标引、数据分类等工作：针对文本数据，会进行自动分类、自动摘要、关键词、情感分析等方面的识别和标签提取；针对图片类型数据，会进行图片人物、图片场景、图片属性、新闻事件、地标建筑等方面的识别和标签提取；针对音频数据，会进行语音识别、音频属性、新闻事件等方面的识别和内容提取；针对视频数据，会进行视频人物、视频场景、视频属性、新闻事件、地标建筑等方面的识别和标签提取。

(3) 数据入库

数据入库是对解析后的文本、图片、音视频、文件等数据进行分层分区存储。待入库的数据需要保证数据的完整性、规范性和时效性，必须按照平台要求的数据格式规范统一进行转换后入库。

(4) 数据整理

数据整理主要是对入库的数据进行人工标引、数据集成等工作，通过数据选取、标引、校对等功能，对数据进行标引和有序的组织、检索和展示。同时，可以根据标签汇聚资源专区，形成服务接口供第三方系统调用，通过人工标引的方式，来提升数据的标签准确度，为一些重要专题制作的准确性打下基础。

(5) 资产管理

资产管理环节是把接入的数据基于业务现状及未来规划进行数据资产划分，对接入的数据进行深层级的加工，实现数据资源的分类管理、元数据管理、资产管理。媒体数据资产主要由内容库、专题库、知识库组成，内容库是基于业务系统构建的，为前台业务提供诸如专题库、语料库、实体库、知识库等业务为导向的数据资产。而专题库是为了应对快速建库需求，通过简单的检索筛选，形成满足业务需求的主题库，降低了数据开发成本。

(6) 数据服务

数据能力和智能分析能力全部以微服务的形式对外提供调用，由数据中台保证数据服务的性能和稳定性、数据质量和准确性，实现服务的统一管控和综合治理。

2.3.3 供应链大数据平台的发展趋势

1. 大数据驱动供应链数字化转型加速

数字化供应链是经济社会发展到一定阶段的必然产物，是未来供应链创新的基本方向。谁能够在数字化供应链领域领先发展，谁就在全球供应链中领先，甚至在全球经济中领先。有效的数字化供应链能够推动企业收入增长、采购成本下降以及供应链成本大幅降低。

数字化供应链的关键是通过各类新技术全面连接供应链上下游、企业内外部的不同参与者，实现信息与数据的实时共享，打造透明、可视、智慧的供应链。未来，全球供应链将呈现"客户需求、全球配置资源、大规模网络化共享、平台化协同"的分工合作态势。

2. 供应链大数据平台开放、融合，产业边界外延

供应链系统完善的核心企业向供应商开放供应链；企业间供应链融合，多样化产品的销售链融合在一个平台；供应链大数据的市场边界从标准化的数据产品逐渐拓宽到基于数据的增值服务。

3. 供应链平台生态圈出现，中小企业协同发展

以供应链为平台形成的商业生态成为新型的商业模式：依附于供应链的中小企业协同发展，拥有供应链资源的企业将更加注重资源平台的建设。

供应链向平台化整合已经是大势所趋，由平台模式搭建的生态圈，不再是单向流动的价值链，而是能促使多方共赢的商业生态系统。供应链平台生态圈是以生态为基础的新型商业模式，具有长远的战略价值。平台企业是价值的整合者，也是多变群体的连接者，更是生态圈的主导者，其终极目标就是打造具有成长活力和盈利潜能的生态圈。未来企业的供应链管理必须更加积极地融入生态圈建设当中，以推动企业及整个生态圈的共同发展。

本章小结

供应链大数据平台可迅速、高效地发挥数据的最大价值，实现供应链系统全流程贯通，是智慧供应链的运作依托，是打造智慧供应链生态系统的核心要素。供应链大数据平台以"数据可视""提质增效"为目标，通过供应链大数据采集、分析、应用，用数据指导公司经营决策，实现精益化管理与可持续发展目标。平台集成公司核心业务应用系统数据及行业数据，通过构建数据仓库，建立分析模型，实现采购、仓储、物流等供应链全场景经营数据分析与展示，具备供应商等企业风控预警能力。

按照功能的不同，可以将供应链大数据平台分为交易、交付、金融三大类，即供应链大数据交易平台、供应链大数据交付平台和供应链大数据金融平台。

不同企业，面向不同的应用，其供应链大数据平台框架会略有不同，一般来说，主要包括数据源模块、数据采集加工存储模块、大数据模型库模块、大数据应用模块、大数据共享模块和大数据客户端模块6个部分。

本章练习

一、名词解释

1. 供应链大数据平台
2. 供应链大数据交易平台
3. 供应链大数据交付平台
4. 供应链大数据金融平台

二、简答题

1. 大数据在供应链中的主要应用有哪些？
2. 与传统供应链运营相比，供应链大数据运营具有哪些优势？
3. 企业如何根据其供应链大数据运营所处的阶段来选择适合自己的团队组织架构？
4. 影响大数据运营平台的因素有哪些？
5. 供应链企业开展大数据治理的内容包括哪些方面？

三、讨论题

1. 通过调查了解，介绍大数据平台在智慧供应链中的应用场景。
2. 通过资料收集与整理，思考并探讨供应链大数据平台发展如何为推进供应链创新与应用战略提供支撑。

第 3 章　供应链大数据分析基本方法

学习目标

- 了解数据预处理的概念与类型，掌握数据预处理的方法。
- 掌握数据挖掘的体系构成。
- 熟悉数据可视化所涉及的技术基础。

导入案例

供应链优化案例——福特公司供应链供给业务的优化

为了增强竞争力，福特公司采用业务数据和优化工具成功地与它的数千个供应商和服务商实现了紧密的业务连接。

福特公司在全球有 4000 多个供应商，为它分布于全球的 100 多个制造工厂供货。福特的目标是能有一种好的方法来优化其复杂的、覆盖全球的供应与生产网络，采用互联网将其汽车生产的供给业务、供应商和服务商连接在一起，直接与供应商和物流服务商交换并共享发送物料与生产计划的信息。它采用供应链优化建模的方法，可以同时对一个接近无限元素的数据类组进行筛选和评估，在此基础上进行优化，为福特提供一个可选择的基于排序的决策流程。

优化系统在获得与部件和生产业务相关的数据后，产生一个优化的、与福特预定的供给业务优先权相吻合的优化供给流程。这些优先权因素可以很容易地被引入到每一次的模拟运行中，这使福特能够提供高级分析功能（包括决策分析）。

例如，某些生产计划经理可能打算在他们的工厂里实施特殊的策略和处理过程来接收和管理库存与部件，如在自己的仓库里保持少于 2h 的库存量这样的策略。在实施这些业务变革前，可以在优化系统中插入约束因素，然后通过该系统观察约束因素对供给成本和网络中其他因素产生的影响。运用这种优化方法，福特公司就可以做出优化的决策。例如，"如果花费了 X 去做某事，是否能够得到大于 X 的价值？""在供给网络中，这是一个正确的业务决策吗？"

福特公司的网络相当复杂，全球供给部门雇用了 300 名左右的物流专业人员从事将进货物料运送到装配点、将汽车从工厂送达经销商和全球客户等业务。总装厂的整车平均需要大约 2500 个部件。接近 4000 个全球供应商将零部件和组件运送到 31 个生产发动机和转速器的工厂、13 个冲压厂和 54 个装配厂。从那些装配厂，整车被运往 200 多个国家的 20000 多个经销商处。福特每年 65 亿美元的运输费用实际上包含了所有现有的现代化运输模式。

为了更靠近客户，福特转向了面向订单的生产，由消费者驱动业务环境和采用精益制造的生产方式，它希望物流部门能提供一个建立在潜在资源基础上的"完善的、及时的和可重复的物流成本评估方案"。另一个期望是在计划中，实现将进货物流与同步化的物料流集成在一起的目标和策略。这样做面临的挑战是美国铁路系统在服务方面的欠缺，运输形式需要转向公路运输。

然而，工厂一级的阻碍经常会破坏计划的执行，如进货卡车无法在预定的地点卸货、无法直接将部件和组件运送到各个装配线上的问题时有发生。福特清楚地了解到，它必须将自己的物流流程与物流伙伴的流程紧密集成在一起，才能实现这一目标。福特的物流服务商包括 Penske、Worldwide Logistics、FedEx 和 Autogistics（UPS 的一个分公司）等，福特认为与这些服务商无缝集成业务的基础是信息的集成与共享。

福特在战略阶段、战术阶段和运作阶段三个阶段对缩短新车型项目的供给进货周期做了优化。战略阶段包括资源决策，如由一个工厂变化而产生的多种资源方案、货币与贸易问题、市场问题等。然后，这些信息被输入到一个策略模拟制定方案中，供应与物流成本在这一模拟过程中被评估后，再反馈到战略优化过程。在确定资源决策方案后，运作计划过程就开始了。福特将其物流需求提供给那些领先的物流服务商，由它们通过设计物流网络来支持该计划。这个系统不仅使福特能快速、灵活地适应变化的情况，还增加了对供给策略的可预见性。

最具影响的是以最小的总成本优化北美装配厂的物料进货越库作业（Cross Docking）的数量和理想位置，福特对相关成本因素和供应链网络的影响与约束进行了建模分析。对于 21 个装配厂、1500 多个供应商和 46000 多个不同的进货零部件和组件，优化系统在特定的假设下进行模拟。根据需求量检查了供应商的位置和需求点后，福特原准备在供应链网络上设置 45 个配送中心作为越库作业的场所，经过近 2 个月时间的建模和模拟分析，优化方案只要求 15 个越库作业场所，大大节约了成本。

随后，进入了"what if"分析（决策分析）阶段，需要考虑在什么地方引入其他的资源，如来自福特企业内部其他地方和外包商的资源。全球供应链技术部门在改变成本、数量、频率和其他因素的情况下，运行了 40 多个模拟方案并进行求解。对每一个方案，从模拟变化到生成适应业务环境的结果，大约需要 1h 的时间。

同时，数据采集与优化也是一项关键工作，供应链网络中点与点直接平滑、顺畅的数据流对于优化过程是非常重要的。最初，由于缺乏对大数据进行收集存储与分析处理的工具与能力，传统的优化工作中所花费的时间比例是 90%的时间用于收集和输入数据，5%用于过程分析，其他 5%用于输出结果。但采用优化系统后，这一比例发生了显著的变化：优化工作的 5%用于数据的处理与输入，5%用于过程分析，5%用于输出结果，75%用于对结果进行分析，10%用于回顾优化过程和对方案进行选择。正如 Koenig&Bauer 评论说："现在，我们用 75%的时间分析来自优化系统的输出，思考下一个方案对我们的业务真正意味着什么。我们还具有与其他业务部分集成的能力，能与我们内部的同事协调解决物料送达到工厂的问题。""如果你有一个相当好的供应链网络，简单地利用优化系统就能将效率提高 20%~30%。在进货物料项目中，我们不仅节约了运输成本，而且在交货频率明显增加的情况下保持运输成本不变。我们从每天平均 22%的零部件进货率增加到每天 97%的进货率。这对福特来说是一个巨大的效益。"（资料来源 中国物流与采购网. 大数据对采购与供应链的影响[J/OL].（2015-01-16）[2023-06]. http://www.chinawuliu.com.cn/xsyj/201501/06/297230.shtml.）

3.1 数据预处理方法

3.1.1 数据预处理的背景

现代供应链系统是一个庞大复杂的系统。以供应链系统中的物流过程为例，它包括运输、仓储、配送、搬运、包装和物流再加工等诸多环节，每个环节的信息流量都十分巨大。同时，信息化物流网络体系的应用也使得数据库规模不断扩大，巨大的数据流使企业难以对其进行准确、高效的收集和及时处理。为了帮助决策者快速、准确地做出决策，实现对物流过程的控制，提高企业的运作效率，降低整个过程的物流成本，增加收益，就需要一种新的数据分析技术来处理数据。

供应链大数据分析方法是指一种供应链领域在不使用传统随机理论进行数据分析的情况下对供应链数据进行集成分析和处理的方法，主要是在数据处理方面面临挑战。由于实际的生产和寿命，会生成并存储大量数据，这些数据可以表征该过程。使用科学合理的数据处理方法时，会挖掘它们的唯一值并将其用于优化。制定控制和决策方案，从而提高数据的价值。大数据由于其样本量大、准确性高和出色的科学质量而受到人们的欢迎。同时，大数据处理技术具有高速、多样化、高价值和可靠性。

在数据采集的过程中会出现一些问题，如测量采集设备的精度不足、数据传输过程中的环境干扰、数据中的环境噪声以及对手动输入数据的篡改，会形成不需要的或者错误的数据。这些原始数据存在以下问题。

（1）混乱

数据仅存储在数据集中，缺乏统一的定量和转换标准，因此无法进行数据的定量视觉分析。

（2）重复

数据具有多个相同的物理描述和特征，尤其是在分析数据的方向上存在重复，这造成了数据重复和冗余数据的累积。这对样品的分析是有害的。例如，如果输入数据，若多次输入同一实体将导致数据重复。

（3）模糊

实验模型或实际系统设计必定会存在一些漏洞和缺陷，从而使其物理特性不清楚或混乱。

（4）丢失

发送或记录数据时发生错误，可能会发生数据丢失。由于数据集的复杂性，数据的准确性和有效性极大地影响了挖掘学习的准确性和有效性。因此，对数据进行预处理成为一项重要的预分析任务。有很多预处理数据的方法，包括清除数据、选择数据和转换数据。

3.1.2 数据预处理的目的

由于数据服务涉及面广，外围环境变化大，采集到的每条信息既可能形成有效数据，也可能是大量冗余的、错误的，甚至是无效垃圾数据，部分数据时效性短或是一次性数据，因此对于采集的数据必须通过一些技术手段进行预先处理，使进入数据库的数据从数量上和准确性上是经过优化后的半成品。构建时宜采用模块化结构，有利于时间和空间发生变化时，通过对各模块适用性的调整来延长功能寿命期，但其代价是增加存储容量、运算能力和设计复杂性。具体处理技术主要包括以下几点。

1）数据结构及数据字典、词条库的模块化。开发及维护均应适应静态结构、动态结构和开源结构。

2）制定多标准数据采集接口，结合客户需求，将预处理模块分布嵌入相关宿主机，减小传输流量。

3）重点构建数据智能化过滤机制，采用自适应、自学习技术提高数据的符合相关性，动态设置条件去重阈值，增加加工流水过程探视窗，减少人工干预，达到智能判别筛选。

4）过滤后的原始数据，按客户需求进行预加工，形成符合统计规律的有效基础数据，提供给核心高级分析系统深加工，以减轻巨量数据传输和高级分析系统的负荷。同时与历史数据关联映射，形成多维度数据，扩大数据使用价值。

5）质量管理与控制处理：针对数据加工中的数据异常、高频预警、探针触发、统计偏离等可能影响数据质量的事件，自动产生质量偏差与统计事件日志，以便组织人工分析讨论，编制有效解决方案，以提高数据产品质量。

6）数据安全生产控制：数据的特殊性要求在数据生产过程中必须有严格的安全与保密环节，必须符合相关地区法律法规与风俗隐私要求，因此安全管理是系统不可或缺的一个环节，除了要具备严格的分级权限外，还应通过分布存储、异地镜像、区块迁移、接口规范、接口止逆等技术手段来提高数据安全性。

7）分区节拍协同：系统运行规模扩大后，数据跨区域采集和加工成为必然，各区域需求不同，数据的加工条件也在变化，通过节拍协调，可同步和优化整个数据仓库的数据丰富程度和一致性。

8）顾客反馈调控技术：能够根据使用效果调整数据加工条件参数，提高数据质量。

3.1.3 数据预处理流程

数据预处理过程会占用很多时间，虽然麻烦但也是必不可少且非常重要的一步。在数据能用于计算的前提下，人们希望数据预处理过程能够提升分析结果的准确性、缩短计算过程，这是数据预处理的目的。本书只说明这些预处理方法的用途及实施的过程，并不涉及编程，预处理的过程可以用各种各样的编程语言来实现。

数据预处理方法可以大致分为数据清洗、数据集成、数据转换和数据归约四类。

1. 数据清洗

由于各种问题，实际收集的数据无法直接用于价值分析。这些不确定的数据会严重影响大数据分析的准确性，并且在关键情况下会失去分析结果的实际意义，出于某些目的需要对其进行预处理。数据清洗主要处理不合规的数据，如重复数据项、噪声数据项和丢失的数据项。数据重复会导致数据挖掘模型发生变化，应予以消除，检测重复数据的有效方法包括使用基于排序/合并原理的基本邻接排序算法。在实际的生产和生活中，数据不可避免地会有很多漏洞。这是在现实世界中生成的数据集的特征，只有某些算法才能补偿该错误。一般的缺失值预处理方法如下。

1）直接删除空白数据项。该方法的优点是显著消除不确定值，高效且技术含量较低。但是，对于样本量不够大的数据集，会出现较大的偏差。

2）使用填充技术来填充缺失值。由于直接删除空值可能会对数据造成不可挽回的损害，因此可以使用填充算法来处理数据，这样不容易产生偏差。

3）统计方法：统计学知识表明，可以使用数据的算术平均值代替空缺值，这是最简单，最常用的方法。

4）分类法：面对大数据集时，可以先对其分类，然后再分析和检查小数据集。分类法对于样本训练具有很好的容忍性，但往往会过度学习，将需要设置更多的测试样本，并使用更多的算法进行检测和挖掘，在此不再赘述。

数据清洗主要是对数据数值上的各种异常情况的处理，根据数值异常情况的不同，数据清洗的常见方法有缺失值处理、离群和噪声值处理、异常范围及类型值处理。

（1）缺失值处理

缺失值使数据记录丢失了部分信息，一些鲁棒性不佳的模型也会因为缺失值而导致无法计算数据。缺失值的处理，一般有以下两种思路。

1）丢弃。可以只丢弃缺失项处的值，也可以丢弃包含缺失项的整条数据记录，这需要看该条数据记录上其他的数据是否有价值，尤其是在数据样本较少的情况下，需要权衡一番。

2）估计。不想丢弃缺失值时，对缺失值进行估计是必要的。估计的方法有多种，最直接的是让有经验的人员手工填写，其他的常见方法如下。

- 替代。用缺失值所处属性上全部值的平均值（也可以加权）、某个分位值代替。对于时间序列，则可以用相邻数据记录处当前值（或平均值）替代。
- 填充。可以用与缺失值记录"相似"记录上的值来填充缺失值，不过这里需要先定义"相似"，这可能会是一个棘手的问题，用 K 近邻、聚类等方法估计缺失值都是这种思想。对于时间序列，则可以用插值的方法，包括线性和非线性插值。
- 基于统计模型的估计。基于非缺失的值构建统计模型，并对模型参数进行估计，然后再预测缺失处的值。

（2）离群和噪声值处理

实际上噪声的范围比较广泛，对计算过程无用或造成干扰的都可以称为噪声，缺失值、异常范围及类型值均属于噪声的范畴，之所以在这里和离群点放在一起讨论，是想介绍噪声和离群点间的关系。

离群点是指与数据总体特征差别较大的点。离群点是否是噪声需要在实际的应用场景中判断，比如建立系统总体的模型，那么离群点就可以视为噪声，它对模型的创建毫无用处，甚至会影响模型的准确性。而在一些模式识别领域中，就要考虑离群点是噪声，还是对模式创建有用的点，因为模式总是针对少量样本的。

在关于离群点的说明中，本书认为应该有一个"离群点数据量"的问题，个别与数据总体特征差别较大的点可以称为离群点，但如果有许多与数据总体特征差别较大的点，那就要考虑这些点能不能被称为离群点了。

相比于处理离群点，识别离群点是一个更重要的问题。识别离群点的方法有很多，比如基于统计学的方法、基于距离的检测、基于密度的监测（如 DBSCAN 聚类算法）等，本书不涉及这方面的内容。

噪声的处理可以针对具体情况进行，离群点处理前先要判断该点是否是有用点，若是无用点则可以当作噪声处理，若是有用点则保留。

（3）异常范围及类型值处理

异常范围是指记录数据超过了当前场景下属性可取值的范围，比如记录一个人的身高为 300cm 或者月收入为负值，这显然是不合理的。异常类型值是指属性取值类型记录错误，比如记录一个人的身高为"超重"。

对于以上两种情况，如果数据记录异常是有规律的，比如身高记录下的数据依次为"312，365，373，…"那么可能原记录是"112，165，173，…"。如果异常值是随机的，那么可以将这些异常值当作缺失值处理。

2. 数据集成

数据集成主要是增大样本数据量，其中较为典型的方式为数据拼接。

数据拼接在数据库操作中较为常见，它将多个数据集合为一个数据集。数据拼接依赖的是不同数据集间有相同的属性（如关键字或其他的特征），不同类型数据库下拼接的原则可能不同，如关系型数据库、半关系型数据库和非关系型数据库。

3. 数据转换

数据转换的目的是将数据转换为特定挖掘所需的格式。通常需要将其与实际数据挖掘算法结合起来以执行特定的数据转换。通常，它可以分为简单功能转换和统一标准转换。数据转换的重点是将难以表达和计算的原始不规则数据转换为规范化的可分析数据，从而消除了由于收集和存储数据而造成的缺陷。尝试消除数据转换的基础是简单的功能转换，它通过特定的数学排列方式对数据进行排列，并采用曲线拟合方法。也可以使用不同的复杂算法，如 Z 分数归一化算法，从而使数据转换更加准确和科学。此外，在使用数据之前，需要合并配置有不同数据源的数据集来删除冗余数据，将两个或多个数据集合并到同一数据集中。还可以使用处理不正确的空位值的清洗技术，使所获取的数据集更加科学和准确。

数据转换包含的方法众多，作用也不尽相同。数据转换的目的主要是改变数据的特征，从而实现计算的简便化，并可以获取新的信息。常见的数据转换过程有离散化、二元化、规范化（有的地方也称为标准化）、特征转换与创建、函数变换。

（1）离散化

当人们不太关心值的小范围变化或者想要将连续属性当成离散属性处理时，可以使用离散化方法，这可以简化计算，提高模型准确率。

一般来说，离散化是将排序数据划分为多个区间，例如，将[0,10]离散为[0,2]，[2,4]，[4,6)，[6,8)，[8,10]，这样可以将一个连续取值的属性转换为离散取值的属性来处理。

还可以将一个取值比较"密"的离散属性进一步离散化，这是离散化的另外一种情况，例如，一个离散属性的取值集合为{0,1,2,3,4,5,6,7,8,9,10}，那么此时可以将该取值集合进一步离散化为{0,1,2}，{3,4,5}，{6,7,8}，{9,10}。

在实际应用时，对于标量型取值，可以将每个离散区间用一个新的值来表示，无论是采用取中位值还是求平均等方法；而对于标称型取值，可以重新定义一组标称取值表示，如{极差，差，较差}，{一般}，{较好，好，极好}，可以重新定义成{上}，{中}，{下}，也可以选取其中一个值来代替整体，如{差}，{一般}，{好}。

离散化过程需要考虑两点，一是如何确定离散区间（集合）的个数；二是如何将取值映射到离散化后的区间（集合）中。为了方便，以下不再单独强调集合，统一称为区间。

针对第一个问题，可以采用非监督和监督的离散化方法来确定离散区间的个数，一旦离散集合划分完毕，那么对于第二个问题，直接将数据映射到其分类值上即可。监督和非监督的区别在于区间划分过程是否利用样本类别信息，一般来说，利用类别信息能达到更好的区间划分结果，但计算量也会大一些。

1）非监督的离散方法主要包括等宽离散化、等频离散化、聚类离散化等，离散过程不利用样本的分类信息。

- 等宽离散化。使每个离散区间有相同的宽度。类似于将[0,10]离散为[0,2)，[2,4)，[4,6)，[6,8)，[8,10]的过程。
- 等频离散化。等频离散化过程可以确保每个区间内包含相同的样本数（即频率相同）。
- 聚类离散化。利用算法自身优化目标进行，聚类完成后每个簇就对应一个区间，常用的如 k 均值聚类。

2）监督的离散化方法主要包括基于熵（或信息增益）的离散化、卡方分裂算法离散化等。这里只介绍基于熵的离散化。

设 m 是样本集中包含的样本个数，i 是样本集中类别的总数，m_i 是划分的第 i 个区间中的样本个数，m_{ij} 是第 i 个区间中属于类别的个数，则第 i 个区间的熵可以定义为

$$e_i = -\sum_{j=1}^{k} p_{ij} \log_2 p_{ij} \tag{3-1}$$

其中，$p_{ij} = m_{ij}/m_i$ 是第 i 个区间中类别所占样本的比例。区间划分完成后，总的熵是各个区间熵的加权和，即

$$e = \sum_{i=1}^{n} w_i e_i \tag{3-2}$$

其中，$w_i = m_i/m$ 是各个区间中样本的占比，n 为划分的区间个数。依据以上的定义，一种连续属性区间离散化过程如下。

- 把区间上每个值看作分割点,将样本集划分为两部分,寻找使得总体熵最小的一种划分方式。
- 选择已划分的两个区间中熵最大的一个,继续上一步。
- 当划分区间达到指定数目或者满足指定终止条件(如区间划分后总体的熵变化小于指定阈值)时停止区间划分。

对于多维属性,可以将其每一维上的值进行离散化,然后组合起来得到离散的多维空间。实际上离散化方法分类远不止监督和非监督这两种。

(2) 二元化

有一些算法中要求属性为二元属性(如关联模式算法),即属性的取值只能为 0 或 1(当然其他类型的二元取值形式都可以,如 Yes 和 No,只是都可以转化为 0 和 1),此时就要用到属性二元化的过程。

二元化的过程是用多个二元属性来表示一个多元属性。假设属性取值有 m 个,则将整数区间 $[0, m-1]$ 中的每个值赋予该属性的唯一值,如果该属性的取值是有序的,则必须按顺序赋值,然后将这个值用二进制表示,共需要 $\lceil \log_2 m \rceil$(结果向上取整)个二进制位。例如,一个具有 5 个取值的属性 {awful, poor, ok, good, great} 可以用 3 个二元属性 x_1、x_2、x_3 表示,见表 3-1。

表 3-1 二元化案例

分类值	整数值	x_1	x_2	x_3
awful	0	0	0	0
poor	1	0	0	1
ok	2	0	1	0
good	3	0	1	1
great	4	1	0	0

以上的二元化过程可能会导致属性间关系复杂化,如上表中属性 x_1 和 x_2 是相关的,因为"good"值需要这两个属性来表示。这种情况下可以为每一个取值引入一个二元属性,见表 3-2。

表 3-2 二元化属性

分类值	整数值	x_1	x_2	x_3	x_4	x_5
awful	0	1	0	0	0	0
poor	1	0	1	0	0	0
ok	2	0	0	1	0	0
good	3	0	0	0	1	0
great	4	0	0	0	0	1

当一个属性取值数量较多时,这种做法会引入过多的属性值,此时可以在二元化之前先进行离散化,减少属性取值。

(3) 规范化

数据规范化是调整属性取值的一些特征,如取值范围、均值或方差统计量等,这在一些算法中很重要。常见的规范化方法有最小最大规范化、Z-score 规范化、小数定标规范化。

1)最小最大规范化。该方法是对原始数据的线性变换,将数值映射到[0,1]上,如身高(cm)和体重(kg)的取值范围相差较大,在邻近度分析中就需要进行最小最大规范化,消除量纲(单位)的影响。该过程为

$$x' = \frac{x - \min}{\max - \min} \tag{3-3}$$

其中，min、max 分别为属性取值的最小值和最大值。

2）Z-score 规范化。该方法也称为标准差规范化，处理后属性取值的均值为 0，方差为 1。该过程为

$$x' = \frac{x - \bar{\mu}}{\sigma} \tag{3-4}$$

其中，$\bar{\mu}$、σ 分别为属性的均值和标准差。当数据中存在一些离群点时，上述规范化方式受离群点影响较大，此时可以用中位数代替均值，用绝对偏差代替标准差，弱化离群点的影响。绝对偏差的定义为

$$s = \sum_{i=1}^{m} |x_i - \bar{\mu}| \tag{3-5}$$

3）小数定标规范化。该方法通过移动小数点的位置，将数值映射到[-1,1]上。该过程为

$$x' = \frac{x}{10^k} \tag{3-6}$$

其中，k 表示小数点移动的位数，它取决于属性取值绝对值中最大值的数量级。如属性取值的最大、最小值分别为-987、678，则 k 应该为 3。

(4) 特征转换与创建

对于一些时间序列，可以通过傅里叶变换、小波变换、EMD 分解等方法得到数据的频域或其他类型特征，这能帮助人们从另一个角度分析问题，如 EMD 分解在经济学上就有较多的应用。采用这一类方法时，一个比较重要的问题是如何解释在频域或时域上得到的新特征。

假如属性集中包含"质量"和"体积"这两种属性，那么可以利用"密度=质量/体积"的方法得到密度属性，这样就创建了一个新的属性。当然，是否这么做完全取决于目的。

(5) 函数变换

函数变换是一个比较宽泛的说法，上面的规范化过程也是一种函数变换过程。可以依据需求，选择函数来处理数据，例如，当属性取值比较大时，可以用 log 函数来处理数据。

4. 数据归约

数据归约的目的是减少数据量，降低数据的维度，删除冗余信息，提升分析准确性，减少计算量。数据归约包含的方法有数据聚集、数据选择与抽样、维归约。

(1) 数据聚集

数据聚集是将多个数据对象合并成一个数据对象，目的是减少数据及计算量，同时也可以得到更加稳定的特征。聚集时需要考虑的问题是如何合并所有数据记录上每个属性的值，可以采用对所有记录每个属性上的值求和、求平均（也可以加权）的方式，也可以依据应用场景采用特定的方式。例如，一家全球零售商，如果统计一天之中全球范围内所有店的全部销售数据，那么数据量会比较大且不是很有必要，此时可以对一个店内一天的销售数据进行聚集，得到一条或有限条销售数据，然后再汇总。

进行数据聚集时可能会丢失数据细节，也许这些细节正是你所关注的，这点需要特别注意。

(2) 数据选择与抽样

数据选择分为简单随机样本选择和分层样本选择。这是数学中的典型统计问题。其中，简单随机样本选择不包括替换样本选择。简单随机样本选择算法易于实现，可以结合排列和概率知识以及简单的编程知识来进行操作。通过分层样本选择获得的数据子集适用于数据挖掘。

在数据预处理中的抽样实际上就是重抽样，目的是获取数据样本中的一部分用于计算，减

少计算负担。重抽样的方式与一般抽样一致。

（3）维归约

维归约方法是为了减少属性的个数，由质量和体积得到密度便是一种维归约方式。当属性为标称类型时，没有"密度、质量、体积"这种数值上的联系，但是也可能存在其他类型的联系来进行维归约，如将"机械学科、自动化学科、材料学科"统一归为"工程学"。

3.2 数据挖掘方法

3.2.1 聚类分析方法

1. 聚类分析概述

聚类分析是根据在数据中发现的描述对象及其关系的信息，将数据对象分组，组内的对象之间是相似的（相关的），而不同组中的对象是不同的（不相关的）。组内相似性越大，组间差距越大，说明聚类效果越好。也就是说，聚类的目标是得到较高的簇内相似度和较低的簇间相似度，使得簇间的距离尽可能大，簇内样本与簇中心的距离尽可能小。其中，对聚类的特点，可以用以下指标予以描述。

1）聚类得到的簇可以用聚类中心、簇大小、簇密度和簇描述等来表示。
2）聚类中心是一个簇中所有样本点的均值（质心）。
3）簇大小表示簇中所含样本的数量。
4）簇密度表示簇中样本点的紧密程度。
5）簇描述是簇中样本的业务特征。

聚类的过程主要包括以下几步。

1）数据准备：包括特征标准化和降维。
2）特征选择：从最初的特征中选择最有效的特征，并将其存储在向量中。
3）特征提取：通过对所选择的特征进行转换形成新的突出特征。
4）聚类（或分组）：首先选择合适特征类型的某种距离函数（或构造新的距离函数，如马氏距离或欧式距离）进行接近程度的度量，而后执行聚类或分组。
5）聚类结果评估：是指对聚类结果进行评估，评估主要有 3 种，即外部有效性评估、内部有效性评估和相关性测试评估。

2. 聚类分析的要求

不同的聚类算法有不同的应用背景，有的适用于大数据集，可以发现任意形状的聚簇；有的算法思想简单，适用于小数据集。总的来说，数据挖掘中针对聚类的典型要求如下。

（1）可伸缩性

当数据量从几百上升到几百万时，聚类结果的准确度能一致。

（2）处理不同类型属性的能力

许多算法针对的是数值类型的数据。但是，实际应用场景中，会遇到二元类型数据、分类/标称类型数据、序数型数据。

（3）发现任意形状的类簇

许多聚类算法基于距离（欧式距离或曼哈顿距离）来量化对象之间的相似度。基于这种方式，人们往往只能发现相似尺寸和密度的球状类簇或凸型类簇。但是，实际中类簇的形状可能是任意的。

（4）初始化参数的需求最小化

很多算法需要用户提供一定个数的初始参数，如期望的类簇个数、类簇初始中心点的设定。聚类的结果对这些参数十分敏感，调参需要大量的人力负担，也非常影响聚类结果的准确性。

（5）处理噪声数据的能力

噪声数据通常可以理解为影响聚类结果的干扰数据，包含孤立点、错误数据等，一些算法对这些噪声数据非常敏感，会导致低质量的聚类。

（6）增量聚类和对输入次序的不敏感

一些算法不能将新加入的数据快速插入到已有的聚类结果中，还有一些算法针对不同次序的数据输入，产生的聚类结果差异很大。

（7）高维性

有些算法只能处理 2 维或 3 维的低维度数据，而处理高维数据的能力很弱，高维空间中的数据分布十分稀疏。

（8）可解释性和可用性

人们希望得到的聚类结果都能用特定的语义、知识进行解释，且结果可以和实际的应用场景相联系。

常见的聚类算法比较见表 3-3。

表 3-3 常见的聚类算法比较

算法名称	算法类型	可伸缩性	适合的数据类型	高维性	异常数据的抗干扰性	聚类形状	算法效率
ROCK	层次聚类	很高	混合型	很高	很高	任意形状	一般
BIRCH	层次聚类	较高	数值型	较低	较低	球形	很高
CURE	层次聚类	较高	数值型	一般	很高	任意形状	较高
CLARANS	划分聚类	较低	数值型	较低	较高	球形	较低
DENCLUE	密度聚类	较低	数值型	较高	一般	任意形状	较高
DBSCAN	密度聚类	一般	数值型	较低	较高	任意形状	一般
WaveCluster	网格聚类	很高	数值型	很高	较高	任意形状	很高
OptiGrid	网格聚类	一般	数值型	较高	一般	任意形状	一般
CLIQUE	网格聚类	较高	数值型	较高	较高	任意形状	较低

3．聚类算法的分类

聚类算法有很多种，但一般会根据聚类的效果提出分类标准。因此，聚类算法一般分为以下五类。

- 基于划分的聚类算法，如 k 均值算法、k-medoids 算法、k-prototype 算法等。
- 基于层次的聚类算法。
- 基于密度的聚类算法，如 DBSCAN 算法、OPTICS 算法、DENCLUE 算法等。
- 基于网格的聚类算法。
- 基于模型的聚类算法，如模糊聚类、Kohonen 神经网络聚类等。

（1）基于划分的聚类算法

基于划分的聚类算法是一类简单、常用的聚类算法，它通过将对象划分为互斥的簇进行聚类，每个对象属于且仅属于一个簇；划分结果旨在使簇之间的相似性低，簇内部的相似度高；基于划分的常用算法有 k 均值、k-medoids、k-prototype 等。

其中，k 均值聚类是基于划分的聚类算法，通过计算样本点与类簇质心（即每个类簇的聚类中心）的距离，将与类簇质心相近的样本点划分为同一类簇。k 均值算法通过样本间的距离来衡量它们之间的相似度，两个样本距离越远，则相似度越低，否则相似度越高。

其特点如下。
- k 均值算法原理简单，容易实现，且运行效率比较高（优点）。
- k 均值算法聚类结果容易解释，适用于高维数据的聚类（优点）。
- k 均值算法采用贪心策略，导致容易局部收敛，在大规模数据集上求解较慢（缺点）。
- k 均值算法对离群点和噪声点非常敏感，少量的离群点和噪声点可能对算法求平均值产生极大影响，从而影响聚类结果（缺点）。
- k 均值算法中，初始聚类中心的选取也对算法结果影响很大，不同的初始聚类中心可能会导致不同的聚类结果。对此，研究人员提出 k 均值++算法，其思想是使初始的聚类中心之间的相互距离尽可能远。

使用 k 均值聚类需要注意以下问题。
- 模型的输入数据为数值型数据（如果是离散变量，需要进行哑变量处理）。
- 需要对原始数据进行标准化处理，防止不同量纲对聚类产生影响。

（2）基于层次的聚类算法

层次聚类的应用广泛程度仅次于基于划分的聚类，其核心思想是按照层次把数据划分到不同层的簇，从而形成一个树形的聚类结构。层次聚类算法可以揭示数据的分层结构，在树形结构上的不同层次进行划分，可以得到不同粒度的聚类结果。按照层次聚类的过程分为自底向上的聚合聚类和自顶向下的分裂聚类。聚合聚类以 AGNES、BIRCH、ROCK 等算法为代表，分裂聚类以 DIANA 算法为代表。这两种方法的区别如下。

1）自底向上的聚合聚类将每个样本看作一个簇，初始状态下簇的数目等于样本的数目，然后根据一定的算法规则，如把簇间距离最小的相似簇合并成越来越大的簇，直到满足算法的终止条件为止。

2）自顶向下的分裂聚类先将所有样本看作属于同一个簇，然后逐渐分裂成更小的簇，直到满足算法终止条件为止。

目前，大多数是自底向上的聚合聚类算法，自顶向下的分裂聚类算法比较少。对基于划分的几种算法进行总结，其特性见表 3-4。

表 3-4 基于划分的聚类算法

方法	特征
CURE	采用抽样技术先对数据集 D 随机抽取样本，再采用分区技术对样本进行分区，然后对每个分区局部聚类，最后对局部聚类进行全局聚类
ROCK	采用了随机抽样技术，该算法在计算两个对象的相似度时，同时考虑了周围对象的影响
Chameleon（变色龙算法）	首先由数据集构造成一个 k 近邻图 G_k，再通过一个图的划分算法将图 G_k 划分成大量的子图，每个子图代表一个初始子簇，最后用一个凝聚的层次聚类算法反复合并子簇，找到真正的结果簇
SBAC	SBAC 算法在计算对象间相似度时，考虑了属性特征对于体现对象本质的重要程度，对更能体现对象本质的属性赋予较高的权值
BIRCH	BIRCH 算法利用树形结构对数据集进行处理，叶节点存储一个聚类，用中心和半径表示，顺序处理每一个对象，并把它划分到距离最近的节点，该算法也可以作为其他聚类算法的预处理过程
BUBBLE	BUBBLE 算法把 BIRCH 算法的中心和半径概念推广到普通的距离空间
BUBBLE-FM	BUBBLE-FM 算法通过减少距离的计算次数，提高了 BUBBLE 算法的效率

（3）基于密度的聚类算法

基于划分的聚类算法和基于层次的聚类算法在聚类过程中根据距离来划分类簇，因此只能用于挖掘球状簇。但往往现实中还会有各种形状，这时以上两大类算法将不适用了。

为了解决这一缺陷，基于密度的聚类算法利用密度思想，将样本中的高密度区域（即样本点分布稠密的区域）划分为簇，将簇看作是样本空间中被稀疏区域(噪声)分隔开的稠密区域。如图 3-1 所示。

图 3-1 基于密度的聚类

这一算法的主要目的是过滤样本空间中的稀疏区域，获取稠密区域作为簇。基于密度的聚类算法是根据密度而不是距离来计算样本相似度，所以基于密度的聚类算法能够用于挖掘任意形状的簇，并且能够有效过滤掉噪声样本对聚类结果的影响。

常见的基于密度的聚类算法有 DBSCAN、OPTICS 和 DENCLUE 等。其中，OPTICS 对 DBSCAN 算法进行了改进，降低了对输入参数的敏感程度。DENCLUE 算法综合了基于划分、基于层次的聚类算法。

其中，具有噪声的基于密度的聚类（Density-Based Spatial Clustering of Applications with Noise，DBSCAN）算法是一种基于密度的空间聚类算法。该算法将具有足够密度的区域划分为簇，并在具有噪声的空间数据库中发现任意形状的簇，它将簇定义为密度相连的点的最大集合。

关于 DBSCAN 算法，它聚类的时候不需要预先指定簇的个数，最终簇的个数不定。DBSCAN 算法可以用于对任意形状的稠密数据集进行聚类，它对输入顺序不敏感。DBSCAN 算法能够在聚类的过程中发现数据集中的噪声点，且算法本身对噪声不敏感。当数据集分布为非球型时，使用 DBSCAN 算法效果较好。

DBSCAN 算法要对数据集中的每个对象进行邻域检查，当数据集较大时，聚类收敛时间长，需要较大的内存支持，I/O 消耗也很大，此时可以采用 k 维树（或球树）对算法进行改进，快速搜索最近邻，帮助算法快速收敛。此外，当空间聚类的密度不均匀、聚类间距离相差很大时，聚类的质量较差。

DBSCAN 算法的聚类结果受到邻域参数的影响较大，邻域参数也需要人工输入，调参时需要对两个参数联合调参，比较复杂。

（4）基于网格的聚类算法

基于划分和基于层次的聚类算法都无法发现非凸面形状的簇，真正能有效发现任意形状簇的算法是基于密度的聚类算法，但基于密度的聚类算法一般时间复杂度较高。1996—2000 年，研究数据挖掘的学者们提出了大量基于网格的聚类算法，可以有效降低算法的计算复杂度，且同样对密度参数敏感。

基于网格的聚类算法通常将数据空间划分成有限个单元的网格结构，所有的处理都是以单个的单元为对象。这样做起来处理速度很快，因为这与数据点的个数无关，而只与单元个数有关。代表算法有 STING、CLIQUE、WaveCluster。

STING：基于网格多分辨率，将空间划分为方形单元，对应不同分辨率。

CLIQUE：结合网格和密度聚类的思想，采用子空间聚类处理大规模高维度数据。

WaveCluster：在聚类分析中引入了小波变换的原理，用小波分析使簇的边界变得更加清晰。

这些算法用不同的网格划分方法，将数据空间划分成有限个单元（Cell）的网格结构，并对网格数据结构进行了不同的处理，但核心步骤是相同的，具体如下。

1）划分网格。

2）使用网格单元内数据的统计信息对数据进行压缩表达。

3）基于这些统计信息判断高密度网格单元。

4）最后将相连的高密度网格单元识别为簇。

（5）基于模型的聚类算法

基于模型的聚类算法主要是指基于概率模型的算法和基于神经网络模型的算法，尤其以基于概率模型的算法居多。这里的概率模型主要指概率生成模型（Generative Model），同一"类"的数据属于同一种概率分布。这种方法的优点就是对"类"的划分不那么"生硬"，而是以概率形式表现，每一类的特征也可以用参数来表达；但缺点就是执行效率不高，特别是在分布数量很多并且数据量很少的时候。

基于概率模型的聚类技术已被广泛使用，并且已经在许多应用中显示出有希望的结果，从图像分割、手写识别、文档聚类、主题建模到信息检索。基于模型的聚类算法尝试使用概率方法优化观察数据与某些数学模型之间的拟合。其中，最典型也最常用的方法就是高斯混合模型（Gaussian Mixture Model，GMM）。

可以说，k-means 只考虑更新质心的均值，而 GMM 则考虑更新数据的均值和方差。

高斯混合模型假设存在一定数量的高斯分布，并且每个分布代表一个簇。高斯混合模型倾向于将属于同一分布的数据点分组在一起。它是一种概率模型，采用软聚类方法将数据点归入不同的簇中，或者说，高斯混合模型使用软分类技术将数据点分配至对应的高斯分布（正态分布）中。

假设有三个高斯分布——GD1、GD2 和 GD3，它们分别具有给定的均值（μ_1，μ_2，μ_3）和方差（σ_1，σ_2，σ_3）。对于给定的一组数据点，GMM 将计算这些数据点分别服从这些分布的概率。

对于具有 d 个特征的数据集（多元高斯模型），将得到 k 个高斯分布（其中 k 相当于簇的数量），每个高斯分布都有一个特定的均值向量和方差矩阵，但是这些高斯分布的均值和方差值是如何给定的？这些值可以用一种叫作期望最大化（Expectation-Maximization，EM）的技术来确定，在深入研究高斯混合模型之前，需要了解 EM 这项技术。EM 就是寻找正确模型参数的统计算法，当数据有缺失值（数据不完整）时，人们通常使用 EM。

其他的基于模型的聚类算法及其特征如下。

- SOM，其基本思想是由外界输入不同的样本到人工的自组织映射网络中，一开始，输入样本引起输出兴奋细胞的位置各不相同，但自组织后会形成一些细胞群，它们分别代表了输入样本，反映了输入样本的特征。
- COBWeb 是一个通用的概念聚类算法，它用分类树的形式表现层次聚类。
- AutoClass 是以概率混合模型为基础利用属性的概率分布来描述聚类，该算法能够处理混合型的数据，但要求各属性相互独立。

3.2.2 关联规则分析方法

1. 关联规则的定义和属性

考查一些涉及许多物品的事务：事务 1 中出现了物品甲，事务 2 中出现了物品乙，事务 3 中则同时出现了物品甲和乙。那么，物品甲和乙在事务中的出现是否有规律可循？在数据库的知识发现中，关联规则就是描述这种在一个事务的物品之间同时出现的规律的知识模式。更确切地说，关联规则通过量化的数字描述物品甲的出现对物品乙的出现有多大的影响。

现实中，这样的例子很多。例如，超级市场利用前端收款机收集存储了大量的售货数据，这些数据是一条条的购买事务记录，每条记录存储了事务处理时间、顾客购买的物品、物品的数量及金额等。这些数据中常常隐含形式如下的关联规则：在购买铁锤的顾客当中，有70%的人同时购买了铁钉。这些关联规则很有价值，商场管理人员可以根据这些关联规则更好地规划商品的摆放位置，如把铁锤和铁钉这样的商品摆放在一起，能够促进销售。

有些数据不像售货数据那样很容易就能看出一个事务是许多物品的集合，但稍微转换一下思考角度，仍然可以像售货数据一样处理。比如，人寿保险，一份保单就是一个事务，保险公司在接受保险前，往往需要记录投保人详尽的信息，有时还要到医院做身体检查。保单上记录有投保人的年龄、性别、健康状况、工作单位、工作地址、工资水平等。这些投保人的个人信息就可以看作事务中的物品。通过分析这些数据，可以得到类似以下的关联规则：年龄在40岁以上、工作在A区的投保人中，有45%的人曾经向保险公司索赔过。在这条规则中，"年龄在40岁以上"是物品甲，"工作在A区"是物品乙，"向保险公司索赔过"则是物品丙。可以看出，A区可能污染比较严重，环境比较差，导致工作在该区的人健康状况不好，索赔率也相对比较高。

设 $R=\{I_1, I_2, \cdots, I_m\}$ 是一组物品集，W 是一组事务集。W 中的每个事务 T 是一组物品，$T \in R$。假设有一个物品集 A，一个事务 T，如果 $A \subset T$，则称事务 T 支持物品集 A。关联规则是如下形式的一种蕴含：$A \rightarrow B$，其中 A、B 是两组物品，$A \subseteq I$，$B \subseteq I$，且 $A \cup B = I$。一般用四个参数来描述一个关联规则的属性。

（1）可信度（Confidence）

设 W 中支持物品集 A 的事务中，有 $c\%$ 的事务同时也支持物品集 B，则 $c\%$ 称为关联规则 $A \rightarrow B$ 的可信度。简单地说，可信度就是指在出现了物品集 A 的事务 T 中，物品集 B 也同时出现的概率有多大。如上面所举的铁锤和铁钉的例子，如果一个顾客购买了铁锤，他也购买铁钉的可能性是70%，所以可信度是70%。

（2）支持度（Support）

设 W 中有 $s\%$ 的事务同时支持物品集 A 和 B，则 $s\%$ 称为关联规则 $A \rightarrow B$ 的支持度。支持度描述了 A 和 B 这两个物品集的并集 C 在所有的事务中出现的概率有多大。如果某天共有1000个顾客到商场购买物品，其中有100个顾客同时购买了铁锤和铁钉，那么上述关联规则的支持度就是10%。

（3）期望可信度（Expected Confidence）

设 W 中有 $e\%$ 的事务支持物品集 B，则 $e\%$ 称为关联规则 $A \rightarrow B$ 的期望可信度。期望可信度描述了在没有任何条件影响时，物品集 B 在所有事务中出现的概率有多大。如果某天共有1000个顾客到商场购买物品，其中有200个顾客购买了铁钉，则上述关联规则的期望可信度就是20%。

（4）作用度（Lift）

作用度是可信度与期望可信度的比值。作用度用于描述物品集 A 的出现对物品集 B 的出现有多大的影响。因为物品集 B 在所有事务中出现的概率是期望可信度；而物品集 B 在有物品集 A 出现的事务中出现的概率是可信度，通过可信度对期望可信度的比值反映了在加入"物品集 A 出现"的条件后，物品集 B 的出现概率发生了多大的变化。在上例中，作用度就是70%/20%=3.5。

可信度是对关联规则的准确度的衡量，支持度是对关联规则重要性的衡量。支持度说明了这条规则在所有事务中有多大的代表性，显然支持度越大，关联规则越重要。有些关联规则的可信度虽然很高，但支持度却很低，说明该关联规则使用的机会很小，因此也不重要。

期望可信度描述了在没有物品集 A 的作用下，物品集 B 本身的支持度；作用度描述了物品

集 A 对物品集 B 的影响力的大小。作用度越大，说明物品集 B 受物品集 A 的影响越大。一般情况下，有用的关联规则的作用度都应该大于 1，只有关联规则的可信度大于期望可信度，才说明 A 的出现对 B 的出现有促进作用，也说明了它们之间某种程度的相关性，如果作用度不大于 1，则此关联规则也就没有意义了。

2. 关联规则的挖掘

在关联规则的四个属性中，支持度和可信度能够比较直接地形容关联规则的性质。从关联规则定义可以看出，任意给出事务中的两个物品集，它们之间都存在关联规则，只不过属性值有所不同。如果不考虑关联规则的支持度和可信度，那么在事务数据库中可以发现无穷多的关联规则。事实上，人们一般只对满足一定的支持度和可信度的关联规则感兴趣。因此，为了发现有意义的关联规则，需要给定两个阈值：最小支持度和最小可信度，前者规定了关联规则必须满足的最小支持度；后者规定了关联规则必须满足的最小可信度。一般称满足一定要求（如较大的支持度和可信度）的规则为强规则（Strong Rules）。

在关联规则的挖掘中要注意以下几点。

1）充分理解数据。

2）目标明确。

3）数据准备工作要做好，能否做好数据准备又取决于前两点，数据准备将直接影响到问题的复杂度及目标的实现。

4）选取恰当的最小支持度和最小可信度。这依赖于用户对目标的估计，如果取值过小，那么会发现大量无用的规则，不但影响执行效率、浪费系统资源，而且可能把目标埋没；如果取值过大，则又有可能找不到规则，与知识失之交臂。

5）很好地理解关联规则。数据挖掘工具能够发现满足条件的关联规则，但它不能判定关联规则的实际意义。对关联规则的理解需要熟悉业务背景，丰富的业务经验对数据有足够的理解。在发现的关联规则中，可能有两个主观上认为没有多大关系的物品，它们的关联规则支持度和可信度却很高，需要根据业务知识、经验，从各个角度判断这是一个偶然现象或有其内在的合理性；反之，可能有主观上认为关系密切的物品，结果却显示它们之间相关性不强。只有很好地理解关联规则，才能取其精华，去其糟粕，充分发挥关联规则的价值。

发现关联规则要经过以下三个步骤。

1）连接数据，做数据准备。

2）给定最小支持度和最小可信度，利用数据挖掘工具提供的算法发现关联规则。

3）显示、理解、评估关联规则。

3. 关联规则挖掘的过程

关联规则挖掘过程主要包含两个阶段：第一阶段是先从资料集合中找出所有的高频项目组（Frequent Itemsets），第二阶段是由这些高频项目组产生关联规则（Association Rules）。

关联规则挖掘的第一阶段必须从原始资料集合中，找出所有高频项目组。高频是指某一项目组出现的频率相对于所有记录而言，必须达到某一水平。一项目组出现的频率称为支持度（Support），以一个包含 A 与 B 两个项目的 2-itemset 为例，可以计算包含 $\{A,B\}$ 项目组的支持度，若支持度大于或等于所设定的最小支持度（Minimum Support）门槛值时，则 $\{A,B\}$ 称为高频项目组。一个满足最小支持度的 k-itemset，则称为高频 k-项目组（Frequent k Itemset），一般表示为 Large k 或 Frequent k。算法从 Large k 的项目组中再产生 Large k+1，直到无法再找到更长的高频项目组为止。

关联规则挖掘的第二阶段是要产生关联规则（Association Rules）。从高频项目组产生关联规则，是利用前一步骤的高频 k-项目组来产生规则，在最小信赖度（Minimum Confidence）的条件门槛下，若一规则所求得的信赖度满足最小信赖度，称此规则为关联规则。

从上面的介绍还可以看出，关联规则挖掘通常比较适用于记录中的指标取离散值的情况。如果原始数据库中的指标值是取连续的数据，则在关联规则挖掘之前应该进行适当的数据离散化（实际上就是将某个区间的值对应于某个值），数据的离散化是数据挖掘前的重要环节，离散化的过程是否合理将直接影响关联规则的挖掘结果。

4．关联规则的分类

按照不同情况，关联规则可以分为以下几类。

（1）基于规则中处理的变量的类别，关联规则可以分为布尔型关联规则和数值型关联规则

布尔型关联规则处理的值都是离散的、种类化的，它显示了这些变量之间的关系；而数值型关联规则可以和多维关联或多层关联规则结合起来，对数值型字段进行处理，将其进行动态分割，或者直接对原始的数据进行处理，数值型关联规则中也可以包含种类变量。例如，性别＝"女"→职业＝"秘书"，是布尔型关联规则；性别＝"女"→avg（收入）＝2300，涉及的收入是数值型，所以是一个数值型关联规则。

（2）基于规则中数据的抽象层次，可以分为单层关联规则和多层关联规则

在单层关联规则中，所有的变量都没有考虑到现实的数据是具有多个不同的层次的；而在多层关联规则中，对数据的多层性已经进行了充分考虑。例如：联想台式机→HP 打印机，是一个细节数据上的单层关联规则；台式机→HP 打印机，是一个较高层次和细节层次之间的多层关联规则。

（3）基于规则中涉及的数据维数，关联规则可以分为单维关联规则和多维关联规则

在单维关联规则中，只涉及数据的一个维，如用户购买的物品；而在多维关联规则中，要处理的数据将会涉及多个维。换句话说，单维关联规则是处理单个属性中的一些关系；多维关联规则是处理多个属性之间的某些关系。例如：啤酒→尿布，这条规则只涉及用户购买的物品；性别＝"女"→职业＝"秘书"，这条规则就涉及两个字段的信息，是两个维上的一条关联规则。

5．关联规则挖掘的相关算法

（1）Apriori 算法：在候选项集中找出频繁项集

Apriori 算法是一种最有影响力的挖掘布尔关联规则频繁项集的算法，其核心是基于两阶段频集思想的递推算法。该关联规则在分类上属于单维、单层、布尔关联规则。在这里，所有支持度大于最小支持度的项集称为频繁项集，简称频集。

该算法的基本思想是：首先找出所有的频集，这些项集出现的频繁性至少和预定义的最小支持度一样。然后由频集产生强关联规则，这些规则必须满足最小支持度和最小可信度。然后使用找到的频集产生期望的规则（即产生只包含集合的项的所有规则），其中每一条规则的右部只有一项，这里采用的是规则中的定义。一旦这些规则被生成，那么只有那些大于用户给定的最小可信度的规则才被留下来。为了生成所有频集，使用了递推的方法。

Apriori 算法的缺点是可能产生大量的候选集以及可能需要重复扫描数据库。

（2）基于划分的算法

A. Savasere 等设计了一个基于划分的算法。这个算法先把数据库从逻辑上分成几个互不相交的块，每次单独考虑一个分块并对它生成所有的频集，然后把产生的频集合并，用来生成所有可能的频集，最后计算这些项集的支持度。这里分块的大小选择要使得每个分块可以被放入主存，每个阶段只需被扫描一次。而算法的正确性是由每一个可能的频集至少在某一个分块中是频集保证的。该算法是可以高度并行的，可以把每一个分块分别分配给某一个处理器生成频集。产生频集的每一个循环结束后，处理器之间进行通信来产生全局的候选 k-项集。通常这里的通信过程是算法执行时间的主要瓶颈；此外，每个独立的处理器生成频集的

时间也是一个瓶颈。

（3）FP-树频集算法

针对 Apriori 算法的固有缺陷，J.Han 等提出了不产生候选挖掘频集的方法：FP-树频集算法。采用分而治之的策略，在经过第一遍扫描之后，把数据库中的频集压缩进一棵频繁模式树（FP-树），同时依然保留其中的关联信息，随后再将 FP-树分化成一些条件库，每个库和一个长度为 1 的频集相关，然后再分别对这些条件库进行挖掘。当原始数据量很大的时候，也可以结合划分的方法，使得一个 FP-树可以放入主存中。实验表明，FP-树对不同长度的规则都有很好的适应性，同时在效率上较 Apriori 算法有巨大的提高。

6. 关联规则在供应链上的应用——智能仓储优化

电商仓库中存储的货物种类繁多且数量庞大，然而相互之间存在关联性的货物却不多，故提出关联货物存储区的策略，只将关联性很高的少部分货物存放至该区域，在该区域内建立模型进行货位布局。货物关联性反映的是两种货物或多种货物之间相关程度的强弱，而 COI 指数则是某种货物的周转率与体积之比，是货物本身特有的"属性"，二者无法统一度量。此外，关联性程度高的货物可能 COI 指数很低，故在求解上未采用将多目标转化为单目标的解法，而是采用两阶段优化求解，算法思路如图 3-2 所示。货品关联性分析旨在通过分析历史已处理的订单数据，根据货品间的关联性结果确定储位布局，货架布局方案则通过建模求解。

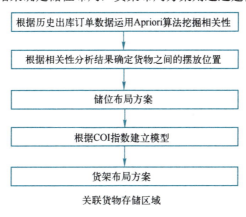

图 3-2 货物存储优化算法思路图

采用算法对历史订单进行分析，可挖掘出关联性高的频集，储位布局时需将关联性高的货物尽可能摆放在同一个货架上，应遵循以下规则。

1）根据可信度大小对关联规则排序，可信度高的关联规则所包含的货物优先布局。

2）相互独立的关联规则所包含的货物应放置在不同货架上。

3）存在交叉关系的关联规则所包含的货物，应根据储位数量进行合理放置，例如关联规则 $A \rightarrow B$ 和 $E \rightarrow B$ 存在交叉，则所涉及的 A、B、E 这 3 种货物放在同一个货架上。

4）若多个关联规则均包含某种货物，且该货物已经布局完成，则将关联规则里包含的剩余所有货物放在同一个货架上，如关联规则 $F \rightarrow A$、$G \rightarrow A$ 和 $H \rightarrow A$ 均包含货物 A，且 A 布局已经完成，则将剩余的货物 F、G 放置在同一货架上。

储位布局只确定了哪些货物组合到同一个货架上，实现了 AGV 搬运货架次数最少的目标；而 AGV 搬运路径最短目标的实现，则需在储位布局的基础上，将 COI 指数低的货物分配到离出库口最近的位置上，可通过 Lingo 进行模型求解。综合储位、货架布局方案得到最终的货位优化方案，其示意图如图 3-3 所示。

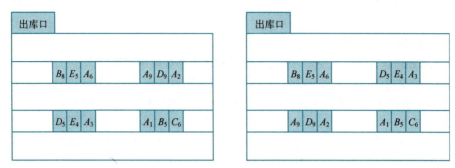

图 3-3　货位优化方案示意图

3.2.3　决策树分析方法

决策树（Decision Tree）是一种分类与回归方法，主要用于分类。决策树模型呈现树形结构，是基于输入特征对实例进行分类的模型。本书认为决策树其实是定义在特征空间与类空间上的条件概率分布。

使用决策树算法的主要步骤可以分为特征的选取、决策树的生成、决策树的修剪。

1. 决策树模型

分类决策树模型是一种对实例进行分类的树形结构，其由节点（Node）和有向边组成，而节点也分成内部节点和叶节点两种，内部节点表示一个特征和一个属性，叶节点表示具体的一个分类。

用决策树进行分类，从根节点开始，对实例的某一个特征进行测试，根据测试结果分配到对应的子节点中去，每个子节点对应一个特征的取值，递归地进行分类测试和分配，最终到达对应的叶节点，完成本次分类。这个过程能够类比大学新生入学军训中分队伍，根据身高、体重将学生分配到正步排或是刺杀操排，一旦进入了其中的某一个排就会再根据正步的质量决定具体班，直到找到合适的位置，对决策树来说就是找到了合适的"类"（Classification）。如图 3-4 所示。

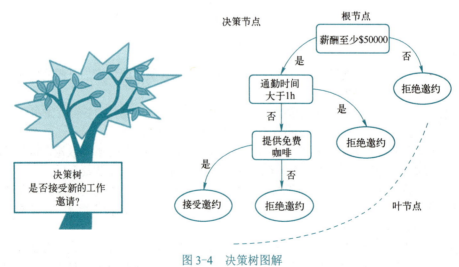

图 3-4　决策树图解

2. 决策树的性质

决策树对应着 if-then 规则，其性质为决策树是互斥且完备的，具体来说就是每一个实例都被一条路径或一条规则所覆盖,而且只能被一条路径和一条规则所覆盖。

3. 决策树与条件概率分布

很多读者知道决策树与分类,但不理解决策树和条件概率分布的关系。其实从宏观上来讲,机器学习本来就包括生成模型和判别模型两种,生成模型是根据训练数据学习模型生成的本质规律,而判别模型就是大家熟知的判别函数,如果学习一个 $f=F(x)$,那么条件概率和决策树到底是如何关联的?

决策树可以表示给定特征条件下类的条件概率分布,这一条件概率分布定义了特征空间的一个划分,将特征空间划分成了互不相交的单元,并在每一个单元定义一个类的概率分布,这就构成了一个条件概率分布。决策树的一条路径对应于一个单元,决策树所表示的条件概率分布由各个单元给定条件下类的条件概率分布组成。

4. 决策树的学习本质

(1)构建决策树

在决策树方法中,有两个基本的步骤,一个是构建决策树,另一个是将决策树应用于数据库。大多数研究都集中在如何有效地构建决策树,而应用则相对比较简单。构建决策树算法比较多,在 Clementine 中提供了 4 种算法,包括 C&RT、CHAID、QUEST 和 C5.0。采用其中的某种算法,输入训练数据集,就可以构造出一棵如图 3-5 所示的决策树。

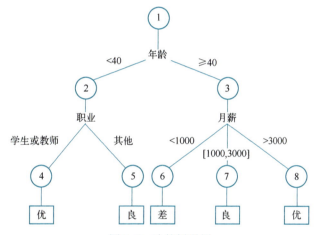

图 3-5 决策树举例

一棵决策树是一个有向无环图,它由若干个节点、分支、分裂谓词以及类别组成。

节点是一棵决策树的主体。其中,没有父亲节点的节点称为根节点,如图 3-5 中的节点 1;没有子节点的节点称为叶子节点,如图 3-5 中的节点 4、5、6、7、8。一个节点按照某个属性分裂时,这个属性称为分裂属性,如节点 1 按照"年龄"被分裂,这里"年龄"就是分裂属性,同理,"职业""月薪"也是分裂属性。每一个分支都会被标记一个分裂谓词,这个分裂谓词就是分裂父节点的具体依据,例如,在将节点 1 分裂时,产生两个分支,对应的分裂谓词分别是"年龄<40"和"年龄≥40"。另外,每一个叶子节点都被确定一个类标号,这里是"优""良"或者"差"。

由此可以看出,构建一棵决策树,关键问题在于如何选择一个合适的分裂属性来进行一次分裂以及如何制定合适的分裂谓词来产生相应的分支。各种决策树算法的主要区别也正在于此。

(2)修剪决策树

利用决策树算法构建一棵初始的树之后,为了有效分类,还要对其进行剪枝。这是由于数据表示不当、有噪声等会造成生成的决策树过大或过拟合（Overfitting）。因此为了简化决策树，寻找一棵最优的决策树，剪枝是一个必不可少的过程。

通常，决策树越小，就越容易理解，其存储与传输的代价也就越小，但决策树过小会导致错误率较大。反之，决策树越复杂，节点越多，每个节点包含的训练样本个数越少，则支持每个节点样本数量也越少，可能导致决策树在测试集上的分类错误率越大。因此，剪枝的基本原则就是在保证一定的决策精度的前提下，使树的叶子节点最少、叶子节点的深度最小。要在树的大小和正确率之间寻找平衡点。

不同的算法，其剪枝的方法也不尽相同。常用的剪枝方法有预剪枝和后剪枝两种。例如，CHAID 和 C5.0 采用预剪枝，CART 则采用后剪枝。

1）预剪枝，是指在构建决策树之前，先制定生长停止准则（如指定某个评估参数的阈值），在树的生长过程中，一旦某个分支满足了停止准则，则停止该分支的生长，这样就可以防止树的过度生长。采用预剪枝的算法有可能过早地停止决策树的构建过程，但由于不必生成完整的决策树，算法的效率很高，适合应用于大规模问题。

2）后剪枝，是指待决策树完全生长结束后，再根据一定的准则剪去决策树中那些不具一般代表性的叶子节点或分支。这时，可以将数据集划分为两个部分，一个是训练数据集，另一个是测试数据集。训练数据集用来生成决策树，而测试数据集用来对生成的决策树进行测试，并在测试的过程中通过剪枝来对决策树进行优化。

（3）生成原则

在生成一棵最优的决策树之后，就可以根据这棵决策树来生成一系列规则。这些规则采用"If…Then…"的形式。从根节点到叶子节点的每一条路径，都可以生成一条规则。这条路径上的分裂属性和分裂谓词形成规则的前件（If 部分），叶子节点的类标号形成规则的后件（Then 部分）。

例如，图 3-5 的决策树可以形成以下 5 条规则。

1）If（年龄<40）and（职业="学生" or 职业="教师"）Then 信用等级="优"。
2）If（年龄<40）and（职业!="学生" and 职业!="教师"）Then 信用等级="良"。
3）If（年龄>=40）and（月薪<1000）Then 信用等级="差"。
4）If（年龄>=40）and（月薪>=1000 and 月薪<=3000）Then 信用等级="良"。
5）If（年龄>=40）and（月薪>3000）Then 信用等级="优"。

这些规则即可应用到对未来观测样本的分类中了。

（4）决策树分类

比较常用的决策树算法有 ID3 算法、C4.5 算法和 CART（Classification and Regression Tree）算法，CART 算法的分类效果一般优于其他决策树。下面介绍具体步骤。

1）ID3 算法。ID3 算法中，由增熵（Entropy）原理来决定哪个节点作父节点，哪个节点需要分裂。对于一组数据，熵越小说明分类结果越好。熵定义为

$$\text{Entropy} = -\text{sum}[P(x_i) \times \log_2(P(x_i))] \tag{3-7}$$

其中，$P(x_i)$ 为 x_i 出现的概率。

假如是二分类问题，当 A 类和 B 类各占 50%时，

$$\text{Entropy} = -(0.5\log_2(0.5) + 0.5\log_2(0.5)) = 1 \tag{3-8}$$

当只有 A 类或只有 B 类时，

$$\text{Entropy} = -(1 \times \log_2(1) + 0) = 0 \tag{3-9}$$

所以当 Entropy 最大为 1 的时候，是分类效果最差的状态，当它最小为 0 的时候，是完全分

类的状态。因为熵等于零是理想状态,一般情况下,熵的大小为 0~1。熵的不断最小化,实际上就是提高分类正确率的过程。决策树算法其实就是为了找到能够迅速使熵变小直至熵为 0 的那条路径,也就是信息增益的那条路。

2)C4.5 算法。C4.5 算法中,通过对 ID3 算法的学习,可以知道 ID3 算法存在一个问题,那就是越细小的分割分类错误率越小,所以 ID3 算法会越分越细,训练数据的分类可以达到 0 错误率,但是因为新的数据和训练数据不同,所以面对新的数据分错率反倒上升了,也就形成了过拟合。决策树是通过分析训练数据,得到数据的统计信息,而不是专为训练数据量身定做。

所以为了避免分割太细,C4.5 算法对 ID3 算法进行了改进,C4.5 算法中,优化项要除以分割太细的代价,这个比值被称为信息增益率,显然分割太细分母增大,信息增益率会降低。除此之外,其他的原理和 ID3 算法相同。

3)CART 算法。CART 是一棵二叉树,也是分类树,CART 的构成简单明了。

CART 算法只能将一个父节点分为两个子节点。CART 算法用 GINI 指数来决定如何分裂,总体内包含的类别越杂乱,GINI 指数就越大(与熵的概念很相似)。

CART 还是回归树,回归解析用来决定分布是否终止。理想地说每一个叶节点里都只有一个类别时分类应该停止,但是很多数据并不容易完全划分,或者完全划分需要很多次分裂,必然造成运行时间过长,所以 CART 算法可以分析每个叶节点里的数据的均方差,当方差小于一定值可以终止分裂,以换取计算成本的降低。CART 算法和 ID3 算法一样,存在偏向细小分割(即过拟合)的问题。

5. 决策树在供应链中的应用实例——集卡港区内作业状态

社会集卡在集装箱码头内的作业状态与码头各区域的设施设备、人员及作业计划安排相关。由于集装箱码头的相关作业信息涉及港口安保要求并不公开,因此社会集卡运营方无法通过码头生产资源配置和计划了解其所处的作业状态。但社会集卡运营方可汇总各时间点内在码头各区域的社会集卡数量来获取码头各个区域的集卡流量(见图 3-6 中的箭头)和码头区域内集卡数量(见图 3-6 中的各区域)情况,从而统计码头各环节的社会集卡作业状态。

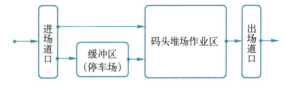

图 3-6 集装箱码头社会集卡作业区域示意图

根据统计数据对社会集卡的作业状态进行分类预测是一种典型的数据挖掘应用模式。常用数据挖掘的算法有决策树算法、贝叶斯网络算法、人工神经网络算法和支持向量机等。由于本应用的数据挖掘属于监督学习类,且需要应用到分类算法和回归算法,因此决策树算法较符合本应用场景。从集装箱港区中社会集卡作业关系(见图 3-7)可见作业能力受港区多方面因素影响,而这些因素主要为码头内部信息。在这些相互关联的数据中分析出关键的业务数据项,形成简洁的可预测数据模型,是决策树算法的优势之一。

本书编写过程中收集了某大型集装箱港区的社会集卡在码头的作业时间点数据。其中,时间点记录会出现偶发性的意外情况(时序倒挂和单项时间超 10h 等),比例不超过千分之一。根据社会集卡作业数据的逻辑对出现矛盾的数据进行清洗后得到有序作业数据,用以进行分析研究。

将赋值后的社会集卡作业数据在 SPSS 中分别以 CHAID 算法、Exhaustive CHAID 算法、CART 算法以及 QUEST 算法构造决策树,并将数据的 20%作为检验预测结果的验证集数据。由于在数据处理中显示日期与每日的社会集卡数量有显著的相关性,但与具体的时间的相关性不显著,所以先将周几(Weekday)和时间(Hour)作为数据维度构建决策树,检验社会集卡作业能力是否可通过这两个数据属性来进行分类。由于未完成作业承诺为"0"的比例为 28.1%,所以在构建该决策树时将 POTT(社会集卡作业时间)小于 5%、6%~10%、10%~20%和大于 20%

分别赋值为 1~4。初步构建决策树的分类结果为仅有日期和时间两个数据维度时，决策树的分类方法的准确率仅为 50%左右；而当增加 NYIT（在场时间）的数据维度，分类的准确率依然没有显著的提高。

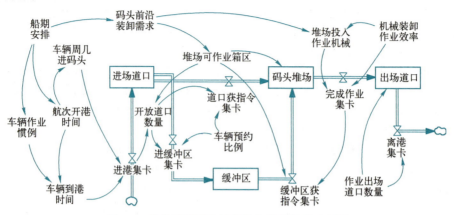

图 3-7　集装箱港区中社会集卡作业关系示意图

仅通过 Weekday、Hour 和 NYIT 难以建立有效的预测社会集卡作业状态决策树，必须将处理后多维度的数据用于构建决策树。将所有赋值后的社会集卡作业数据统计量构建决策树后得到四类决策树。可见决策树中最靠近根节点的分支点是 MTT（平均作业时间）、SDTT（作业时间标准差）和 Hour（进场小时）等统计数据。由于几种决策树算法中对于决策树分支的剪枝方法不同，造成了各种决策树靠近根部的数据维度有所不同。从各种决策树算法的预测准确率可见：用构建的决策树来预测码头作业社会集卡是否达到其服务承诺的准确率基本达到 90%以上；4 种决策树算法中，QUEST 方法构造的决策树的节点数和终端数较小，决策树的深度较浅（见图 3-8）。

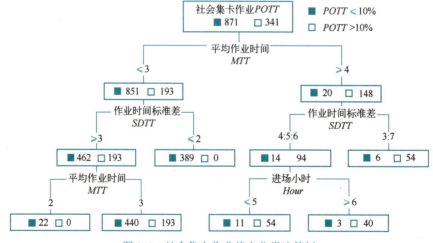

图 3-8　社会集卡作业状态分类决策树

该决策树对码头社会集卡作业状况分类的首要数据维度是 MTT，即每小时内完成作业的平均作业时间。其对码头服务承诺的 POTT 有着显著的影响。对相关的数据指标的赋值区间进行还原，可见当前 MTT 低于 30min 时，码头达到作业承诺的可能性为 81.5%（决策树上表现为 MTT 小于等于 3），而当 MTT 低于 20min 时，码头达到作业承诺的可能性为 100%。根据该决策树分类，可见社会集卡用时 MTT 的上升预示着达到码头服务承诺的可能性会逐步下降。

QUEST 方法根据提前 1h 的数据构建的决策树（见图 3-9）对码头社会集卡作业状况分类的首要数据维度是 NYC。将相关的数据指标的赋值区间进行还原可见，当 NYC 低于 130 箱时，1h 后完成社会集卡作业承诺的概率为 77.2%（MTT 高于 30min，1h 后码头达到作业承诺的概率为 50.5%）；NYC 处于 130 箱至 150 箱时，1 小时后码头达到作业承诺的概率为 36.1%；当 NYC 高于 150 箱时，1 小时后码头达到作业承诺的概率为 2.7%。根据决策树可见，当码头堆场内待作业的集装箱数量增加时，码头达到服务承诺的可能性逐步下降。

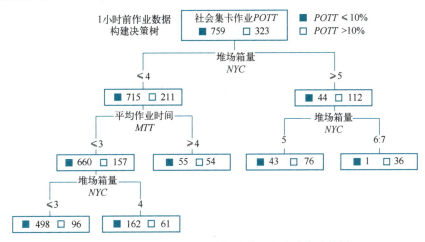

图 3-9 数据提前 1h 的社会集卡作业状态分类决策树

此外，从构建的决策树可见进出场的道口基本不影响社会集卡的作业状态。这是因为随着社会集卡作业流程的优化、口岸单一窗口电子化单证的实施和智能道口的运营，社会集卡在道口的作业停留时间大大降低。码头的进出场道口的放行速度高于堆场的社会集卡作业速度。因此，当码头的进场道口有社会集卡积累的时候就预示码头不能达到作业服务承诺的可能性正在逐步上升。

本书构建的分类决策树可以帮助社会集卡的各相关方对社会集卡的运营情况进行监控。政府交通运输监管部门可以根据社会集卡的作业状况，预警码头内作业拥挤并影响到周边道路交通的问题，提前采取交通管制的措施对码头周边的交通进行安排和组织。社会集卡运营方可根据分类预测的社会集卡作业状态，根据集装箱码头达到作业承诺的可能性高低，调整涉及集装箱码头的业务的进港时间。尤其是社会集卡从提箱的堆场离集装箱码头较近的情况下，可根据实时状况安排社会集卡作业计划：码头履行作业承诺的可能性很高时可集中安排港区的作业，当码头履行作业承诺可能性较低时安排不涉及集装箱码头的集卡业务。

3.2.4 回归分析方法

回归分析是一种预测性的建模技术，它研究的是因变量（目标）和自变量（预测器）之间的关系。这种技术通常用于预测分析、时间序列模型以及发现变量之间的因果关系。例如，司机的危险驾驶与道路交通事故数量之间的关系，最好的研究方法就是回归。

回归分析是建模和分析数据的重要工具。在这里，使用曲线或直线来拟合这些数据点，在这种方式下，从曲线或直线到数据点的距离差异最小。在接下来的部分详细解释这一点。

1. 回归分析的作用

回归分析估计了两个或多个变量之间的关系。例如，在当前的经济条件下，要估计一家公司的销售额增长情况。现在，有公司最新的数据，这些数据显示出销售额增长大约是经济增长的

2.5 倍。那么使用回归分析，就可以根据当前和过去的信息来预测未来公司的销售情况。

使用回归分析的好处很多，具体如下。
- 它表明了自变量和因变量之间的显著关系。
- 它表明了多个自变量对一个因变量的影响强度。

回归分析也允许人们比较那些衡量不同尺度的变量之间的相互影响，如价格变动与促销活动数量之间的联系。这些有利于帮助市场研究人员、数据分析人员以及数据科学家找出一组最佳的变量，用来构建预测模型。

2. 回归分析的基本概念

首先了解一下关于回归的基本概念。

因变量（Dependent Variable）是数学名词，函数关系式中，某些特定的数会随另一个（或另几个）数的变动而变动，就称为因变量。

自变量（Independent Variable）一词来自数学。在数学中，$y = f(x)$，在这一方程中，y 随 x 的变化而变化，自变量是 x，因变量是 y。将这个方程运用到心理学的研究中，自变量是指研究者主动操纵，而引起因变量发生变化的因素或条件，因此自变量被看作是因变量的原因。自变量有连续变量和类别变量之分。如果实验者操纵的自变量是连续变量，则实验是函数型实验；如果实验者操纵的自变量是类别变量，则实验是因素型实验。在心理学实验中，一个明显的问题是要有一个有机体作为被试对象对刺激做出反应。显然，这里刺激变量就是自变量。

变量间的关系如下。

1）有些变量间有完全确定的关系：函数关系式。

2）有些变量间有一定的关系，但无法用函数形式表示出来，为研究这类变量之间的关系就需要通过大量试验或观测获得数据，用统计方法寻找它们的关系，这种关系反映了变量间的统计规律，研究这类统计规律的方法之一就是回归分析。

回归分析（Regression Analysis）是确定两种或两种以上变量间相互依赖的定量关系的一种统计分析方法。运用十分广泛，回归分析按照涉及变量的多少，可分为一元回归和多元回归分析；在线性回归（Linear Regression）中，按照因变量的多少，可分为简单回归分析和多重回归分析；按照自变量和因变量之间的关系类型，可分为线性回归分析和非线性回归分析。如果在回归分析中只包括一个自变量和一个因变量，且二者的关系可用一条直线近似表示，这种回归分析称为一元线性回归分析。如果回归分析中包括两个或两个以上的自变量，且自变量之间存在线性相关，则称为多元线性回归分析。

回归分析实际上就是利用样本（已知数据），产生拟合方程，从而对未知数据进行预测。

3. 主要算法

目前，主要的回归算法有线性回归（Linear Regression）、普通最小二乘（Ordinary Least Squares，OLS）回归、逻辑斯谛回归（Logistic Regression）、逐步回归（Stepwise Regression）、岭回归（Ridge Regression）、LASSO 回归（Least Absolute Shrinkage and Selection Operator）、Elastic Net 回归。其主要优点有直接、快速，但也存在一定的缺点，即要求严格的假设、需要处理异常值。

（1）线性回归（Linear Regression）

线性回归用最适直线（回归线）建立因变量 Y 和一个或多个自变量 X 之间的关系。可以用公式 $Y=a+bX+e$ 来表示。其中，a 为截距，b 为回归线的斜率，e 是误差项。如何找到那条回归线？可以通过最小二乘法来解决这个问题。最小二乘法就是线性回归模型的损失函数，损失函数最小时得出的参数，才是最需要的参数。

（2）普通最小二乘（OLS）回归

在 OLS 回归中，估计方程可通过将样本的数据点与由方程预测的值之间的距离平方和最小化的方程计算得出。

仅当满足以下假定时，OLS 回归才会提供最精确的无偏估计值。

- 回归模型的系数为线性系数。最小二乘可通过变换变量（而不是系数）来为曲率建模。用户必须指定适当的函数形式才能正确地为所有可能存在的曲率建模。在此，对预测变量 X 进行了平方计算以便为曲率建模。
- 残差的均值为零。模型中包含常量将迫使均值为零。
- 所有预测变量都与残差不相关。
- 残差与残差之间不相关（序列相关）。
- 残差具有恒定方差。
- 任何预测变量都不与其他预测变量完全相关（$r=1$），也应避免不完全的高度相关（多重共线性）。
- 残差成正态分布。

由于仅当所有这些假定都满足时，OLS 回归才会提供最佳估计值，因此检验这些假定极为重要。常用方法包括检查残差图、使用失拟检验以及使用方差膨胀因子（VIF）检查预测变量之间的相关性。

（3）逻辑斯谛回归（Logistic Regression）

逻辑斯谛回归就是一种减小预测范围、将预测值限定为[0,1]的回归模型。Logistic 回归的因变量可以是二分类的，也可以是多分类的，但是二分类的更为常用，也更加容易解释。

（4）逐步回归（Stepwise Regression）

在实际问题中，人们总是希望从对因变量有影响的诸多变量中选择一些变量作为自变量，应用多元回归分析的方法建立"最优"回归方程以便对因变量进行预报或控制。所谓"最优"回归方程，主要是指希望在回归方程中包含所有对因变量影响显著的自变量，而不包含对影响不显著的自变量的回归方程。逐步回归分析正是根据这种原则提出来的一种回归分析方法。它的主要思路是在考虑的全部自变量中按其对因变量的作用、显著程度或者贡献，由大到小地逐个引入回归方程，而那些作用不显著的变量可能始终不被引入回归方程。另外，已被引入回归方程的变量在引入新变量后也可能失去重要性，而需要从回归方程中剔除出去。引入一个变量或剔除一个变量都称为逐步回归的一步，每一步都要进行检验，以保证在引入新变量前回归方程中只含有对影响显著的变量，而不显著的变量已被剔除。

（5）岭回归（Ridge Regression）

岭回归是一种专用于共线性数据分析的有偏估计回归方法，实质上是一种改良的最小二乘估计法，通过放弃最小二乘法的无偏性，以损失部分信息、降低精度为代价获得回归系数更为符合实际、更可靠的回归方法，对病态数据的拟合要强于最小二乘法。

（6）LASSO 回归（Least Absolute Shrinkage and Selection Operator）

LASSO 是通过构造惩罚函数来约束其回归系数的绝对值。与岭回归不同的是，LASSO 回归在惩罚方程中用的是绝对值，而不是平方，这就使得惩罚后的值可能会变成 0。

（7）Elastic Net 回归

Elastic Net 回归是 LASSO 回归和岭回归的结合，它会事先训练 L1 和 L2 作为惩罚项。当许多变量相关的时候，Elastic Net 回归是有用的。LASSO 回归一般会随机选择其中一个，而 Elastic Net 回归则会选择两个。与 LASSO 回归和岭回归比较，一个实用的优点就是 Elastic Net 回归会继承一些岭回归的稳定性。

4. 回归模型的选用

面对如此多的回归模型，最重要的是根据自变量与因变量的类型、数据的维数和其他数据的重要特征选择最合适的方法。以下是选择正确的回归模型时主要考虑的因素。

1）数据探索是建立预测模型不可或缺的部分。它应该是在选择正确模型之前要做的。

2）为了比较不同模型的拟合程度，人们可以分析不同的度量，比如统计显著性参数、R 平方、调整 R 平方、最小信息标准、BIC 和误差准则。另一个是 Mallows' Cp 准则。

3）交叉验证是验证预测模型最好的方法，用户可以把数据集分成两组：一组用于训练，一组用于验证。

4）如果数据集有许多让人困惑的变量，此时不应该用自动模型选择方法，以免混入不需要的变量。

5）不强大的模型往往容易建立，而强大的模型很难建立。

6）回归正则方法在高维度和多重共线性的情况下表现得很好。

3.2.5 预测方法

常用的预测方法有定性预测方法和定量预测方法。

1. 定性预测方法

（1）专家会议法及德尔菲法

这两种方法都是依赖于专家的判断来做预测，具有很强的主观性。所以其有效性受限于专家的专业水准，实用性和可靠性比较差。

专家会议法的基本过程是：整理相关资料→组织专家会议→专家给出各自的想法→结果汇总。

德尔菲法不同的是，专家会议法没有面对面的会议过程，专家都是匿名做出各自的判断的。结果汇总有三种方法，具体如下。

- 三点估计法。即参与专家给出三种可能值：最高、最可能、最低预测值。
- 相对重要度法。根据专家的知识和经验来划分，给其不同的权重值，汇总时根据这一权重值对预测结果求加权平均。
- 主观概率法。预测者对预测事件发生的概率做出主观判断，给出可能概率。

（2）类推预测法

类推预测根据对比对象的差异，有产品类推、地区类推、国际类推、行业类推、更新换代类推等。类推预测法根据已知的产品市场表现来预测类似新产品可能的市场表现，或者根据某产品在 A 地区的市场表现来预测该产品在 B 地区可能的市场表现。但是事件的相似性都是有限的，不同事件间受到很多不同因素的影响，所以类推预测不是一种很严格的预测方法，效果有限。

2. 定量预测方法

（1）趋势外推预测方法

趋势外推预测方法是根据事物的历史和现实数据，寻求事物随时间推移而发展变化的规律，从而推测其未来状况的一种常用的预测方法。

趋势外推预测方法的假设条件如下。

- 假设事物发展过程没有跳跃式变化，即事物的发展变化是渐进型的。
- 假设所研究系统的结构、功能等基本保持不变，即假定根据过去资料建立的趋势外推模型能适合未来，能代表未来趋势变化的情况。

由以上两个假设条件可知，趋势外推预测法是事物发展渐进过程的一种统计预测方法。简而言之,就是运用一个数学模型,拟合一条趋势线,然后用这个模型外推预测未来事物的发展。

趋势外推预测方法主要利用描绘散点图的方法(如图形识别)和差分法计算进行模型选择。其主要优点是可以揭示事物发展的趋势,并定量地估计其功能特性。

趋势外推预测方法比较适合中、长期新产品预测,要求有至少 5 年的数据资料。

(2)回归预测方法

回归预测方法是根据自变量和因变量之间的相关关系进行预测的。自变量的个数可以是一个或多个,根据自变量的个数可分为一元回归预测和多元回归预测。同时根据自变量和因变量的相关关系,可分为线性回归预测方法和非线性回归预测方法。回归问题的学习等价于函数拟合:选择一条函数曲线使其很好地拟合已知数据且能很好地预测未知数据。

(3)卡尔曼滤波预测模型

卡尔曼滤波是以最小均方误差为估计的最佳准则来寻求一套递推估计的模型,其基本思想是:采用信号与噪声的状态空间模型,利用前一时刻的估计值和现时刻的观测值来更新对状态变量的估计,求出现时刻的估计值。

它适合于实时处理和计算机运算。卡尔曼滤波器问题由预计步骤、估计步骤、前进步骤组成。在预计步骤中,t 时刻状态的估计取决于所有到 $t-1$ 时刻的信息。在估计步骤中,状态更新后,估计要与 t 时刻的实际观察比较。更新的状态是较早的推算和新观察的综合。每一个成分的权重由"Kalman Gain"(卡尔曼增益)决定,它取决于噪声 w 和 v(噪声越小,新的观察的可信度越高,权重越大;噪声越大,新的观察的可信度越低)。前进步骤意味着先前的"新"观察在准备下一轮预计和估算时变成了"旧"观察。在任何时间可以进行任何长度的预测(通过提前状态转换)。

自适应卡尔曼滤波器的主要优点是只需要少量的数据得到预测的起始点(尽管多一些数据会使结果好一些),它可以自我调节,从连续的观察中自动设置参数。缺点是对考虑复杂性的能力有限,有时收敛慢或不收敛(有正式的标志来判断是否收敛)。

(4)组合预测模型

组合预测法是对同一个问题,采用多种预测方法。组合的主要目的是综合利用各种方法所提供的信息,尽量提高预测精度。组合预测有两种基本形式,一是等权组合,即各预测方法的预测值按相同的权重组合成新的预测值;二是不等权组合,即赋予不同预测方法的预测值不同的权重。这两种形式的原理和运用方法完全相同,只是权重的取定有所区别。根据经验,采用不等权组合的组合预测法结果较为准确。

(5)BP 神经网络预测模型

BP 网络(Back Propagation Network)又称为反向传播神经网络,通过训练样本数据,不断修正网络权值和阈值使误差函数沿负梯度方向下降,逼近期望输出。它是一种应用较为广泛的神经网络模型,多用于函数逼近、模型识别分类、数据压缩和时间序列预测等。

3.2.6 机器学习与启发式算法技术

机器学习的经典定义是 1997 年 Tom M. Mitchell 在 *Machine Learning* 一书中提出的"计算机利用经验改善系统自身性能的行为。"这是一个相当宽泛的说明,将"机器"限定在"计算机",而对学习的定义则过于宽泛以致不便理解。人们通常所说的"学习"是指通过对已知事实的分析、归纳、演绎,形成新的知识,其目的在于对未知的事实能做出比较符合实际的判断、指导和预测。其中有四个关键要素:已知事实、学习方法、新的知识、预判未来。其预测方法见表 3-5。学习过程如图 3-10 所示。

表 3-5 机器学习预测方法

定性定量	方法名	适用时间	方法说明	需要数据
定性方法	专家会议法	长期预测	组织专家以会议的形式进行预测,综合专家意见得出结论	市场历史发展资料信息
	德尔菲法	长期预测	专家会议法的发展,对多名专家进行匿名调查,多轮反馈整理对结果进行统计分析,采用平均数或者中位数得出量化结果	专家意见综合整理分析
	类推预测法	长期预测	运用事物发展相似性原理,对类似产品的出现和发展进行对比分析	相关历史数据
定量方法	线性回归预测法(包括一元和多元)	短、中期预测	因变量与一个或多个自变量之间存在线性关系,最常见的线性回归模型为 $y=ax+b$	待分析相关量的历史数据
	非线性回归预测法	短、中期预测	因变量与一个或多个自变量之间存在非线性关系,常见关系模型有幂函数关系、指数函数关系、抛物线函数关系、对数函数关系、S 型函数关系	待分析对象的历史数据
	趋势外推法	中期到长期预测	运用数学模型拟合一条趋势线,预测事物未来的发展趋势	长期的历史数据
	移动平均法	短期预测	取多期数据的平均值来预测未来时间的趋势	多期历史数据
	指数平滑法	短期预测	类似平均移动法,通过给近期和远期观测数据不同的权重,来预测趋势	多期历史数据
	自适应过滤法	短期预测	对趋势形态的性质随时间变化且没有季节性规律的时间序列数据	多期历史数据
	平稳时间序列预测法	短期预测	对各种序列的发展形态都适用的预测方法	多期历史数据
	干预分析预测模型	短期预测	时间序列在某个节点受到突发性事件的干预影响时可以适用的预测方法	历史数据及重大影响事件
	景气预测法	短、中期预测	时序趋势的延续及转折预测	大量历史数据
	灰色预测法	短、中期预测	当时序的发展成指数型趋势发展时	分析对象的历史数据
	状态空间模型和卡尔曼滤波法	短、中期预测	适用于各类时序的预测	分析对象的历史数据

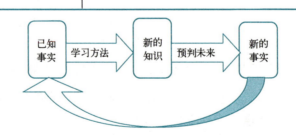

图 3-10 学习过程

对应于图 3-10,在机器学习领域,已知事实对应于"样本空间",需要预判的新的事实对应于"问题空间",所得到的知识对应于"构建的模型"。由此,机器学习的描述如下。

令 W 是问题空间,$(x,y) \in W$ 称为样本,其中,x 是一个 n 维矢量,y 是类别域中的一个值。由于观察能力的限制,只能获得 W 的一个真子集,记为 $Q \subset W$,称为样本集合。根据 Q 建立模型 M,并期望 M 对 W 中的所有样本预测的正确率大于一个给定的常数 θ。

M 对 W 的预测正确率,称为 M 对 W 的泛化能力或推广能力。机器学习的本质和目的就是要使 M 尽可能接近真实,也就是其泛化(推广)能力尽可能强。

然而,机器学习面临的第一个问题就是其问题空间如何表示,即数据描述问题。对于计算机而言，最本质的特征是量化表示以及对数值的处理；对于人类而言，其思考、表达的过程往往借助于语言或图像，而不是数值。由此，诞生了两类不同方向的机器学习领域：基于符号的机器学习和基于数值的机器学习。

1989 年，Carbonell 指出机器学习有 4 个研究方向：符号机器学习、连接机器学习、遗传机器学习与分析机器学习。十年后，1999 年，Dietterich 提出了演进后的 4 个研究方向：符号机器学习、统计机器学习、集成机器学习、增强机器学习。其关系见表 3-6。

表 3-6 机器学习研究方向关系

Carbonell，1989	Dietterich，1999	注解
符号机器学习	符号机器学习	保留：发生本质变化，转变成符号数据分析
连接机器学习	统计机器学习	分为：以 Barlow 提出的功能单细胞假设为依据
	集成机器学习	分为：以 Hebb 提出的神经集合体假设为依据
遗传机器学习	增强机器学习	扩展：强调反馈的作用以及动态规划的解决方案
分析机器学习	—	放弃：问题过于复杂

其中，符号机器学习方法最初由于其建立的模型是确定的，不具备泛化能力而被认为不具备竞争能力，然而随着海量信息的出现以及对简洁阅读的要求，符号机器学习重新获得生命力。随着统计机器学习理论和技术的完善，连接机器学习渐渐演变为统计机器学习和集成机器学习。遗传机器学习则因为理论和技术上进展缓慢而让位给增强机器学习。分析机器学习则由于至今未能找到理论基础以及一些当前在理论与技术上暂时无法克服的困难，已基本处于停滞状态。

接下来简略介绍符号机器学习、集成机器学习、增强机器学习，重点介绍统计机器学习。

1. 符号机器学习

最早的符号机器学习源于 1959 年 Solomonoff 关于文法归纳的研究，给定一组语句实例，求出有关文法。传统意义下，这类机器学习也以泛化能力作为主要指标。然而事实上，这类建模方法不建立在统计基础上，不具备泛化能力。1967 年，Gold 证明了这类学习在理论上存在不可逾越的障碍。

随着海量信息的出现，人们对简洁阅读的需求增长，Samuel 将这类机器学习演变为一类基于符号数据集合的约简过程，为其赋予了新的含义。这类方法可以将数据集合在可解释的条件下变换为更为简洁的表示，与近几年数据挖掘的任务一致，已成为这类机器学习方法的主要应用领域。

两类最重要的符号机器学习算法为覆盖算法与分治算法。覆盖算法有 20 世纪 70 年代末 Michalski 提出的 AQ11 算法；分治算法以 Quinlan 提出的决策树算法 ID3 及其后继 C4.5 算法为代表，后者在前者的基础上嵌入了统计方法以增强其泛化能力。大多数已开发的决策树学习算法都是覆盖算法和分治算法的变体。

2. 集成机器学习

集成机器学习的依据是 Hebb 提出的神经集合体假设，即集成多个分类器，使不同模型补充一个模型的不足。也就是设计一组分类器，其中每个分类器的设计更为简单，而其组合可以获得与单个分类器相同或者更好的泛化能力；另外，对于大多数情况，样本集合很难满足同分布的一致性条件，可以考虑设计多个分类器作为单个分类器的补充，增加其泛化能力。

1960 年，Widrow 提出的 Madline 可以视为集成机器学习的最早雏形；1984 年，Valiant 提出了 PAC 模型（Probably Approximately Correct Model）；1990 年，Schapire 提出了弱学习定理；1995 年，Freund 和 Schapire 提出了 AdaBoost 算法，在上述研究成果的基础上，逐渐形成了泛化理论。

3. 增强机器学习

增强机器学习（Reinforcement Machine Learning）的本质是对变化的环境相适应。最早的思想体现在 1948 年 Wiener 的著作《控制论》中，逐渐发展成一类重要的研究课题——自适应控制。

将自适应控制的原理应用于机器学习领域就是设计一组规则，使用这组规则求解问题，如果能够解决当前环境所提出的问题、支持获得这个解答的所有规则就被增强，否则被减弱。这个过程在分类器系统中称为桶队算法。如果所有规则均不能解决环境所提出的问题，就使用遗传算法进行学习，产生新的规则，直到可以适应环境。也就是说，其规则集是动态变化的，在使用遗传算法求解问题的同时改变规则集。

目前，这个研究路线进展缓慢，主要是改进桶队算法中利益均分的策略。如果将这种利益变换为对状态的评价，这个问题则变换为一个马尔可夫过程。20 世纪 90 年代初，Sutton 将这类机器学习建立在马尔可夫过程上，称为增强机器学习方法。

4. 统计机器学习

（1）理论基础

历史上，机器学习基本是在经验范畴内进行研究的，随意性非常大。互联网的普及带来了海量数据，如何从大量数据中提取有用的信息和知识面临巨大的需求空间，有力地推动了机器学习研究。20 世纪 80 年代奠定了统计学习理论、粗糙集理论、适应性理论等理论基础，在机器学习的研究和应用中起着重要的指导作用。

粗糙集理论和统计学习理论可以在不增加计算复杂性的条件下，分别描述符号机器学习和统计机器学习（集成机器学习可以理解为统计机器学习在技术上的变种）。这两个理论有坚实的数学基础，因此大大减少了算法设计的随意性，并且使对已有的各种机器学习算法进行比较有了理论基础。

（2）统计机器学习概念

当获得一组问题空间的观测数据之后，如果不能或者没必要对其建立严格的物理模型，那么可以从这组数据完成数学模型的推算，在输入输出之间的关系上反映问题的实际空间，而不需要对问题做物理解释，这是"黑箱"原理。统计学习理论本质上是"黑箱"原理的延续，其中数学方法是研究的焦点。

传统的统计学要求样本数据数目趋于无穷大，这实际上是一种不可达到的假设，现实世界中，可以获取的样本数目总是有限的。统计学习理论就是一种专门研究小样本情况下机器学习规律的理论。机器学习过程的描述隐含了三个方面的内容。

1）一致。问题空间 W 必须和样本空间 Q 性质相同，才可以根据 Q 对 W 进行推测和预判，体现在统计学意义上就是 W 中的元素满足同分布的一致性条件。

2）划分。正确预判的前提是正确地划分，将 Q 放到 n 维空间，要寻找一个定义在这个空间上的决策分界面（等价关系），使得问题决定的不同对象分在不相交的区域。

3）泛化。判断模型 M 的好坏不仅仅在于对样本空间 Q 有好的判断效果，更重要的是要对问题空间 W 有尽量准确的预测效果，即好的推广能力。

一般来说，机器学习的统计基础是经验风险最小化（Empirical Risk Minimization，ERM）原则。

令期望风险为 $R(f) = \iint |f(x) - y| P(x, y) \mathrm{d}x \mathrm{d}y$

经验风险为 $R_{emp}(f) = \dfrac{1}{\ell} \sum_{i=1}^{\ell} |f(x_i) - y|$

其中，x_i 独立同分布于概率密度函数 $P(x, y)$。

根据统计学中的大数定律，样本个数 ℓ 趋于无穷大时，经验风险 $R_{emp}(f)$ 依概率收敛于期望风险 $R(f)$，所以传统的机器学习算法一般以经验风险 $R_{emp}(f)$ 最小作为目标函数。1971 年，Vapnik 指出经验风险 $R_{emp}(f)$ 的下界未必依概率收敛于期望风险 $R(f)$ 的下界，也就是说将 $R_{emp}(f)$ 作为目标函数是不合理的。Vapnik 进一步证明了经验风险 $R_{emp}(f)$ 的下界依概率收敛于期望风险 $R(f)$ 的下界当且仅当经验风险 $R_{emp}(f)$ 依概率一致收敛于期望风险 $R(f)$（即泛函空间的大数定律）。这就是有限样本的统计理论。这个统计理论可以用函数集的 VC 维来描述，这样，机器学习的目标函数就建立在函数集的结构之上，而不是建立在均方差之类的最小经验风险之上。这是统计机器学习理论的精髓。

VC 维是描述函数集或学习机器的复杂性或学习能力的一个重要指标，在此概念基础上发展出一系列关于统计学习的一致性、收敛性、推广性能等重要结论。概括地说，统计学习理论的主要研究内容如下。

- 统计学习过程的一致性理论。
- 学习过程收敛速度的非渐进理论。
- 控制学习过程的推广能力的理论。
- 构造学习算法的理论。

1）VC 维。模式识别方法中，VC 维的直观定义是：对一个指示函数集，如果存在 h 个样本能够被函数集中的函数按所有可能的 2^h 种形式分开，则称函数集能够把 h 个样本打散；函数集的 VC 维就是它能打散的最大样本数目 h。若对任意数目的样本都有函数能将它们打散，则函数集的 VC 维是无穷大。有界实函数的 VC 维可以通过用一定的阈值将它转化成指示函数来定义。

2）一致性、收敛性、推广性。在学习过程的一致性、收敛性研究中，还涉及三个重要概念：VC 熵、退火 VC 熵、生长函数。这里以模式识别问题的指示函数为例进行说明，实函数集的情况是指示函数集情况的推广。

设 $Q(z,\alpha)$ $(\alpha \in \Lambda)$ 是一个指示函数集，考虑样本 $z_1,z_2,\cdots,z_\ell$，定义一个量 $N^{\wedge}(z_1,z_2,\cdots,z_\ell)$，代表用指示函数集中的函数能够把给定的样本分成多少种不同的分类，即表征函数集在给定数据集上的多样性。则有

VC 熵：$H^{\wedge}\ell = E \ln N^{\wedge} z_1, z_2, \cdots, z_\ell$

退火 VC 熵：$H^{\wedge}_{ann}\ell = \ln E N^{\wedge} z_1, z_2, \cdots, z_\ell$

生长函数：$G^{\wedge}\ell = \ln \sup N^{\wedge} z_1, z_2, \cdots, z_\ell$

1968 年，Vapnik 和 Chervonenkis 证明了在 $Q(z,\alpha)$，$\alpha \in \Lambda$ 可测性的一定条件下，一致双边收敛的充分必要条件是

$$\lim_{\ell \to \infty} \frac{H^{\wedge}\ell}{\ell} = 0 \tag{3-10}$$

1981 年，Vapnik 和 Chervonenkis 将该充要条件推广到有界实函数集。1989 年，得到学习理论的关键定理，将 ERM 方法一致性的问题转化为一致性收敛的问题。从而得出学习理论的第一个里程碑：最小化经验风险的充分条件是满足式（3-10）。

然而，这个条件并没有对收敛速度给出证明。接下来，Vapnik 和 Chervonenkis 找到了收敛速度快的充分条件，见式（3-11）。

$$\lim_{\ell \to \infty} \frac{H^{\wedge}_{ann}\ell}{\ell} = 0 \tag{3-11}$$

这一等式是学习理论的第二个里程碑：保证了收敛有快的渐近速度。

至此，式（3-10）和式（3-11）对一致性以及收敛速度有了理论保证，然而这些都是和给定分布相关的。如何保证对于任意的分布，ERM 原则是一致的，且同时有快的收敛速度？式（3-12）给出了任意分布下一致且快速收敛的充分必要条件：

$$\lim_{\ell \to \infty} \frac{G^{\wedge}\ell}{\ell} = 0 \qquad (3\text{-}12)$$

这就是学习理论中的第三个里程碑，从理论上证明了对任意分布 ERM 原则满足一致性且能保证快速收敛的充分必要条件。

值得一提的是，在 1968 年，Vapnik 和 Chervonenkis 发现了 VC 维的概念与生长函数之间的重要联系：任意生长函数要么是线性的，此时指示函数集的 VC 维无穷大；要么是以一个参数为 h 的对数函数为上界，此时指示函数集的 VC 维是有限的且等于 h。

至此，函数集的 VC 维有限成了 ERM 原则下满足一致性、收敛速度快且不依赖于测度分布的充分条件。接下来，Vapnik 和 Chervonenkis 找到了两个重要的不等式，形成了统计学习理论中关于界的理论，见式（3-13）。

$$R(f) \leqslant R_{emp}(f) + \Phi\left(\frac{h}{\ell}\right) \qquad (3\text{-}13)$$

式（3-13）中，h 是学习机器函数集的 VC 维，ℓ 是样本数。该不等式带来的推论就是推广能力的界是可以控制的，那么，基于什么原则可以使所构造算法的推广能力最佳？这是统计学习理论中的另外一个重要原则：结构风险最小化（Structural Risk Minimization，SRM）归纳原则。

3）结构风险最小化原则。

式（3-13）表明，实际风险由两部分组成：$R_{emp}(f)$ 是经验风险；$\Phi\left(\dfrac{h}{\ell}\right)$ 是置信区间，它与学习机器的 VC 维和样本数有关，VC 维越大，则学习机器的复杂性越高，置信区间越大，导致真实风险与经验风险之间可能的差别也越大。结构风险最小化原则的核心是通过最小化经验风险和置信区间的和来最小化风险泛函，其本质是在对给定样本逼近的精度和逼近函数的复杂性之间取得一种折中，如图 3-11 所示。

在图 3-11 中，随着函数子集序号的增加，经验风险的最小值减小，而置信区间却增大。SRM 原则通过选择子集 S_2 将二者都考虑在内，选择 S_2 使这个子集中经验风险最小化，从而得到真实风险的最好的界。

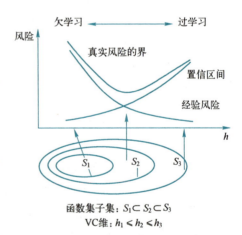

图 3-11 结构风险最小化原则示意

至此，统计学习理论基本成熟，具备了坚实的数学基础。

3.3 数据可视化方法

3.3.1 数据表格统计分析

1. 数据表格介绍

表格，又称为表，既是一种可视化交流模式，又是一种组织整理数据的手段。人们在通信交流、科学研究以及数据分析活动当中广泛采用形形色色的表格。各种表格常常会出现在印刷介质、手写记录、计算机软件、建筑装饰、交通标志等许多地方。随着上下文的不同，用来确切描述表格的惯例和术语也会有所变化。此外，在种类、结构、灵活性、标注法、表达方法以及使用方面，不同的表格之间也迥然不同。在各种书籍和技术文章当中，表格通常放在带有编号和标题的浮动区域内，以此区别于文章的正文部分。

表格应用于各种软件中，有表格应用软件也有表格控件，典型的有 Office Word、Excel，表格是最常用的数据处理方式之一，主要用于输入、输出、显示、处理和打印数据，可以制作各种复杂的表格文档，甚至能帮助用户进行复杂的统计运算和图表化展示等。表格控件还可以用于数据库中数据的呈现和编辑、数据录入界面设计、数据交换（如与 Excel 交换数据）、数据报表及分发等。

而随着互联网时代的发展，还能在网上做表格，简称"网表"或"在线表格"。

2．创建数据表

数据表格表示一个关系数据的表，可以独立创建和使用，也可以由其他数据库软件对象（如.NET Framework）使用，最常见的情况是作为数据组的成员使用。

可以使用相应的数据表格构造函数创建数据表格对象。可以使用 Add 方法将其添加到数据表格对象的 Tables 集合中，将其添加到数据组中。

也可以通过以下方法创建数据表格对象：使用 DataAdapter 对象的 Fill 方法或 FillSchema 方法在数据组中创建，或者使用数据组的 ReadXml、ReadXmlSchema 或 InferXmlSchema 方法从预定义的或推断的 XML 架构中创建。请注意，将一个数据表格作为成员添加到一个数据组的 Tables 集合中后，不能再将其添加到任何其他数据组的表集合中。

初次创建数据表格时，是没有架构（即结构）的。要定义表的架构，必须创建 DataColumn 对象并将其添加到表的 Columns 集合中。也可以为表定义主键列，并且可以创建 Constraint 对象并将其添加到表的 Constraints 集合中。在为数据表格定义了架构之后，可通过将 DataRow 对象添加到表的 Rows 集合中来将数据行添加到表中。

创建数据表格时，不需要为 TableName 属性提供值，用户可以在其他时间指定该属性或者将其保留为空。但是，在将一个没有 TableName 值的表添加到数据组中时，该表会得到一个从"Table"（表示 Table0）开始递增的默认名称 Table$n$。

3．数据表格架构定义

表的架构（即结构）由列和约束表示。使用 DataColumn 对象、ForeignKeyConstraint 和 UniqueConstraint 对象定义数据表格的架构。表中的列可以映射到数据源中的列、包含从表达式计算所得的值、自动递增它们的值或包含主键值。

按名称引用表中的列、关系和约束是区分大小写的。因此，一个表中可以存在两个或两个以上名称相同（但大小写不同）的列、关系或约束。例如，可以有 Col1 和 col1。在这种情况下，按名称引用某一列就必须完全符合该列名的大小写，否则会引发异常。例如，如果表 myTable 包含列 Col1 和列 col1，就要以 myTable.Columns["Col1"]的形式来按名称引用 Col1，而以 myTable.Columns["col1"]的形式按名称引用 col1。尝试以 myTable.Columns["COL1"]的形式来引用其中某列就会产生异常。

如果某个特定名称只存在一个列、关系或约束，则不应用区分大小写规则。也就是说，如果表中没有其他的列、关系或约束对象与该特定列、关系或约束对象的名称匹配，用户就可以使用任意的大小写来按名称引用该对象，并且不会引发异常。例如，如果表中只有 Col1，就可以使用 my.Columns["COL1"]来引用。

4．在数据表格中处理数据

在数据组中创建数据表格之后，执行的活动可以与使用数据库中的表时执行的活动相同。可以添加、查看、编辑和删除表中的数据；可以监视错误和事件；并且可以查询表中的数据。

在修改数据表格中的数据时,也可以验证更改是否正确,并决定是否以编程方式接受更改或拒绝更改。

1) 向数据表中添加数据。说明如何创建新行并将它们添加到表中。
2) 查看数据表中的数据。说明如何访问行中的数据,包括数据的原始版本和当前版本。
3) Load 方法。说明如何通过 Load 方法使用行填充数据表格。
4) 数据表格编辑。说明如何修改行中的数据,包括挂起对行的更改,直至验证并接受了建议的更改。
5) 行状态与行版本。提供有关行的不同状态的信息。
6) DataRow 删除。说明如何从表中移除行。
7) 行错误信息。说明如何插入每行的错误信息,帮助解决应用程序中的数据问题。
8) AcceptChanges 和 RejectChanges。说明如何接受或拒绝对行的更改。

3.3.2 数据统计图表分析

数据图表泛指在屏幕中显示的,可直观展示统计信息属性(时间性、数量性等),对知识挖掘和信息直观生动感受起关键作用的图形结构,是一种很好地将对象属性数据直观、形象地"可视化"的手段。

数据图表可以方便地查看数据的差异和预测趋势,使数据比较或数据变化趋势变得一目了然,有助于快速、有效地表达数据关系。图表是与生成它的工作数据相链接的。

合理的数据图表,会更直观地反映数据间的关系,比用数据和文字描述更清晰、更易懂。将工作表中的数据转换成图表呈现,可以帮助人们更好地了解数据间的比例关系及变化趋势,对研究对象做出合理的推断和预测。

一般情况下,将数据制作成图表需经历如下过程。
- 制作图表前应首先对数据进行整理和分析。对数据进行有效的整理,是为了得到有用的信息,为了更方便地解读数据。
- 选择适当的图表类型。
- 适当地修饰图表,使它能更好地传递信息。
- 结合图表分析数据,找到数据间的比例关系及变化趋势,对研究对象做出合理的推断和预测。

常用图表类型有柱形图(直方图)、折线图、饼图、条形图、雷达图等,近年来比较特别的图表有以下几种。
- 柱形图适用于比较数据之间的多少。
- 折线图适用于反映一组数据的变化趋势。
- 饼图比较适用于反映相关数据间的比例关系。
- 条形图显示各个项目之间的比较情况,和柱状图的作用类型。
- 数据地图适用于有空间位置的数据集。
- 雷达图适用于多维数据(四维以上),且每个维度必须可以排序。
- 漏斗图适用于业务流程多的流程分析。
- 词云显示词频,可以用来做一些用户画像、用户标签的工作。
- 散点图显示若干数据系列中各数值之间的关系,类似于 X、Y 轴,判断两变量之间是否存在某种关联。
- 面积图强调数量随时间而变化的程度,也可用于引起人们对总值趋势的注意。
- 计量图一般用来显示项目的完成进度。

- 瀑布图采用绝对值与相对值结合的方式，适用于表达数个特定数值之间的数量变化关系，最终展示一个累计值。
- 桑基图是一种特定类型的流程图，始末端的分支宽度总和相等，一个数据从始至终的流程很清晰。
- 双轴图是柱状图和折线图的结合，适用情况很多，如数据走势、数据同环比对比等。

部分图表如图 3-12 所示。

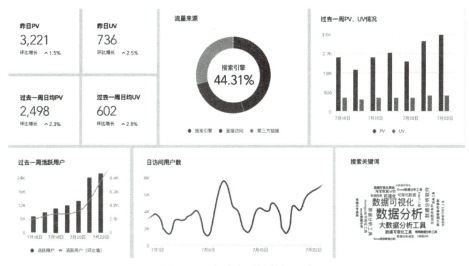

图 3-12　各种类型的数据图表

3.3.3　数据输出 UI 设计

数据可视化 UI 设计发展的关键是插件库，因为框架是由不同插件库组装的框架，然而数据可视化只是其中的一部分，大部分后台就是数据可视化后台，各方面数据都可以预览，方便产品、运营对数据的监控，在框架上更上一层楼。

其中，使用数据可视化 UI 的好处如下。

1）在实际开发中，不是每个项目都需要用到框架的，如果项目较小，本身前端方面要求不是很高，那其实不是很需要框架，但是随着需求的变化，功能的增加，要满足越来越多的需求，框架就有非常重要的作用了。

2）框架的使用可以节省开发时间，提高代码重用性，让开发变得更简单。

框架不同，适合场景也有所不同，需要了解其适用场景才能充分发挥框架的作用，而不至于用了一个很复杂的框架，实际上只需要其中的很小一部分功能。

至于如何用，为满足工作需要，那就要了解官方文档，熟练使用其中的接口即可。如果想要学到更多，那就需要深入理解，了解感兴趣的框架功能的实现，充分了解之后，可以根据实际项目，定制自己的框架，或者修改已有的框架，让其与项目更契合。

使用数据可视化输出 UI 的优点如下。

（1）动作更快

人脑对视觉信息的处理要比书面信息容易得多。使用图表来总结复杂的数据，可以确保对关系的理解要比那些混乱的报告或电子表格更快。

这提供了一种非常清晰的沟通方式，使业务领导者能够更快地理解和处理他们的信息。大数据可视化工具可以提供实时信息，使利益相关者更容易对整个企业进行评估。对市场变化更快的调整和对新机会的快速识别是每个行业的竞争优势。

（2）以建设性方式讨论结果

向高级管理人员提交的许多业务报告都是规范化的文档，这些文档中有许多静态表格和各种图表类型。也正是因为它制作得太过于详细了，以至于那些高管人员也没办法记住这些内容，因为对于他们来说是不需要看到太详细的信息的。然而，来自大数据可视化工具的报告使人们能够用一些简短的图形就能体现那些复杂的信息，甚至单个图形也能做到。

决策者可以通过交互元素以及类似于热图等新的可视化工具，轻松地解释各种不同的数据源。丰富而有意义的图形有助于让忙碌的主管和业务伙伴了解问题和未决的计划。

（3）理解运营和结果之间的连接

大数据可视化的一个好处是，它允许用户跟踪运营和整体业务性能之间的连接。在竞争环境中，找到业务功能和市场性能之间的相关性是至关重要的。

例如，一家软件公司的执行销售总监可能会立即在条形图中看到，他们的旗舰产品在西南地区的销售额下降了 8%。然后，主管可以深入了解这些差异发生在哪里，并开始制订计划。通过这种方式，数据可视化可以让管理人员立即发现问题并采取行动。

（4）接受新兴趋势

现在已经收集到的消费者行为的数据量可以为适应性强的公司带来许多新的机遇。然而，这需要它们不断地收集和分析这些信息。通过使用大数据可视化来监控关键指标，企业领导人可以更容易地发现各种大数据集的市场变化和趋势。

例如，一家服装连锁店可能会发现，在西南地区，深色西装和领带的销量正在上升。这可能会让它们大力推销同类产品，远远领先于那些尚未注意到这一潮流的竞争对手。

（5）与数据交互

数据可视化的主要优点是它及时带来了风险变化。但与静态图表不同，交互式数据可视化鼓励用户探索甚至操纵数据，以发现其他因素。这就为使用分析提供了更好的意见。

例如，大型数据可视化工具可以向船只制造商展示其大型船舶销售量下降的现象与原因。这可能是由于一系列原因造成的。但团队成员积极探索相关问题，并将其与实际的船只销售联系起来，可以找出根源，并找到减少其影响的方法，以推动更多的销售。

（6）创建新的讨论

大数据可视化的一个优点是它提供了一种现成的方法来从数据中讲述故事。热图可以在多个地理区域显示产品性能的发展，使用户更容易看到性能良好或表现不佳的产品。这使得高管们可以深入到特定的地点，看看哪些地方做得好，哪些地方做得不好。

3.3.4 地理信息数据可视化

地理信息系统（Geographic Information System，GIS）是一种基于计算机的工具，它可以对地球上存在的东西和发生的事件进行成图和分析。GIS 技术把地图这种独特的视觉化效果和地理分析功能与一般的数据库操作（如查询和统计分析等）集成在一起。这种能力使 GIS 与其他信息系统相区别，从而使其在广泛的公众和个人企事业单位中解释事件、预测结果、规划战略等中具有实用价值。

人们当今面临的最主要的挑战是人口过多、环境污染、森林破坏、自然疾病等。这些都与地理因素有关。

无论是从事一种新的职业，还是寻找生长香蕉的最合适的土壤，或是为救护车计算最佳的行车路线，这些问题也都有地理因素。

地图制作和地理分析已不是新鲜事,但 GIS 执行这些任务比传统的手工方法更好、更快。而且,在 GIS 技术出现之前,只有很少的人具有利用地理信息来帮助做出决定和解决问题的能力。

GIS 针对特定的应用任务,存储事物的空间数据和属性数据,记录事物之间的关系和演变过程。它可以根据事物的地理坐标对其进行管理、检索、评价、分析、结果输出等处理,提供决策支持、动态模拟、统计分析、预测预报等服务。其应用覆盖工业、农业、交通运输、环保、国防、公安等诸多领域,特别是 GIS 与 MIS 相结合,其应用几乎涉及人类生活的各个方面。对于这样一个与国民经济发展关系极为密切、直接关系到国家的主权和安全、市场前景如此广阔的高新技术领域,不能长期依赖国外软件产品,理应大力发展拥有自主版权的 GIS 软件产品和产业。

3.3.5 数据动态仿真模拟

生产系统是一个为了生产某一种或某一类产品,综合生产工艺、生产计划、质量控制、人员调度、设备维护、物流控制等各种技术为一体的复杂系统。影响该系统的因素太多,导致生产管理人员难以驾驭这样的系统,但是通过系统仿真的方法,可以解决生产及其物流过程中存在的很多问题,这些问题主要体现在系统生产率、生产周期、在制品库存、机器利用率和人员效率、设备布置合理性、生产成本。

建立可视化的生产系统仿真模型,并输入相关生产系统参数或改变参数并仿真运行,反复运行,可以发现如下问题。例如,瓶颈在哪里?生产系统方案是否可行?从而提高决策效率、准确性。生产系统高效运行是企业盈利和生存的关键。而生产系统高效运行的评判指标是减少生产中的一切浪费,用最少投入得到最大产出。

随着工业机器人在生产系统中的日益普及,生产系统仿真软件和机器人技术也逐步融合,既支持生产线的布局规划、物流系统工艺,也支持机器人工作可达性、空间干涉、效率效能、多机器人协同,能输出经过验证的机器人加工程序,提升工艺规划效率。

生产系统仿真侧重于对生产线、工艺、物流等的仿真,在虚拟环境中对其进行优化。随着现代产品的复杂性增加,其工艺更加复杂,传统的流水线形式无法满足很多特定产品的生产过程,这就需要对产线的布局、工艺、物流进行设计,以避免出现效率及成本的浪费。

生产系统仿真主要包括以下内容。

(1)生产线布局仿真

针对新工厂建设与现有车间改造,基于企业发展战略与前瞻性进行三维工厂模拟验证,减少未来车间调整带来的时间和成本浪费。

(2)工艺仿真

真实反映加工过程中工件过切或欠切、刀具与夹具及机床的碰撞、干涉等情况,并对刀位轨迹和加工工艺进行优化处理。

(3)物流仿真

通过物流仿真优化工艺、物流、设施布局、人员配置等规划方案,提升数字化车间规划科学性,避免过度投资。

(4)机器人仿真

基于三维空间,验证机器人工作可达性、空间干涉、效率效能、多机器人联合加工等,输出验证过的加工程序,提升工艺规划效率。

生产系统仿真过程可以分为前期准备、仿真规划、建模、仿真优化四个部分,如图 3-13 所示。在仿真规划阶段,需要明确仿真要解决的问题,搜集需要的资料;建模阶段则包括设备及流程的建模;仿真优化则是对整个生产系统进行调整优化。

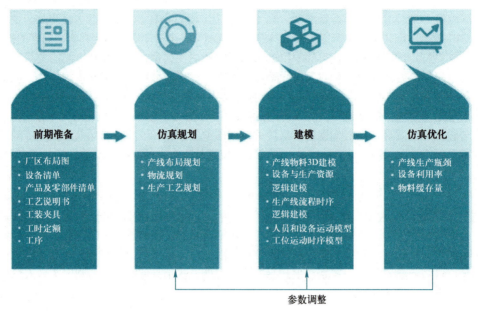

图 3-13　生产系统仿真过程

本章小结

现代供应链系统是一个庞大复杂的系统，以供应链系统中的物流过程为例，它包括运输、仓储、配送、搬运、包装和物流再加工等诸多环节，每个环节的信息流量都十分巨大。供应链大数据分析方法，是指一种供应链领域中在不使用传统随机理论进行数据分析的情况下对供应链数据进行集成分析和处理的方法，主要是在数据处理方面面临挑战。由于实际的生产和寿命，会生成并存储大量数据，这些数据可以表征该过程。由于数据服务涉及面广，外围环境变化大，采集到的每条信息既有可能形成有效数据，也可能是大量冗余的、错误的，甚至是无效垃圾数据，部分数据存在时效性短或是一次性数据，因此对于采集的数据必须通过一些技术手段进行预先处理，使进入数据库的数据从数量上和准确性上是经过优化的半成品。构建时宜采用模块化结构，有利于时间和空间发生变化时，通过对各模块适用性的调整以延长功能寿命期，但其代价是增加存储容量、运算能力和设计复杂性。

按数据挖掘的技术方法进行分类，可将数据挖掘分析的方法分为聚类分析方法、关联规则分析方法、决策树分析方法、回归分析方法、预测方法，以及机器学习与启发式算法技术。

数据可视化方法的应用，主要包括数据表格的统计分析、数据统计图表分析、数据输出 UI 设计、地理信息数据可视化分析与数据动态仿真分析等方面。

本章练习

一、名词解释

1．数据预处理
2．聚类分析
3．数据可视化

4．预测
5．机器学习

二、简答题

1．什么是数据预处理方法？如何理解数据预处理的作用？
2．什么是关联分析？
3．请简述预测方法的类型和适用性。
4．机器学习最终可以实现哪些优化功能？

三、讨论题

如何考虑数据输出 UI 的功能？

第4章 销售大数据

学习目标

- 掌握供应链中销售大数据的构成，了解销售大数据的发展现状。
- 熟悉商品数据、客户数据、销售数据的基本概念和收集方法。
- 理解销售大数据在不同领域的应用现状、存在问题及未来趋势。

导入案例

试衣间的大数据应用

传统奢侈品牌 PRADA 正在向大数据时代迈进。它在纽约及一些旗舰店里开始了大数据时代行动。在纽约旗舰店里，每件衣服上都有 RFID（射频识别）码，每当顾客拿起衣服走进试衣间时，这件衣服上的 RFID 码会被自动识别，试衣间里的屏幕会自动播放模特穿着这件衣服走台步的视频。顾客一看见模特，就会对衣服有更清晰的认识，不由自主地会认可手中所拿的衣服。

而在顾客试穿衣服的同时，这些数据会传至 PRADA 总部，包括每一件衣服在哪个城市、哪个旗舰店、什么时间被拿进试衣间，停留多长时间，数据都被存储起来加以分析。如果有一件衣服销量很低，以往的做法是直接被废弃掉。但如果 RFID 传回的数据显示这件衣服虽然销量低，但进试衣间的次数多。那就说明存在一些问题，衣服或许还有改进的余地。

这项应用在提升消费者购物体验的基础上，还帮助 PRADA 提升了 30% 以上的销售量。传统奢侈品牌在大数据时代采取的行动，体现了其对大数据运用的视角，也是公司对大数据时代的积极回应。

物联网和大数据的结合是成功的关键，利用了物联网技术来收集数据，大数据技术进行分析，进而得出市场需求的结论。在服装领域，大数据等新技术正在发挥着巨大的作用。（资料来源 智慧城市.国内外大数据经典案例研究[R/OL]（2014-01-19）[2023-06]. https://www.zhihuichengshi.cn/XinWenZiXun/XueShuDongTai/14112.html. ）

4.1 销售大数据的构成

4.1.1 商品数据

商品条码已成为世界通用的商贸语言，在 150 多个国家和地区得到广泛应用。随着信息化发展以及物联网的建立，消费者对于产品质量、产品安全的关注度逐渐提高，企业单品标识应用需求迅速增长，由单品标识承载的商品大数据市场应用进入爆发期，编码标识作为全球商品唯一身份证，从自动结算、供应链信息共享到整个物联网领域的产品数据服务，其作用更加突显。编码中心将致力构建中国商品大数据的生态系统，共同构建基于统一编码的国家级商品大数据平台，未来商品大数据将在提升中国制造质量、提高食品安全水平、促进区域经济发展、实现物联网产业化发展等方面发挥更为关键的作用。商品条码作为商品在全球贸易流通中的"身份证"和"通行证"，发挥着日益重要的作用，特别是在"互联网+"的时代下，已被广泛应用于贸易、物流、电子商务、产品追溯等领域对产品的标识，商品条码所标识的产品信息已经成为这些领域现代化管理与营销的基础信息，并且不断向多元化发展，政府、企业与消费者之间对规范的产品信息数据的需求也日趋增长。

1. 商品数据采集工作现状

现如今，人们已经进入了大数据时代，信息技术发展迅速，消费者通过互联网可以快捷地查询、获取各类信息。对信息的真实性、准确性、完整性、即时性都有一定的需求，说明人们对信息的重视程度及捕捉需求在不断加强。

在商贸活动中，数据交换中独立的、各自为营的数据格式给商业合作带来了很大的困扰，严重影响数据交换效率、带来了经济损失。为了保证获得准确的商品信息并及时共享，贸易伙伴之间必须采用相同的商品数据信息格式，还会涉及参与贸易活动整个链条中的其他的贸易成员。这些贸易伙伴需要使用相同的信息格式传输商品数据，提高效率。全球商品数据同步（Global Data Synchronisation，GDS）的建立解决了目前商贸活动中标准不一致和数据无法统一的问题，满足了不同贸易伙伴的需要。

中国商品信息服务平台遵循商品条码、数据属性、数据质量、数据交换等国家标准，现在库企业达50余万家，收录了近1.5亿条商品数据，平均每天增加商品编码数据超过4万条。覆盖了食品饮料、农副产品、日用百货、家具建材、医疗卫生、文教用品等行业，商品编码数据已经广泛应用于零售结算、物流、库存管理等领域，能有效帮助生产、流通、销售企业实时交换准确的商品数据，保证供应链中供货、物流、销售、结算等各环节商品数据的一致性，从而提高企业的工作效率和收益。

2. 国家物品编码体系

物品信息与"人"（主体）、"财"信息并列为社会经济运行的三大基础信息。与"人""财"信息相比，"物"的品种繁杂、属性多样，管理主体众多，运行过程复杂。如何真正建立起"物"的信息资源系统，实现全社会的信息交换、资源共享，一直是各界关注的焦点，也是未解的难题。

物品编码是数字化的"物"信息，是现代化、信息化的基石。近年来不断出现的物联网、云计算、智慧地球等新概念、新技术、新应用，究其根本，仍是以物品编码为前提。

所谓物品，通常是指各种有形或无形的实体，在不同领域可有不同的称谓，如产品、商品、物资、物料、资产等，是需要信息交换的客体。物品编码是指按一定规则对物品赋予易于计算机和人识别、处理的代码。物品编码系统是指以物品编码为关键字（或索引字）的物品数字化信息系统。物品编码体系是指由物品编码系统构成的相互联系的有机整体。

随着信息技术和社会经济的快速发展，各应用系统间信息交换、资源共享的需求日趋迫切。然而，由于数据结构各不相同，导致了一个个"信息孤岛"，不仅严重阻碍信息的有效利用，也造成社会资源的极大浪费。如何建立统一的物品编码体系，实现各编码系统的有机互联，实现系统间信息的交换与共享，高效、经济、快速整合各应用信息，形成统一的、基础性、战略性信息资源，已成为目前信息化建设的当务之急。

中国物品编码中心是我国物品编码工作的专门机构，长期以来，在深入开展国家重点领域物品编码管理与推广应用工作的同时，一直致力于物品编码的基础性、前瞻性、战略性研究。国家统一物品编码体系的建立，既是对我国物品编码工作的全面统筹规划和统一布局，也是有效整合国内物品信息、建立国家物品基础资源系统、保证各应用系统的互联互通与信息共享的重要保障。

通过建立全国统一的物品编码体系，确立各信息化管理系统间物品编码的科学、有机联系，实现对全国物品编码的统一管理和维护；通过建立全国统一的物品编码体系，实现现有物品编码系统的兼容，保证各行业、各领域物品编码系统协同、有序运行，并对新建的物品编码系统提供指导；通过建立全国统一的物品编码体系，统一商品流通与公共服务等公用领域的物品编码，形成统一的、通用的标准，保证贸易、流通等公共应用的高效运转。

物品编码体系框架由物品基础编码系统和物品应用编码系统两大部分构成，如图4-1所示。

图4-1　物品编码体系框架

（1）物品基础编码系统

物品基础编码系统是国家物品编码体系的核心，由物品编码系统标识、物品信息标识和物品标识三个部分组成。

1）物品编码系统标识编码。物品编码系统标识编码（Numbering System Identifier，NSI）是国家统一的、对全国各个物品编码系统进行唯一标识的代码。其通过对各个物品编码系统进行唯一标识，从而保证应用过程物品代码相互独立且彼此协同，是编码系统互联的基础和中央枢纽，是各编码系统解析的依据。物品编码系统标识编码由国家物品编码管理机构统一赋码。

2）物品信息标识编码。物品信息标识编码是国家统一的、对物品信息交换单元进行分类管理与标识的编码系统,是各应用编码系统信息交换的公共映射基准。它包括物品分类编码、物品基准名编码以及物品属性编码三个部分。

- 物品分类编码。物品分类编码是按照物品通用功能和主要用途对物品进行聚类形成的线性分类代码系统。该系统的主要功能是明确物品之间的逻辑关系与归属关系,有利于交易、交换过程信息的搜索,是物品信息搜索的公共引擎。物品分类编码由国家物品编码管理机构统一管理和维护。
- 物品基准名编码。物品基准名编码是指对物品信息交换单元——物品基准名进行唯一标识的编码系统。它是对具有明确定义和描述的物品基准名的数字化表示形式,采用无含义标识代码,在物品全生命周期具有唯一性。物品基准名编码与物品分类编码建立对应关系,从分类可以找到物品基准名。物品基准名编码与物品分类编码可以结合使用,也可以单独使用。物品基准名编码由国家物品编码管理机构统一管理、统一赋码、统一维护。
- 物品属性编码。物品属性编码是对确定物品基准名的物品本质特征的描述及代码化表示。物品信息标识系统的物品属性具有明确的定义和描述;物品属性代码采用特征组合码,由物品的若干个基础属性以及与其相对应的属性值代码组成,结构灵活,可扩展。物品属性编码必须与物品基准名编码结合使用,不可单独使用。物品属性编码及属性值编码由国家物品编码管理机构统一管理、统一赋码、统一维护。

3) 物品标识编码。物品标识编码是国家统一的、对物品进行唯一标识的编码系统,标识对象涵盖了物品全生命周期的各种存在形式,包括产品(商品)编码、商品批次编码、商品单品编码、资产编码等。物品标识编码由企业进行填报、维护,由国家物品编码管理机构统一管理。

(2) 物品应用编码系统

物品应用编码系统是指各个领域、各个行业针对信息化管理与应用需求建立的各类物品编码系统。物品应用编码系统包括商品流通与公共服务编码系统以及其他物品应用编码系统两大部分。

1) 商品流通与公共服务编码系统。商品流通与公共服务编码系统是指多领域、多行业、多部门、多企业共同参与应用或为社会提供公共服务的信息化系统采用的编码系统。目前已建立或正在建立的跨行业、跨领域的各类商品流通与公共服务编码系统包括商品条码编码系统、商品电子编码系统、电子商务编码系统、物联网统一标识系统、物流供应链编码系统、产品质量诚信编码系统和产品质量追溯编码系统等。商品流通与公共服务编码系统需根据物品基础编码系统确定的统一标准建立和实施。

2) 其他物品应用编码系统。其他物品应用编码系统是商品流通及公共服务之外的其他各行业、领域、区域、企业等,在确定应用环境中,按照其管理需求建立的各种信息化管理用物品编码系统,如国家进行国民经济统计的"全国主要产品分类与代码"、海关用于进出口关税管理的"中华人民共和国海关统计商品目录"、林业部门用于树木管理的"古树名木代码与条码"、广东省用于特种设备电子监管的"广东省特种设备信息分类编码"等。其他物品应用编码系统应以物品基础编码系统为映射基准建立和实施。

3. GS1 系统

(1) 概述

GS1 系统(见图 4-2)起源于美国,由美国统一代码委员会(UCC,于 2005 年更名为 GS1)于 1973 年创建。UCC 创造性地采用 12 位的数字标识代码(UPC)。1974 年,标识代码和条码首次在开放的贸易中得以应用。继 UPC 系统成功之后,欧洲物品编码协会(即早期的国际物品编码协会(EAN International,于 2005 年更名为 GS1))于 1977 年成立并开发了与之兼容的系统并在北美以外的地区使用。EAN 系统设计意在兼容 UCC 系统,主要用 13 位数字编码。

随着条码与数据结构的确定，GS1系统得以快速发展。

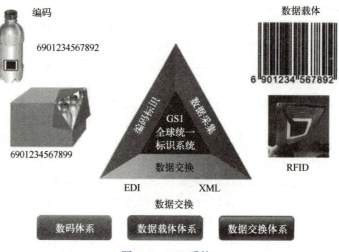

图 4-2 GS1 系统

GS1系统为在全球范围内标识货物、服务、资产和位置提供了准确的编码。这些编码能够以条码符号来表示，以便进行商务流程所需的电子识读。该系统克服了厂商、组织使用自身的编码系统或部分特殊编码系统的局限性，提高了贸易的效率和对客户的反应能力。

在提供唯一的标识代码的同时，GS1系统也提供附加信息，如保质期、系列号和批号，这些都可以用条码的形式来表示。目前，数据载体是条码，但 EPCglobal 也正在开发射频标签以作为 GS1 数据的载体。只有经过广泛的磋商才能改变数据载体，而且这需要一个很长的过渡期。

按照 GS1 系统的设计原则，使用者可以设计应用程序来自动处理 GS1 系统数据。系统的逻辑保证从 GS1 认可的条码采集的数据能生成准确的电子信息，并且对它们的处理过程可完全进行预编程。

GS1系统适用于任何行业和贸易部门。对于系统的任何变动都会及时予以通告，从而不会对当前的用户有负面的影响。

2005 年 2 月，EAN 和 UCC 正式合并，更名为 GS1。使用GS1系统标准的任何组织都要完全遵守 GS1通用规范。

（2）编码体系

编码体系是整个GS1系统的核心，是对流通领域中所有的产品与服务（包括贸易项目、物流单元、资产、位置和服务关系等）的标识代码及附加属性代码，如图4-3 所示。附加属性代码不能脱离标识代码独立存在。

（3）数据载体体系

数据载体承载着编码信息，用于自动数据采集（Automatic Data Capture，ADC）与电子数据交换（EDI&XML）。

1）条码符号。条码技术是 20 世纪中叶发展并广泛应用的集光、机、电和计算机技术为一体的高新技术。它解决了计算机应用中数据采集的"瓶颈"，实现了信息的快速、准确获取与传输，是信息管理系统和管理自动化的基础。条码符号具有操作简单、信息采集速度快、信息采集量大、可靠性高、成本低廉等特点。以商品条码为核心的GS1 系统已经成为事实上的服务于全球供应链管理的国际标准。

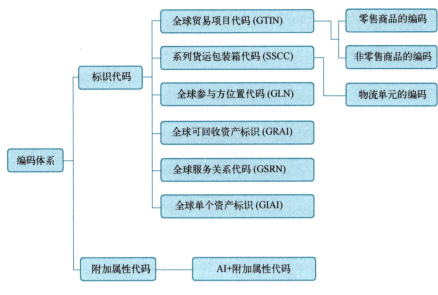

图 4-3　GS1 系统编码体系

2）射频标签。无线射频识别技术（RFID）是 20 世纪中叶进入实用阶段的一种非接触式自动识别技术。射频识别系统包括射频标签和读写器两部分。射频标签是承载识别信息的载体，读写器是获取信息的装置。射频识别的标签与读写器之间利用感应、无线电波或微波进行双向通信，实现标签存储信息的识别和数据交换。

射频识别技术的特点如下。

1）可非接触识读（识读距离可以从十厘米至几十米）。
2）可识别快速运动物体。
3）抗恶劣环境，防水、防磁、耐高温，使用寿命长。
4）保密性强。
5）可同时识别多个识别对象等。

射频识别技术应用领域广阔，多用于移动车辆的自动收费、资产跟踪、物流跟踪、动物跟踪、生产过程控制等。由于射频标签比条码标签成本偏高，目前很少像条码那样用于消费品标识，多用于人员、车辆、物流等管理，如证件、停车场、可回收托盘、包装箱的标识。

EPC 标签是射频识别技术中应用于 GS1 系统 EPC 编码的电子标签，是按照 GS1 系统的 EPC 规则进行编码并遵循 EPCglobal 制定的 EPC 标签与读写器的无接触空中通信规则设计的标签。EPC 标签是产品电子代码的载体，当 EPC 标签贴在物品上或内嵌在物品中时，该物品与 EPC 标签中的编号则是一一对应的。

4．源数据

源数据（简称 TSD）是以商品条码为关键字，由中国商品条码系统成员通过中国商品信息服务平台（以下简称服务平台）自主通报和维护的商品相关信息。我国的商品条码信息以企业自主填报为主，超市想得到商品数据时，通常向供应商索要样品，再填写信息表。因此，商品的信息一部分来源于企业，另一部分来源于各级经销商和代理商，商品信息的准确性无从考证。随着互联网与电子商务的快速发展，网络购物已经成为人们日常生活的一个重要部分，但是网络购物对于商品信息的要求高于实体商店。在没有尝试过网络购物的用户中，大部分人都担心商品质量得不到保证。经常网络购物的用户则反映商品信息不一致，出现"买家秀"和"卖家秀"的差异现象。随着信息化的发展，传统商品条码中简单的产品信息已不能满足人们对商品信息的要求。由此可见，建立准确可靠的商品数据是至关重要的。

源数据具有如下特征。

1）来源可靠。源数据由生产企业/品牌商自主填报和维护，有效地保证了商品信息的真实性。

2）权威专业。源数据经中国物品编码中心（以下简称编码中心）核对信息来源后，配备源数据图形标识，由服务平台发布。

3）准确及时。数据信息经过企业严格审核并实施维护，确保商品信息的准确性和及时性。

4）全球通用。数据遵从全球统一格式，符合国际标准。

4.1.2 客户数据

1. 客户数据概述

从现代意义上讲，客户就是"服务的对象"，这个对象不一定要付钱才能得到服务，重要的是从企业得到了服务，而从某种意义上说要保证这个服务的质量。根据客户的定义，可以将客户按照不同的标准分类，如按客户与企业的关系分为一般客户、B2B、渠道、分销商、代销商和内部客户；按客户价值进行金字塔式的客户模型分类：VIP客户、主要客户、普通客户和小客户，如图4-4所示。

2. 客户数据分类

总结不同分类客户的共同点，客户数据可分为陈述型、销售和交互数据三大类，如图4-5所示。

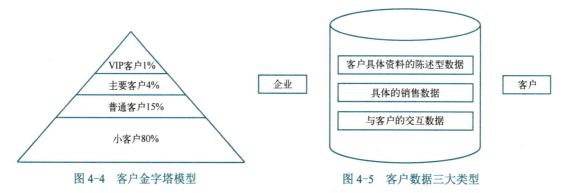

图4-4 客户金字塔模型　　　　图4-5 客户数据三大类型

客户数据的多样性和丰富性反映了CRM（客户关系管理）应用所管理对象的复杂程度，但是，在很多情况下，对客户数据的理解只停留在计算机容易收集和处理的数据上，而忽略了大量的其他数据，从而对CRM应用自设管理局限。此外，计算机能处理的数据不一定是关键的，那些对销售业绩起着关键作用的数据反而是难以处理的。充分认识客户数据的方方面面可以提高对CRM计算机应用的认识，进而确定最佳CRM应用的客户数据需求类型，而不至于忘却那些需要特别管理的数据对象。常见的客户数据类型如下。

（1）客户具体资料的陈述型数据

客户具体资料的陈述型数据主要是文档形式的，其主要作用是回答客户是谁、详细的联系人、联系方式、客户企业是经营什么的、其竞争者是谁等客户的陈述型数据。陈述型数据的丰富性也说明了建立一个强健的数据仓库的局限性，要想顾及多方面的数据，必然导致数据仓库的庞大而管理混乱，达不到好的效果，所以知道这一类型的数据后，选择一些对公司有用的客户数据是非常重要的。

（2）具体的销售数据

具体的销售数据很容易被大家忽视，主要是没有形成系统的运作，产生这类数据的活动有：销售人员通过各种形式的活动进行现场推销，对客户做出承诺，具体产品的演示；市场营销人员的广告，各地展览的产品宣传活动和一些促销活动，还有用本企业或其他名义向客户传达公司或公司产品的信息。在以上公司活动中，会有很多从市场得到的销售数据，对于将来要建立具有决策分析功能的数据仓库也是至关重要的。很多大公司具有敏锐的市场觉察力，有相当一部分都是从一线市场的销售数据中得到的，可见它的重要性。

（3）与客户的交互数据

在公司自己的网站或其他互联网平台上发布广告，发送 E-mail 介绍产品信息和了解客户使用产品的情况，以及对公司客户提出的投诉、建议和要求等进行反馈，弥补了销售数据在跨地域的情况下的不足。

除了上面三大客户数据类型，还有很多难以控制但也是比较重要的客户数据。但以上三大客户数据类型已经基本涵盖了现有运用于 CRM 的数据仓库里的客户数据类型。

4.1.3 销售数据

1. 销售数据的概念及意义

企业的销售数据是企业在生产经营过程中产生、按照时间顺序积累起来的与销售过程有关的图形符号、数字、字母等资料。

通过对销售数据进行清晰、客观的分析，能够具体到分支全方位地了解产品在各个环节的运作情况与逻辑关系，帮助企业及时、准确地调整产品。麦肯锡认为数据已经渗透到现今每一个行业、业务职能领域，成为重要的生产因素。销售数据的价值表现在以下方面。

1）精准细分目标客群，根据需求针对不同的客户群体量身定制方案。
2）实现实境模拟，探寻新的需求，从而提高投资回报率。
3）通过共享销售数据，将数据成果应用在更大的范围，进一步提升投资回报率。
4）通过数据综合应用，可以实现产品创新、服务创新和商业模式创新等。

2. 销售数据的类型

企业中的销售数据可以根据来源分为内部数据和外部数据两类。其中，内部数据包括库存数据、生产数据以及财务数据等；外部数据包括消费者销售数据、市场份额数据、竞品销售数据等。根据销售数据主体的不同，可以分为整体销售数据、品类销售数据和单品销售数据。根据销售数据的获取方式，销售数据可以分为直接数据和间接数据，产品开发中涉及的各类销售数据及其定义见表4-1。

表4-1 产品开发中涉及的各类销售数据及其定义

分类	销售数据	定义/公式
直接销售数据	SK	SK=Stock Keeping
	周销售量	指在一周内实际销售出去的产品数量
	累计销售量	（截至某一时期）企业销售出去的产品数量
	累计销售额	（截至某一时期）企业销售出去的产品的吊牌价总和
	累计成交额	（截至某一时期）顾客购买商品所支付的金额总和
	库存数量	（截至某一时期）存在企业产成品仓库中暂未售出的产品数量

(续)

分类	销售数据	定义/公式
间接销售数据	平均周销售量	平均周销售量=累计销售量/销售周数
	品类支持率	品类支持率=某品类累计销售量/全品类累计销售量×100%
	库销比（可持续销售周数）	库销比=库存数量/平均周销售量
	动销率	动销率=(销售SKC数量/库存SKC数量)×100%
	连带率	（某一时期内）连带率=累计销售量/客单数
	平均单款深度	平均单款深度=（某一组货品）的累计销售量/SKC数
	客单价	（某一时期内）客单价=累计销售额/客单数
	定倍率	定倍率=商品零售价/成本价
	平均折扣	平均折扣=累计成交额/累计销售额
	售罄率	售罄率=累计销售数量/总进仓数量
	周转倍率	周转倍率=定倍率×平均折扣×售罄率
	同比增长率	（某一时期内）同比增长率=(本期销售额-去年同期销售额)/去年同期销售额×100%（一般以周月季年为统计单位）
	环比增长率	（某一时期内）环比增长率=(本期销售额-相邻时期销售额)/相邻时期销售额×100%（一般以周、月、季、年为统计单位）
	周转天数	周转天数=平均库存/月销售×月天数

4.2 销售大数据的应用领域

4.2.1 消费者行为预测

目前，消费者决策行为的研究过多地依赖传统的营销学、心理学和行为学的理论和方法，多是停留在模型探讨及其影响因素，同时学术界对大数据的研究多从属于信息科学的研究，主要偏重对数据的获取、存储、分析以及信息安全等技术路径的探讨。随着大数据的应用和发展，运用大数据的相关理论对营销和消费者行为进行研究将有巨大的意义。

1. 大数据对消费者决策预测的影响

（1）消费者决策预测过程模型

著名数据科学家维克托·迈尔·舍恩伯格说过"大数据的核心是预测"。这一经典论断阐述了大数据和预测科学之间的关系。在构建消费者决策预测过程模型之前，需要对模型的各个要素进行分解和界定。可以将模型分解为三个要素，即大数据、消费者决策、预测。以下是对三个要素的具体界定。

1）大数据，本模型中大数据的内涵，不仅包括大数据本身，也包含与之相关的大数据技术。

2）消费者决策，模型中所指的消费者决策为相对广义的消费者购买决策，即消费者的选择偏好。

3）预测，模型中的预测侧重于数学模型的科学预测，是根据已有数据和相应模型对目标事件发生的概率的预测。

基于模型科学性、可重复性、可行性等方面的考量，结合科学预测常用的研究范式，得出了消费者决策预测过程模型，具体如图4-6所示。根据消费者决策预测过程模型，企业可以充分运用大数据，掌握"提出问题、追踪历史、构建模型、收集数据、分析数据、做出预测"六大关键步骤，从而可以实现了解消费者决策的目标。

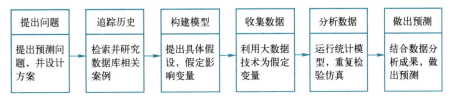

图 4-6　消费者决策预测过程模型

以沃尔玛为例：第一步，提出问题。美国加利福尼亚州发生罕见的雷雨天气，沃尔玛的工作人员发现除了方便食品、手电筒、雨具、干燥剂等产品脱销外，啤酒的销量也明显增加了。沃尔玛的管理人员对此很不解，想探究啤酒销量增加的驱动因素。第二步，追踪历史。根据对以往历史的数据比较，除了那些应该热销的产品外，啤酒的销量在暴雨天气确实有显著增高。第三步，构建模型。沃尔玛假设影响啤酒销量的因素有天气、消费者的消费习惯、消费者的消费心理等。第四步，收集数据。根据探讨的问题需要，沃尔玛的数据分析师通过自己的数据仓库收集了大量的二手数据，同时也把最新的与研究相关的条码数据纳入一手数据分析。第五步，分析数据。数据分析师首先进行了内容分析，将分类数据转化为序数，进行逻辑斯谛回归和卡方检验，发现了天气在引入消费者性别这个变量的条件下失效，可以剔除天气这个影响因素，并且在购买啤酒的这些消费者中，63%的人也购买了尿不湿纸片。这是一个很大的发现，接下来用预测模型进行仿真，发现男性消费者的购物清单上啤酒和尿不湿这个产品呈高度相关。第六步，做出预测。因此，沃尔玛的管理层预测：暴雨天气下，多是男性消费者前来购物，在为孩子购买尿不湿的同时，也给自己捎带点啤酒。在这样的认识下，沃尔玛的管理层认为，年轻爸爸去购买纸尿布时更倾向于购买啤酒。

该模型可以为公司预测消费者决策偏好所用，但很多管理者可能对数据分析并不精通，因此对该模型的运用可能受限。本书认为，事实与管理者的担忧恰恰相反，本模型并不需要模型使用者都精通数据分析，管理者只需要重点关注首尾环节，同时注意全程跟踪，多提问即可。

（2）模型的可行性

消费者决策预测过程模型属于概念模型，是方法论的一种探讨，其本身是不需要加以证明的。因此，问题的核心在于企业运用大数据是否可以预测消费者的决策。通过大数据的正确运用，企业是可以预测到消费者的购买决策行为的。其实人类一直都在研究自己的行为模式，人们对不确定的排斥推动了预测学的发展。数学家泊松认为，只要承认人类的行为是随机的，那么人类的行为便不可以预测。而美国著名复杂网络学家巴拉巴西的进一步研究表明，人类行为并非是随机的，人类93%的行为是可以预测的，剩下的7%为小概率事件。巴拉巴西通过记录和分析人们收发邮件数据的实验发现，实验者处理邮件的时间顺序并不服从泊松分布，而背离泊松分布的现象一般隐含着潜在的规律，通过模型分析，巴拉巴西最终证明了人类行为遵循了幂律分布，人类行为是爆发式的。巴拉巴西紧接着做了很多相关实验，进一步得出了人类行为可以预测的结论。正因如此，利用大数据，企业预测消费者的决策行为是可行的。

1）高信息科技为预测消费者决策行为提供了物理基础。随着宽带技术、计算机计算速度、硬盘存储、传感器、移动通信设备、卫星定位系统等硬件设施的发展，加上互联网社交网站、网页、移动App、邮件等软件支持，人们的行为信息越来越容易被采集，人们的踪迹也越来越容易被捕捉。

2）云计算等数据分析技术为预测消费者决策行为提供了技术保障。随着挖掘大数据价值的需求日益增长，大数据分析技术也得到了长足的发展，如数据测试、关联规则、数据分类、**数据**

聚类、众包、数据融合和集成、数据挖掘、集成学习、机器学习、遗传算法、内容分析、自然语言处理、神经分析、优化、模式识别、预测模型、回归、情绪分析、信号处理、空间分析、统计、监督式学习、无监督式学习、模拟、时间序列分析、时间序列预测模型和可视化技术等。这些大数据处理和分析技术的发展，使得数据分析师能够"点数成金"，从复杂、混乱、动态的大数据中发现潜藏的消费者行为模式和规律。

3）现代科学家的已有研究成果为预测消费者决策行为提供了理论基础。很多物理学家、数学家、计算机科学家、社会学家、心理学家在计算机和新技术的帮助下，通过利用人类行为数据库来仔细研究某些特定的问题。实验表明，人类的绝大多数行为都受制于规律、原理法则和模型，并且他们的可预测性和可重复性与自然科学近乎一致。而这些结论也已经被谷歌和 IBM 等互联网公司的商业模式所应用和证明。因此，现代科学家的研究为预测消费者行为提供了有效的方法论。

2. 大数据对消费者购买决策模型的修正

（1）大数据环境下的消费者购买决策模型

根据菲利普·科特勒的消费者行为理论，消费者在受到营销和外部环境两方面的刺激下，进入消费者购买决策过程，最终做出反应和购买决定。在科特勒的消费者购买决策模型中，消费者购买决策过程（即消费者黑箱）是看不见、摸不着的。该模型简化了的示意图如图 4-7 所示。

图 4-7 科特勒消费者购买决策简化模型

在科特勒的模型中，消费者黑箱是需要营销者不断探索和了解的领域。正是在这个模型的指导下，科特勒将影响消费者行为的因素总结为社会因素、个人因素、文化因素和心理因素四个方面。科特勒的这一模型将消费者购买决策视为一个条件反射模式，在营销和其他环境因素作用下，消费者心理通过黑箱反应，决定了购买行为或者购买意向。所以，科特勒的消费者购买决策模型可以更好地解释消费者购买行为，但并不能很好地指导营销实践，即使可以用于实践，也需要在产品上市之后，根据消费者的反应和反馈所分析的结论再应用于实践。

在大数据时代背景下，企业可以预测消费者的购买决策行为，并构建消费者决策行为预测过程模型。换言之，企业可以利用大数据打开"消费者黑箱"，即企业能够预知消费者的购买决策，并据此指导营销实务。但是，大数据时代下可能不存在"消费者黑箱"，因此必须修正原有的消费者购买决策行为模型。本书结合营销策略理论和消费者行为理论，对消费者购买决策行为模型做如下修正，如图 4-8 所示。

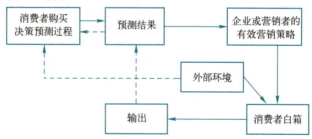

图 4-8 修正后的科特勒消费者购买决策行为模型

从图 4-8 可以看出，修正后的模型引入了企业或营销者这个主体，是一个循环改善的过程模型。在整个模型当中，企业首先通过消费者决策过程进行预测，从而得到预测结果，预测结果主要是消费的购买决策内容偏好，包括消费者喜欢什么样的产品、消费者倾向于在哪里购买、消费者可能在什么时候购买等。然后，根据预测结果制定出有针对性的营销策略和营销组合策略，所谓的有针对性是指企业通过预测在清楚了消费者行为和偏好的基础上，量体裁衣式地满足消费者群体的需求。

在输入刺激作用下，消费者的决策过程由"消费者黑箱"变为"消费者白箱"，因为企业已经运用大数据进行消费者购买决策预测，对消费者的偏好和选择有了很大程度的把握，更为特殊的一种情况是，消费者可能都不知道自己的真正需求或购买动机是什么，但手握大数据的营销者却已经预测到了结果。

（2）与传统消费者购买决策模型的对比

尽管有关消费者购买决策模型的观点很多，研究也各有侧重，但是科特勒总结的消费者购买决策模型最为经典，也最为一般。无论是广义的消费者购买决策模型，还是狭义的消费者购买决策模型，都限于心理学和行为学的学科范畴，来解释消费者在外界刺激和内部心理作用下所做出的行为反应。修正后的消费者购买决策模型与传统消费者购买决策模型的对比如下。

1）传统的消费者购买决策模型具有滞后性。由于传统的消费者购买决策模型都是基于对各种因素对消费者购买行为影响的假设，具有很强的概括性，如果一个分析框架没有经过长时间的跟踪和试错，则模型的有效性值得商榷。而修正后的决策模型恰恰相反，不仅不存在滞后性的缺陷，反而具有先验性的优点。营销者可以通过大数据比较精准地把握消费者的行为偏好。

2）传统的消费者购买决策模型是静态的，而修正后的模型是动态循环的。传统的消费者购买决策模型只是就某个特定产品或消费群进行局部的分析，从而得出一定的感性结论。而修正后的模型是一个正反馈系统，可以通过循环纠正偏差并发现新的机会。

3）传统的消费者购买决策模型是单向的，而修正后的模型具有互动性。在大数据背景下，利用大数据，企业可以整合内外部资源，同时根据消费者的实时反馈进行调整。

4）传统的消费者购买决策模型主要依赖经验，而修正后的模型主要依赖大数据。要运用传统的消费者购买决策模型（如营销策略的应用）来刺激消费者，这一点很依赖管理者的经验和直觉。

3. 回归营销本质——以客户为中心创造价值

大数据的魅力在于引领新的管理革命，但大数据只是回归营销的基础理念——以客户为中心创造价值。

便利店不会在零售业态中消亡，更不可能被超市或大卖场所取代。其中一个十分重要的原因是便利店可以实现一对一的客户关系管理，这一优势在社区便利店更为凸显。由于大数据技术可以获取消费者个性化的信息，并可以通过存储的海量数据进行数据分析。因此，大数据时代可以解决现代营销管理最大的一个矛盾——大规模生产和个性化需求之间的矛盾。

以俄罗斯的一家通信公司为例，该公司和 Teradata 公司共同研发了一个数据库软件系统。这个系统最大的功能在于可以使这家电信公司预测到哪位客户可能想要更换运营商。这个系统通过精准的测算，可以自动发现可能流失的客户的行为模式。通过检测到几个通话频繁的联系人之间突然多了一个新号码，系统可以认为这个朋友圈内有一个朋友换了新卡。在发现这个问题之后，系统会在这位客户抛弃旧卡之前给予其定制化的优惠套餐，同时客服人员可以通过数据库所记录的性别、年龄等基本信息来进行一对一的沟通，从而实现留住客户的目的。此外，该系统的数据库也可以发现一些其他的技术问题或用户习惯，从而增强用户黏性。运用大数据可以成功地进行个性化的客户关系管理和营销模式的创新，但大数据所体现的哲学并非数据分析或数据运用本身，而是营销的基本观点——以客户为中心创造价值。运用大数据，既是找到客户的方法，也是创造价值、维护客户黏性的手段。因此，"以客户为中心创造价值"不仅是指导大数据管理的核心理念，还是检验大数据技术是否成功的标准。

总之，大数据背后所蕴含的价值是巨大的，而由此所驱动的企业对信息的搜集和隐私的泄露使公众利益受损。只有合理保护公众的个人隐私,并将所开发出的大数据的价值与公众分享,大数据营销才会健康发展。

4.2.2 销售价格优化

1. 价格理论研究中应用大数据的重要性

价格研究是大数据应用的重要领域之一。传统经济学中的价格研究基于供求理论,结论建立在一系列严格的假设条件之上,这与现实世界并不完全相符,难以反映微观市场主体的行为差异及其在价格形成和波动过程中的作用。此外,在传统价格研究的建模方法上,由于模型设定的不同,无论是参数设置还是滞后期选择,其估计结果也往往存在差异,难以得出一致的结论。总之,传统价格研究已经难以充分解释价格形成机理和价格波动原因。大数据技术的应用,能够有效弥补传统价格研究中的不足,拓宽现有的研究思路和方法。

（1）大数据为测度生产者行为和消费者行为提供了新路径

行为经济学将行为分析理论与经济学和心理学有机结合起来,以修正传统西方经济学中"理性人"假设的不足,但难点在于行为数据的量化和行为形成机制的揭示。大数据技术的应用将大量反映市场主体行为的半结构化和非结构化数据纳入分析范围,并运用机器学习和自然语言处理等技术将其结构化,转化为可运算、可分析的数据,为测度和量化经济主体行为并揭示其在价格形成过程中的作用提供了新的路径和方法,有利于推动行为经济学理论和价格理论的进一步发展。

（2）大数据为探究社会网络、信息传播、空间关联等因素对经济主体预期、偏好的作用以及揭示预期对价格的影响创造了条件

长期以来,传统西方经济学中关于市场主体理性、自利、完全信息、效用最大化及偏好一致等基本假设备受诟病,行为经济（金融）学中虽引入了有限理性预期概念,并基于经济学、心理学和传播学理论建立信息、市场主体情绪和预期之间的联系,但由于缺乏科学有效的测度方法,预期形成及其对价格的影响机制至今仍是黑箱。大数据以其大容量、高速度和多样性等特点,突破了样本量和地理分布的限制,使通过分析交易数据、媒体数据和搜索数据等测度市场主体情绪成为可能,从而有助于科学测度有限理性预期并探究预期在价格形成和价格波动中的作用机制。

（3）大数据技术的应用有利于分析即时和高频价格信息

首先,研究数据时效性显著提高。大数据实时、高速的特征能够在一定程度上克服传统价格研究中数据的滞后性,有效提高统计频率,实现对价格的"现时预测"。同时能够对相关信息进行实时跟踪,提高对价格走势预测的精准度。其次,研究数据综合性得以提高。大数据体量大、数据类型多,能够极大地拓展价格研究中数据的来源,除了直接的成交价格数据,还全方位地涵盖了交易过程中各项数据记录,对于深入分析交易行为、揭示价格发现和形成机理具有重要意义。此外,学者还能够借助云计算和分布式系统,构建无数模型进行技术上的拟合研究,拓展价格研究的范畴。总的来说,大数据的方法与传统经济学的融合能够让学者更加接近问题的本质。大数据技术在价格研究中的应用是对现有研究方法的有益补充,有利于推动价格研究理论和实践的发展。

2. 差别定价

在大数据时代背景下,数据搜集更容易,方式更多,内容也更加丰富,进而更易掌握消费者的消费习惯,有利于企业实施差别定价策略。但同时互联网市场信息不对称程度逐渐降低,也使消费者对企业的营销模式越来越熟悉,这给企业的定价策略带来了新的挑战,企业必须综合考虑消费者需求和商业环境来实施恰当的定价策略。

(1) 差别定价和消费者剩余

制定适当的产品价格是成功实施市场营销的重要一环，是企业在充分考虑产品的成本和消费者支付意愿的基础之上所做出的决定，因此价格在企业营销的过程中占据了重要位置。差别定价是指企业在日常经营活动中为了获得更多的利润，对同一产品不同细分市场上的不同消费者制定不同的价格，从而获得每一位消费者愿意支付的最高价格，提高企业的利润。相较于传统销售模式，互联网背景下的大数据应用为企业进行市场细分和了解消费者行为提供了便利。成功实施差别定价策略，使高支付意愿的消费者以愿意支付的最高价格购买产品，同时使低支付意愿的消费者有更多的选择，从而增加其购买的可能性。

消费者剩余是指消费者购买某一产品时愿意支付的价格与实际支付价格之间的差额，消费者按照主观感受对其大小进行评判，但在实际中很难准确衡量。消费者在购买产品时对每一单位产品愿意支付的最高价格都不相同，每一位消费者又有其个人愿意支付的最高价格，因此每一位消费者对购买每一单位产品的消费者剩余都不相同。通过挤压消费者剩余获取更多的利润是企业实施差别定价策略的最终目的。企业可以按照消费者群体特征的不同，划分出不同的消费者市场，针对每个市场实施相应的定价，从而尽可能地将消费者剩余转换为企业的收益，使盈利增加。所以对消费者剩余的深入分析有助于实现消费者和企业的共赢以及社会福利的增加。

(2) 差别定价类别

从经济学角度看，差别定价策略的实质是一种价格歧视。基于价格歧视理论可知，不同的消费者针对同一产品有不同的支付意愿，企业可以通过一定的定价策略获取更多的利润。价格歧视主要分为三种：一级价格歧视、二级价格歧视和三级价格歧视。

1) 一级价格歧视又称为完全价格歧视，是指消费者对其所购买的每一个单位产品都以愿意支付的最高价格来购买，此时消费者剩余为0。即一级价格歧视是依靠消费者愿意支付的最高价格给产品定价，此时企业需要知道影响消费者支付意愿的所有因素。根据相应的需求函数得出消费者所愿意支付的最高价格，但在实际中很难准确估计，所以一级价格歧视目前不能完全实现。

2) 二级价格歧视是指企业不能完全获取消费者支付意愿时，只能通过制定一些方案让消费者自行选择支付的价格。二级价格歧视的应用在实际生活中已经十分普遍，如电力公司对用户用电超过某一额度后按照较高价格收费、燃气公司在用户用气超出一定额度后高价收取费用、对批发产品超过一定数量降价销售等。

3) 三级价格歧视是指按照某一标准将消费者分为若干群体，按照每个群体可接受的支付意愿来分别定价，可以根据消费者的性别、收入和年龄等方面来进行市场细分。三级价格歧视最为常见，例如，公交车可以办理老年卡，电影院以及一些旅游景区持学生证可以半价购票，前者是按照年龄对市场进行细分，后者则是按照消费者的职业类型进行细分。

随着大数据时代的兴起及数据收集和分析技术的发展，企业在实施网络营销策略时能够获取更加充分和全面的信息。信息透明度不断地增加，数据云存储技术使企业可以根据消费者的购买、浏览和搜索记录获取到消费者的偏好信息，运用云计算快速分析、定位，针对每一个消费者制定出相应的价格策略，进而获取更多的利润。

3. 差别定价的实际应用

随着消费者购物习惯的改变，全球消费者从线下交易逐渐转向线上交易，与此同时电商的普及速度大大加快，因此网络营销的差别定价引起了广泛关注。企业通过收集消费者相关数据，运用大数据分析消费者的 App 使用习惯、商品的需求特点、品牌忠诚度等，进而实行差别定价。现行的差别定价策略主要分六种：个性化定价策略、限时优惠定价策略、产品差异化定价策略、会员制定价策略、产品捆绑定价策略、地点定价策略。

（1）个性化定价策略

大数据时代，企业能够有效地搜集到与消费者偏好和历史购买记录等有关的数据，信息的公开透明为企业的个性化定价提供了可能。个性化定价策略本质上是一级价格歧视，它根据收集到的消费者数据，逐步设计出满足每一位消费者个人需求的个性化产品。同时再利用大数据分析出消费者能够接受的心理价格范围，企业在这一价格范围内调节价格、控制盈利，从而使每一位消费者以愿意支付的最高价格购买企业的产品。这虽然是一种理想化状态，目前也还无法完全设计出满足每一位消费者的个性化产品，但是在大数据时代，企业将会朝着这个趋势不断地发展，即创造个性化将会是未来的主流营销手段。

（2）限时优惠定价策略

限时优惠定价是指消费者在特殊的时间段内可以以较低价格购买产品，这种定价策略在各电商平台都有所体现。如淘宝的聚划算会有一些商家限时24h或36h低价出售产品，消费者在规定时间内能够抢购到低于正常价格的产品，一旦超出规定时间产品将恢复原价。除此之外还有近些年较为熟悉的"双十一"，以及一些特殊类型的产品在某些节假日也会采取一定的折扣力度进行促销。不同消费者有不同的消费时间观念，企业可以通过大数据收集到消费者的在线时间分布等信息，按照这些分布特征可以对消费者群体进行细分，对不同细分群体采用不同的定价策略。这种差别定价的实施由于有时间上的限制，即使消费者知道不同时间段购买价格不同也不易引起他们的不满心理，反而会因为这种折扣力度吸引到更多消费者的关注，促进产品销量的提升。

（3）产品差异化定价策略

电商行业出现之后，许多实体店铺转战线上售卖，尤其是随着近两年短视频和网上直播的涌现，网络营销的竞争越来越激烈。大部分企业为了扩大自身的市场份额，取得竞争优势，都会扩大企业规模和产品的覆盖范围。但企业的主要利润只来自其中的部分产品，即企业通过推出不同类型的低价产品达到吸引客流的目的，再通过出售核心产品来获取更高的利润。线上电商经常通过采用这一手段，对不同定位的产品采取不同的定价，给那些为获取口碑而生产的产品以较低的定价吸引客流，同时在店铺内推出较为高档的产品，这样在消费者逐渐对该品牌产生黏性的同时将会关注到其他类型的产品，提高整体的销量。在对产品进行区别时从外包装、产品品质等方面来制造差异，消费者可以根据这些差异选择出自己需要的产品。

（4）会员制定价策略

会员制定价在线下销售的应用中已经非常普遍，如在超市、服装店、理发店等，用会员卡购买产品或服务都要低于正常价格。线上销售也延续了线下销售的策略，对于办理会员卡的消费者给予一定的折扣，同时根据消费金额的多少将会员卡分等级，针对不同等级的会员制定相应的定价。这种根据消费金额将会员卡分等级设置的定价策略使处于不同等级的消费者有不同的购买优势，能够鼓励消费者为了获取更高级别的折扣进行消费，同时也能使消费者获得较高的品牌认同感。

（5）产品捆绑定价策略

产品捆绑定价是通过产品组合出售的形式来实现的。产品捆绑定价策略是一种典型的二级价格歧视，通过产品之间的组合减弱了不同产品之间的差异化程度，使消费者更容易接受。例如，一些服装商家将衣服搭配好整套出售时的价格低于单独出售的价格，以及家居品出售时整套价格低于单独出售的总价。目前，还有一些企业将组合的权利赋予消费者，消费者可以自行组合需要购买的产品，这一策略极大地调动了消费者的参与程度和购买产品的积极性，增加了消费者对品牌的依赖程度，同时也提高了企业的销售额和利润。

（6）地点定价策略

地点定价策略是在网络背景下随着快递的普及和发展而形成的。消费者在网络上选购所需要的产品之后,要通过快递邮寄的形式取得产品,此时快递价格就成了消费者和商家共同关注的对象。现今,企业基于对消费者收件信息的整合和分析,通过调节快递价格实现差别定价策略,主要包括满额包邮、偏远地区邮费增加以及江浙沪地区包邮等。企业在综合分析相应的成本之后针对不同地区的消费者收取相应的物流费用,能够在不同程度上鼓励各个地区的消费者购买产品。如消费者在购买产品时,综合分析了产品的质量之后,更倾向于购买包邮或者邮费较低的产品。

4. 差别定价的特点

基于大数据背景以及数据爬取和分析技术的发展,企业可以收集消费者消费偏好、习惯和特点的相关数据,从而为每一位消费者提供量身定做的服务或产品。根据以上实际应用分析,大数据背景下的企业定价策略有了新的特点。

(1) 实施差别定价的隐蔽性高

数据爆发时代,人们在生活中浏览、购买、搜索的数据都被存储起来,形成了强大的数据库。而消费者在面对纷繁复杂的信息时,往往失去了辨识能力,这一点使企业更易实施差别定价策略。企业通过向不同需求的消费者推送不同类型的产品折扣或优惠信息,进行直接或间接的差别定价。不同于传统线下购物的消费者,互联网上的消费者之间的信息是不互通的,并且随着企业的经营和发展,不同时期又会推送出不同类型的优惠力度,因此企业差别定价相较于传统定价方式隐蔽性更高。

(2) 市场细分难度降低

传统的企业经营者在进入市场时,往往只能从宏观上对市场进行分类,获取和处理细分信息的障碍较大。但是在大数据背景下,企业通过对消费者在网络上的信息进行收集,并利用大数据分析技术对数据进行归类和区分,最后按照一定的特征可将消费者划分成不同的群体。各企业之间也可以通过相互合作,将企业内部数据与其他企业的数据相结合,从多个角度满足消费者的消费需求。对于市场的精细化划分也是实现私人定制化服务的必要之举。

(3) 消费者讨价还价能力提高

传统背景下市场的产品类别少,消费者的可选择性小,且市场需求大于供给,此时企业只要生产出产品就会有消费者购买,所以消费者对产品价格的讨价还价能力比较低。但在互联网模式下,消费者共享各地的供货商,可以根据产品规格、质量等方面的信息综合评价不同企业的产品,最终选择出性价比高的产品。由于这些信息获取简单并且付出的成本低,大多数消费者会货比三家后再做出决定。这无疑给企业带来了挑战,因此在产品品质和价格上取胜,将会使企业占据一定优势。

(4) 产品附加价值增加

随着社会经济的发展,消费者在购买产品或服务的时候不仅仅追求表面上的满足,心理上的感觉也产生越来越重要的影响。如今,在充分考虑到消费者心理因素的影响下,网络直播带货开始兴起。直播带货之所以出现,是因为消费者对不了解的产品和服务无法产生信任,但通过自己信赖的博主进行介绍之后,消费者将会对品牌产生好感,愿意购买企业的产品。所以在实施定价策略的同时要让消费者感受到企业是充分考虑到客户需求而采取的定价策略,使客户黏性增加。

(5) 企业定价复杂程度提升

消费者对网络购物熟悉度越高,对企业和产品的了解就越多,尤其是在这个信息大爆发的时代,很多信息都处于透明状态。消费者通过一定渠道了解到产品可能花费的成本,然后在综合分析之后得出自己所愿支付的产品价格,但这个价格可能会低于企业的一般价格,因此企业在制定产品价格时不仅要考虑产品成本、经营目标,还要考虑消费者可能掌握的信息,谨慎定价。

5. 实施差别定价的建议

在网购时代，相较于初代的网购消费者，如今的消费者更加注重个性化定制和服务，网络营销的难度也随之增加。大数据时代定价新特点也给企业定价策略选择带来新的机遇和挑战，基于各方面因素带来的影响提出如下几点建议。

（1）加强个性化定制服务

加强个性化定制服务，尽可能满足消费者需求。在技术环境方面，大数据收集和分析技术给企业带来了实现一级价格歧视的条件，所以企业应该侧重于个性化定制服务，甚至是私人定制服务，让消费者能够根据个人需求来选择产品和服务。借助于海量的信息以及在网络营销下实施差别定价的隐蔽性，尽可能地将消费者群体细分，推测出不同消费者群体的消费动机，针对不同的动机采用相对应的定价策略。这种定价策略能够抓住消费者个性化的心理需求，使消费者对企业产生好感，通过对消费者真诚的关心，增加消费者与品牌的黏性。如当下正流行的私人定制，已经涉及娱乐产品、服饰和生活用品等。这种定价策略是企业服务价值提升、尽可能地满足消费者需求以及消费者满意度提升所带来的结果，同时也使企业产品销量和利润增加，是一种双赢的定价营销策略。

（2）推出不同类型的产品组合和当下最受欢迎的产品

在时代环境方面，信息化时代不论是工作、学习还是生活的节奏都变得越来越快，消费者用于网络购物的时间也越来越少。因此在面对各种类型的产品和服务时，如果能给出一些搭配组合或者推出受欢迎的产品类别会减少消费者投入的时间和精力，并且将使消费者感受到企业的人性化服务。实行捆绑销售和明星红人推荐策略，恰恰是满足消费者此类需求的必要之举。通过推出不同类型的产品组合和当下最受欢迎产品排行榜，使消费者在购物时能选择出自己需要的一件或多件产品或服务，一方面减少了消费者的购买时间，另一方面可以增加企业产品销量。但要实现捆绑销售需要充分了解到消费者的综合需求，此时通过与其他企业间的数据共享，通过多角度的数据分析，将更加贴合消费者的真实需求。例如，家具行业经常会推出购买全套家具可以享受折扣优惠的服务；服装店在线上搭配出整套衣服，消费者根据自己的需求既可单独购买也可全套购买。在推出最受欢迎产品排行榜时，企业可以利用明星红人直播推荐来实现，同时适当地调低产品的价格，一方面实现了差别定价，另一方面利用直播间的饥饿营销为产品宣传和后续的吸引客流做足准备，这将极大地促进企业的发展。

（3）更关注消费者的消费体验

在消费者需求方面，随着生活水平的提高，消费者需求发生着越来越大的变化，消费者不仅仅注重产品自身的价值，也更加关注产品的附加价值。基于这种需求的变化，企业在实施差别定价策略时，更应该关注消费者的消费体验，让消费者感受企业在营销时的人性化。例如，海底捞火锅就是以自己的服务而获得消费者的一致认可，其服务细致入微，更加懂得换位思考，同时又增加了美甲、按摩等方面的服务，让消费者在结束一天忙碌工作的同时能够得到身心的放松。海底捞虽然为线下实体店，但是它的这些价值理念值得企业在网络营销时借鉴，即在同行业竞争较为激烈的情况下，企业可以发挥自己某方面特色，形成产品的附加价值，最后将这一价值作为自己的品牌特色发展下去。这样既有助于与其他产品相区别，降低产品的同质性，又使差别定价的实施更容易操作和被消费者认可。

（4）制定适合企业自身产品或文化特色的价格策略

在企业所处市场环境方面，网络销售平台的进入门槛低、风险小，导致企业的竞争越来越激烈，各种营销手段层出不穷。企业只有制定出适合自身产品或文化特色的价格策略，才能获得独特的优势。考虑企业自身特色所制定的定价策略，一方面不易被其他竞争者模仿，另一方面这种措施也会成为品牌形象的一种体现，以独特的品牌特点吸引更多的客流。例如，当企业创始人为退役运动员时,可以对不同类型的运动员或者其直系家属实行一定的折扣,或者为其他特殊群体的消费按照类型的不同采取不同的折扣。依据企业文化实施差别定价既可以从企业领导者角度出发,也可以从企业的市场定位出发,但必须在恰当的范围之内,如果超过一般消费者的可接受范围可能会引起消费者反感,最后产生适得其反的效果。

实施差别化定价将是未来企业遵循的重要营销战略。在企业间的收购、取代、淘汰等现象频频出现的条件下,保持长期的竞争优势对企业来说具有极大的挑战。且大数据作为近些年的一项技术性的突破,给企业带来有利条件的同时也给企业带来了挑战,即大数据分析和信息的共享使企业间越来越趋于同质化,如何充分利用好大数据技术,将其作为有效的手段,将会影响到企业未来的发展。企业若想使产品在同类型中脱颖而出,就需要综合考虑当前时代和技术环境的发展变化,借助于大数据收集和分析信息,通过产品创新、过程创新及模式创新等,进行差别定价。这样在增加企业利润和满足消费者需求的同时,也将增强整个市场的活力和竞争强度。在当前阶段,技术上的发展给企业和消费者带来的有利影响大于负面影响,但这种有利影响随着差别定价策略的普及开始逐渐下降。例如,当前的大数据"杀熟"现象,就是商家与消费者博弈的一种手段,是企业针对老顾客采取比新顾客更高的定价。当消费者发现自己被"杀熟"之后,对商家的信任将会逐渐降低甚至最终消失,同时也会影响到整个品牌的声誉,不利于企业的长期发展。因此企业在运用一定的手段实施差别定价时还需要面对许多难题,实施差别定价的具体类型还需要企业和研究人员深入思考。

4.2.3 客户关系管理

客户关系管理(CRM)是管理学界最受关注的营销策略之一,它是指企业在吸引客户的基础上维持长期、良好的客户忠诚度,以此来提高企业竞争力的管理手段。核心是"以客户为重",把客户视作企业最核心的资源,以信息技术为手段,更精准地把握客户信息及客户需求,通过定制化的服务,获得客户满意及忠诚,改善企业与客户之间的关系,以此来吸引和保留更多的有效客户,提升企业的核心竞争力。

1. 大数据对客户关系管理的主要功能

客户关系管理存在于人们的日常活动中,人们日常的衣食住行都离不开产品或服务的购买,购买的过程会源源不断地产生数据,而这些数据的获取对提供产品或服务的商家来说,无疑是一笔巨大的财富。当今社会,数据即资源,数据即财富,数据是企业或商家的核心资源,也是企业或商家决策的依据。随着智能手机和移动互联网的普及运用,大量的客户信息数据聚集在各个行业,大数据正在悄然地改变或颠覆着传统的客户关系管理。数据即资源,这种思想改变着企业或商家的认识,大数据不仅可以帮助企业或商家实现客户关系的精细化管理,还可以帮助企业实现内部管理,从而指导企业或商家决策,实现大数据对客户关系管理的功能,具体表现在获取和共享客户信息、拓展产品推广渠道、提高客户的忠诚度、促进企业的组织变革、提高客户服务质量等方面。

(1)获取和共享客户信息

对于企业或商家来说,客户的信息来源是比较有限的,所以从事的产品或服务的范围局限在某一个区域或者某一领域,很少涉及较大范围。因此,应充分发挥大数据的优势,利用大数据的新媒体推广手段等方式获取更多的客户资源。另外,利用大数据可以对获取到的客户资源进行识别。在传统营销中经常会出现这样的问题:客户的开发过程中存在一个客户同时和公司多个营销人员对接,这样不仅造成公司资源浪费,还会引起客户的不信任。大数据可以将公司的所有数据集中存储在一个大的数据库中,无论是线上还是线下获取的数据,都会以一定的结构方式存储在这个大数据库中,销售人员在销售的每一个环节都能清楚地看到自己所需要的客户信息,实现数据共享。因此,大数据可以让销售人员与客户之间进行有效的沟通,提高公司的销售额。

(2)拓展产品推广渠道

随着网络信息技术的不断发展,网络营销风生水起,电子商务已成为大数据背景下市场营销的必然趋势,传统的营销模式已无法满足公司的需求。随着新媒体技术的不断变革,营销手段的不断创新,大数据背景下,可以充分利用大数据的相关技术(如数据推送、新媒体营销)来拓宽产品的推广渠道,创建线上品牌效应,从而赢得更多的客户。

(3)提高客户的忠诚度

对于公司来说,获取新客户所需要的成本远远高于维护和保留老客户的成本,因此,可以对客户进行分层,针对不同的客户实施不同的营销策略,提高营销转化率。大多数公司选择维持和发展老客户,不仅给老客户提供更加优质的产品或服务,还会给老客户营造一个温馨舒适的交易环境,设法让这些老客户成为公司的长期客户,提高客户的满意度,进而提高客户的忠诚度。

(4)促进企业的组织变革

大数据背景下,面对行业内外竞争压力的不断增加,公司应该通过良好的客户关系管理来打造满意度和忠诚度都比较高的客户,提高公司效益。要充分发挥信息技术在公司管理中的作用,特别是大数据技术的运用,将大数据技术与公司管理紧密联系起来,整合线上线下资源,提高公司的管理水平,增强公司的竞争优势,从而促进公司的健康稳步发展,促进企业的组织变革。

(5)提高客户服务质量

客户关系管理是一种先进的管理模式,通过挖掘市场和客户的数据,可以促进企业销售水平和服务质量的提升,增加企业的收入。产品的同质性表明企业不能只依赖产品来开拓市场,而应更多地关注高质高效的客户服务。客户服务不仅要关注售前、售中、售后等过程,还要关注客户评论信息,客户评论信息的形成与丰富以及评论信息的价值分析,离不开大数据的数据挖掘与数据分析。因此,提高客户服务质量也是大数据在客户关系管理中的功能之一。

综上所述,大数据对客户关系管理的功能是多方面的,也是全方位的,更是许多企业或者商家应该尽快把握的。企业或商家应该从功能角度出发,结合具体的业务场景,实现大数据在客户关系管理中的全面运用。

2. 基于互联网背景的客户关系管理

本书将 CRM 分为以下四个阶段:设立官网、微博营销号、微信公众号等自媒体网络平台;建设和完善客户关系数据库;挖掘、分析数据,为顾客贴标签;进行与客户的交互,客户关怀和推送消息,建立顾客忠诚度。另外,本书的新型客户关系管理是指基于互联网背景的管理过程。网络已经成为人们获取信息的主要方式,成为企业品牌宣传与营销的重要市场,本书选取了企业官网、微博和微信几个平台进行客户关系管理的分析。

客户关系管理的终极目的是建立价值型客户的品牌忠诚度,使关系成长的三个维度符合以下三个目标:变宽——数量增加、变远——生命周期延长、变深——客户关系质量提高。

互联网的普及改变了商业模式的发展方向,传统的交易活动基于互联网正在逐步实现网络化。基于互联网背景,可以轻松选取介入 CRM 的互联网媒体,在现在的社会商业环境中,企业官网、微博和微信平台聚集的人数是很多的,而且影响力也很广泛。所以,建议企业将自己的网络社区或者消费者平台的基础建立在这两种社交媒体上,并且通过社交媒体进行品牌的传播营销及客户关系的管理。

(1)客户关系管理创新

1)关系管理→价值管理。传统的客户关系管理中的关系管理是指个人关系、感情关系、利益关系，这种关系的弊端是客户资源掌握在个人手中，客户熟悉的是与之直接接触的员工个人，并不是产品、服务或企业本身。如果关键岗位的员工离开公司，将会带走大量的客户资源。现在的关系管理是基于数据系统的价值管理，即发现价值，创造价值，提供价值。

2）粗放管理→精益管理。传统的粗放管理是盲目追求客户规模，忽略客户价值和客户需求，导致管理低效，同时也会增加企业与客户的合作风险。精益管理模式强调的是运营过程的管理，在网络互动过程中收集全部数据，再指导网络平台的运营，其中关键部分是对粉丝的管理，无论是正面评价或者负面的抨击，粉丝通过自媒体与企业互动，这一行为本身就体现了企业的品牌黏性，必须引起关注。通过运营网络平台积累愿意与企业互动的忠实粉丝（即潜在客户）。但是，粉丝的关注点差异性是比较大的，有的是对各类优惠促销活动感兴趣，有的可能会比较关注产品或者行业信息，因此需要在运营中收集数据、记录每个粉丝的偏好，对不同偏好的粉丝贴上相应的标签。最后，针对不同标签采取不同的管理方式。

3）静态管理→动态管理。大数据时代的一个重要特点便是数据的时效性很高，所以必须及时更新数据库，并且针对不同的偏好数据，进行及时的管理更改。

4）临时管理→常态管理。临时管理就是当企业有新产品需要推广时才会进行对企业品牌的维护，这是一种功利性的做法，也没办法获得消费者的认可。企业应该把客户关系管理常态化，在整个企业的运营过程中，对消费者实施有效的客户关怀，及时推送品牌相关消息。并且根据数据系统分析得出的不同消费者的偏好，发送不同的产品信息和服务建议。根据不同的实际情况实施不同的关怀，以使客户的满意度提高，不仅有利于企业更好地挽留现有客户，而且有助于企业找回已经失去的客户，并且吸引新客户。

（2）客户关系管理的过程

基于互联网背景下的客户关系管理，是企业利用互联网完成实时在线的客户关系管理，同时客户也可以获得实时增值服务，互联网使得客户可以随时随地了解到所需产品的相关信息。因此，应将所有网络上的信息植入数据库进行数据挖掘与分析，对目标客户进行分类，并贴上不同标签，最后，对客户实施有效的管理，增强客户忠诚度，吸引新顾客。结合上文客户关系管理的创新，得出新型客户关系管理的过程。

1）建立官网、微信公众号以及微博营销号等网络平台。设置顾客交流信息发布中心，提供便于浏览的所有产品及服务的信息，使得企业与顾客之间能够在线实时互动，并且提供相应的咨询服务。

2）建立客户关系数据库。采用数据整合视角，用互动产生的用户信息丰富数据库，同时获取其他信息来源的数据，收集所有网络上的数据信息，完善并形成更加全面的用户信息数据库。通过标签精确获得不同粉丝的需求，围绕影响产品购买的因素来构建数据库结构，从而建立完整的用户标签体系。值得企业关注的是动态管理，即要对整个数据库进行及时的数据更新和数据补充。

3）挖掘与分析数据，为顾客贴标签。注重运营数据的积累与分析。数据挖掘是从大规模的交易数据和互动数据中提取出与之相关的信息，利用计算机算法分析相关信息之间的联系，建立合理的架构。精确地进行个性化分析，得到准确无误的客户挖掘及客户跟踪，根据不同的客户互动信息为客户贴上标签。通过数据挖掘，企业能够明晰只关心价格的客户或是可以培养忠诚度的客户，更重要的是对目标客户进行细分，比如可以按照消费金额高低划分等级，这样可以使企业明白哪些顾客具有什么样的价值，将更多的资源服务于更高价值的客户。

4）与客户交互，进行客户关怀及推送消息，提升客户忠诚度。根据数据库及分析结构，对客户信息进行统筹分析，使得企业拥有每一个客户的相关信息并具有相应的标签，从而实现企业在为客户服务时的人性化和精确化。数据库还能帮助企业提高服务顾客的连贯性，快速响应和解决顾客的问题;此外,企业的服务在人员变动的情况下也不会影响到顾客知觉,保持流畅的连贯性。企业还可以根据数据库内对顾客的标签,为顾客提出更合理、更符合客户实际情况的建议,针对性地为客户推出新的产品及个性化服务,促进形成和巩固客户对企业的忠诚度。更重要的是,能够迅速对客户要求做出应对,提供及时的高效服务,使得客户能够轻松发表意见,并且及时获得反馈。

3. 大数据时代下的客户关系管理

(1) 数据是数字化客户管理的基础

在数字化时代,客户在战略要素中变得更加重要,随着数字化技术和移动互联网的发展,客户管理成为企业提升核心竞争力的重心。数据是数字化时代客户管理最重要的资源之一,在更好地理解目标客户、准确预测客户行为偏好以及建立持续的客户信任关系等过程中,数据是将这些过程贯穿起来的不可或缺的关键资源。

在大数据时代,数据类型不再以结构化为主,而转向了结构化、半结构化和非结构化数据三者融合。随着移动互联网的快速发展,数据来源也不再以固定设备为主,而更多地转向移动终端,呈现爆发式增长。大数据时代的数据量大、类型庞杂,但数据量大不代表数据价值大,海量数据中隐藏着大量垃圾信息,这对企业的数据处理及数据分析提出了新的要求。大数据价值的完整体现,要求企业利用多种数据分析工具协同处理数据,从大量数据中提取出有价值的客户信息。

(2) 利用大数据识别客户身份、描述客户画像是企业开展客户管理的起点

在数字化时代,客户的身份信息和消费过程实现了数据化,基于数据识别客户身份、描述客户画像是企业执行客户选择、建立全面客户理解和维护客户关系的基础。在移动互联网时代,由客户产生的数据成指数级增长,企业对数字化客户画像的要求比以往更加精确化,快速准确识别用户身份,成为数字化环境下客户服务过程的关键挑战。建立客户画像需要利用所有可以收集的自有数据以及第三方数据,通过信息综合和特征分析,形成对客户整体特征的全面认识,以便为后期开展客户关系管理提供可靠的依据。

(3) 通过数据挖掘分析客户行为为决策提供依据

大数据时代迎来了数据量的爆发式增长,同时也导致低价值密度数据的大量泛滥。由于数据类型的繁杂性以及数据来源的广泛性,大数据的处理面临着更大的挑战,要处理好大数据,企业需要在数据提取时做好数据清洗工作,保证数据质量。不是所有的客户数据都能为企业带来价值,因此在进行数据分析时,企业不能盲目地对全量数据进行分析和挖掘,而应借助数据处理工具将精力投入到最有可能产生价值的分析上。来自不同渠道的数据中隐藏着客户的产品偏好、信用、忠诚度及流失倾向等属性,企业可以依托这些信息对客户进行细分,实施差异化策略,为客户提供更优质的服务。通过数据分析和挖掘,企业可以对用户行为进行洞察,运用数据分析方法能够事先预测消费者对企业开展经营活动的态度及效果,进而了解到目标客户的可获取性和营销活动的必要性,据此来组织企业经营活动,为企业决策提供依据。

(4) 利用大数据提升客户价值

企业要想长期获得生命力,只是赢得客户的短期贡献是不够的。要想赢得更长久的客户生命周期价值,企业需要将自己定位于一个价值创造者,不断地创新产品、改善业务、优化流程,伴随客户共同成长,不断地为客户创造价值增值。企业可以运用大数据技术持续地研究和了解客户,对从客户获取、客户提升、客户成熟、客户衰退到客户流失的整个生命周期进行管理。在获取阶段关注和培育目标客户;在提升阶段借助大数据技术最大限度地挖掘和满足客户需求;在成熟阶段分析、跟踪客户的忠诚度及深度需求,以便提供更好的服务,延长成熟阶段的客户生命周期;在衰退阶段利用大数据技术及时洞察客户异动,根据不同客户情况采取不同策略,争取再次提升客户价值,进入一个新的客户价值提升周期;在客户流失阶段要尽快开展客户保留和赢回工

作，根据不同的客户价值采取不同的关怀挽留活动，针对客户流失的具体原因做出改进。借助大数据对客户终身价值的深入分析，持续完善客户画像，优化客户接触点，不断创造有价值的客户互动，最终赢得客户忠诚度，实现客户终身价值。

总之，企业客户关系管理是企业发展中必不可少且非常重要的环节，互联网介入的新型客户关系管理模式，不仅增加了与消费者互动沟通的渠道，也带来了数据的丰富性。再结合大数据时代的技术，建立更全面的用户信息数据库，将 CRM 变得智能化，人们能直接响应分析结果，进行相应的客户细分、客户价值评估等。以此对客户关系进行精准化和个性定制的管理，增加企业与客户之间的高效关系管理，增强企业的竞争力。

4. 开展客户关系管理的注意事项

（1）注重客户隐私保护

隐私问题由来已久，而互联网的飞速发展使得数据更加容易产生和传播，导致数据隐私问题在大数据时代变得越来越严重。客户提供个人信息的目的是让企业更好地了解自己的需求，然而却存在一些企业为了盈利将客户信息转卖给第三方的现象，导致客户产生戒备心理。应用大数据技术进行数据挖掘应该在不暴露用户敏感信息的前提下，才对数据进行加工处理，把握客户行为从而提供有针对性的服务，而非贩卖、泄露用户隐私等的数据滥用，做到在尽可能少损失数据信息的同时最大化地保护用户隐私。

企业要进行有效的客户关系管理，就必须处理好客户信息收集与客户隐私权之间的矛盾。隐私问题的解决是企业长期发展的必然要求，企业若不能妥善处理隐私问题，则进行客户关系管理只会产生消极的影响。因此，企业在收集客户信息时，应主动提供一个具有法律效力的声明，告知客户数据将来的用途，打消客户的疑虑。此外，企业应选派专人建立和维护用户隐私政策，设立首席隐私官的职位，专门负责处理用户隐私权相关事宜。

（2）加强信息化投资和系统建设

信息系统基础设施的建设是企业应用大数据的前提。信息化建设是否完善决定了企业能否利用大数据分析消费者行为，为客户提供更精准的、差异化的服务，掌握和应用大数据技术是每个企业在今后的市场竞争中生存下来的关键。

随着大数据时代的到来，传统的数据处理技术面临着巨大的冲击和挑战，数据处理从离线转向在线，显露出实时处理的需求，对企业处理信息的准确性与实时性提出了更高的要求。现有的各种处理工具支持的应用类型相对有限，企业需要根据自己的实际需求和应用场景对现有工具和技术进行改造，打造切合企业实际需求的工具。这就要求企业加快投入信息化建设，进行管理变革，在新一轮市场竞争中抢占先机。

在大数据时代进行信息化建设时，企业应结合自身实际发展情况制订可行的实施计划，制定实施步骤，有计划地进行信息化建设及管理。同时，应加强人才队伍建设，培养一批具有先进数据思维、能熟练运用大数据技术的高级人才。在大数据时代，企业的信息化建设程度影响着企业的长远战略发展，高层管理人员一定要提高对信息化建设的重视程度，为企业的信息化建设提供保障。

（3）坚守人本理念，以人性化为依归

数字经济时代，越来越多的客户数据被收集与掌握，但与此同时也产生了低俗营销等无德现象，导致消费者与企业价值受损。进行客户关系管理很重要的一点就是企业提供的服务要能够真正满足客户需求，为顾客创造价值。这就要求企业始终秉持以人为本的服务理念，在追求自身利益的同时关注消费者福利和成长，实现客户与企业的长期关系管理，获取客户终身价值。人本管理强调以客户为中心，注重客户的需求、激发客户的主动性、关注客户的差异性，以为客户创造价值为目标，通过各种客户关怀策略，提高客户的满意度和忠诚度，加强与客户的紧密联系，实现企业与客户的双赢。企业应以客户为中心、以数字化为基础、以智能化为动力、以人性化为依归，建立与客户的全连接，与顾客共创价值。

4.2.4 移动营销

1. 移动营销的概念

对于移动营销这一概念，其实营销界和学术界都无法给予一个准确的定义，许多组织都有自己的理解与感悟，其中有一些常见的概念。例如，2003 年，美国市场营销协会（America Marketing Association，AMA）就给出了这样一种定义："对介于品牌和终端用户之间作为通信和娱乐渠道的移动媒体的使用。"这个概念并不难理解，这也是移动营销呈现给人们的最直观的印象，基于客户端开展的通信娱乐由不同的品牌与企业提供，人们通过这样一个直接的渠道进行沟通和交流，营销方式当然会潜移默化地影响用户的体验与选择。2006 年，无线营销协会（Mobile Marketing Association，MMA）给出移动营销的定义是"利用无线通信媒介作为传播内容进行沟通的主要渠道所进行的跨媒介营销"。何谓"移动"？即不定时、不定点，通过当下媒体方式即时、快速的交流来达到客户与企业的沟通，随时随地、不受限制的营销方案被应用于客户端，通过移动渠道传播，对消费者、产品、服务进行及时的市场意见反馈。同时，企业根据反馈信息回应客户的喜好，制定个性化的特色产品服务，这种双向交流的顺利进行就是促使移动营销不断发展壮大的根基。总而言之，移动营销就是通过移动设备研究方向、制订计划、实施想法、采纳信息、跟进市场、改进策略这一系列的过程对产品或服务进行定价、促销和流通。在无线领域，移动营销的概念被赋予了其他的意义，无线广告协会（Wireless Advertising Association，WAA）指出移动营销包括"通过无线网络向移动设施（如手机、平板设备等）发送广告信息"，这个概念符合无线移动的基本点，无线网络是当下发展最为迅速且最普遍的网络方式，人们依赖于无线所提供的便利，无线网络的大量使用必然会是移动营销的又一不可忽略的市场契机。怎样以最直观的方式让用户得到信息、接受信息？那就是利用无线网络的便捷，通过移动设备进行信息传播，深入到客户的生活中，让他们在使用过程中不知不觉地接受服务。

2. 移动营销的发展

突破传统营销模式、扩展新型营销渠道、创新营销方式都是移动营销不断发展中所取得的成绩，虽然移动营销作为新兴营销手段还存在一系列的问题和困难，但是其发展空间不可限量，在未来的信息化时代中将占据不可动摇的地位。

智能手机、平板计算机的普及，意味着信息时代在持续而有效地发展，各种 App 应用程序充斥着生活的方方面面，移动设备上的应用程序是人们提高生活品质、享受生活便利的必备之一。举例来说，淘宝、天猫等购物程序使消费者和企业的沟通更加密切，快速便捷是促进交流的条件之一，企业通过客户端的反馈情况就能及时有效地对营销方案做出调整，一对一的服务让客户在感到贴心的同时，更愿意花时间为这种营销模式买单。

在苹果、三星引领着智能手机开辟出新市场的时候，手机一族成为社会最常见的现象之一。因此，企业商家利用了这一点充分发挥移动营销的优势，广告、新媒体的植入就是营销的惯用手段。例如常见的"扫一扫"二维码、转发抽奖活动、关注订阅号以及各种测试小程序，测试结果分享的同时就是一种广告信息的传递。为了方便消费者和客户，商家上线电子会员卡，客户关注商家，注册会员，拿到电子卡，从此不再担心卡丢失；手机打车软件开始流行，优惠券的方式让大家逐渐接受这一新型叫车服务，在获得优惠券时就是主动接受信息，并且不自觉地为这种"隐形广告"买单；美团外卖、饿了么这一类的餐饮类 App 成功之处就在于，美好的事物一起分享,吃饭先拍照,餐厅也要货比三家,上下翻动一个 App 就解决了口味对比、价格对比、环境对比这三大主要基本点,吃得好的餐厅点评一下,吃得不好吐槽一下,这样又将广告和宣传做得无比到位。

3. 精准营销

(1) 精准营销模式的重要作用

1) 有效落实消费者导向。精准营销模式与传统营销模式相对比,对于消费者的价值更为关注。精准营销的核心就是消费者关系管理。在以往传统消费者关系管理中主要关注的内容就是对消费者的行为数据信息进行收集、整合、分析以及形成描述性数据信息。行为数据信息主要包括消费者支付方式、退换货行为、消费地点以及消费频率等,而分析行为数据就较为复杂。大数据时代,这些数据可分为结构化数据与非结构化数据。结构化数据是通过运用二维表结构来逻辑表达和实现的数据,严格按照标准规范的数据格式和长度要求,主要是借助关系型数据库进行管理和保存。而非结构化数据则是指不完整或者不规则数据结构、没有固定结构数据模型、用数据库二维逻辑表无法表达出的数据,其中所包含的格式有文本、图片、XML、HTML、办公文档、图片、报表、视频、图像以及音频等。消费者进行购物的这一过程产生的数据就是非结构化数据,相比结构化数据占比更高,结构化数据占比大约有 5%。例如,消费者通过网络平台搜索和了解一台洗衣机,但是并没有选择购买洗衣机,最后在网络平台中购买了一台电冰箱,在消费者通过网络平台购买一台电冰箱时,其中产品价格、购买地点等信息都有详细记载和介绍,但是在消费者选择的过程中搜索过的所有产品并不会记载下来,然而这些没有被记载下来的数据信息对于分析和了解消费者的实际需求也有十分重要的意义,可以通过这些数据信息了解到消费者对于最初想购买产品的想法和标准要求,在建立和收集消费者们的非结构化数据之后,企业针对消费者建立的数据库基本雏形就已经显现出来,企业只有具备这种营销能力,才能够精准掌握消费者的个人需求、实际情况,为消费者制定更加精准的营销服务。

2) 提升消费者总体价值。在大数据时代背景下,企业通过运用精准营销模式对大量非结构化数据信息展开分析、检测,从而获取其中具有价值的个性化数据信息,最终得到所需数据,通过利用现代信息化技术,帮助企业实现一对一的营销服务体系网络。大数据时代所衍生出的精准营销模式,根据消费者的实际需求和个性特点完成产品设计任务,使得产品价值更具适应性,从而针对不同的消费者提供精准、完善的营销服务,激发消费者的购买欲望,为消费者在产品选购方面提供便利,创造企业服务价值,进而有效地提升消费者总体价值。

3) 营销行为更具高效性。大数据时代下的精准营销模式因其自身具有精准性的优势特点,使得企业中营销行为更具高效性,而运用精准营销模式,使得企业营销自身产品和服务以及向消费者传播相应的企业信息变得更加高效,从而为目标消费者提供更加精准的营销方案,使企业所传播的信息内容以及产品宣传获得消费者的认可和接受,帮助企业树立良好的形象以及建立精准的定位,增加企业在消费者心中的信任度,促使消费者产生购买欲望和购买行为,使营销活动变得更加高效。

(2) 大数据时代下精准营销模式的基本构成要素

1) 精准、合理的市场定位。在企业组织开展的市场营销活动中,精准、合理的市场分类以及定位是决定活动效果的基本要素。由于不同群体的消费者的产品消费实际需求有一定的差异,因此应该根据消费者实际情况进行市场细分,找到明确的目标消费者,进而促进企业有效地开拓市场、营销宣传产品以及确立品牌定位。在大数据时代不断发展的趋势下,企业可以充分借助现代信息化技术对消费者的消费思想和消费行为展开精准的分析和衡量,并且建立健全的数据库,根据数据库中的资料优选目标消费者。另外,以此为基础在市场中展开调查并测试检验企业定位是否成功、精准有效。

2）符合"一对一"分销的集成销售体系。精准营销的销售体系主要由两个部分所构成，分别是与消费者进行个性交流互动的主要渠道呼叫中心以及全面完善的物流配送与结算系统平台，对于精准营销模式进行约束限制的主要因素有两部分，分别是快速便利的物流配送体系以及完善科学的总结核算体系。

3）提供个性化所需产品。在面对消费者需求复杂、其他标准化程度低下的情况时，企业不仅应该进行大规模生产，优化产品投入成本，还应该根据消费者不断变化的实际消费需求，强化自身适应能力，因此就必须筛选出能够充分满足个性化和实现规模的消费者实际需求。

精准营销模式，可以通过对大数据进行分析，从而针对市场的个性化和差异化的目标需求进行详细划分，完成设计和生产，根据消费者所需推荐个性化产品、提供精准营销服务，适应企业在市场环境中的精准定位与沟通交流方式，帮助企业获得最大化的经济收益。

4）凸显消费者价值的增值服务体系。在精准营销模式中最为重要的环节就是消费者在购买产品后，企业负责售后服务工作的部门为消费者提供的售后服务和增值服务。在企业整体运行中，只有在售后阶段才能够为消费者提供最佳的服务与产品质量。因此售后服务情况直接决定了消费者对于这次产品购买的满意程度、愉悦度，并且通过良好的售后服务可以稳固以往的老客户，从而通过老客户的信任为企业带来更高的经济收益。企业只有建立精准完善的消费者售后服务体系，才能够维持老客户的忠诚，并通过老客户扩大营销范围，产生消费者链式反应的效果。

4.3 销售大数据的应用案例

4.3.1 数据挖掘：数据时代下的国美零售

1. 国美大数据中心

国美大数据中心成立于 2013 年初，旨在整合集团数据，为旗下的公司和业务板块提供大数据平台和大数据分析，从而提高大数据应用能力，提升效率，降低成本，推动企业转型新零售。

国美大数据中心的目标如下。

1）以企业战略规划为核心，为企业从顶层设计层面思考构建基于大数据的新型商业模式提供解决方案，以数据驱动助推企业转型，推动企业精准化运营。

2）立足企业内部，深入分析业务流程，了解业务痛点，收集业务需求，有针对性地为业务系统打造适合其自身特点的数据化运营产品，为业务部门的数据化运营提供大数据支持。

3）基于大数据的应用蓝图及企业战略规划，科学合理地设计数据架构，支撑业务部门的数据需求并保证数据的安全及高效率使用。

2. 国美大数据产品

被视为一种"新能源"的大数据技术，也将给零售业带来巨大变革。对零售行业而言，若能充分挖掘和分析人—人、人—商品、人—服务交互产生的数据，从而提升产品运营和服务能力，必将大大改善零售的体验和提高效率。主要从提升用户体验、精准化营销、决策分析三个方面进行产品规划。

（1）提升用户体验

1）智能客服系统。2017 年，智能客服机器人"小美"问世，这是国美大数据中心自主研发推出的集售前咨询、场景化导购、知识库等功能为一体的智能客服系统。

"小美"是国美用大数据和人工智能改善零售体验、提升零售效率的最新尝试，它能精准理解用户的意图，提升用户的满意度。"小美"通过对客户投诉类型、品类及地域维度进行分析，制定线上和线下智能客服一体化方案，统计与国美业务相关问答上万条，使其知识库容纳的问答量环比增加了约 77%。"小美"为用户查询订单物流流程如图 4-9 所示。

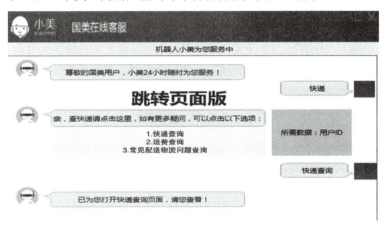

图 4-9 "小美"为用户查询订单物流流程

而同时上线的国美智能补货系统，则可以对国美系统内部滞销和缺货产品进行实时监控，从而提升库房工作的效率。

2）智能搜索。国美网上商城早期的搜索，其原理是通过搜索引擎，利用倒排索引技术对被搜索商品的信息进行索引，用户检索时，将命中的商品信息按照信息匹配度进行排序，然后对匹配的商品进行属性聚合，形成品类、品牌以及商品属性筛选信息，最终得到能够快捷筛选以及按匹配度排序的商品列表，然后将该列表呈现给用户，满足用户简单的信息检索需求（见图 4-10）。随着用户使用搜索引擎的不断深入，原有纯粹基于搜索引擎的搜索渐渐无法满足用户的实际需求。随着大数据技术的不断成熟，搜索团队也逐渐深入大数据领域，借助大数据实现对搜索效果的不断赋能，优化搜索效果。

图 4-10 智能导购

分词方面，分词在搜索系统中属于核心模块，分词的效果直接决定了搜索过程召回商品的准确性与查全率，业界经典分词绝大多数是针对全行业的通用分词，在新闻、咨询等领域产生了较好的效果。但是对于电商领域，面对不符合语义的品牌、型号等电商特有搜索需求时，这种分词方法明显显现其不足之处。因此，搜索团队针对自身商品库的特性，结合大数据算法模型，自建分词模块，实现了对电商垂直领域独有的品牌、型号、量词、量词同义词等特殊表达的全覆盖，显著提高了匹配的精确性以及召回的全面性。

语义理解方面，在用户搜索过程中，如果搜索输入词较短，将召回大量商品，这些被召回的商品分布在各个品类，但是用户的搜索意图实际上是聚焦在某一特定品类下的，如果不能做到有效的语义理解，将给用户的操作带来极大不便，或者用户会认为国美没有其所查找的商品。针对此种情况，搜索团队开发出了分类预测模块，根据大量用户以往的搜索与点击行为，训练针对新的搜索词的分类预测模型，对每个搜索词进行语义预判，并根据预判结果将召回结果加入排序因素列表，从而有效避免了靠单纯匹配度进行排序导致的排序不当引起的用户流失，极大地提升了用户体验。

纠错方面，用户在实际搜索的过程中，经常出现由于手误或者所理解的商品名与实际商品名不符等检索不到所需商品的情况。针对此种情况，通常的做法是通过扩充商品被检索信息来迎合各类用户的检索行为，以达到在用户非正常输入的情况下仍能把其所需要的商品检索出来的目的。这不但需要大量的人力去维护，而且不能满足每个用户的需求。针对此种情况，搜索团队经过分析与研究，通过以往用户海量搜索词与商品库，训练出标准输入模型，在遇到用户输入异常时尝试进行纠错，进行二次搜索，有效避免了由于用户输入不准确导致的无法搜索到所需商品的情况，并在此基础上进行延伸，对商品覆盖不全导致用户搜索无结果的情况做关联查询，进行相似商品搜索，进一步提升了用户的体验。

界面展现方面，国美大数据中心加入大数据共识机制，定期统计用户在最近一段时间内点击、加购、购买的情况，按照热度对展现数据进行排序，让用户方便地找到性价比最高的商品，实现用户与平台共赢。

大数据除了在搜索领域进行改进以提升用户体验外，还在具体应用中对搜索运营进行维护。例如，利用大数据技术统计关键字级别 CTR（点击率）、GMV（网站成交额）、首屏点击率、点击 UV（独立访客）等指标，对转化率低、点击翻页比例较大的词进行定期预警和效果优化，对高频搜索无结果的关键字进行预警，及时补货。

虽然大数据技术在搜索领域的应用已经很广泛，但仍有非常广阔的发展空间。在未来搜索优化的道路上，大数据这柄利器将不断发挥更大的作用。

（2）精准化营销

1）智能画像：已建成小区洞察系统、用户洞察系统。用户、商品、小区、商家是国美大数据中心在智能画像方面进行大数据挖掘和分析的聚焦重点。国美大数据中心希望通过对多维度数据背后关系的梳理、剖析，更深层次地了解、掌握用户的需求，从而有针对性地实施精准营销；此外，由此可依据用户需求搭建体验场景，为用户提供精准服务，改善用户体验。与此同时，国美智能画像智能营销系统也已上线多个营销场景，用户标签覆盖近 6000 万线下会员（见图 4-11、图 4-12）。

基于"大数据的价值体现在提升服务水准"的认知，2018 年，国美大数据中心以大数据整合、AI 赋能零售、业务创新为核心，持续加大研发力度。其中，AI 赋能零售通过精准分析企业运营数据，提供洞察线索为企业运营提供指导。

2）智能推荐。在信息过载的场景下，消费者如何从海量商品中快速找到自己感兴趣的商品？没有明确购物意图的用户如何有"意外收获"？个性化推荐系统解决的就是以上两个有代表性的问题。毫无疑问，解决上述问题后，可以为网站提升订单转化率，提高销售收入，最终实现消费者和生产者的双赢。

推荐系统的原理就是依托大数据，从不断产生的海量用户访问、订单日志信息里发现用户的信息、购物需求、兴趣、意图以及商品、话题浏览和销售之间的关联性、季节性、周期性规律，根据这些信息为每个用户生成多种形式的个性化商品和话题、活动的清单列表，并通过个性化排序优化系统对呈现顺序进行优化，把用户最关心、最需要的信息放在前面，进一步降低信息过载，提升用户体验。

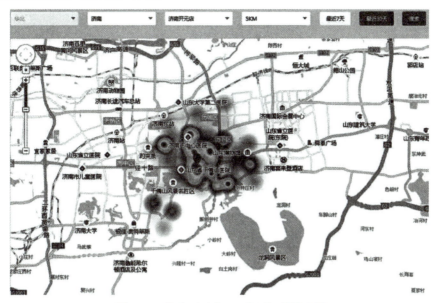

图 4-11　济南开元店—5 公里辐射热力图

图 4-12　北京西坝河店—5 公里辐射热力图

近年来，随着线上线下业务打通，在"社交+商务+利益共享"战略思想指导之下，借助双线平台、商品和服务，充分利用互联网技术，国美试图以"千人千面"的推荐系统探索出共享零售的新路径。目前，国美的推荐系统已嵌入旗下商品、美媒、美店等核心场景，为用户提供实时个性化推荐的购物体验（见图 4-13）。与此同时，业务场景的迅速展开和大数据的积累也促使推荐架构和机器学习算法持续升级和迭代。

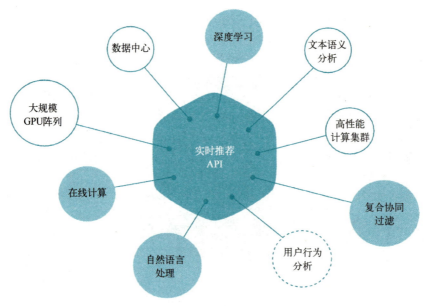

图 4-13 实时推荐 API

将机器学习技术应用到烦琐的日常零售运营中,需要一套良好的算法和平台架构做支撑。2016 年 3 月,推荐系统技术团队对机器学习和深度学习算法以及线上服务架构进行重构,在三轮大规模的架构升级之后,最终构建出一套完整的个性化推荐系统架构,其中包括机器学习和深度学习计算平台,并整合了 A/B 测试、线上部署和自动化监测等功能。

国美网上商城采用 CTR、CVR、GMV,多维度对推荐排序算法的实际效果进行评估。数据显示,与 2016 年同期相比,2017 年 1~5 月,推荐 GMV 提升 70%,参与转化率 CVR 提升 100%,PC 订单页"猜你喜欢"展位 CTR 提升 30.79%,PC 首页"猜你喜欢"展位 CTR 提升 14.16%。事实证明,采用了机器学习和深度学习技术的个性化推荐排序,显著提升了国美网上商城的 GMV、点击率和转化率。

(3)决策分析

1)营销罗盘。营销罗盘是大数据中心在 2016 年为国美线上运营部分量身定制的数据分析产品。在日常的营销工作中,公司需要了解用户是谁、他们喜欢什么、他们从哪里来、在哪里流失,从中发现全新增长点。基于对具体业务的分析,大数据中心构建数据库,积累相关大数据资源,并根据实际情况设计多维数据分析模型,将其提供给运营部门,为后者做销售决策提供有效的数据支持。

- 追踪流量,评估拉新能力。追踪新用户导流的渠道,利用数据将渠道拉新能力可视化,评估其拉新能力。
- 分析转化率,判断渠道质量。分析新用户注册的转化率和付费转化率,直观评估渠道拉新质量,不断调整策略,影响渠道。
- 漏斗模型。在一个多步骤过程中,帮助运营人员分析每一步的转化与流失情况。比如,用户购买商品的完整流程可分为以下六步:浏览商品、放商品进购物车、结算、填写送货地址并选择支付方式、点击付款、完成付款。营销罗盘可以把以上多个步骤设置为一个漏斗,分析整体转化情况以及其中每一步转化率和转化中位时间,同时也可以借助强大的筛选和分组功能进行深度分析。
- 留存分析。用以分析用户参与情况/活跃程度的一种分析模型,考查在启动初始行为后的用户中，有多少人会有后续行为。所得数据可以作为衡量产品对用户价值高低的重要指标。按初始行为时间分组的留存分析，可以消除因用户增长而对用户参与数据观察带来的影响，如产品在处于快速增长阶段时，很有可能使商家因新用户中活跃用户数增长而忽视了对老用户活跃度衰退的察觉。通过留存分析，可以分段查看用户注册时间，得出类似如下的结论："2月改版前，当月注册的用户15天留存率只有20%；但是5月改版后，当月注册的用户15天留存率提高到了25%。"

- 事件分析。借助 Sensors Analytics 强大的筛选、分组和聚合能力，事件分析可以帮助回答以下问题：①最近三个月来自哪个渠道的用户注册量最高？变化趋势如何？②各个时段的人均充值金额分别为多少？③每天的独立 Session 数量是多少？依据产品特性合理配置追踪事件和属性，可以挖掘事件分析的巨大潜能，从而对变化趋势、维度对比等各种细分问题做出解答。

2）运营参谋。国美大数据中心根据运营的业务特点和多部门复合需求，建立了高效的数据指标体系（见图 4-14），用事件模型抽象用户行为，从而提供多维度、多指标的交叉分析能力，支撑公司各个团队的日常数据分析需求，提升公司日常业务决策的驱动力。

- 流量统计，衡量品类热度，调整销售策略。通过详情页的日 PV、UV 统计及品类汇总分析，确定客户的兴趣点，并据此调整销售方案，最终提高订单转化率。
- 品类销售管理，全面了解品牌、品类、SKU 销售情况及订单来源。实时查询订单情况，及时掌握销售情况、促销活动效果，为运营活动提供数据参考。

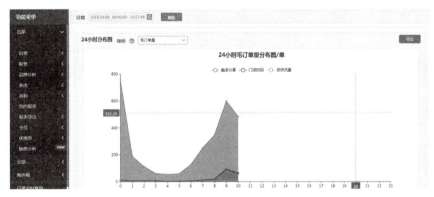

图 4-14　数据指标体系

- 报表导出，满足各业务部门多维度、不同统计口径、多时间点对销售数据统计分析的需要，为内部分析决策提供帮助。

3. 大数据助力国美新零售体系的构建

互联网、大数据、人工智能推动零售行业变革。如今，零售业需要在信息搜寻、场景、支付、物流、售后等诸多环节进行革新，提升服务质量。近年来，国美从"看""用""参与"着手，进行技术的迭代更新，充分调动消费者的感官、情感、联想，与用户一起构建全场景、立体、沉浸式购物体验。

智能画像小区洞察系统、智能营销系统、智能补货系统，是国美大数据中心为实现精准体验推出的三大系统：智能画像小区洞察系统了解特定小区消费偏好，智能营销系统实现精细化营销投放，智能补货系统实现对滞销产品和缺货产品的监控。在三大技术的支撑下，"一站式购物体验"和全渠道无缝对接得以实现。

数字经济时代，新业态、新模式层出不穷。但无论零售业态如何变换，以用户为中心始终是零售业发展不变的根基。回归零售本质，国美以用户思维、科技思维持续提升消费者的体验感、幸福感和获得感。

截至 2021 年年底，国美 4000 多家门店依托数字化技术，正加速实现从卖场到展示体验的全新升级，为消费者打造沉浸式体验场景。通过线上线下的互补融合，国美助力消费者实现全场景购物。

升级全场景体验之余，国美还积极发挥供应链优势，加强数字选品能力，不仅融入 AI、大数据、区块链等数字化技术实现"真选"溯源，还以"GM+N"的"严选"模式甄选商家，升级商品和服务。此外，以全国门店为前置仓的配送方式，使得国美物流优势凸显，"闪店送""准时达"等特色服务，大大缩短了用户与商品之间的距离。可以说，围绕用户需求，国美以科技创新的智慧和善意，实现了从体验到订单、客服再到仓储物流、售后系统的全方位整合，让消费者真正享受品质好货、真低价、好体验、好服务。目前，国美通过线上、线下、供应链、物流、大数据&云和共享共建六大平台协同发力、互为支撑，形成了全品类、全场景、全渠道、全链路、商品全生命周期管理的生态体系，构筑了全零售生态共享平台，赋能零售全链条合作伙伴实现提质升级。

4.3.2 精准营销：爱奇艺的大数据营销

1. 爱奇艺的大数据技术基础

应用大数据技术收集处理消费者信息已是企业营销活动的常态。目前，对于企业来说，收集消费者的数据不难，关键在于如何对其进行有效的分析和管理。先进的大数据处理技术和完备的大数据库是企业有效管理消费者数据的保障，拥有独立的大数据处理技术是企业实现精准营销的重要起点。爱奇艺在成立之初便已预见到大数据技术对于其营销活动的重要性，因此在技术研发和应用方面加大投入，形成了专门的技术团队，开发和更新维护其数据系统，始终走在视频行业技术革新的前沿，并为其精准营销奠定良好的基础。

爱奇艺大数据技术的发展主要分为以下三个阶段。

1）开发 EcoMedia 技术平台，初步建立数据管理网络。2010 年 8 月 17 日，爱奇艺建立了 EcoMedia 技术平台，开始了大数据应用的第一步。该平台的主要作用是将爱奇艺、消费者和广告方三方形成有机统一的主体。该平台的积极意义是改变了数据流的单向性和单一性，实现了爱奇艺与消费者的双向联系，解决了广告方与消费者关系的断链。在纵深交错的数据网下，爱奇艺能够融合三方利益，根据消费者的需求完成最具价值的视频内容制作和最适合的广告投放，从而实现了同消费者需求的精准对接、视频内容的精准输出和广告的精准投放。

2）打造爱奇艺指数，形成完整的数据库系统。2011 年 3 月 29 日，爱奇艺数据研究院联合百度数据中心开发了百度奇艺影视指数，进一步深化数据库系统。爱奇艺充分利用百度作为全球最大中文搜索引擎的独特优势，将百度规模庞大的用户群体直接吸收为自身潜在的目标消费者，使百度成为其强大的后台数据库支撑，方便爱奇艺进行精准的消费者需求定位。爱奇艺在深化数据库系统的过程中，通过已经成熟的大数据技术，对百度用户的点击和浏览行为等信息进行分析，精准锁定潜在消费者，并进行精准营销。尤其是在广告营销方面，爱奇艺推出了"一搜百映"，通过对消费者的搜索数据进行分析，洞察其消费习惯，从而精准判断其消费偏好，并向其投放最适宜的广告，提升了广告营销的精准度和效率。

3）开发爱奇艺大脑，实现大数据技术深度创新。2014 年 6 月，爱奇艺在原有的大数据技术基础上进一步深化创新，将大数据技术和人工智能相结合，开发了爱奇艺大脑。通过大数据技术对用户观看的视频数据进行分析，并采用人工智能为消费者制作更精细化的视频，提升用户体验。除此之外，爱奇艺还开发了绿镜、浮屏等大数据创新产品，为其提升消费者营销精准度添砖加瓦。

2. 基于大数据技术的消费者精准洞察

（1）消费者总体群像分析

目前，企业在应用大数据技术进行消费者洞察时，首先会描绘出总体的消费者群像，初步了解其消费者范围。总体群像分析的指标主要为消费者性别比例、年龄结构等主要指标。爱奇艺在刻画消费者总体群像时，也主要采用了以上指标，在此基础上进行进一步细化。

1）性别比例洞察下的产品定向制作。如图 4-15 所示，爱奇艺通过大数据技术对消费者的性别比例进行分析，测算出在其消费者中，女性占比 57.2%，男性占比 42.8%，性别分布较为均匀，女性占比略高。由此可得出两点结论：女性对于爱奇艺的产品具有更高的消费偏好；男性的消费偏好虽然低于女性，但依然具有较大的消费潜力。爱奇艺在洞察消费者的性别差异后，采取了产品向两类群体定向制作和投放的精准营销战略。在产品制作上首先偏向女性消费群体，激发了女性消费者的观看和消费热情。同时，爱奇艺也不忽视男性消费者的市场潜力，吸引了部分男性消费者。

2）年龄结构洞察下的产品定向制作。如图 4-16 所示，爱奇艺通过大数据技术对消费者的年龄结构进行分析，测算出在其消费者中，25~30 岁的人群占比最高，为 34.35%；其次为 24 岁以下的人群和 31~35 岁的人群，占比分别为 29.98%和 22.14%；36 岁以上人群占比较小，总共为 13.53%。由此可以看出，爱奇艺的消费者群体偏向年轻化，以 80 后、90 后和 00 后为主，而中老年群体对其消费偏好较低，消费潜力较低。年轻消费群体以学生和上班族为主，这两类群体的共同特征是爱追剧、爱追星、爱娱乐，因此爱奇艺一方面引进和制作年轻观众喜欢的影视剧，另一方面在综艺节目的制作上往往会邀请流量明星，吸引了大批年轻粉丝消费者的观看。

图 4-15　爱奇艺消费者性别比例　　　　　图 4-16　爱奇艺消费者年龄结构

资料来源：mUserTracker，2018 年 6 月　　　资料来源：mUserTracker，2018 年 6 月

（2）以节目为单位精准锁定消费者

由于人们个体和个性的差异，即使是性别相同、年龄相近的消费者，也可能存在不同的消费需求。面对消费者之间不同的消费需求，企业的产品生产和服务提供也不再单一，而是更加多元化。在预测产品能否达到市场预期和良好的营销效果时，企业已不再简单划分较为宽泛的消费者范围，而是力争每一个产品对于每一个消费者的精细定位。爱奇艺在消费者的精准锁定方面已达到深入微毫的程度，从对某一类产品进行营销策划细化到对每一个产品进行营销预测。爱奇艺利用其大数据技术，对每个影视剧以及每个综艺节目的消费者反馈进行逐项分析，并将分析结果以详细的报告形式呈现在爱奇艺指数中。在爱奇艺指数中，消费者总体群像细分为某一节目的消费者个体形象，将消费者范围进一步缩小。同时，爱奇艺还实现了不同节目之间的对比，直接反映出消费者需求的细微差别。在此基础上，爱奇艺实现了对消费者需求的更深把握，将向消费者输出节目和广告的精度进一步加强。下面以爱奇艺的一档自制综艺节目为例进行详细分析。

较为有代表性的精准营销策略主要有以下几方面。

1）消费者性别范围定位精准：节目内容受众方面主要针对喜爱追星的女性消费者群体。如图 4-17 所示，从数据反馈上看，观看该节目的消费者中，女性占 89%，男性仅占 11%，这与爱奇艺的营销目标一致，反映了爱奇艺在该方面的精准营销。

2）消费者年龄范围定位精准：爱奇艺以青春活力作为节目形象，主要面向充满青春活力、追求娱乐的 90 后和 00 后年轻群体。如图 4-18 所示，从数据反馈上看，观看该节目的消费者中，18~24 岁人群占比最多，为 39%；其次为 1~17 岁（即 00 后）人群，占比 35%；还有部分 25~30 岁人群，占比 14%。这三种年龄范围的人群刚好是爱奇艺定位的 90 后和 00 后群体，又一次反映了爱奇艺的精准营销。

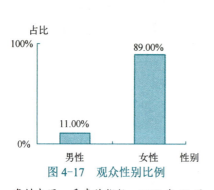

图 4-17　观众性别比例

资料来源：爱奇艺指数，2019 年 12 月

图 4-18　观众年龄结构

资料来源：爱奇艺指数，2019 年 12 月

3）消费者心理偏好精准定位：在数据处理上，爱奇艺在对特定产品用户数据进行分析的基础上，对同类型的多个节目的消费者数据进行比较分析，了解较为相似的消费群体中存在的细微差别和消费者心理偏好的变化，从而打造消费者最为满意的内容，满足了消费者的消费需求，实现了对消费者心理的精准营销。

3. 基于大数据技术的产品服务精准定制

（1）"小众化"产品精准锁定"小众"消费者

随着消费者个性差异和产品需求差异日趋显著，消费者从规模庞大的群体逐步细分为多个具有特定需求的"小众"群体。

面对这些群体的特定需求，企业开始应用大数据技术对其消费潜力进行预估，并为其制定较为"小众化"的产品。值得注意的是，这类产品虽然主要面向"小众"消费者，但绝不意味着其市场空间狭小。一方面，对于"小众"消费者而言，由于企业为他们量身定制了以前未能享受到的产品，势必激发他们的消费热情，其空间是可以发展的；另一方面，"小众化"产品的制作也是企业进行产品创新的过程，一旦营销成功，很可能形成新的市场卖点，引领新的消费潮流。

在"小众化"产品的营销上，爱奇艺有着较为成功的经验。爱奇艺开创了视频网站自制综艺的先河，虽然之后各大视频网站也相应推出自制综艺，但爱奇艺依然凭借其独有的创新性走在前列。其中重要的原因便是爱奇艺善于挖掘"小众化"产品的营销价值。

（2）VIP 会员付费制精准细分服务层次

爱奇艺通过大数据分析后认为，其用户可以分为普通消费者和更具消费潜力的消费者两类。这两类消费者的消费偏好有着显著差异，后者相对于前者更愿意为产品支付一定的金钱，且其对于爱奇艺的使用忠诚度更高，因此可以从该类消费者中挖掘更大的营销价值。对此，爱奇艺开创了 VIP 会员付费制的先河，在不大量流失消费者的前提下获取更多的营销利益。爱奇艺针对不同层次的消费者实行不同层次的服务体验，其为 VIP 会员设置了内容、观影、身份、生活四大特权和 37 项小特权，而普通消费者则不享受这些特权。为了推动消费者对付费服务的购买需求，爱奇艺除了设置服务权限之外，还有意设置购买优惠，使得更多消费者产生购买的需求。在付费制下，爱奇艺进一步细分了消费者的消费能力，并针对不同消费层次的消费者开展相应的产品营销，从而赚取更多利润。

（3）针对消费者反馈进行后续内容精准推送

消费者对产品的评价是企业了解其营销成效最简单、最直接的途径。互联网的发展和大数据技术的普及使得企业和消费者之间销售与购买的单向关系转变为双方双向的连接。通过消费者的反馈数据，企业能够准确地捕捉消费者的心理，了解消费者可能的消费需求，在此基础上实现后续内容的精准推送。爱奇艺通过建立泡泡社区以及开发弹幕功能，为消费者提供了交流反馈的平台，通过对消费者反馈信息进行处理，以关键词的形式展现，并筛选提炼出最具营销价值的热点词汇，根据这些信息对消费者进行相关内容的推送。

4. 基于大数据技术的广告精准投放

（1）小剧场、口播形式创新广告营销

随着互联网和大数据技术的发展，广告的营销方式也发生了转变，由直接生硬变为潜移默化，由枯燥变为生动，由单向变为双向。对企业而言，最重要的是如何提升广告投放的精准度和效率，使得广告能够对接到最适宜的消费群体。企业在大数据技术的帮助下实现了这个目标，通过对消费者的数据进行处理分析，形成特定的消费者画像，挖掘消费者可能的消费需求，从而投放适宜的广告。以爱奇艺为首的视频网站，其消费者规模的庞大和需求的多样，为广告商带来了巨大的营销机遇，而强大的数据分析技术又为广告方提供了更为精准的投放对象，避免了广告投放的盲目性。爱奇艺通过打造小剧场和口播形式，创新了广告营销的模式。广告小剧场往往在电视剧和综艺节目的开头或者中间部分播放，时长较短、生动有趣，且往往与剧方合作，由电视剧的主演拍摄，通过演员的明星效应，能够拉动不少粉丝群体进行消费；而口播广告则以润物细无声的方式影响着消费者，主持人或者嘉宾巧妙地将广告融入节目内容中，使得消费者在不知不觉中接受了广告营销。

（2）消费者与广告方双向互动

2013 年 5 月 9 日，爱奇艺推出"一搜百映"广告系统。相较于以往铺天盖地撒网投放的广告营销模式，"一搜百映"通过对消费者的浏览记录进行整理，帮助广告商将广告精准投放给具有较强消费需求的用户，提高了广告投放的精准度，降低了广告投放的盲目性。

除此之外，爱奇艺还通过"浮屏""贴片"等技术，实现了消费者与广告方的双向互动。通过双方的直接互动，广告商能够精准地了解到消费者的需求，从而有针对性地营销相应的产品。通过该种方式，广告投放的精准度大大增加，对消费者的影响力也大大增加。

4.3.3 大数据技术应用方案：中国银行营销对策

1. 客户关系管理策略：构建 360°客户视图

客户始终是商业银行最宝贵的资源，因此对客户画像的完整刻画可以帮助商业银行更深入地了解每一名客户，运用大数据刻画客户完整画像是大数据中客户营销的关键。当客户进入银行办理业务的时候，首先需要输入身份证取号，当客户在取号机刷卡后，刷卡信息必须同步出现在银行后台系统中，后台系统将客户信息自动录入数据库中进行筛选，银行后台可以看到有关客户的近几个月的所有活动信息，包括客户身份、职业、年龄、家庭成员、工作地址等静态结构化数据,除此之外还会显示客户的消费情况、消费内容、消费地点、消费金额、消费对象等。同时,柜台人员可以通过与客户的交流分析出客户的性格;通过微信、微博等社交软件的留言互动分析出客户的朋友圈。

所有以上信息的整合,可以帮助银行刻画出完整的客户画像,从而帮助营销人员全面了解客户,找到营销切入点,发现客户需求。由于依靠大数据分析,银行人员掌握了客户的兴趣爱好和性格特点,营销人员在与客户进行交流的过程中可以投其所好,增加客户的好感,从而使营销效果显著提高。

每一个客户都是一个营销对象,针对不同的客户提供差异化的营销产品和营销手段,可以大大提高营销的成功概率,同时也能降低银行的营销成本。这种以客户为中心的营销理念与传统的以产品为中心的理念不同,过去银行推出某一产品,接受产品推广的人可能有一百人,但在这一百人中可能只有十人对产品感兴趣,而最终可能只有一个人会购买,这种通过产品来筛选客户的营销方式,成本高,耗财耗力。在大数据时代,商业银行要秉持以客户为中心的营销理念,通过大数据分析出每一个客户的特征,将客户根据不同的标签程度进行分类,分类标签可以有家庭结构、收入水平、消费观念、风险态度、职业类别等,然后产品研发人员根据每一个分类对产品做出细微的调整,对产品进行差异化的设计,这样依托于一个主产品,衍生出众多具有个性化定制的二级产品来满足不同的客户群,不但可以提高银行的营销效率,增加客户满意度,还可以树立银行的品牌形象。

2. 产品策略:个性化产品设计

(1)产品研发以客户需求为导向

在传统的商业银行营销过程中,营销产品的研发都是先由产品研发人员构思,然后对产品进行测试,之后进行设计包装,由营销团队制定营销策略,最后由产品经理和客户经理进行营销。这样一个产品营销周期时间过长,而且其中耗费的人力成本过高,最关键的是最终的产品并不能完全满足客户需求,因此客户接受程度低,造成了研发产品的浪费。

大数据时代的产品研发要从源头构思开始就将客户的需求考虑在内,只有让每一个产品都能够充分符合客户需求,金融产品才能在长期竞争中保持优势,通过对与客户有关的各种非结构化大数据进行分析,有针对性地为不同客户研发具有差异化的产品,使产品的属性尽可能地贴合客户需求,才能够有效激发客户的购买欲望。同时,银行还要为每一个产品制定专属的用户体验反馈机制,不断完善和创新金融产品。

(2)依据目标客户群建立产品设计模块

虽然大数据的主要特征是数据量庞大和琐碎,但是大数据分析是从海量嘈杂的数据中找到通知数据,对混乱的数据进行有效整理和分类,因此依靠大数据技术,可以对市场上所有的客户根据不同标签进行分类,对客户进行细分之后,商业银行可以依据不同的客户标签设计专属于这一客户群的产品模块。通过对目标客户群的需求进行深入分析,找到各种标签之间的关联性,从而为客户搭配出最佳的产品组合。一方面客户可以体验到个性化的产品,另一方面商业银行也可以对复杂多样的营销产品进行有效整合。因此,商业银行在对营销产品进行设计的时候,要对来自多个渠道的客户信息进行详细分类,设计出最让客户满意的产品。

3. 定价策略:差异化定价策略

由于任何产品都有自己的生命周期,在不同的生命周期客户对产品的接受程度不同,因此商业银行在对自身产品进行定价时不能采用一成不变的策略,应该根据不同的产品周期制定动态的产品价格。在营销产品初期,由于市场对新产品有一个接受预期,所以在产品刚刚打入市场的时候可以采取低价策略,依靠低价来吸引客户;在营销产品的发展阶段,商业银行可以通过分析市场对产品的反馈信息,找出产品价格与客户需求之间的敏感因素,适当地调整产品价格;在营销产品成熟阶段，产品已经有了稳定的客户群和价格体系，因此可以适当地降低价格，在吸引新客户的同时也要注意维护老客户的利益，借此进一步巩固已有的市场份额。动态化的价格调整策略，可以帮助商业银行在一定程度上缓冲外部市场带来的竞争压力，掌握市场营销的主动权。

4. 渠道策略：渠道实时性

（1）建立商业银行自己的社交圈

互联网的发展打破了行业与行业之间的壁垒，众多互联网公司开始进入金融业，同时商业银行也开始进军电子商务。银行开始和电商企业进行线上合作，依靠电子商务平台的各种促销活动绑定银行卡或者刷卡消费享优惠的活动，来吸引大量客户。与此同时，银行还可以获取海量的客户消费习惯、购买偏好等非结构化数据，从这些大数据中分析出客户的性格、风险偏好、交易习惯等。但是商业银行不能一直依靠合作，要建立属于自己的大数据手机平台。现在，许多商业银行开始建设自己的电子商务网站，鼓励客户通过网上银行办理业务，开通微信银行等虚拟渠道，通过虚拟渠道的建设来增加大数据的数据基础，可以帮助商业银行在产品推广、客户意见反馈和客户体验方面做到更好。

（2）渠道实时策略

在大数据时代，任何数据都是宝贵的资源，而数据最主要的特征之一是变化快，因此要想充分发挥大数据带来的最大利益，就要拥有最快的处理数据的能力，数据处理得越快，数据的价值也就越大。商业银行在建设多渠道的同时也要注重渠道对数据分析速度的建设，客户数据通过网络传达给银行系统，银行人员要及时进行分析处理然后反馈给客户，为客户实时推送各种信息。

5. 促销策略：体验式促销

（1）增加促销活动的互动性

传统的银行产品促销主要是依靠广告投放，在电视、报纸、公交、电梯、银行门口等位置进行媒体宣传，客户只是作为被动的受众群体，宣传效果大打折扣。但是大数据时代，宣传促销更应该是在与客户的体验式沟通中逐渐完成的，直接在网上填写，将身份证等身份核实资料拍照上传，然后只需在家等待银行审核即可，审核通过之后再去银行网点领取产品或者直接选择邮寄的方式领取产品。现在，商业银行办理业务的智能化极大地方便了客户，不但减少了客户的等待时间，也减轻了银行从业人员的办公压力。通过观察和收集客户的日常生活信息，分析出客户在什么时间段对促销广告最感兴趣，对什么产品最感兴趣。当客户看到促销信息后，可以第一时间快速地与银行人员进行交流，表达自己的需求或意见。商业银行也应该把这种互动式营销应用到所有产品的生命周期中，而不只是前期销售阶段，要始终保持客户的良好体验，使客户拥有良好的参与感。

（2）团购促销

商业银行可以借助市场上团购网站的营销经验，对银行产品进行团购促销，首先将产品推荐给适合的客户，然后借助客户的朋友圈进行扩展营销，在客户达到一定数目后，为客户提供优惠让利，这一营销方式不仅能增加产品知名度，还能为银行吸引更多的新客户。

（3）植入式促销

商业银行通过观察客户的社交网络和上网行为，发现客户经常关注的网页和产品，可以在客户浏览相关网页或者阅读微信公众号的时候进行产品推送，让银行的产品随时出现在客户能够关注到的地方，潜移默化地影响客户的购买意愿。客户不仅可以通过各种渠道了解到产品的属性和特点，也能感受到银行服务的细致入微。

6. 沟通策略：增强互动沟通

在互联网时代，商业银行可以从多渠道与客户进行沟通，传统的柜面沟通是办理业务必不可少的环节，但是这种沟通受时间和地域的限制，商业银行要想做到随时了解客户的需求，就要加强和各种社交媒体的联合，通过社交媒体在线上更多地与客户互动，客户可以在微信上留言表达自己的心声，银行也可以通过观察客户在完成每次交易之后的状态了解客户的心情，通过大数据分析，为营销服务提供针对性的解决方案。此外，商业银行还应该利用大数据技术，掌握客户的教育背景、风险承受程度、购买偏好、家庭资产状况和客户目前所持有的银行产品等信息，对于不同层次的客户进行不同程度的沟通，并依托老客户的朋友圈发展新客户，将客户营销为一个活的宣传手段，从而影响潜在的购买者。

7. 服务策略：提升服务便捷性

商业银行为客户带来的便利服务主要来源于定位服务，在与第三方定位软件服务商合作的过程中，商业银行可以根据客户地理位置的变化实时推送相关信息，如果客户在国外，银行可以立刻发送相关国外分支机构或外国银行的有用信息，增加客户办理业务的便利性。

4.3.4 "微工具"的整合应用：大数据时代移动营销实战蓝海

在移动互联网时代，大数据的应用使市场规则发生了变化，社交关系在商品交易过程中扮演着重要角色，在微信、微博等社交平台上，商品交易的市场规则逐渐社交化，这种趋势所释放出来的红利让更多商家按捺不住，当下社交红利可以归结为营销内容、营销关系、营销互动三者之间的整合，不是以往的加法法则，而是乘法的爆破式法则，这就是大数据时代移动营销实战蓝海。

"微工具"的整合应用是移动营销实战蓝海上的灯塔，指引着这片蓝海上的帆船直线前进。

社会化媒体时代，一切都可以变得非常碎片化，营销的企业需要准备大量的内容不断地在信息网站上更新，才能在海量的信息中映入大家的视线，有了运营的团队，创造出新颖的营销内容，才能转化为红利，这就是移动营销的步骤。因此，"微工具"的整合应用要具备三大系统：运营系统、推广系统、转化系统。只有具有媒介性质的"微工具"，才有传播性和延续性。

1. 移动营销的运营系统

移动营销为企业信息传递方式提供了一种新的平台媒介，构建起良好的移动营销企业基础是企业运营的必要开端。高效的企业运营管理依赖于企业内外部信息的高速传递，致力于提升企业部门之间的信息传递效率。移动营销的两大优势在于主动性强和放大传统优势，要加强移动营销的基础构建工作，需要从运营的系统构建开始。

（1）营销规则——运营结构的基础

营销规则的管理影响着移动营销系统的传播因素，面对日益发展的新媒体，要尽可能发挥其在营销传播上的积极响应，科学组建团队组织结构和合理的营销规则。

1）实现目标的营销规则。营销离不开目标，目标的产生依据企业的营销战略和市场状况来确定，运营团队的建立是为了保证共同目标的实现，移动营销团队的运营要与企业的发展方向和路径一致，营销人员在营销战略方向上有统一的认识，能够支撑起企业发展目标的实现。

2）精简、高效的营销规则。精简、高效的营销规则与目的性有关，包含三层含义：一是注重配置综合素质较高的优秀人才和合理的岗职分配，使资源得到充分的利用；二是因事设岗、因职设人，一个企业的营销事业发展首先考虑的是最大限度让人才发挥最强的能力优势；三是团队凝聚力，精简、高效的营销规则容易让营销人员具有成就感，不断进步。

3）主动式的营销规则。移动营销的运营不再是一味迎合市场的规则，主动引导市场来符合营销目标才是挑战，需要从一种被动式营销转化为一种主动式的移动营销。

(2)"微名片"——运营工具的应用

"微名片"是一种基于移动互联网平台的手机名片,名片的信息由云端系统进行存储和管理,可以实时更新,实时同步,只需用微信客户端扫描二维码即可将名片资料保存到手机通信录。"微名片"作为运营的新工具,可以实现通信录一键备份,高效管理人力资源的信息,除此之外,"微名片"融合了海报的特性,在个人信息之后可以附加企业介绍、团队展示、产品推广等多元化元素。

这种运营工具的应用,激发了移动营销人员与潜在客户之间的互动,以多种模块、四维体验全面展示,延伸到引流功能。

(3)"微商城"——运营神器的推广

"微商城"的出现实现了一键分销,彻底颠覆了淘宝模式,让移动营销像呼吸一样自然。自媒体具有社交性很强的特征,但无法自成一体,"微商城"以其便捷的传播模式革新了网络"单兵作战"式的营销,采用了行业内最顶尖的"商家抱团成商圈"式的移动营销,是集成于微博、微信等社交平台的商家体系化的商圈营销模式。人们不难发现,在任何一个大型商业广场,有麦当劳的地方附近就会有肯德基,这便是一种商圈理论,麦当劳、肯德基、汉堡王三家如果开在同一条街上,就会构成快餐的一个小型的商圈。大众在想要找餐饮的时候,第一时间想到那条街,想到那条街上有多家同类型的店,这不但不会使自己销量降低,反而会使二者的销量多于各自开店的销量。如果单独开一家店,顾客往往会担心座位、排队等问题;相比较一条街上有多家同类型的店,总会有选择性,这就是商圈的优势。

而"微商城"是把线下的商圈搬到了线上,基于目标客户全体的商圈系统平台,提供更具特色和创新的营销方式。"微商城"的特色不仅在于开放高产量的商圈平台,还创新性地通过传递这个媒介将信息的传播者与受众两者的价值进行等价交换,在实现财富共同累积的同时,微商城更具有价值的是资源的整合和人脉的累积,这是移动营销中最稳固的关系。

2. 移动营销的推广系统

(1)社群效应:"微软文"的感性推广

伴随着移动互联网思维的产生,"微软文"的感性推广所产生的社群效应比起传统的广告营销,影响范围广泛、费用少,"内容驱动的产品"的时代已经全面到来,在移动互联网领域,好故事、好策划真的可以带来意想不到的传播效果。

此外,"微软文"在不断吸引融资,有资金和机会去加强后端建设,去圆梦这些故事。在品牌营销推广上,揭示了一个新的概念:社群效应的"微软文"感性推广具有更高的内容价值。

1)微信公众号上的软文营销。"微软文"的感性推广目前最主要的是微信公众号上的推文,每天有海量的推文充斥着微信列表中的订阅号和服务号,如何在信息量如此繁多的软文中脱颖而出,就对文章的质量要求非常高,符合社会风气、贴近人们日常生活、引起感情共鸣,更重要的是要深戳当下社会主体人群的痛点,才能引起"粉丝"的大量转发、分享,并吸引更多客户关注微信号。

2)微信朋友圈上的软文营销。微信朋友圈是一个强大的社交圈和信息传播风口,朋友圈的软文营销赢得的是用户的口碑。在互联网时代,人们已经对铺天盖地的广告营销感到厌倦甚至是反感,通过朋友圈的软文来营销,是在交际感情基础上的传播,而且质量好的软文是朋友圈转发传播的焦点,不仅吸引读者浏览,转发的同时引起圈内好友的关注进而产生进一步的兴趣,促使受众再一次转发,从而形成了强大的口碑传播营销效果。

因此,在朋友圈发送一些高质量的软文,对吸引用户关注、增加关注度有很大效果。高质量的软文站在营销目标群体的角度融合感情,形式可以更加多样化,施展的空间更大,洞察目标消费者的心理，形成大规模的互动传播，最终形成"全圈行动"的态势。

3）自媒体的软文营销。无论是微信公众号还是微信朋友圈的软文营销，都有一个明显的缺点，就是软文每天发送的次数只有一次，而且发布出去的微信软文不能修改，更重要的是，转发时并没有带有身份色彩，即使是转发了，也不能区分是谁转发的，这种没有参与感的转播不能最大程度激发人们的欲望和热潮。

自媒体的软文营销正好填补了前面二者的空缺，在自媒体上进行的软文营销，会带有用户参与感的形式。市场上的一款自媒体"创空间"附带着个人信息和软文流量，就软文转发的角度来分析，在自媒体"创空间"的平台上编辑软文营销，一篇软文发送出去，软文上会带有微信的头像，也就是这篇文章具有了自己的属性，具有头像的软文不仅给予用户切身的参与感，更多的是把用户吸引到营销人员身边。具体表现为：自带头像的软文会让其他用户产生好奇心，点击头像流量引导到"创空间"的微名片，在微名片上具有营销人员的商业信息、公司动态、营销产品等信息，可直接获取营销人员的联系方式、企业地址、邮箱等信息，让潜在顾客自动找到营销人员，促进营销工作高效便捷进行。

（2）营销传播："微活动"的高效推广

"无活动，不营销"是营销行业的概念，在信息爆炸的海洋里，用户生活在被信息包围的环境中，往往不自觉地忽略了自身真实的需求，产品要想被消费者捕捉，就要通过活动来吸引用户的眼球和参与，激发消费者的真实需求。

这种活动在移动互联网的支撑下，不局限于线上的"舞台活动"，由此派生出的"全网活动"更加受到消费者的青睐，营销人员需要在大量碎片化的信息内容上发布一种"全网活动"，给消费者一个提醒，消费者看到活动信息，需求被激发，接下来就是参与其中，产生活动引流。这种"全网活动"日新月异，每时每刻都以最新颖、最新潮的形式在上演着。市面上有几种"全网活动"比较受欢迎，如"砍价活动""拼团活动"等。一件产品在砍价活动中可以按原价的 6 折出售，但条件是减免的 40%需要 15 个好友砍到底价，只要用户转发得到好友的砍价操作，就能以底价购买产品。拼团活动是指一件产品需要至少 3 人成团购买就能享受 8 折优惠。

"全网活动"的营销核心是：通过让意向用户发起需求信号，请求好友帮忙，达到用户自发传播的目的，好友也有可能产生购买的意向，良性循环，同时实现了传播与营销的目的。"微活动"的营销传播具有高效推广的效果，但是对于技术操作层面的要求比较高，对每一场"全网活动"要进行精心策划和插件定制开发。

（3）创意引流："微海报"的精准推广

"微海报"的精准推广是指通过创意海报的形式直接把相关信息咨询发送到目标人群。人们日常生活中围绕着两大类人，一类熟悉的人，另一类是陌生的人，营销人员可通过朋友圈转发分享，把流量带给陌生人，但是对于熟悉的客户，"微海报"的精准推广更为合适，移动社交网络为营销人员带来了人脉链和交际圈。

"微海报"是电子版的，有任何改动都可以非常便捷地更新，保证在不增加成本的基础上，客户收到的信息都是最新的，有了这种"微海报"，相当于企业有了个顶级的营销人员，面对用户，都能以最快速度、最充分的准备对待。举个例子，旅行行业成为具有潜力的朝阳行业，由于旅行地区、旅程、服务、价格等信息的不断更新，对旅行社的宣传具有一定挑战，传统的宣传单、海报大部分是纸质的，局限性较大，如今利用"微海报"的方式，不仅可以及时更新旅程信息，节省印刷成本，更具有传播分享的特性，在社交平台上轻松转发，容易聚集更多人参团旅行，营销效果在不断放大，这就是"微海报"的精准传达所能达到的效果。

当下，一个 B2C 企业，每位营销人员对业务信息了如指掌并一直以热情饱满的精神状态向客户进行营销的可能性不大，充分利用移动营销的便利性，"微海报"可以针对客户需求，设定程序化的内容，为客户带来良好的体验感。

3. 移动营销的转化系统

在移动营销领域，提升扫码率、点击率、阅读量、转发量，将网络流量转变为意向登记、现场访问量或者直接成交的行为称为转化。由于用户来源、推广手段不同导致转化的方式不同，研究每种转化方式的过程所形成的固化模式称为转发系统。

（1）转化的因素

1）策划内容的质量。在这个内容为王的信息时代，策划的内容是否符合大众的三观、是否有趣、是否有利、是否值得转发，将很大程度上决定营销转化率。

2）视觉效果的设计。视觉效果决定了用户停留的时间，移动互联网的碎片化时间有限，相对于文字，大众更加趋向于有视觉冲击力的画面。

3）技术层面的操作。技术的灵活运用能引起大众的好奇心，新颖的技术能产生兴趣，便捷的技术能提高大众的体验感。

（2）转化的方式

二维码是移动营销中必不可少的交互媒介，扮演着链接传统商业和互联网商业的重要角色，并推动着移动营销不断发展更新。营销人员与消费者产生互动，才能促进转化的产生。例如，微信公众号上设计的二维码与视觉效果和动态效果相融合，让用户产生扫描的欲望和动力，这就是一种隐形的互动设计。

本章小结

商品条码已成为世界通用的商贸语言，编码标识作为全球商品唯一身份证，从自动结算、供应链信息共享到整个物联网领域的产品数据服务，其作用更加凸显。

企业的销售数据是企业在生产经营过程中产生、按照时间顺序积累起来的与销售过程有关的图形符号、数字、字母等资料。通过正确运用大数据，企业可以预测到消费者的购买决策行为，消费者的决策过程由"消费者黑箱"变为"消费者白箱"。

大数据不仅可以帮助企业或商家实现客户关系的精细化管理，还可以帮助企业实现内部管理，从而指导企业或商家决策，实现大数据对客户关系管理的功能，具体表现在获取和共享客户信息、拓展产品推广渠道、提高客户的忠诚度、促进企业的组织变革、提高客户服务质量等方面。

本章练习

一、名词解释

1. 物品编码
2. GS1 系统
3. 差别定价
4. 精准营销
5. 源数据

二、简答题

1. 企业销售数据包括哪些内容？

2．大数据时代下精准营销模式的基本构成要素有哪些？

3．企业如何利用大数据提升客户价值？

4．根据消费者决策预测过程模型，企业如何充分运用大数据实现预测消费者决策的目标？

三、讨论题

当前的大数据"杀熟"现象，是商家与消费者博弈的一种手段，是企业针对老顾客采取比新顾客更高的定价。当消费者发现自己被"杀熟"之后，对商家的信任将会逐渐降低甚至最终消失，同时也会影响到整个品牌的声誉，不利于企业的长期发展。请讨论企业应如何有效实施差别定价？

第 5 章 采购大数据

学习目标

- 掌握供应链中采购大数据的构成,了解采购大数据的发展现状。
- 熟悉供应商数据、零售商数据、物资采购数据的概念和收集方法。
- 理解采购大数据在不同领域的应用现状、存在问题及未来趋势。

导入案例

数字采购助力政府采购监管迈上新台阶

内蒙古自治区的数字化采购之路在探索中实践,在实践中前进,已逐步形成以互联网、云计算、大数据、电子商务等新技术为基础的政府采购"全区一张网",集数据、服务、共享为一体,包括 10 个子系统、7 个基础库的"政府采购云平台"已建成,并与"财政预算管理一体化系统"无缝衔接,实现了监管、交易、执行系统的全主体、全业务、全流程、全方位的电子化管理。有效去除了人为干扰因素,破解了自治区之前实际采购预算资金与年初编报的政府采购预算脱节、采购资金支付游离于系统监管之外以及政府采购交易执行成为一座"孤岛"等弊端。以大数据监管、信息公开、监督预警、信用评价、负面清单、投诉处理电子化登记为基础的综合监管和服务体系正在全面发挥作用。

自 2020 年以来,内蒙古政府采购按照"统一规划建设、统一建设标准、统一集采目录、统一信息发布、统一基础信息、统一交易平台、统一监督平台、统一诚信管理、统一 CA 数字认证、统一接口规范"构建的"全区一张网"顺利推进,实现了政府采购业务"网上全覆盖,网下无交易"。

在实践中,数据的效能被逐步释放,具体表现如下。

1)用数据管理。"信息化带来的变革早已超越技术范畴,指向社会治理方式,尤其是要颠覆传统的政府管理方式"。利用"互联网+政府采购"的技术支撑和方法运用,构建"事前预警、事中监控、事后分析"的电子化监管机制,以提升监管部门自身治理水平。

2)让数据赋能。"简单采集和累加的数据还是数据,经过处理并能够进行广泛深化运用的数据才是大数据"。借助大数据分析技术构建形成的大数据分析系统,逐渐为全区各类采购主体提供"数据赋能"。

截至 2021 年 3 月,内蒙古财政厅政府采购处已对全区 118 个地区,按照数据类型,将政府采购业务、采购主体、项目交易、评审专家、供应商、代理机构实时产生的基础数据、监管数据、交易数据、档案数据(涉及 7.5 万个采购主体、52 万余条公告信息、近 700 万条业务)进行分类、回归、聚合、统计、分析。通过对全区政府采购业务总体情况、项目交易过程的分析,可以让全区各级监管部门实时掌握业务办理情况、采购预算执行情况、信息公开情况,并能够对重点项目、疑点数据进行跟踪追溯;通过对政府采购代理机构进行分析,可以让全区采购人员直观地了解代理机构的数据"画像",为采购人员开展业务办理提供数据支撑。

3）用数据说话。互联网最讲"用户体验"。内蒙古电子卖场虽然起步较晚，但随着"全区一张网"的铺就，建设步伐逐渐加快，通过实施网上竞价、网上直购、定点服务等简易采购程序，着力推进全区通用类货物服务电子化采购。

4）以数据为鉴。政府采购业务办理过程中形成了大量的档案数据，对于如何利用这些档案数据，内蒙古也进行了一些尝试和探索。内蒙古建设的政府采购云平台——采购档案库"以始为终"，将采购预算、采购意向、采购计划、执行交易、履约验收、合同支付各个业务环节形成的数据文档、版式文件、影像资料等各类电子数据按照不同业务、不同类别进行标准化封装处理，并以统一的格式进行存储，形成了不可抵赖和全程可追溯的数字化档案。（资料来源　赵大军. 数字采购助力政府采购监管迈上新台阶[N]. 中国政府采购报, 2021-06-22(005).DOI:10.28071/n.cnki.ncgcg.2021.000586）

5.1　采购大数据的构成

5.1.1　供应商数据

1. 供应商数据概述

在大数据环境下，供应商管理的相关数据多种多样，且来源广泛，除了供应商信息之外，还包括用户信息以及用户的评价信息等，但是主要来源还是供应商的数据信息。在大数据平台上，除了需要获取供应商的基本信息（如供应商的质量指标、成本指标）外，还要考虑影响供应商和企业之间长期合作的因素，包括供应商沟通数据、风险数据、关系数据、事件数据、联系数据、财务数据、柔性数据、产品数据、资产数据等。这些数据的具体描述见表5-1。

表5-1　供应商数据说明

供应商数据	数据描述
沟通数据	供应商和企业之间的交流数据，包括供应商回应时间、信息传递等
风险数据	供应商可能为整个供应链带来的风险情况及其可靠性，包括供应商的信誉度、企业口碑、交货准确率等
关系数据	供应商与供应商之间的关系及其与企业之间的关系数据，包括合作等级、契约模式等
事件数据	供应商过去所发生的违约事件或者未来可能出现的其他状况，包括供应商交货延期或交货数量错误等情况
联系数据	企业对供应商进行考察时要了解的数据，包括供应商的规模、先进设备、供应商厂址等
财务数据	供应商的财务状况以及合作时企业所花费的成本，包括产品成本、产品利润、降低成本计划等
柔性数据	供应商的柔性管理，包括对需求变化的响应时间、订单完成提前期等
产品数据	供应商为企业提供的产品和相应技术情况，包括供应商的产品参数、技术等级等
资产数据	供应商的财务状况，包括供应商负债情况、现金流、生产力状况等

2. 供应商指标体系建立的原则

为了在选取指标时"不重不漏"，全面、客观、真实地反映出供应商的情况，在选取设置指标时应遵循以下原则。

（1）全面系统性

指标体系必须能够反映出供应商目前的真实情况，且部分指标能够预测企业近期的发展趋势。

（2）简明科学性

评价指标体系的大小适当即可，若指标体系过大或过于计较细小问题，易导致可操作性低；而指标体系过小或指标过于宽泛，又不能将优秀的供应商区分出来。

（3）稳定可比性

建立指标体系时应考虑指标体系之间的可比较性，如竞争力指标，一方面可以充分利用现有资源，另一方面也能使得指标体系更具有说服力。

（4）灵活可操作性

不同企业对供应商的要求不尽相同，所以在建立指标体系时，应考虑指标的可变性，以方便企业根据自己的需求对指标进行灵活选择。

（5）最大化定量

为了保证数据的客观性，在建立指标体系时，能定量的绝不定性。例如，对供应商质量的评价，可以用产品合格率来表示，通过数据将供应商的真实情况展现在企业用户面前。

3. 供应商选择评价指标体系建立

基于供应商评价指标体系的建立原则，结合大数据驱动下的供应商实际情况，对供应商数据进行分类整理，选取了具有评价价值的指标，构建了满足企业需求的供应商综合评价指标体系，即质量水平、成本水平、交付水平、供应商资质、信息传递能力、变更处理能力以及服务水平七个方面，并将其细分。详细的评价指标如图 5-1 所示，其指标及对应的评价值属性见表 5-2。

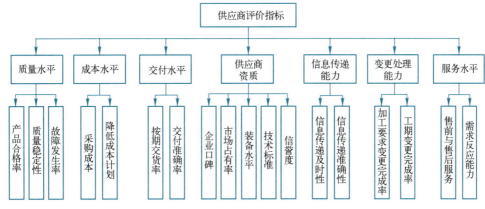

图 5-1 供应商评价指标体系

表 5-2 评价指标及其评价值属性

一级指标	二级指标	准则类型	评价值属性
质量水平	产品合格率	定量	数值
	质量稳定性	定量	数值
	故障发生率	定量	数值
成本水平	采购成本	定量	区间数
	降低成本计划	定量	语言
交付水平	按期交货率	定量	数值
	交付准确性	定量	数值
供应商资质	企业口碑	定性	三角模糊数
	市场占有率	定量	数值
	装备水平	定量	数值
	技术标准	定性	语言
	信誉度	定性	梯形模糊数

(续)

一级指标	二级指标	准则类型	评价值属性
信息传递能力	信息传递及时性	定性	语言
	信息传递准确性	定性	语言
变更处理能力	加工要求变更完成率	定量	数值
	工期变更完成率	定量	数值
服务水平	售前与售后服务	定性	语言
	需求反应能力	定性	语言

5.1.2 零售商数据

1. 零售商数据概述

供应商的顾客洞察、市场营销或品牌团队经常会问到的一个问题是："我有尼尔森（Nielsen）的零售研究数据和凯度（Kantar）的消费者样本数据来报告我整体市场的销售和份额。为什么还需要看某一个或某几个零售商的数据？"零售商数据和尼尔森或凯度数据是两个不同体系的数据，研究方法和用途也不尽相同。简单而言，尼尔森和凯度数据报告的是整体市场的表现，追求的是数据的覆盖广度和整体市场代表性。零售商数据报告的是顾客洞察，追求的是深度和细颗粒度。

从方法角度出发，尼尔森的零售研究和凯度消费者样本都不是大数据，两者都是基于采样的方法。尼尔森基于店的采样，它根据店铺业态、省市区域和营业额大小将中国几百万家店铺分成各种小类，并在每个小类里抽取部分店作为样本店。最终样本店数量在 1 万～2 万家左右。之后定期（一般一周或一月）在这些店铺收集销售数据，并按比例放大得到全国或某个区域的市场数据。而凯度是基于消费者的采样，它在中国各区域（一、二线城市为主）招募 4 万个家庭，让样本家庭自主收集并定期报告购物信息，之后通过按比例放大的方式得到各类产品的销售及顾客渗透率等市场信息。零售商数据是非采样数据，它来自所有在零售商内购物的小票和会员信息，每一天、每一个小时、每一分钟，甚至每一秒的数据都被详细记录，是真正的全量数据。

从数据源类型看，尼尔森只在店铺收集每一个产品一段时间内的销售数据，并不细化到顾客和购物篮。凯度数据只收集样本消费者购买的产品信息，数据质量完全依赖样本消费者的质量，但一些冲动性消费，如在街边买罐可乐很可能无法被顾客完整地记录。而零售商数据除了细致到每位顾客每张小票的真实行为外，还能细致到每一笔交易的支付方式、促销参与、店内堆头、库存信息等，丰富度非传统市场研究公司可比。

从数据可读性看，采样方式的数据会受到诸多限制。最主要的就是制约于按比例放大过程中的统计学误差。一般来说，当一个产品的铺货率低于 20%（售卖该产品的店铺总销售占全部市场销售的比例不足 20%）或一个产品的顾客渗透率低于 20%（购买过该产品的消费者数占所有消费者数的比例不足 20%），尼尔森的销售数据或凯度的消费者数据会承受很大的统计学误差，也就是说报告中数据的随机性会比较大，销售趋势的波动可能会很剧烈。数据的稳定性会是一个很大的挑战。而零售商数据由于非采样，所有数据都是可靠可读的。特别对于一些低渗透率或低铺货率的产品（如新品上市、小众产品、单品级别）的分析，零售商数据就具有了得天独厚的优势。

2. 零售商数据对供应商的价值分析

（1）零售商数据有助于弥补供应商数据的构成缺陷

1）零售商数据有助于供应商从全品类的角度考虑问题。同零售商一样，各品牌供应商也需要管理它的顾客,将顾客分类进行精准营销。最基础的就是建立 CRM 会员库,甄别顾客,知道他/她是谁,他/她与品牌的交互关系。供应商能够招募会员并能同时获取购买行为的渠道主要有自营店铺、自营线上商城、微商城等,对于大多数快消品品牌来说,这些渠道的销售贡献很有限。即使算上天猫、京东,销售占比大多也不足 20%。况且这些渠道的行为数据仅限于自己品牌的销售,无法知道本品牌会员在整个品类,甚至其他品类的表现。

零售商数据很好地弥补了这些缺陷,零售商数据是第一手顾客数据,它的价值在于从顾客角度全面审视该品类发展和品牌生意,它能告诉你谁购买了你的品牌、谁对品牌忠诚、谁在品牌间不断犹豫、你的忠诚顾客都有哪些特点、你的非忠诚顾客喜欢什么等。所以说,顾客(或部分顾客)对供应商来说就是一个天然的 CRM 会员库。尤其是供应商得到的洞察不仅可用于该零售商,根据供应商对市场的知识,一些洞察完全可以映射到整个市场,并且可以在该零售商店里做尝试和验证。

2)利用零售商数据可以进行跨品类的全面顾客画像。零售商的顾客不会只购买某一品牌、某一品类的产品。供应商在进行顾客画像时,利用零售商数据可以更全面地描述顾客,甚至可以扩展到全品类。例如,福佳啤酒是一款进口高端白啤,品牌商想知道购买这个产品的顾客分类。传统的方式可以通过消费者调研,询问曾经购买过(宣称购买过)该品牌啤酒的顾客的年龄、性别、一些生活方式与生活态度。年龄、性别是常规的画像维度,但生活方式和态度就需要事先有假设,问卷中不能完全开放地让被访者回答,不然无法编码和分析。而有了零售商数据,便可以先不做任何假设,观察购买过福佳啤酒的顾客在其他产品的购买上哪些是远高于平均水平的(注意,这些行为都是实际发生的,而不是顾客宣称的)。案例中,可以看到福佳啤酒顾客会更多购买可口可乐、乐事薯片。这些更多是年轻顾客的选择;同时顾客又更多购买卡士酸奶、维他柠檬水、益力多乳酸菌饮料,这是女性顾客或对健康关注的顾客选择;另外,卡士酸奶、洁柔纸巾、乐事薯片都是各自品类中的国际或高端品牌。由此,可以分析出,福佳啤酒的购买者多为年轻白领女性。不仅如此,福佳啤酒还能直接与这些相关品牌进行联合促销等活动,或购买这些产品的顾客(不拒绝啤酒/购买过酒类)推荐福佳啤酒来进行招新。

(2)利用零售商数据建立品牌会员库

1)可操作性强。许多品牌供应商自己建立 CRM 系统的可行性低。目前,建立自己品牌 CRM 系统比较好的例子有欧莱雅等,其产品单价相对较高,值得去投资招募品牌会员,有商场/商超专柜这样的接触渠道去招募和维护会员。而对于一些低单价、高频次产品的品牌(如可口可乐),首先它们接触会员的渠道有限;其次这类的品牌忠诚度变化很大(大量品牌间摇摆者,他们可能接连几天买可乐,但也可能因为某个广告或促销,接连几天买百事)。特地建立品牌 CRM 去长期管理每个会员的投资回报也不高。即使品牌供应商能利用社交手段(如微信公众号)网罗一批粉丝,这些人是否真的是品牌忠诚用户(是否购买),并且能否有效通过内容转化成购买也是一道未解难题。因此,拥有购买行为数据的零售商就成为这些品牌的天然 CRM 系统。品牌供应商可以很灵活地甄别情感忠诚(长期频繁购买)和动态行为忠诚(短期频繁购买)顾客,予以不同的营销策略。

2)成本更低。有时候品牌商不需要投资建立自己的 CRM 系统,完全可以花少量的费用与零售商合作,利用零售商数据按需抓取人群包,进行精准化营销。

(3)零售商数据有助于小众商品/新品的市场分析

1)小众商品市场分析。在对比零售商数据和市场研究公司数据(如尼尔森、凯度)时,零售商数据在跟踪新品和小众商品时有着得天独厚的优势。它们的共同点是购买人数少,利用采样方法得到的**数据统计误差大,很难报告可靠的趋势**。

2)新品市场分析。创新是未来中国市场的主旋律,每年上市的新产品不计其数,品牌商也希望通过不断上新来更好地满足现有顾客更细分的需求，并通过满足更多顾客的需求来扩大销售潜力。一般情况下，品牌会预设目标顾客，新品的设计研发以及市场营销支持都围绕目标顾客进行，但在上市之后，购买新品的顾客是否如品牌商预设期望一致？有时候，品牌会设定相关的几个目标顾客群，但究竟哪个目标群体在真实场景下更喜欢上市的新品？品牌商很清楚应该针对怎样的顾客进行精准的沟通和营销。类似这样的分析是很容易运用零售商数据在新品上市初期就可以完成的，而且不需要任何消费者调研的额外成本（产品渗透率低的时候，用户招募难度会很大，招募成本也会相应提高很多）。

（4）零售商数据可以赋能品牌供应商自有会员的管理和评估

很多品牌商已经建立了自有 CRM 系统，是不是零售商的会员数据就没有价值了？当然不是。通过打通零售商会员与品牌商会员系统，零售商的数据能够丰富对品牌商自己管理会员的画像描述。同样两个都是品牌商会员系统中的忠诚消费者，可能通过零售商数据看到一个是关注健康的顾客，另一个是关注享受的顾客（如买食品看重口感多于营养），那么推荐产品、使用话术、营销内容的出发点都可以不同而直击顾客内心。更直接的是，零售商的购物数据可以帮助品牌商来评估自有 CRM 的投入产出比。

5.1.3 物资采购数据

1. 物资采购数据概述

通常，人们将物资采购定义为需方向供方购买商品或服务的一种商业行为。在互联网日益发达的现代社会，物资采购也从简单的面对面的钱物交换，转变为网上采购的方式，使物资采购过程中的数据收集变为可能。人们通过大量收集和分析物资采购历史数据，可以精准预测到物资的需求人群、需求量、消费频率和消费方式，从而指导生产企业的生产计划、库存量等一系列生产活动。

2. 物资采购数据收集

在传统环境下，物资采购数据收集有限，使用常规的相关性分析、回归分析、聚类分析等方法就可以处理。但随着信息时代的到来，企业越来越重视标准化和流程化管理，需要收集的物资采购数据也越来越多，并逐步延伸到每一个具体的环节。传统的物资资料分析方法已不能满足现实的需要，只有通过各种计算机软件对数据进行充分整理、挖掘，才能对庞大的物资采购数据进行有效分析。

2015 年，全球有超过 85%的财富 500 强企业在大数据竞争中失去优势。对于需要物资采购的行业来说，这些行业只有从大规模的物资采购数据中提取、挖掘到有意义、有价值的信息，才可以提高物资采购效率，指导物资采购策略研究。在传统的物资采购工作中，企业会产生大量复杂、无法分类的不规律数据，人工分析不可能分析出具体的规律。而大数据"样本=总体"的全数据模式能够分析企业物资采购方面的所有数据，从而为物资采购工作提供更全面的参考，如同类型历史采购价格走向、到货周期、各品种需求量等，使物资采购工作可以更加高效、准确。

3. 物资采购数据分析

（1）采用有效的数据挖掘技术是分析物资采购数据的关键

数据分析离不开数据挖掘，物资采购的大数据也不例外。目前，主要的数据挖掘软件主要有 WEKA、RapidMiner、PMML、Mahout、Dryad 和 Pregel 等。编者认为，物资采购数据挖掘更适合采用 WEKA。WEKA 的中文名是怀卡托智能分析环境，是一个公开的数据挖掘工作平台，集合了大量能承担数据挖掘任务的机器学习算法，包括对数据进行预处理、分类、回归、聚类、关联规则，以及在新的交互式界面上的可视化。

WEKA 可以用在所有的操作系统平台上，使物资采购数据在常规系统上进行分析成为可能。物资采购数据需要进行预处理、分类、聚类以及研究关联规则，并在某些时候对实际用户、仓储部门、销售方进行界面的可视化，指导日常工作。WEKA 基本可以完成这些工作。

（2）处理物资采购数据需要结合关系数据库和非关系数据库

关系数据库，采用关系模型作为数据组织方式。关系数据库的显著特点是把具有相同属性的数据独立地存储在同一表格中。

对于任意一个表格来说，使用者在变更表中的数据时，不会对表格中的其他数据产生影响。关系数据库的层次结构可以分为数据库（Database）、表（Table）与视图（View）、记录（Record）和字段（Field），相应的关系理论中的术语是数据库、关系、元组和属性。

关系数据库系统在数据分析中占据着主要地位，但半结构化和非结构化数据出现以后，关系数据库系统就不能完全适应这些数据的处理需求，在处理物资采购数据时需要结合关系数据库和非关系数据库。后续出现的类似 MapReduce 的大数据处理工具在容错性、可扩展性、数据的移动性上具有明显的优势。该工具在处理物资采购数据时结合了关系数据库和非关系数据库，为大数据环境下物资采购数据的处理提供了借鉴。

5.2 采购大数据的应用领域

5.2.1 采购业务流程的优化

物资采购涉及多个主体，在此过程中将产生大量行为数据，运用大数据技术对数据进行收集整理与分析利用，将大幅提升采购者的决策与服务能力，有效指导和监控采购各方主体及行为，持续提高采购质量与效率。

1. 采购存在的问题

（1）需求与采购不能完全匹配

物资计划管理手段较为滞后，对生产运营中的设备需求规划、物资定额储备、备品备件消耗规律以传统的个人经验为主，未能进行科学而有效的分析且未实现统一的管理，物资计划缺乏预测性和规划性，准确性和精确性不高。由于采购到货与实际需求在时间与数量上存在差异，造成库存积压，而某些关键设备多为进口产品，其资产总值较高，库存资金占用较大。

（2）供应商选择竞争不够充分

由于受采购人员及相关人员经验阅历和时间精力的限制，往往很难全面、深入了解市场情况，缺乏对供应商及产品的全过程跟踪管理及对供应商的客观、公正的整体判断，在很多情况下也就很难选择到全部具备条件同时表现优秀的供应商，导致竞争性不够，一定程度上会增加企业采购成本。

（3）评标依据不够客观

评标委员会主要依据供应商提供的投标文件和个人主观经验做出判断，普遍都没有考虑产品的实际效果评估和用户的评价，造成中标产品的实际使用效果与招标前预计的效果产生一定程度的脱节，通过评标方法筛选出来的产品有可能并不是最符合用户需求的，从而采购结果也不是最优的。

（4）采购后续运维成本居高不下

进口设备厂家、合资厂家、优质国产厂家与刚起步的新兴厂家的技术水平、制造能力、产品质量存在明显差异，但在现行的大部分采购情况下只要符合一定的要求均可参与竞争，不同档次的供应商、质量性能相差较大的设备同台竞争，导致一些技术高、质量优的设备因报价高而被排除在外，反而是那些价格低、易老化、质量不佳的设备持续中标，表面上虽然在工程建设阶段节约了设备的采购成本，但中标后的后续运营维护成本居高不下，实际上给企业增加了总的成本支出。

2. 采购流程优化实施方案

由于在公司内部，各类物资从需求计划、采购实施、安装与使用、维护、更新到报废等各环节的管理，由不同的职能部门进行分段管理，缺乏数据和信息的集中统一管理和统筹运用，更不用说外部数据的借鉴。而将大数据技术应用在物资采购中，就可使大数据技术横向向外部数据扩展，纵向可延伸至物资需求、物资采购、物资供应的各个关键环节，具体体现在需求预测与库存控制、供应商的选择与管理、采购流程与规则的优化、日常业务监控和预警等方面。通过对整个供应链的科学配置，借助数据挖掘、云计算、人工智能等技术提升采购质量，实现精准采购。

（1）需求预测与采购管理

物资采购中产生的数据非常多，如物资描述数据、物资采购需求数据、物资采购计划数据、供应商数据、物资交易数据、仓库存储数据、物资使用及消耗数据、物资使用寿命等，通过对上述海量数据的收集和分析，并且通过一系列算法来模拟最终用户的需求行为，可以对用户的需求原因、物资的需求数量、物资需求幅度变化、物资的需求时间等做出有效的预测，找到物资使用规律、采购规律，从而智能预测不同时期物资的需求规律。

除此之外，还应将需求预测数据与实际物资需求情况、物资到货执行情况进行对照和反馈，形成需求预测与实际满足情况的闭环管理，促进预测能力改进提升，有效地提高物资需求预测的效率和质量，尽可能实现物资需求时间与采购实际到货时间的无缝衔接，减少物资不必要在库时间，从而提高库存周转率，减少对企业资金的占用。

（2）供应商选择与管理

首先，优化采购方式与供应商选择。采购方式的确定由物资性质、潜在供应商等决定，其重点和难点是针对某种物资如何选择最合适的采购方式及供应商名单、规则和标准是什么、如何获取全面的市场供应信息。大数据时代的到来使企业更容易获得内外部市场信息，使对采购方式及供应商名单进行收集和优化更为方便和快捷。一是追踪物资的历史采购轨迹，从中选出最优采购方案。二是收集现时的市场行情，将采办方式及供应商名单与公司内外同类型采办项目进行对照分析，并提供精准的合理化建议。

其次，实施供应商的动态管理。采购时判断供应商的行业地位、生产能力、履约能力、财务状况等信息时，除了要求供应商自身提供外，一部分可从互联网获取外部支持，还有一部分依靠工作人员的经验和判断，这样信息的真实性、有效性、即时性便大打折扣。大数据背景下，企业可以建立供应商信息库，充分利用互联网信息及内部信息建立综合分析评价体系，客观、全面评价供应商实力，实时监控和预警供应商动态，有效避免信息不对称给企业带来的风险。不仅如此，通过与社保机构、税务部门、司法部门等数据库相结合，能够使采购者多方面、多渠道全面了解供应商的诚信情况，从而以更加全面、更加客观的视角对供应商进行评价与管理。

（3）招投标及评标的优化与提升

1）运用大数据技术智能筛选与匹配并推送采购方案。借助大数据技术实现类似项目的招投标概况，如招标方案、评标方法、合同条款等，智能推送类似项目的历史采购信息，为采购者根据项目特点编制招标文件提供了便利条件。也就是说，基于已有数据库历史采购信息，分析出不同的评标方法、评标指标等对最终招标效果的影响，实现招标人招标、评标委员会评标、供应商实际履约情况的一体化管理，为选择最优化的采购方案提供支撑，降低采购行为的机会成本。

2）"大数据"在评标过程中为专家评标提供了强有力的辅助作用。评标委员会往往根据投标人在竞争过程中递交的历史经验和业绩等材料来判断投标人的技术实力,难免会存在一定的局限。而将大数据与云平台等技术合理运用到招投标环节中,可以帮助招标人了解投标人的历史合同、业绩能力、诚信水平、技术实力等,根据上述数据对投标人的综合实力进行评估和判断,分析其是否符合招标要求。因此,有了大数据的智能支持,能够降低评审专家的主观性,实现投标过程中的信息对等,为专家评审提供科学、可靠的数据支持与评判依据,使投标过程愈加公平、公正与透明。

（4）采购价格分析

公司可充分利用大数据的处理能力和分析能力,快速收集国家和地区、行业及互联网外部信息等,整合公司在招投标等日常业务中产生的海量数据,建立价格分析模型,对未来价格走势进行预测,抓住采购的最佳时机,在商务谈判中取得主动权和话语权。另外,有了完善和准确的价格数据库,也可快速并智能识别恶意低价竞标的投标人,有效避免招投标过程中可能会出现的低成本的过度竞争、合约履行能力不足等弊端,规避后续合同不能正常履行的风险。

（5）强化监管采购违法违规行为

通过"大数据"分析与比对,可以更加容易地识别投标人在采购过程中的串标、围标、标书造假等违法违规行为,有效实现对客观公正的数字"证据"的保留,辅助采购管理部门对采购全过程的监管,对违法违规的投标人形成威慑,有利于确保采购活动的诚信及公平与公正。

3. 采购项目全生命周期管理

（1）做好制度流程的顶层设计

1）企业或单位要做好制度流程的顶层设计,借鉴变革创新和流程再造的"互联网+"思维,响应国家"过'紧日子',把每一笔钱都用在刀刃上、紧要处"的号召,严格按照采购招投标法律法规及政府相关规定,围绕采购项目全生命周期,从计划审批、采购规范、办事公开、合同履约、财务支付、资产管理、档案整理等方面,抓好每一个环节,做好全局构思和科学谋划,不断健全制度标准,不断细化规定要求,规范采购项目全过程管理,严格全方位监督检查及考核,实现企业采购高效规范、廉洁阳光。

2）企业在建立健全采购管理、合同管理、"一项一卷"、采购管理考核以及供应商评价考核等制度标准的同时,结合自身规模及财力情况,建立完善配套的采购信息系统,通过固化操作流程、采购方式和审核监管机制,做到采购业务电子化、流程化,实现"上一个环节未通过就不得进入下一个环节"这一刚性约束。

（2）提升采购项目管理智能信息化水平

1）企业采购信息系统规划设计要有超前的思维和眼光,既要善于借鉴先进经验并"拿来"为己所用,更要立足企业长远发展,做好业务模块、开放接口等方面的谋划和预留,避免日后推倒重来、修修补补、重复建设和资源浪费。

2）采购信息系统要实现人机交互友好界面,要实现采购项目招标公告、中标人公示等节点自动对接外网功能,要实现合同涉及的金额、关键日期及期限自动到点提醒、业务预警等功能,要实现合同自动套用范本、自动纠错、自动生成、自动添加水印锁定防篡改等智能防差错功能。

3）企业采购信息系统要与企业内部的其他内控系统、财务系统、物资管理系统等无缝对接,消除信息孤岛,真正实现互联互通和数据共享,既提高工作效率,又能形成监管合力。

（3）强化大数据分析的功能设计及运用

1）将大数据技术应用到采购项目管理全生命周期管理中,要实现基于全生命周期的监控机制、资料收集分析和智能报警功能。要能实现"一项一卷"档案资料的一键导出功能。按照采购项目的生命周期（如甘特图形式）,在合同签订前,要提前在信息系统内对每个项目设定好项目进度、费用预算、审核时间、公招时间、招标公示、中标公示、合同签订等关键的节点和信息,时间到期会自动发送到时提醒、超时报警，费用超支会自动报警并锁定无法进入下一环节；在合同签订后，还要对各个履约时间、安装调试验收、付款和保证金退还等关键时间点实现到期自动提醒报警功能，为后期考核提供依据。

2）运用大数据分析技术，针对采购项目全过程各环节，统计分析超时、耗时长短、流标数量及原因、投标响应情况、合同支付情况、保证金退还情况；统计分析全年项目总数、类别、各自占比、各部门占比、采购方式、预算和实际费用等，并以报表或饼图等灵活形式展现，为企业采购及经营管理提供决策依据。

3）针对办公家具、办公耗材、小家电、餐厨用品等传统采购类的价格，可以借助互联网同苏宁、京东、淘宝等电子平台进行价格比对，最大限度降低企业采购成本及费用。

（4）建设高素质采购规范管理队伍

1）抓住领导干部和采购管理业务骨干两个重点群体，制订学习培训和素质提升计划，围绕采购规范管理标准制度、招投标法律法规、标书编制、合同签订、采购信息系统实操等，不断提升业务能力，切实强化思想意识、规则意识和业务能力等的教育培训。

2）创新方式，通过集中培训、单点微课、实施自检、互检和参与专项规范检查，组织问题研讨及经验交流等多种形式，夯实采购管理队伍专业知识和实操水平，持续提升队伍工作能力。

3）强化培训管理考核，统计分析年度采购规范培训、检查及考勤等情况，结果直接纳入个人绩效考核，推进该项工作取得实效。

（5）严格落实采购项目监督管理考核

1）完善采购监督管理考核制度，构建采购项目全生命周期的监督要求、考核指标以及考核办法。

2）制订全覆盖的检查计划，围绕项目各个关键节点进度是否超期、费用是否超标、合同履约是否正常、采购方式是否正确、信息填报和标书合同文本是否有误、"一项一卷"归档是否规范无差错等内容进行检查，检查结果严格纳入绩效考核。

5.2.2 采购决策优化

1. 采购数据优化策略

（1）提升物资采购的数据质量

在大数据环境下，物资采购数据总量较大，海量数据中提取有价值信息难度较大，这就需要把握数据质量。在数据处理中，需要立足于实际情况，在各个阶段寻求合理措施来把握不确定性。大数据产业发展中，数据来源复杂，如何保证数据质量成为当前的首要问题。如果数据质量不高，将制约后续大数据产业发展，如何提升物资采购数据质量成为当前的工作重点。

（2）选择合理的数据挖掘技术

在海量数据中挖掘有价值的信息，需要结合实际情况选择合理的数据挖掘技术，以便从物资采购数据中提取有价值信息，可以为后续企业管理和决策提供依据。物资采购数据中选择合理的数据挖掘技术，以 WEKA 为例，可以智能化分析环境条件，建立公开数据挖掘平台，借助大量机器学习算法对大数据进行预处理、分类和聚类，以便提供可视化的人机交互界面。WEKA 在操作系统平台上应用，为后续的物资采购数据分析提供支持，实现物资采购数据预处理、分类和聚类，在特定阶段促使仓储、销售和用户界面可视化，指导实际工作顺利展开。

（3）整合关系数据库处理物资采购数据

通过建立关系数据库，将属性相同的数据独立存储，使用者在变更表格数据时，尽可能规避对其他数据带来不良影响。关系数据库层次结构较为复杂，其中包括表与视图、记录、字段和数据库几个部分。可以说，在大数据分析和挖掘中，关系数据库系统占据重要地位，但非结构化数据和半结构化数据出现后，难以满足新时期数据处理需要。所以，面对海量数据分析和挖掘需求，需要结合关系数据库和非关系数据库来挖掘数据潜在价值，将数据分析偏差控制在合理范围内，以便充分发挥大数据处理工具优势，如 MapReduce 大数据处理工具。结合关系数据库和非关系数据库，以便为企业管理和决策提供可靠依据。

物资采购管理中应用大数据分析技术，物资采购绩效指标统计分析是其中一个重要环节，主要是对一年的物资采购工作进行总结，分析其中的不足，以便提出合理的改进措施，有效提升物资采购管理水平。通过对预算执行率的分析，有助于把握物资采购预算和具体执行差异，是衡量物资采购预算合理与否的关键所在。加强物资库存管理，有助于展现物资采购管理力度，提升采购管理资金的利用效率，以便尽可能降低物资采购成本，提升物资采购管理工作效率和工作质量。需要注意的是，物资采购管理中，测量指标时可以将其输入到 Excel 表格中，进行条件筛选、分类、排序、透视图、透视表以及使用 int 和 mid 函数等。

2. 竞价交易采购模式

在现有技术、竞价理论和信息经济学理论基础上构建一个区域化的竞价交易系统和交易中心，物联网、第四方物流、竞价理论及竞价系统均是该交易系统的重要理论支撑。物联网的产生源于对电子数据进行交换的需要，并最先运用在国际海运运输过程中，实现了国际化标准电子数据标签的交换，但在深入到港口转铁路、公路运输的过程中，现代管理的链条出现断裂。

基于信息技术研究物流交易系统的竞价机制、模型、算法和系统仿真，是在大数据时代物流采购交易模式可行的创新。该交易系统支撑的交易中心排除讨价还价及标价交易形式，并非由某个采购商发起招标，而是由独立市场机构组织的物流竞价交易市场。将基于竞价理论的竞价交易机制设计引入物流交易领域时，信息的汇聚和甄别将是最大的瓶颈。在现实经济运行中，整个社会物流作业分布是任意的，这导致物流交易竞价"标的"的形态多样性。物流领域的竞价交易机制有别于现存于淘宝等市场的成熟竞价机制，其对应的竞价交易机制设计、算法的实现将更加复杂。

1）多目标。物流"标的"质量涉及价格、数量、敏捷性、非破损率、安全性、保鲜技术（如新鲜时蔬）等。

2）组合、序贯交易。物流物理链包含采购、包装、搬运、装卸、仓储、运输、批发、零售等多环节。

3）信息多结构。物流"标的"通常面临"关联价值""预算约束""估价非对称"等问题。

4）物流作业空间及行业分布上具有的任意性。

上述几个方面导致物流竞价交易机制实现供需有效配置、"最优性"和"有效性"分析更为复杂。

为了简化上述工作，一个包括尽可能多的物流供需方的平台化竞价交易系统被提出，该交易系统由独立的市场组织者进行管理并成为政府的特殊机构或独立的中介机构。该机构不是物流的第一、二方（物流采购商），也非物流的第三方（物流供应商），而是获取佣金（市场交易剩余的一部分）的物流市场第四方。该物流市场第四方是市场的组织者，其目标为通过竞价交易形成有效的交易市场，实现整个物流中心市场的交易剩余最大化。在该物流竞价交易系统下，物流供需双方的每个交易个体通过交易系统终端输入自己的交易信息向量，然后系统将其提交并提供相应的匹配机制和价格生成机制，最后自动在全区域物流市场自动搜索该市场条件下的最优交易对象，即实现市场出清和交易价格生成，基于大数据的物流采购双边竞价交易系统平台如图 5-2 所示。

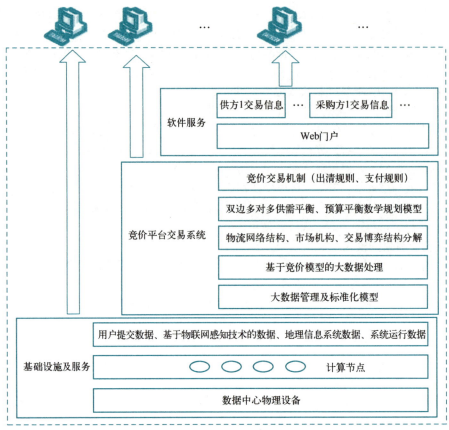

图 5-2　基于大数据的物流采购双边竞价交易系统平台

竞价交易模式运行支撑的交易系统通过竞价规则，使得交易人的竞价行为满足"参与理性"和"激励相容"两个约束来实现两个目标：一是揭示该市场条件下个体交易方的真实信息，二是市场整体实现社会福利最大化。该交易机制最大限度减少了市场参与各方因私有信息而产生的物流资源的无效配置，充分发现因物流供给商自身的管理、技术和运营等不同素质而导致不同内涵的供给能力。同时，该交易系统还能够充分发现和挖掘在市场运行过程中由随机因素产生的物流供给商实时服务成本和物流采购商实时交易价值。现存物流信息平台为物流信息的收集做了必要的基础准备，但这些信息平台仅具备较为原始的信息汇聚作用，并没有真正运用相关的信息经济学理论和交易机制设计去分析和揭示物流信息背后所包含的市场价值，从而限制了通过快速、有效匹配供需来推动物流资源配置优化的有效性。物联网技术能够深入到商品流通的全生命周期提取交易信息，为支撑更为精细化的物流资源配置机制提供了基础。基于第四方物流、最新竞价理论和物联网技术构建一个更有效的物流竞价交易系统将是一个需要不断推进的研究课题。

3. 新型集中采购模式

新型集中采购模式借助大数据技术，一方面，通过大数据采集技术实时获取采购两端（供应商和前端需求执行人员）的数据，使企业实现采购全流程的数字化；另一方面，可以通过大数据分析及挖掘技术深度洞察供应商和需求执行人员，全面了解供应商绩效表现和产品执行情况，增强业务掌控力，实现"精准对接"和"高效协同"。

（1）新型集中采购模式流程

新型集中采购模式由中心化的集团集中采购转变为分布式记账的区块体系集中采购，实现智慧共享。具体框架如图 5-3 所示。

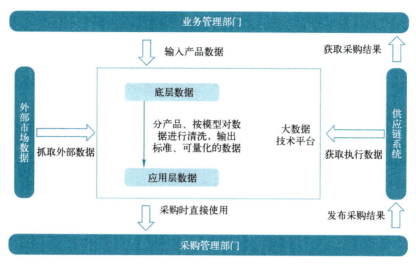

图 5-3　基于大数据技术平台的新型集中采购模式框架图

基于上述架构，新型集中采购模式采购产品的流程如下。

1）采购发起。大数据平台发出产品预警信息。

2）采购实施。企业中的采购职能管理部门根据大数据平台信息获取应采购产品、产品数量及价格等信息，启动采购流程。同时可以实时比照大数据平台数据库数据与应标数据，及时发现招标投标过程中的异常情况。

3）结果发布。采购结果直接发布在供应链系统，供业务需求管理部门和一线业务执行人员查看并执行。

4）合同执行。实时从大数据平台获取产品执行情况，动态分析执行数据，第一时间获悉可能存在的异常情况。

在上述流程中，将传统采购流程中的被动支撑形式转化为主动支撑服务形式，但转化成功的关键在于大数据技术平台的开发和应用。

（2）关键步骤

建设好大数据技术平台的关键有两步。

1）数据的采集。针对大数据的 Volume 和 Variety 性质，首先，制定数据采集标准，采集企业内外电子招投标系统、供应链系统或其他相关系统上的各类数据，数据量要尽量"大"，主要包括交易主体、工程项目、交易文件、交易过程、交易行为等招标投信息和合同执行情况等信息，数据格式包括结构化、半结构化、非结构化数据。其次，借助大数据技术的独立 ETL 引擎（工具），对各类采集数据进行抽取，并进行清洗、转换、合并、拆解等加工处理，保证数据的正确性、一致性、完整性、有效性和时效性。

2）围绕企业项目功能需求，构建合理的算法模型。针对大数据的 Velocity 和 Value 性质，使用大数据技术中的分割、集群、孤立点分析等数据挖掘算法，深入数据内部挖掘价值，初步建设完成包括基础数据分析、智能标签、专家全息分析和企业主体画像等功能的大数据应用分析平台。

（3）新型集中采购模式优势

新型集中采购模式除具有集中采购模式的规模效益优势外，还具有如下优势。

1）需求准确性和即时性高。由于需求数据不再是逐级汇总，而是建立在大量真实数据的基础上，致力于从"面向已经发生的过去"转向"面向即将发生的未来"的分析，故需求的准确性和即时性都大大提高。

2）组织协同精确性要求低。需求上报、结果执行等采购操作不再限定于短时间内完成，而是要求各个组织作为一项日常工作来完成。在实际执行过程中，即使部分组织没有很好地完成日常工作，也可以借助大数据技术剔除异常数据，预测出整体组织的需求及执行等情况。

3）高灵活性。在图5-3中，借助大数据平台，新型集中采购模式将复杂的多层组织架构变革为两级的扁平组织架构，整个组织的灵活性大大提高，整体的采购效率也将获得较大提升，从而更好地指导采购的实际工作。一是促使采购管理部门优化和完善集中采购政策，有效避免特里芬悖论陷阱。二是有效引导供应商合理报价。三是提升专家智能化评标水平。四是为审计监督部门提供客观、准确、科学的数据。当然最重要的是可以有效提供可量化、可直观感受的采购执行数据，科学指导业务需求部门和采购管理部门未来的采购计划，实现JIT（准时制生产方式）管理，从而达到成本最低、效率最大。

（4）新型集中采购运营模式效果

结合大数据技术，新型集中采购运营模式的初步效果如下。

1）大幅提高高价围标、串标难度系数。由于大数据技术可以挖掘供应商的历史共同投标关系、供应商的中标情况和供应商与项目的特征集中度等数据关系，进而可建立起围标、串标供应商的群体数据模型，致使供应商之间高价围标、串标难度系数大幅提高。

2）有效减少低价低质现象。由于大数据平台可以提前预警低价中标现象，实时监控执行数据指标，实现精准、高效的智能化监督产品质量，因此保证了供应商的低质量产品没有生存空间。

3）专家评审公正性大幅提高。将大数据技术评审结果与专家评审结果比对，可规避专家不公正现象，提高专家评审的公正性。

5.2.3 供应商管理水平优化

1. 供应商资质管理

（1）利用大数据进行物资供应商资质管理的优势

大数据技术具有强大的数据采集、全面分析、智能处理能力，基于大数据的供应商资质管理，具有以下四个方面的优势。

1）大幅度提高资质审查效率。大数据的特点除了数据量巨大之外，更为重要的是数据采集、分析、处理的系统化和全面性。运用大数据思维对供应商资质进行审查，可以利用各大资信网站的数据库，利用云计算、智能识别技术对供应商相关资质信息进行核对，将符合资质要求的供应商纳入供应商库，对不符合要求的供应商提示不符合要求的原因并告知供应商，有效解决人力审查效率低的问题，而且数据智能审查更具有全面性，避免了人力审查可能出现的审查错误、审查不严等问题。

2）有效规避资质审查的数据欺骗风险。在供应商资质审查中，利用大数据技术对供应商资质数据进行智能处理，从大量的数据中获取其中隐藏的内在知识，分析各实体之间的相互关系，就可从大量的供应商相关数据中过滤掉无效数据和虚假数据，确保资质数据的真实性，有效规避在供应商资质管理过程中因信息不对称而引起的数据欺骗行为，降低采购项目风险。

3）促进资质管理数据的及时反馈。网络技术的快速发展，带动着数据流动速度和数据流通量的显著提高。基于大数据的供应商资质管理，运用互联网技术对资质数据进行实时实地的监管反馈，及时了解供应商在生产、质量、技术等方面的变化或改进，以确定供应商资格能力是否仍满足要求。对于不满足要求的供应商，可将其从物资采购供应商库中删除，确保了供应商库资质数据的实时有效性。同时也对供应商起到督促作用，避免其在被认可合格后，放松懈怠，影响后续的物资保障。

4）确保资质管理数据的客观分析。大数据技术是通过运用云计算和分布式数据处理技术，对大量的供应商数据进行分析处理，根据供应商在经营活动中产生的销售数据、资产负债数据、利润表数据等数据定量分析，对合同履约情况、诚信记录、售后服务表现等情况进行定性分析，综合评价供应商表现情况，确定其资质是否能够继续满足采购的需要，用数据说话，避免人为因素的干扰，确保资质数据的客观性。

（2）物资供应商资质管理的数据分析

信息化高速发展使许多领域产生了大量的数据，而这些数据具有巨大的潜在价值需要挖掘。若能运用大数据理念方法对供应商资质进行管理，就能保证资质管理更具高效性、科学性和时效性。当前，将大数据思维运用到物资供应商资质管理这一领域还需要解决数据来源、数据管理、数据分析、数据运用等问题，才能确保供应商资质管理在大数据理念下稳定运行。大数据视角下供应商资质管理流程图和大数据资质管理实现方法分别如图 5-4 和图 5-5 所示。

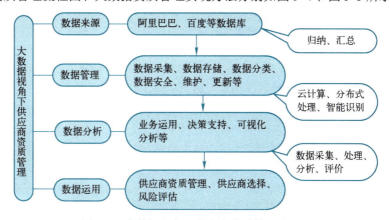

图 5-4　大数据视角下供应商资质管理流程图

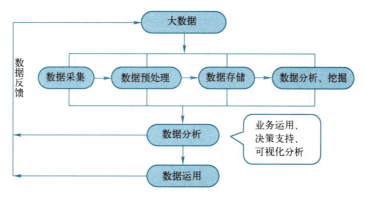

图 5-5　大数据资质管理实现方法

1）数据来源。物资供应商资质数据的采集往往是通过供应商入库主动提交的相关资质数据，数据量大、数据真假难以辨认、数据相关关系弱，导致分析结果往往出现较大偏差。大数据视角下供应商资质数据不仅包含法人资格、工商营业执照、税务登记证等资质证明数据，还包含大量的销售经营数据、企业诚信记录数据、服务质量效果数据等潜在的数据，通过分析大量供应商资质数据，确保资质管理的客观性。采购领导机构协调阿里巴巴、百度、腾讯、华为等大型企业，共享其数据库中供应商相关数据，同时收集国家或地方资信管理部门、政府采购部门、银行等机构的官方网站、认证机构网站或社会信息网站等共享的供应商数据信息，结合采购网供应商数据库完成对供应商资质数据的采集，充实供应商数据库。使得数据来源范围扩大，**数据采集方式由原来的供应商主动提交资质数据，采购机构被动接受相关数据，转变为采购机构主动采集数据**。不但提高了数据来源的广泛性，而且提高了数据的真实可靠性，降低了数据欺骗风险。

2）数据管理。采购运行保障机构应当及时对管理系统进行检查、维护和更新，确保系统安全可靠、正常运行，满足采购管理部门、采购机构、用户和供应商的需要。按照相关规定，数据管理任务交由采购运行保障机构完成，主要负责完善供应商数据库中数据采集、数据存储、数据分类、数据安全、维护、更新等任务，通过数据预处理，提高下一步数据分析的效率，确保整个数据库的正常运行。同时，采购运行保障机构对采购网供应商管理模块进行开发拓展，确保满足供应商资质管理的其他需要。

3）数据分析。供应商资质数据来源包含网络日志、传感器网络、互联网搜索索引、视频档案、图片档案等众多数据，其中绝大多数数据都不是传统的结构化数据。随着非结构化数据的增多，传统的主要适用于结构化数据的软件和工具将很难及时采集、存储和管理这些大数据。对数据进行深度的分析和挖掘，需要运用云计算、分布式处理技术、智能识别技术等先进的互联网技术对采集的供应商数据进行处理分析。数据分析是大数据视角下供应商资质管理的关键环节和难点问题，重点需要解决数据分析模型的建立、模块化设计以及相关算法的设计优化等问题。技术层面可以申请信息技术办公室协调地方大数据算法技术研究机构或者采购网研发团队对采购网供应商数据库进行改建，主要从业务运用、决策支持、可视化分析等模块入手完善供应商数据库分析功能，创新数据分析模型，优化供应商资质数据算法，确保分析处理后的数据满足业务工作者和决策者的需要。

4）数据运用。数据运用是大数据视角下供应商资质管理的终端环节。采购工作者通过访问采购网供应商数据库，运用供应商资质管理模块，根据物资采购项目特点设置参加该项目的供应商应当符合的条件，数据库数据分析模块按照筛选条件，对入库供应商数据进行采集、处理、分析、评价，推荐出适合参加该项目的供应商，同时对各供应商相关资质能力予以打分，并简要介绍各供应商最近一段时间的生产经营情况、财务状况、合同履行情况等，分析其参加该采购项目的优势与风险，采购决策者根据分析结果挑选出符合资质要求的供应商参加该采购项目。

2. 大数据环境下的供应商管理体系

目前，大多数企业一般根据自身与供应商的合作紧密程度（如普通交易关系、合作伙伴关系）来实施供应商管理，供应链的成员企业的信任程度也是供应商管理的一项重要内容，越来越多的企业开始认可把企业核心产品的供应商引入到企业的战略决策中，以保证供货周期的稳定和质量的可靠，并实现利益共享，风险共担。

在传统供应商管理模式中，无论是基于供应商参与新产品开发（Supplier Involvement in New Product Development，SINPD）的供应商管理模式还是由 JIT 思想转变而来的精益供应商管理模式，对供应商的认知都不够充分，导致供需双方的价值链运行效率颇低，企业在供应商的选择标准、评价体系方面仍然较模糊，信息传递效率低下导致交易成本高、长鞭效应明显。在大数据环境下实施供应商管理，通过供应链大数据平台，使供应商管理的传统指标和供应商大数据融合，企业在供应链大数据平台上开展供应商管理，通过对供应商大数据的挖掘进行供应商初审和评价，最终根据结果建立起相应的合作关系。需要指出的是，此时企业和供应商的合作关系是处于一种动态演变的状态，企业根据供应链的运行状况、利润数据等对供应商进行再一次筛选，最终得到可合作供应商。此时，为保障供应链的稳定运转和供需关系的长期发展，企业构建出供应商画像，打通沟通渠道，建立起有效的双向激励机制和共同的质量观。大数据环境下的供应商管理模式如图 5-6 所示。

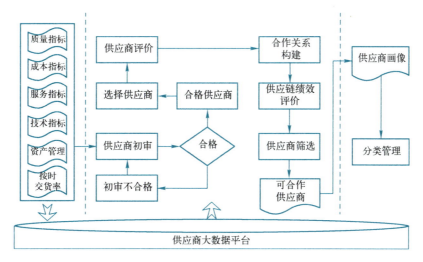

图 5-6 大数据环境下的供应商管理模式

3. 基于供应商画像的供应商管理模式

（1）供应商画像的构建

在大数据时代，供应链管理充分利用好大数据是企业占领市场、获取利润的捷径。将供应商数据化（即构建供应商画像）是企业对供应商进行有效管理的重要手段，目的是供应商行为的全数据描述，根据价值细分供应商，了解供应商行为偏好，制定精准的供应商管理方案。

供应商画像产生的逻辑架构如图 5-7 所示，通过供应链大数据平台实现数据的采集和管理，以供应商分类管理平台作为数据接口构建出供应商画像，然后进行供应商的分类管理。可以将供应商大数据划分为两类：产品属性数据和供应商属性数据。产品属性数据包括供应商所提供的产品相关和供应商服务质量数据；供应商属性数据包括历史订单数据、信度数据等。

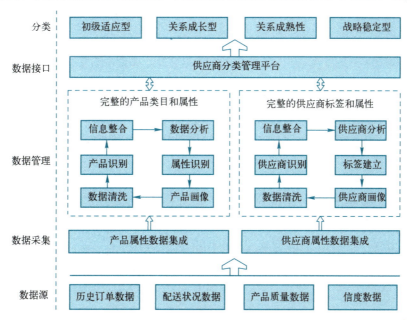

图 5-7 供应商画像产生的逻辑架构

构建供应商画像最重要的环节就是对供应商各个属性的定义，称其为标签。在这一环节首先对获取的供应商大数据进行数据清洗以保证后续用来识别的数据能够充分表达供应商的业务知识体系，然后通过信息整合、分析等环节识别出供应商属性，定义标签。值得注意的是，每一个标签都为人们提供了对供应商描述、评价的一个角度，这些标签并不是孤立存在，是供应商属性的一个集合性。这一集合是供应商分类管理平台的决策依据，通过该平台，最终将供应商分为初级适应型供应商、关系成长型供应商、关系成熟型供应商和战略稳定型供应商。

（2）供应商分类管理策略

供应商画像的应用为供应链提供了可靠的业务运营监控，通过对标签的识别实现产品路径分析、客户关系改善以及精细化供应商管理，对待不同级别的供应商，根据其特性和对企业的战略价值，要采取不同的管理方式以优化客户关系，更有效地进行供应商的全生命周期管理。

根据供应商画像，企业可以将其供应商分为以下四个类型。

1）初级适应型。这类供应商指供需双方合作关系刚刚建立不久，双方都未表现出十分强烈的合作愿望，且供应商所提供的物资技术含量较低，可替代性较强，其提供的产品不会涉及企业的核心技术和关键环节，但对于供应商的管理仍需花费一定的精力和成本。对于该类供应商，企业要做到灵活控制成本，可以通过对市场的充分开发，建立起多家供应商竞争的局面，对于所选定的供应商要加强考评，在尽可能降低交易成本的同时保证其质量和交货的可靠性。

2）关系成长型。这类供应商往往具有较强烈的合作意愿，但是并不能提供企业所需的核心产品。其提供的技术和产品市场竞争十分激烈，企业有较大的选择余地。对于该类型的供应商，企业必须加强监控和协作，加强信息化建设，保持良好的沟通情况。在交易的过程中也要实现简单化和标准化以节约采购成本。根据对其行为进行监测决定是否要将目前的双方关系升级，建立起更长久的合作关系。

3）关系成熟型。这类供应商是指在双方都有十分强烈的合作意愿时，在各自企业的发展和经营过程中互相依赖，企业不仅需要该类供应商所提供的大量技术和产品，双方还能够拥有共同的目标，供需关系均等。对于该类供应商，企业对其质量、技术要进行全面的控制，双方的合作关系要做到适应性协作，互相协调各方利益，企业尽可能满足供应商的合理要求，并做到定期考核，将考核结果及时反馈给供应商，双方共同努力，促进产品质量的提升和成本的降低。另外，还要加强信息渠道的建设，保证及时高效的沟通，建立起稳定长久的合作关系并朝着战略合作的方向迈进。

4）战略稳定型。此类供应商对企业的影响十分显著，提供市场紧缺的技术和产品或者垄断了某项技术和产品。在供需关系中，供应商占有明显的主导地位，良好的合作关系能够直接决定企业的发展和经营。由于该类供应商不可替代的作用，企业要与其保持紧密的合作关系，保持正向激励，必要时可打破组织边界，给予一定的奖励。主动满足供应商需求是与其保持长久战略合作关系的关键，同时还要对该类供应商进行深入了解以减少信息壁垒造成的合作障碍，对供应商的深入了解也有助于供需双方提高目标的一致性，进一步达成战略合作伙伴关系。

5.3 采购大数据的应用案例

5.3.1 大数据在 X 发电企业采购管理中的创新应用

发电企业采购的物资多为生产设备的备品备件，其采购特点是批次多、种类多而采购数量少。做好发电企业的采购管理，对于保障发电设备安全可靠运行、提高管理效率、提升廉洁从业水平都有着至关重要的作用。而对供应商的推荐和选择，即采购寻源管理又是整个采购管理流程中最为关键的环节。一般情况下，采购人员对供应商的推荐和选择多依靠主观判断，缺少客观依据和有效监督,工作效率低且容易产生廉政风险。因而通过对供应商的绩效评价,对供应商大数据进行发掘整理,实现供应商分类、分级和排序,为推荐和选择优质供应商提供数据支撑和监督手段,是提高工作效率和降低廉政风险的有效方法。

1. X 发电企业采购管理的一般现状

某发电集团,依据其管理标准,所属发电企业采购业务一般由需求人员提起物资需求计划,采购人员根据计划制定采购方案,包括推荐供应商短名单和采购方式(如招标、询价等),再根据采购方案执行情况选取合适的供应商签订采购合同,其中供应商短名单推荐一般不少于3家。其流程如图 5-8 所示。

图 5-8 采购业务简要流程示意

再以该集团所属 X 发电企业为例,该企业装机 4 台 600MW 级火电机组,配置物资采购人员 3 人。2018 年,共发出采购寻源 1441 个,签订采购合同 1415 个,采购物资种类 3504 种,平均每人每月发出寻源 40.03 个,签订采购合同 39.30 个,合同签订平均用时 52.3 天。从以上数据可以看出其采购管理的特点是人员较少、采购流程较长、物资种类多、合同数量多。

2. 存在的问题

对数据进行分析后发现,该企业 2018 年共有 26 次寻源作废,其中 22 次是由于部分供应商未报价;另外出现 17 次供应商弃标,其中 14 次是由于供应商报价错误或未满足技术要求,两类现象的发生对工作效率产生了较大的影响。因此选择推荐供应商短名单是影响工作效率的重要原因。

(1)寻源供应商数量分析

X 发电企业在推荐短名单时均按规定从集团合格供应商库(一级库)或本单位合格供应商库(二级库)中选取适当供应商进行寻源。其中,一级库中合格供应商 2900 个,二级库中合格供应商 86 个,即其全部合格供应商数量为 2986 个。2018 年,该企业共向 389 个供应商发出了寻源邀请,与162个供应商签订了采购合同。参加寻源的供应商仅占全部合格供应商总数的 13.02%,而实际发生采购行为的供应商仅占全部供应商总数的 5.4%,而且这些供应商有明显的地域特征。

造成此种情况的原因主要是该企业一级库中供应商多为集团所属兄弟单位推荐入库或供应商自行申请入库,本单位的采购人员对其业务能力、供货范围、售后服务等并不熟悉,也无相应的数据信息可查询,采购人员为保证工作效率,一般不会向不熟悉的供应商发出寻源邀请,造成一定的局限。

(2)供应商推荐流程分析

在供应商推荐环节,采购人员的主观意愿占了主导地位,采购人员更愿意推荐曾经有过业务往来的和相对熟悉的供应商。尽管供应商推荐需要进行多层审核,但审核仅在流程和规范性层面,无法对供应商的实际情况进行进一步调查。因此推荐的短名单只要合规,一般均能通过。

这种供应商短名单推荐方式存在两个弊端。

1)排斥了一些地缘较远或从未与该单位发生过采购行为的供应商,尽管这些供应商可能提供更好的产品和服务,但由于采购人员的不熟悉而无法参与到该单位的采购活动中。

2)由于供应商推荐多依靠采购人员的主观意愿,为权力寻租提供了空间,带来廉政风险。

3. 大数据技术应用

鉴于上述问题,需要在发电集团内建立一套完整的供应商绩效动态评价系统,实现供应商数据挖掘整理和应用共享功能，使单个企业的采购人员能够了解到全集团合格供应商合同履约情况、服务情况、产品质量等关键信息，为采购人员了解供应商的相关背景和业务能力提供客观依据。此外，按照供货物资种类的不同对供应商进行分级和排序，实现供应商的自动推荐，给供应商短名单的推荐工作带来便利，且能有效降低廉政风险。

1）深度发掘供应商数据，实现数据共享。利用该集团的 ERP-SRM（寻源及供应商管理）系统对供应商数据进行收集和整理。主要方法是采用"一单一评"的方式，要求采购人员、仓管人员和需求人员分别从商务满意度、交货满意度、产品质量满意度、售后服务满意度和整体满意度 5 个维度出发，对供应商行为进行评价打分，再对不同的维度赋予不同的加权系数进行相加，就可以得到某个供应商在某一类物资或某一次采购活动中的动态评价得分。集团所有单位均可通过 ERP-SRM 系统对供应商数据进行查询，实现了大数据的共享。

2）同一供应商分类评价，发掘供应商优势强项。利用评价数据，可以对同一供应商在提供不同类别物资时的绩效分数进行统计，找到该供应商的优势类别，从而在寻源时有的放矢。

3）不同供应商同类物资评价，实现供应商自动推荐。利用评价数据，可以对同类物资下全部不同供应商绩效进行对比排序。当采购某类物资时，系统可以通过排名对比，自动推荐出排名靠前的供应商名单，用客观数据替代主观意愿，控制廉政风险。

4）重塑分工原则，提升同类物资采购效率。进一步打破以往采购员按专业分工的传统，改用按物资类别进行分工的方式，使单个采购员集中采购同一类别物资，避免交叉错乱，可以极大地提高采购寻源的效率与质量。

4. 效果和效益分析

1）实现了发电集团内供应商数据共享，扩大了单个企业供应商选择范围。通过对供应商数据挖掘建立起供应商动态评价系统的创新应用，打破了原先的地域壁垒，使得采购人员可以更多了解不熟悉的供应商，放心大胆地选择或推荐地缘较远或并未有过业务关系的优质供应商，为采购到质优价廉的产品奠定了基础。

2）加强对供应商的约束，提高了管理水平。"一单一评"的动态评价体系，使得供应商在得到每次报价机会时都会更加谨慎，防止各种可能拉低自身绩效分数的情况出现，从而失去后续参与报价的机会。

3）减少流标和供应商弃标次数，提高了工作效率。由于可以根据物资种类对不同供应商的绩效进行对比，也可以便捷查找出某个供应商的专长，因此采购员在推荐供应商短名单时就有具体的数据结果为依据，提高寻找到优质供应商的概率。据统计，X 发电企业应用该系统后，2019 年 1~4 月，供应商原因导致的采购寻源流标次数从 2018 年月均 1.83 次降低到月均 0.5 次，供应商弃标次数从 2018 年月均 1.17 次下降到月均 0.5 次，工作效率明显提升。

4）减少采购人员主观因素影响，降低了廉政风险。建立在供应商数据挖掘应用基础上的供应商短名单推荐，是采购人员依据客观数据得出的结果，审核人员也可以对相关数据进行核实，大大降低了由于个人偏好而可能产生的廉政风险。

5.3.2 数据分析挖掘在 V 公司采购选品平台中的应用

1. 原采购流程

V 公司原本的采购过程（见图 5-9），是拓展部将符合客户需求的品牌商品拓展回来，尽可能地增加网站上的售卖品类，满足各品类客户的需求，丰富网站内容，以吸引更多的客户购买。拓展部把供应商拓展回来后，会把供应商交给商务人员，由商务人员进行后续的跟单工作。商务人员需要选择符合市场需求的商品，并签订好合同，如果是新供应商，商务人员还肩负着引导供应商按照 V 公司的清单模板格式填写货品清单的责任。系统实现前的采购采用的是全线下操作，所有流程的节点均有相应的对接人将必要的材料提供给下一个节点的相关人员,这种运作方式比较稳定,但效率不高。商品选择系统正是针对"提供商品清单→选货确定商品清单和数量"这一主要环节建立的线上作业系统,以改进当前的操作模式,减轻商务人员的工作量,提高工作效率。

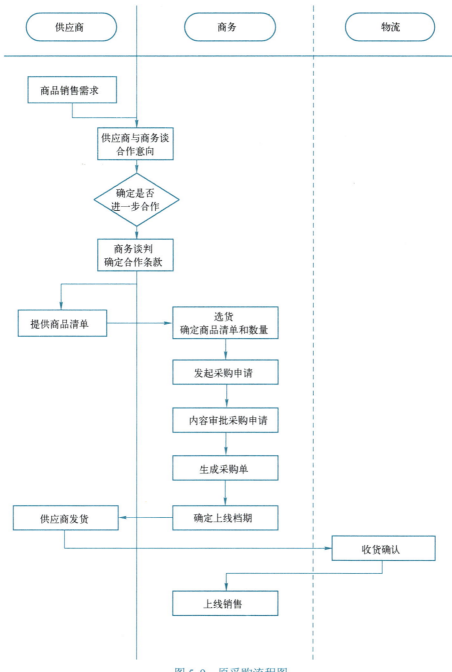

图 5-9 原采购流程图

2. 新采购系统分析

（1）选品过程概述

V 公司商务各部门在每年的年初会拟定一份关于下一年每个月份各个供应商的档期上线次

数及每月完成的货值要求计划。同时会分发给每个供应商一份节气配货比例表，该表为各商务部门根据V公司历史销售情况及传统店铺销售情况（主要是商务人员经验）拟定的下一年各季度中档期商品不同分类的货值配比要求。后续的档期上线基本按这两个计划执行。

V公司商品选择发生在每期的档期上线前，主要可分为两个阶段（见图5-10）。第一阶段是

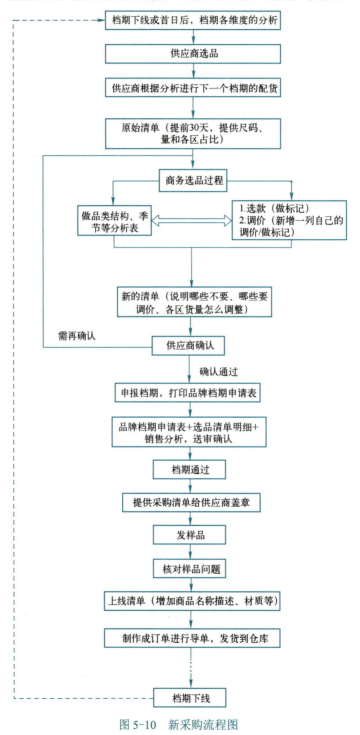

图5-10　新采购流程图

供应商的选品,即从自身公司平台的商品库中选择将要售卖的商品及各区的供货量。由于 V 公司的主要特色是限时折扣商品,所以供应商主要会提供一些旧款商品进行打折,同时为增加吸引力,也会搭配挑选一些比较新款的商品,这部分商品折扣会稍高,一般整体折扣不超过 50%。挑选好的商品以清单形式提交给 V 公司商务。清单一般包括商品图片、名称、品牌、货号、条形码、尺码、颜色、类别、年份、季节、风格、正品价、售卖价、售卖折扣、各区数量、各区货值等。第二阶段是商务的商品选择阶段,即从供应商提供的初选清单中进行售卖分析及判断,提出对商品来货的货值、货量、区域、尺码、类别、价格段、折扣段、新旧款、年份、风格、季节等各维度占比的建议。如果认为不合适,会反馈给供应商进行调整。第二阶段可能会进行多次,直到供应商将商品信息调整到符合档期上线要求,才可进行下一环节的工作。整个过程都是商务和供应商一起完成的。

V 公司商品选择针对换季档期和非换季档期有不同的策略。如图 5-11 所示,换季档期需供应商提前 45~60 天提供档期商品初级清单,商务再在此清单基础上进行来货建议,需较早开始准备。因为换季档期一般处于季节的交替阶段,有时会同时搭配两个季节的货品,在换季初期也会出现比较多的旧款,这时为了销掉仓库积压(一般是年份比较久的商品),就会进行一系列的促销活动,如果活动效果好,到后面基本就不做活动了。所以针对这类档期,除来货建议外,商务和供应商还会商议活动的设置问题。非换季档期一般需供应商提前 30 天提供到档期商品初级清单即可,主要的参考依据是上个档期的销售表现,商务一般会将商品划分成 A、B、C 三类(A 类销量较好,B 类次之,C 类最差)从而给出不同的来货建议,A 类商品加大采购(可提前让工厂生产,畅销商品可以进行补货),B 类进行保留,C 类进行降价或不来货,同时会进行一些新品的补货。

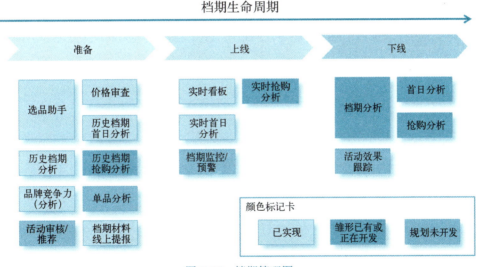

图 5-11 档期管理图

(2)系统实现价值

V 公司商品采购平台主要是为打造商务人员商品采购一站式工作操作平台,实现所有商务作业信息化、流程化,从供应商提供初审清单开始,将选货分析贯穿档期的整个生命周期。

3. 系统架构设计

(1)数据来源

V 公司平台内数据主要来自 B2C、EBS、WMS、TMS 等系统,平台外的数据来自对各大售卖平台的抓取,二者共同组成数据源;这些原始数据最终将保存在数据仓库,并通过数据挖掘,最终应用到采购商品选择系统当中,如图 5-12 所示。

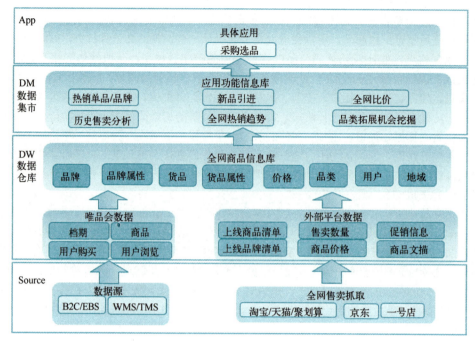

图 5-12 业务架构图

（2）系统架构设计

数据来源于大数据，业务数据库使用 MySQL，接口开发和业务逻辑开发主要基于 Java，前端使用 HTML，统一登录使用 CAS，如图 5-13 所示。这一架构设计也是互联网公司应用开发的主流架构。

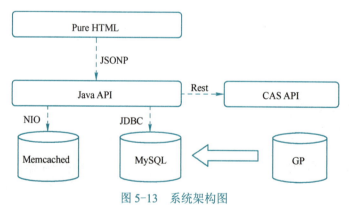

图 5-13 系统架构图

4．系统效果分析

（1）直接效果

1）选货精度的提升。之前的采购商品选择的方式局限于商务的思维模式，应用系统后，系统给出了非常全面的分析与建议，帮助用户选出更加合理的商品，应用系统后的档期售卖比有了一定幅度的提升。

2）作业效率的提升。传统的商品选择需要商务人员从系统中拉取原始数据，做各种维度的分析匹配，才能将结果反馈到供应商，该过程非常烦琐且容易出错。应用系统后执行时间从之前的 3~4 小时缩减到半小时，极大地减轻了商务人员的商品选择负担。

（2）延伸价值

系统建设的愿景：建立全自动的商品选择过程。通过结合历史销售情况及外部数据，通过数据挖掘，预测每件商品的销售量、售卖比，并结合实际库存，给出档期合理的来货量，实现精准选品，降低库存问题带来的中间成本，实现利润的最大化。

5.3.3 大数据视角下 Y 服务企业的采购流程优化

1. 引言

"采购风险"是指企业在获取生产资料、人力资源、服务、信息和技术等资源以满足企业内部和外部客户需求的过程中，供应商或供应商网络的某些环节发生意外状况从而导致企业受损的可能性。这些风险可能出现在采购流程的各个环节，可以来自供应链的内部或者外部。采购风险事故的发生可能在短期或长期给企业造成有形的或无形的损失。采购风险管理的主要目的就是保护企业免受或减少采购风险事件造成的不利影响。通过有效的采购风险管理，可以预防、降低和控制采购的风险。和其他风险管理类似，采购风险管理包括风险识别、风险评估、风险控制和监控。接下来将聚焦采购风险管理中风险评估这一环节，一方面要识别出潜在的风险要素（因子、指标等），另一方面要测度风险要素对采购的不利影响。现实采购实践中普遍存在的信息不对称性导致许多不确定性事件是难以观察到的（如远程供应商的经营是否合法合规），或者是难以预测的（如自然灾害）。"难以观察"和"难以预测"引发的风险可能造成客户不满意、项目失败甚至是整个供应链的失效，可能给企业造成直接或间接、有形或无形、局部的或系统的损失。

具体来说，全球供应链新特征给采购风险评估带来的新挑战体现在如下方面。

1）环境要素变得复杂。包括政治关系、恐怖主义事件、关税政策、外国文化、管制政策和自然灾害在内的诸多环境要素已经日益成为采购风险的重要来源。

2）采购风险涉及范围扩大。采购风险的范围已从单一供应商扩展到供应链、供应网络、业务系统，包括了其他看似不相干的行业。

3）采购不确定性被放大。不确定性沿着供应链、供应网络被放大，专业化的劳动分工和广泛的企业联系加剧了这种危险。

4）采购风险测度变得更困难。采购商品构成变得多样和复杂，尤其是服务和无形产品的广泛采购使得衡量采购风险的大小越来越难。

5）采购风险管理不当导致的后果越来越严重。采购风险事件造成的损失从财务损失扩展到系统故障，从短期损失延伸到长期损失，从区域危机传递到全球市场。

近年来，基于大数据的商务分析在企业的各个层面得到了越来越多的应用。大数据也为采购风险评估提供了新的视角，尤其是随着云计算、机器学习、人工智能的广泛应用，传统的采购风险评估有望通过大数据赋能增强风险评估能力。具体来说，大数据赋能包含以下两方面。

1）跨界数据使得原本难以观察的事件变得"可视"，其中，跨界数据包括国家报告、行业报告、第三方信息、信用历史、社交媒体评论、交易数据等。例如，根据工商局发布的数据评估企业财务状况、通过社交网络上的评论来评估商家诚信度、通过顾客在网上商城的评论来评估企业服务质量等。

2）基于数据分析技术可以挖掘出大数据背后隐藏的知识，使得原本难以预测的事件变得"可控"。大数据背后隐藏的知识包括关联模式、客户行为、演化机制等。例如，通过研究天气状况预测企业生产能力，从而控制企业履约的可靠性；通过对交易记录的挖掘，识别可能的犯罪行为；使用信息更新技术观察消费者对产品质量的舆论演化，帮助企业提高产品质量从而降低交付风险等。

2. 采购中的风险

人们将一般企业的采购流程划分为五个阶段，采购流程及其风险如图 5-14 所示。

供应链大数据：理论、方法与应用

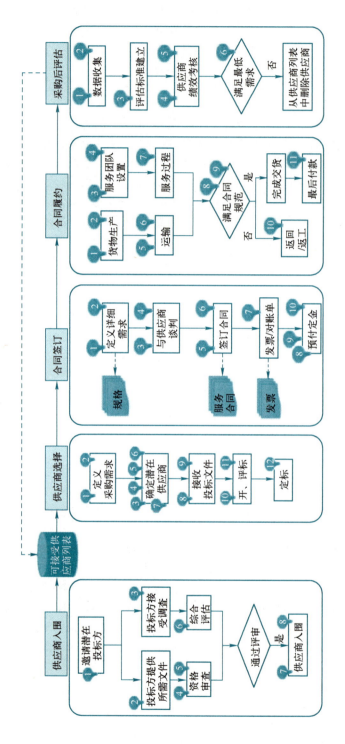

图 5-14 采购流程及其风险

148

（1）供应商入围

采购流程的第一步为供应商入围，即满足企业要求的供应商才能进入企业的采购备选名单中。筛选符合要求的供应商入围是供应商管理的核心，成功的供应商管理始于正确有效的供应商入围流程。供应商入围流程如图 5-14 所示。采购方首先邀请可能满足其要求的供应商参加投标，采购方一方面要求投标方提供必要的材料并对其进行资格审查，另一方面还要主动对其进行综合风险评估，如财务风险评估、道德风险评估等。达到预定资格审核和综合评估要求的投标方进入采购方的可接受供应商列表。

由于供应商入围通常是一个高度事务性的、动态的过程，这就不可避免地产生各种风险，具体如下。

1）采购方对潜在客户需求的预测不准确，导致邀请了错误的潜在投标方；采购方邀请潜在供应商时存在偏见，导致没有邀请潜在的优质投标方。

2）投标方提供伪造的文件或虚假资料，如不正确的财务报告、虚假证书等。

3）采购方对供应商调查时输入了错误或不正确的信息，导致后期评估出现错误或偏差；采购方调查人员有腐败行为。

4）采购方没有考虑或低估外部环境因素（如经济、政治、政策）的影响，导致实际不符合要求的采购方通过资格审核。

5）采购方低估技术进步和其他竞争因素的影响，导致实际不符合要求的采购方通过资格审核。

6）采购方对投标方进行综合评估时，投标方与采购方内部人员共谋，篡改评估结果。

7）供应商入围后，由于环境因素（包括经济、政治、政策、自然条件）的变化带来新风险。

8）供应商入围后，由于竞争环境因素（包括新产品、新技术、可替代的产品/服务、新商业模式等）发生变化带来的新风险。

通过建立一流的供应商入围流程，企业可以避免许多下游风险或者避免在供应商生命周期中供应商治理不力发生的问题。另外，采购方还可以咨询专业的第三方"供应商信息管理方案"提供商，请它们识别供应商风险。

（2）供应商选择

对于入围的供应商，采购企业需要根据自己的业务需求、业务优先级、战略等综合考虑质量、可靠性和服务等在内的诸多因素进行供应商选择；同时，被选择的供应商应当可以提供符合或超过采购企业要求的产品或服务。在实际操作中，采购方首先定义采购需求，然后从可接受供应商列表中确定潜在供应商，生成供应商候选名单，然后接收投标文件，接着进行开标和评标，最后根据评价结果从候选名单中确定中标供应商。上述流程中的潜在风险如下。

1）定义需求阶段没有正确定义采购需求（包括规格、交货期等）导致采购失败。

2）采购方为客户提供采购服务时，客户和潜在供应商之间共谋，导致虚假采购、采购质量差等问题。

3）采购管理人员与潜在供应商之间共谋，将有问题的供应商纳入候选名单。

4）采购方数据库中的供应商信息没有及时更新导致候选供应商选择错误。

5）采购方采购任务分解不当，导致没有将必要的供应商纳入候选名单。

6）采购方忽视政府政策和法规等环境因素，将无资质的供应商纳入候选名单。

7）采购方忽视供应链因素，将供应商、供应商的供应商都纳入候选名单。

8）投标方夸大承诺的产品/服务，导致产品/服务交付质量不合格。

9）投标方故意隐瞒重要事实/信息，造成供应链意外中断、履约失败等风险。

10）评标时存在串通舞弊行为导致评估结果扭曲。

11）评标时使用不适当的评价标准致使评分不能正确反映供应商能力，从而造成履约失败、财务危机等风险。

12）选择供应商的执行阶段存在不确定性风险，如经济、政治、政策、竞争因素等发生变化。

（3）合同签订

供应商确定之后，采购方和供应商要确定各自的权利和义务，正式签订采购合同。采购合同是采购履约的重要依据，采购执行中的任何细节有疑问时需要以合同文件作为依据。在实际操作中，采购方定义详细的需求，给出各种采购产品的规格要求并与供应商谈判，达成一致后签订合同，然后生成采购对账单并开具发票。上述流程中的潜在风险如下。

1）采购方和供应商一般共同参与合同文件的设计过程，如果采购需求定义（如售后服务）不够详细或不够准确，将导致多种交付风险。

2）采购方为客户提供采购服务时，客户和潜在供应商之间共谋并制定不利于采购方的采购条款。

3）采购方管理人员与供应商之间有串通和回扣行为，导致采购方的利益受损。

4）采购方与供应商对同一条款的理解不一致，导致交付风险。

5）签订合同阶段，签订双方忽视环境因素的变化导致的法律纠纷，如政府调整关税导致成本上升。

6）签订合同阶段，忽视版权和专利等引发法律纠纷。

7）供应商违反法律法规开具发票和生成对账单。

8）预付定金时，客户需求可能发生变化导致财务损失。

9）预付定金时，采购方的管理人员与供应商之间有共谋、回扣等违法行为，导致财务损失。

10）预付定金后，采购执行中供应商行为的不确定性导致违约等风险。

（4）合同履约

合同签订之后进入合同履约阶段。该阶段贯彻采购合同内容，是一个动态的过程。对于采购的有形商品，供应商组织生产货物，生产完成后运输交付给采购方；如果采购的是无形商品，供应商需要组织服务团队，完成对采购方或客户的服务。无论是有形的还是无形的商品，采购方都要对照合同验收规范进行核验，如果不符合规范将返回给供应商返工，如果符合规范则完成交货，最后采购方将剩余合同款支付给供应商。上述流程中的潜在风险如下。

1）供应商生产能力和流动资金短缺，使用过时的生产技术和基础设施导致货物不能按时按质生产。

2）在生产中使用劣质材料导致货物验收不合格。

3）缺乏合格的员工（如工程师和程序员）提供符合质量规范的服务。

4）因使用非法劳工（如童工）而违反供应商要求的合同规范，违反法律、法规。

5）货物在运输途中有丢失或损坏导致交付失败。

6）因交通堵塞、交通意外、自然灾害或恶劣天气造成交付延误。

7）供应商服务进度落后于合同计划时间；供应商服务质量差，服务过程中缺乏协作精神。

8）采购方验收交付商品时与供应商之间有串通舞弊行为，使得不合格商品通过验收。

9）采购方在验收商品阶段工作不及时或内部管理混乱，造成验收执行延迟。

10）对于不满足验收标准的商品，供应商缺乏合作精神，返工敷衍了事。

11）采购方与供应商在最后付款阶段有共谋、回扣等违法行为。

（5）采购后评估

合同履约结束以后,采购方需要对供应商进行采购后评估(后评),以维护、更新供应商信息,在前面所述的采购流程中,采购方和供应商有大量交互活动,产生了许多数据。采购方收集这些数据,建立评估标准,然后考评供应商绩效并给出各项评分,这些评分会影响下一次采购中的供应商选择。对于后评结果不能达到采购方最低要求的供应商将从可接受供应商列表中删除。上述流程中的潜在风险如下。

1)采购方从业务部门(包括研发、质量、供应、服务等)收集错误或不准确的数据。
2)采购方的业务部门与供应商之间有共谋、伪造数据行为。
3)采购方使用不恰当的评估方法/标准,致使片面或不能全面、有效地评估供应商。
4)在评估阶段,采购方和供应商之间有腐败和共谋行为,扭曲、篡改评分。
5)采购方对供应商有管理偏见,未能客观评价供应商。
6)采购方和供应商之间存在腐败和共谋行为,将不符合规范的甚至非法的供应商纳入可接收供应商列表。

从采购流程角度发现各类风险发生在采购流程的各个环节,从组织结构角度可以发现这些风险分布的规律。如图5-15所示,从不同组织的视角呈现了上述潜在的采购风险。采购方为来自内部和外部的客户提供采购服务,采购的商品包括有形的货物或无形的服务。采购的货物或服务由卖方或承包商提供。卖方和承包商作为网络的节点构成了供应网络。具体而言,卖方相关的组织包括制造商、供应商等,制造商可能还有代工生产的企业,并遭遇竞争对手的竞争;承包商提供的服务需要软硬件、人力资源的支撑,有时还需要将服务分包出去。供应网络受到来自外部环境的影响,包括国家和地区、世界贸易组织、政府、行业协会和自然条件等。

如图5-15所示,网络结构受到外部的"环境风险"的威胁;网络结构内部组织之间存在各类"竞争风险";卖方和客户之间存在回扣、共谋、欺诈等"道德风险";卖方和承包商自身有资金链断裂的"财务风险",还有交付保障、服务质量相关的"履约风险"。另外,采购方以及与客户之间存在管理的"内部控制风险"。综合以上分析可知,环境风险、竞争风险、道德风险、财务风险、履约风险、内部控制风险这6大类采购风险普遍存在于采购流程的各个环节,广泛分布在各个采购业务的组织之间。

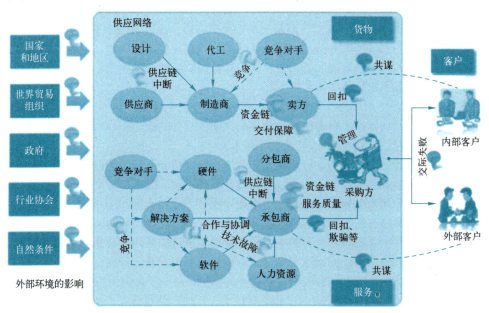

图 5-15 从组织的视角看待采购风险

3. 基于大数据的采购风险评估

（1）采购风险"5+X"框架

基于对采购风险的梳理和分析，可以用一个"5+X"的风险框架来概括采购流程中出现的各种风险，如图 5-16 所示。该框架中的"5"包括环境风险、竞争风险、道德风险、财务风险和履约风险，"X"为采购方的内部控制风险（内控风险）。其中，环境风险、竞争风险属于供应商外部风险，道德风险、财务风险、履约风险为供应商内部风险，而内控风险属于采购方的管理风险。外部风险是供应商难以控制的，包含了各种环境要素和供应商相关的组织和企业，如上下游企业、竞争企业、供应商的供应商等；内部风险是供应商内部发生的，并且可以通过有效的管理降低发生这些风险的概率；内控风险是采购方的管理风险，即采购管理制度和运行机制是否规范，执行是否高效、有效。

图 5-16 采购风险的"5+X"框架

"5+X"风险框架的特点体现在两个方面。第一，该框架从空间上对采购风险进行了划分，即供应商内、外部风险和采购方的内控风险的划分。这种划分体现了采购风险的分布，而且将采购风险和采购业务联系了起来，理清了涉及的采购主体，这为采购风险的分析提供了便利。第二，该框架从空间上划分风险有利于定位识别风险的数据源。将在下面介绍采购风险的潜在数据源，而这些数据源的分类是以采购的组织结构为基础的。

1）环境风险是外部环境不确定性所带来的采购风险，包含以下四个子类别。

- 经济风险：一国（地区）或某一行业面临经济放缓或复苏的风险，进而可能对采购过程带来负面影响；经济发展和货币汇率等因素会影响采购风险的大小；另外，经济风险与政治风险、技术风险密切相关。
- 政治风险：由于与政治不稳定有关的事件（包括恐怖主义、政变、内战、关税和暴动等）而造成公司战略、财务或人员损失的风险；意外的政治事件可能既有直接影响（如关税），也有间接影响（如放弃的机会成本）。
- 政策风险：特定地区或特定行业的地方政治、监管或立法环境的风险可能会影响企业的经营，这些政策涉及财政、货币、贸易、投资、工业、收入、劳动力和发展等；其他相关行业的政策风险也会影响采购企业所处行业。
- 自然灾害风险：自然灾害（包括洪水、火山爆发、地震、海啸等）和极端天气事件（包括风暴、暴雨、龙卷风等）可能中断供应商或供应链的运作；自然灾害还有可能影响国家和地区的政治关系，而国家和地区内部的管理不善或暴力冲突会削弱国家和地区、社区和个人救灾的能力，从而加剧自然灾害的影响，进一步加剧供应链风险。

2）竞争风险是供应商受到来自新产品、新技术、替代产品和新业务模式的竞争威胁，包含以下四个子类别。

- 技术风险：与技术（包括产品设计、生产、运输和存储技术及其基础信息技术）的快速变化和发展相关的风险，这些风险可能威胁供应商的履约可靠性，甚至威胁供应链的可靠性。
- 创业者威胁：新的竞争对手进入市场，采用竞争性商业模式或先进技术或通过竞争性渠道提供替代性的产品和服务；创业企业或竞争对手可能威胁供应商的正常运营，挤占市场份额，从而影响供应商承诺的产品和服务的实现。
- 供应链中断：供应商所属供应网络中任何节点的中断或故障带来的供应商自身风险；供应商的现金链中断影响供应商承诺产品和服务的实现。
- 客户行为转变：客户选择偏好和选择行为发生了转移；市场模式的重大转变影响了供应商的业绩，从而影响其所承诺的产品和服务的实现。

3）道德风险是采购中涉及的伦理道德，它是大多数采购相关原则（如公平、诚信和透明度）的基础，包含以下四个子类别。

- 社会责任：供应商是否承诺改善员工及其家庭、当地社区和整个社会的生活质量；供应商行为是否合乎道德，并为经济发展做出贡献；是否遵循了有害污染物排放的指导方针；是否采取了一些措施来参与社会建设，解决民生问题。
- 诚信风险：供应商是否秉持了正确的诚信观念，包括真实、诚实、公正和廉洁等；是否保持了良好的诚信和道德价值标准。
- 规范的管理：供应商是否在行政体制和运行机制方面制定了详细的规范和标准；供应商是否有高效、规范、有序的管理体系，使其经营活动规范化。
- 欺诈和欺骗：供应商是否有虚假陈述、蓄意欺骗、隐瞒重要事实等行为以获取利益、逃避义务或在采购过程中对其他组织、公共财产造成损失；是否存在回扣、共谋、诈骗、提供虚假发票等行为以获得不正当利润。

4）财务风险是由于难以观察、预测的因素致使其企业蒙受经济损失的可能性。供应商财务稳定性可能导致服务减少、中断或竞争力下降。例如，供应商将可能因合并或收购而停止经营生产、供应商进入破产管理或重组程序等。采购方需要基于财务风险指标时常检查供应商的财务状况。财务风险包含以下四个子类别。

- 盈利能力风险：供应商盈利是赚取收入并维持其短期、长期的增长。盈利能力通常以损益表为基础，包括净利润和利润率、净资产收益率、销售收益率、每股收益等。
- 偿债风险：供应商偿债能力是供应商向债权人和其他第三方长期偿债的能力。相关财务指标包括资产规模、负债率、债务结构、国债评级、流动负债、长期负债、总负债与净资产比率等。
- 流动性风险：供应商需要具备在满足即时义务的同时保持正现金流的能力。流动性风险有两种类型，即资产流动性和融资流动性。相关财务指标包括周转率、货币比率等。
- 稳定性风险：稳定性指的是供应商长期的经营能力且在经营过程中不会承受重大损失。相关财务指标包括股票风险、利率风险、货币风险和大宗商品风险等。

5）履约风险是从销售询价到供应商提供承诺的产品、服务的整个过程中所涉及的风险，包含以下四个子类别。

- 按时交付风险：供应商不能在合同规定的时间内交付承诺的服务或约定数量的产品。例如，生产能力和运输能力可能会影响按时交付。
- 质量保证风险：供应商提供的产品服务不符合合同规定的质量标准。例如，供应商使用的技术不符合规范、使用不合格材料、聘用技术水平不过关的人员导致的产品质量问题。
- 服务质量风险：供应商提供的服务质量差导致了内部和外部客户的不满。例如，客户在实际体验过服务后产生落差，从而感受到不满。
- 协作风险：供应商在完成采购或实施外包项目时是否表现出合作精神。例如，供应商是否为客户着想；供应商是否能够适应客户不断变化的需求。

6）内部风险是采购流程中蕴含的潜在内部管理风险，包含企业运营管理各个环节（如需求管理、生产管理、库存管理、合同管理）中的潜在漏洞所带来的各种风险。

（2）大数据视角下评估采购风险的潜在数据源

可能与采购风险相关的数据有很多，可以将可能的数据源分为 6 大类，列举出一些常用的或容易获得的数据源（不限于列举的数据源）。结合 6 大采购风险分类和数据源，识别不同风险可能用到的数据源见表 5-3。

表 5-3 大数据视角下评估采购风险的潜在数据源

数据来源种类	数据源
内部数据	• 供应商后评：数据可以是内部的（采购方），也可以是外部的（供应商的客户）。 • 供应商内部财务数据：数据可以是横向的（跨越历史时期），也可以是纵向的（竞争对手的数据）
个人数据	• 社交媒体：评论、讨论、信息分享、人际关系等。 • 客户评价：客户对供应商的面试或在线评价
政府数据	• 公安部门：公安部门数据库中与供应商有关的资料，包括犯罪记录、亲属关系等。 • 工商部门：工商部门数据库中与供应商相关的数据，包括注册资本、信用记录、客户报告等。 • 法律部门：法律部门公开的数据中与供应商有关的法院诉讼、公告等
社交网络数据	• 门户网站：与供应商相关的门户网站新闻，如新浪等。 • 主题网站：来自供应商相关的主题网站的新闻报道，如慈善、客户权益、投资等
第三方数据	• 第三方认证：认证范围包括服务、质量、产品、资质等。 • 第三方调查：第三方调查可用于识别包括环境、竞争、财务、履约和道德风险在内的诸多风险
利益相关者数据	• 竞争对手：供应商与竞争对手之间的竞争影响供应商的绩效，如市场地位等。 • 上下游企业：供应商上下游企业的绩效影响供应商的绩效，如按时交付等

（3）风险识别与测度

基于大数据的风险评估包含数据收集、风险识别和风险测度。风险评估可以作为数据驱动的决策的一部分，帮助采购企业进行供应商的选择决策，如图 5-16 所示。依托于数据技术，风险评估可以为决策提供数据支撑；反过来，以供应商选择问题为导向的决策可以为风险评估明确评估对象，筛选风险指标，其步骤如下。

1）使用数据技术（如 Hadoop、HBase、CouchDB）收集相关数据。相关数据主要包括主观、客观数据，结构化、半结构化、非结构化数据，内部、外部数据。然后，根据数据特点使用不同的数据库存储这些数据，如使用 CouchDB 进行文档存储、使用 HBase 对非结构化数据进行存储。

2）针对收集到的不同数据使用对应的风险识别方法识别出隐藏的风险。例如，针对文本数据使用文本挖掘，针对社交网络数据使用社交网络分析，针对结构化数据（如财务数据、评估得分数据）使用统计分析。

3）对识别出的风险使用风险测度模型计算风险指标权重和指标得分。权重信息使用层次分析法、网络分析法等将采购管理人员的偏好量化；指标得分可以使用机器学习、数据挖掘、统计分析、文本分析等对结构化、非结构化的数据进行量化。

4）基于风险测度的结果，构建决策模型（如多属性决策模型、数学规划模型等），并求解模型获得最优方案。

从采购企业的角度出发，以选择合适的供应商为目标，可以将数据驱动的决策建模成一个多属性决策问题，也就是通过集成风险指标权重和指标得分计算供应商的总体风险得分。该决策过程包括以下步骤。

1）基于采购业务种类和风险分类搜索可能的数据源，然后使用风险识别方法从可能的数据源中识别风险，基于风险树构建风险指标簇。

2）计算指标权重，指标权重的确定方法有层次分析法、网络分析法、群决策法、回归等。例如，通过层次分析法、网络分析法、群决策法将专家（采购管理人员）的偏好量化为指标权重；使用回归计算风险指标之间的依赖关系以确定权重（对于影响显著的指标赋予较大权重）。另外，对于同一个指标的不同数据源也需要使用这些方法确定数据源的权重，以便集成计算风险指标的得分。

3）使用风险测度方法量化指标得分。例如，可以通过以下方面直接或间接地量化指标得分：通过文本挖掘（如新闻、报告、调查、文档等）、社交网络分析等方法检测风险相关的事件和关系，并统计事件数量，量化关系强弱（如距离测度）；对于结构化的财务数据可以使用统计分析方法对同一个供应商不同历史时期的数据做纵向分析，也可以对该供应商和竞争对手做横向比较分析；使用财务分析计算财务风险指标值；使用聚类分析供应商法人相关的新闻报道中的关键词，通过计算词和词之间的距离（如余弦相似度等）；针对同一个风险指标，使用比较分析对不同数据源中得到的风险指标得分进行比较。

4）使用集成算子集成指标权重和指标得分来计算供应商的最终风险得分。决策人可以根据决策准则选择不同的集成算子，例如，使用加权平均算子考虑所有指标的平均水平，使用几何加权平均算子重点考虑得分偏高或偏低的指标。

此外，计算指标权重和指标得分的方法经常需要组合使用以达到更好的效果，或者专门开发可以处理大数据的新方法。例如，"层次分析法+比较分析"确定指标权重可以综合采购管理人员的主观和数据反映出来的客观，主观可以纠正客观数据的遗漏，而客观可以帮助主观发现隐藏的数据关系；如果风险指标相关数据属于大数据级别，可以使用大数据的方法进行分析，例如"最大信息系数"（Yakir Reshef 等提出的一种可以发现大数据中二元变量关系的方法）可以测度不同风险指标之间的相关性以识别关键的风险指标；如果风险指标相关数据是线上数据且不断更新，可以使用无监督在线学习对风险指标进行排序以确定指标权重。

4．Y 服务企业采购示例

图 5-17 展示了 Y 服务企业如何使用基于大数据的风险评估方法对供应商选择问题进行决策。该图描述了供应商选择的 4 个步骤：构建采购风险指标簇、计算风险指标权重、计算风险指标值指标得分、计算供应商风险得分。其中，步骤 1 中采购方需要确定选择的目标和属性选择原则并做采购风险分析。具体来说，选择的目标可以考虑某一种关键风险或者考虑综合风险，如选择具有良好道德表现的供应商或选择综合表现较好的供应商。属性选择原则包括：加权原则，即按照平均的方法综合考虑所有风险指标；优先原则，即优先考虑几个最重要的风险指标，如潜在供应商至少要具备一些资质。风险分析包括分析采购风险种类、产品特征、高风险项、需求分析、供应商背景分析等。下面给出一个采购的案例：采购方现需要帮助一家深圳的企业采购网络产品，要求就近在深圳选择一家供应商。按照上面提出的风险评估步骤，供应商选择决策流程图如图 5-17 所示。

1）构建采购风险指标簇。首先，确定选择目标为"良好的道德表现"。该目标是选择一个在道德风险上表现最好的供应商。同时，供应商的其他风险指标应不大于一个阈值，该阈值设定为 0.5。其次，确定属性选择原则为优先原则，也就是当其他风险指标满足阈值要求时选择道德表现最好的供应商。假设采购方经过筛选确定了供应商 A、B、C 为入围供应商，它们都可以提供满足客户要求的网络产品，而且对于采购方来说它们都是首次入围的供应商，没有历史数据。下面进行采购分析：采购种类为技术产品；技术产品的特点是涉及专利、知识产权等问题；高风险项包括第三方专利技术的非法使用、技术产品提供商提供非法产品等；供应商背景比较结果为三家潜在供应商都位于深圳，它们的企业规模相似，且都可以提供同质的网络产品。

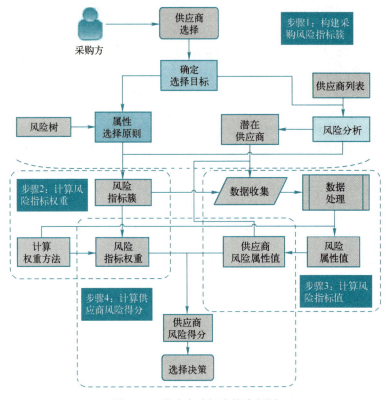

图 5-17 供应商选择决策流程图

2）计算风险指标权重。从三家供应商的背景比较来看，它们都面临着相同的外部风险，即环境风险和竞争风险，此外，履约风险并不属于技术产品类采购的高风险项。基于以上分析并根据风险树筛选风险之后，使用道德风险和财务风险来构建风险指标簇，其中道德风险包括的风险指标为社会责任、诚信、规范的管理、欺诈和欺骗，财务风险包括的风险指标为盈利能力、偿债能力、流动性和稳定性。基于层次分析法邀请 3 名采购经理人对供应商 A 的风险指标提供主观偏好信息，然后计算各风险指标的权重。结果如下：道德风险→0.7，财务风险→0.3；社会责任→0.1，诚信→0.2，规范的管理→0.1，欺诈和欺骗→0.6；盈利能力→0.1，偿债能力→0.1，流动性→0.4，稳定性→0.4。

3）计算风险指标值。此步骤需要从可能的数据源收集数据，然后根据风险测度方法量化风险指标的得分。以量化欺骗与欺诈风险为例，可能的数据源如下。

① 工商部门（S1）：通过深圳市市场监督管理局可以查询供应商的"公司公示信息"，包括统一社会信用代码、名称、营业期限、注册资本、经营状态等；另外还可查询工商局公示的非法企业信息。

② 法院（S2）：通过深圳市中级人民法院的"案件通报"和深圳法院网上诉讼服务平台可以查询和供应商有关的案件和诉讼。

③ 公安（S3）：通过深圳市公安局可以查询供应商法人或其他相关人员是否有犯罪记录，查询"资格证企业信息及工程检测结果"是否达标。

④ 社交网络（S4）：通过社交网站以欺诈、欺骗、道德等为关键词搜索与供应商有关的文章、评论等。

⑤ 网络媒体（S5）：使用搜索引擎搜索供应商相关信息，关键词包括法人姓名、供应商名称、"欺骗"、"欺诈"等。

⑥ 供应网络调查（S6）：如果供应商是上市企业则可以通过证券公司或财经网站提供的供应商网络调查数据查看供应商的上下游企业，如"同花顺财经"提供的上市公司产品图谱可以观察到供应商的上下游企业和这些企业之间的产品关系；如果是非上市企业可以通过专业的第三方企业提供调查服务，如信数金服、数联铭品等。

基于层次分析法，根据采购经理人的偏好得到 6 个数据源的权重如下：S1→0.1，S2→0.2，S3→0.2，S4→0.2，S5→0.1，S6→0.2。使用风险测度方法（如财务分析、文本分析、比较分析、聚类等）计算欺骗与欺诈的指标得分，不同数据源下该风险指标的得分分别为 C（S1）→0.6，C（S2）→0，C（S3）→0，C（S4）→0，C（S5）→0.7，C（S6）→0.5。集成权重和得分得到欺骗与欺诈的综合风险得分为 0.23。按照上述方法计算其他风险指标的综合得分如下：社会责任→0.5，诚信→0.2，规范的管理→0.1，欺诈和欺骗→0.23；盈利能力→0.3，偿债能力→0.4，流动性→0.8，稳定性→0.7。

以测度道德风险中的欺诈风险为例，可以使用"文本分析+聚类"量化指标得分：基于网络媒体数据，使用搜索引擎以"张三+贿赂"为关键词，搜索事件范围定位在 2018—2022 年，然后将搜索引擎返回的结果以（关键词，事件，链接）的格式存储（"张三，贿赂，2018 年 5 月，http：…html"），所有存储的记录称为初始文档集。使用文本分析（主题模型、词袋模型等）处理初始文档集，提取文档主题和关键词构成文档特征集。从文档特征集中提取与贿赂相关的关键词，如官员、丑闻、监管、纠纷、免职、处罚、罚款等，然后使用 Word2vec 等工具计算关键词与贿赂之间的词距离，基于关键词与贿赂之间的词距离计算文档的重要程度，接着对文档进行排序得到文档风险序关系，其中排序结果越靠前风险越大，对于识别风险越重要。基于文档关键词对文档进行聚类，聚类结果中高风险文档越多、越聚集说明道德风险越高，最后综合文档的风险序关系和聚类结果标准化欺诈风险指标得分。

以测度财务风险中的盈利能力风险为例，使用"比较分析+财务分析+文本分析"量化指标得分：从深圳证券交易所选取潜在供应商 X，选取该上市公司近五年的年报，根据其中的财务报表数据进行财务分析，计算的相关财务指标包括净利润、利润率、净资产收益率、销售收益率、每股收益等，然后比较五年盈利能力的变化。通过该供应商 5 年数据的纵向比较量化盈利能力风险，即盈利能力增长说明对应的风险低。供应商 X 有 115 家同行企业，选取 Y 和 Z 与其进行比较，然后描述该供应商与同行的盈利能力的差异。通过该供应商与同行的比较量化盈利能力风险，即在同行中盈利能力越高风险越低。从证券公司每年发布的研究报告中获得该供应商的财务风险相关信息，包括财务报表数据、文本分析、评论等，这些证券公司包括平安证券、兴业证券、招商证券、国泰君安证券、长江证券、宏源证券、光大证券、中国银河证券等。对财务报表数据做财务分析，并对比供应商自己的财务报表分析结果，两者结果的一致性高说明风险低。对于文本、评论数据使用"文本挖掘+聚类"量化盈利能力风险指标得分。将财务分析与量化的盈利能力风险进行比较分析，如果一致性高说明财务分析结果准确，反之则可以融合两个结果做综合分析。

4）计算供应商风险得分。集成 4 个道德风险指标的权重和得分得到供应商 A 的道德风险为 0.24，类似可得到财务风险为 0.67，集成道德风险和财务风险的权重和风险得分得到供应商 A 的综合风险得分为 0.37。类似地，可以得到供应商 B 和 C 的风险指标得分，见表 5-4。根据优先原则，即供应商满足其他风险阈值时优先考虑道德表现好的供应商，供应商 C 是最佳选择。供应商 A 虽然道德表现更好，但其财务风险 0.67 大于阈值 0.5，不符合要求。如果使用加权原则选择供应商，那么供应商 A 是最佳选择。

表 5-4　采购风险评估结果

供应商	道德风险	财务风险	综合风险
A	0.24	0.67	0.37
B	0.5	0.3	0.44
C	0.4	0.5	0.43

下面对供应商的风险指标得分做灵敏度分析。基于加权原则，当道德风险的权重从 0 增加到 0.58 时，供应商 C 是最佳选择；如果权重大于 0.58，则供应商 A 是最佳选择。供应商 A 的道德表现最好，但同时财务风险最大；供应商 B 的财务风险最小，但道德表现最差；供应商 C 的表现介于 A 和 B 之间。如果将阈值调整为 0.3，那么这 3 个潜在供应商均不满足要求。

5.3.4　基于大数据分析的泛在电力物联网供应商选择

1. 大数据应用在供应商关系管理中的必要性

作为泛在电力物联网建设中的重要构成部分，现代供应链建设通过运用互联网技术手段，有效地规划与管理产业链上的采购、供应、运营等主要物流活动，实现业务流、信息流、资金流等高效整合，对整个产业效率产生着全方位的提升，是一种继承了互动性与开放性、强调供需双方高效交互的链条模式。而供应商管理作为供需双方交互的最直接环节，对实现供应链高效流畅运转至关重要。

传统的供应商管理业务，主要着力点在于供需双方上下游关系的构建及营商环境的维护。但是，随着时代和科技的发展，供应商管理业务将不再局限于单纯的关系维护。一方面，供应商数量不断增长，多种产品供应商产能过剩，设备水平参差不齐，在海量的信息中如何较为准确地识别供应商、认知供应商实际情况，成为物资采购管理的一大难点；另一方面，随着供应商管理相关数据的积累和不同业务环节数据的深入融合与共享，供应商管理的结果将服务于整个现代供应链的运转，管理要求的提升使得传统的管理模式必将迎来转型需求。

由上可见，大数据有效的分析应用将成为实现供应商关系管理升级的关键环节。

2. 供应商数据分析模型构建

在已有大数据基础上，可以采用如下路径完成供应商数据分析模型的构建，实现高效、科学的数据价值挖掘。

（1）选择供应商数据分析模型

为了充分利用供应商数据并发挥其内在价值，基于 HHM（隐马尔可夫模型）理论，通过构建综合评价模型的方式来进行数据分析。HHM 模型的核心思想在于：作为系统的方法论，通过将系统分解成多个层级，在多方面、多维度上展现其本质特征，并用"有限"替代"无限"。选取供应商数据中最为关键的、最具代表性、最重要的因素，作为反映评价目标的系统代表值。指标级别数越高，其所代表的评价内容越具体。HHM 模型的优点在于，既充分考虑了海量数据中的关键信息价值，又通过筛选过程避免了无价值信息的干扰。模型架构如图 5-18 所示。

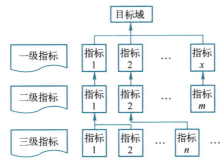

图 5-18 供应商分析模型

（2）模型关键要素的科学设计

供应商数据分析模型在指标选择、权重确认、量化分数评定等方面均做了科学设计。

在评价指标的筛选上，结合不同电力设备产品类别的研究需要，采用了通用指标与专用指标相结合的方式。通用指标主要选择了供应商基本能力、企业资质、财务状况等方面的信息，用以反映供应商的综合实力和社会认可度；而专用指标则主要为同供应商技术或产品直接相关的制造设备、生产环境、试验条件、质量性能等方面的数据信息，用以反映供应商产品制造能力及条件。"通用+专用"指标的设计模式保证了评定范围的全面性。

以变压器供应商为例，建立了两级评价指标体系，见表 5-5。

表 5-5 评分指标体系设计

目标域	一级指标	二级指标	指标情况
评价结果	企业实力	财务状况	通用
		厂房面积	通用
		人员规模	通用
		供货业绩	通用
		设备水平	专用
		试验检测	专用
		获奖情况	通用
		制造环境	专用
	履约口碑	设备质量	专用
		物资供应	专用
		安装服务	专用
		社会信用	通用
	产品表现	运行维护	专用
		运行质量	专用

一级指标中，企业实力用以评价供应商应具备的基本生产运营能力，包含 8 个二级指标。其中，财务状况反映了供应商的经营水平和营利能力；厂房面积反映了供应商可用于生产的厂区规模；人员规模反映了供应商可投入生产的人员数量；供货业绩反映了供应商的中标情况及产品输出水平；设备水平反映了供应商生产制造设备的水准；试验检测反映了供应商设备测试及检测水平；获奖情况反映了与供应商产品相关的专利、证书、著作权等数量及水准；制造环境反映了供应商生产环境的清洁度和控制水平。

履约口碑用以评价供应商合同执行能力及服务水平，包含 4 个二级指标。其中，设备质量反映了供应商供货产品的品质及性能响应程度;物资供应反映了供应商供货的及时性和可靠性;安装服务反映了供应商安装水平及配合程度;社会信用反映了供应商在社会层面的整体信誉被认可的水平。

产品表现反映了供应商产品的运行整体绩效情况,包含两个二级指标。其中,运行维护反映了供应商在产品运行期间的响应及消缺执行情况;运行质量反映了供应商产品在运行期间的性能表现及故障缺陷情形。

在评价指标确定后,选择了层次分析法(即AHP法)用以确定指标的权重。层次分析法通过将与决策相关的元素逐层分解,计算下级元素对上级元素的影响程度,从而获得各层指标的权重。其主要步骤如下。

1)建立层次结构模型。
2)指标间两两比对,构建判断矩阵。
3)进行层次单排序、总排序及一致性检验。

计算过程不再赘述。层次分析法在较大程度上解决了传统分析模型中主观性过强的情形。

在各评价指标分值计算的方法选择上,针对不同指标的特性,主要采用了正态分布五分位法及四分位法,保障了评分过程及结果的统一性及科学性。对于四分位法,适用于指标数据属于非正态分布的情形,按照25%为一档进行分数映射,厂房面积评分原则见表5-6;对于正态分布五分位法,适用于指标数据属于或近似于正态分布规律的情形,以"人员规模"为例,计算过程如下:对评价供应商群体进行统计测算,得出人员规模的平均值约为160人,标准差约为20人,评分原则见表5-7。

表5-6 厂房面积评分原则

取值区间(从高到低排序)	得分映射
(75%,100%]	100
(50%,75%]	90
(25%,50%]	80
[0%,25%]	70

表5-7 人员规模评分原则

取值区间	数值区间	得分映射
$>\mu+2\sigma$	>200	100
$(\mu+\sigma, \mu+2\sigma]$	(180,200]	92
$(\mu, \mu+\sigma]$	(160,180]	84
$(\mu-\sigma, \mu]$	(140,160]	76
$(\mu-2\sigma, \mu-\sigma]$	(120,140]	68
$\leq \mu-2\sigma$	≤120	60

3. 供应商数据分析结果应用

通过供应商数据分析模型,可以获取各供应商的指标分数及排名,分数及名次结果可适用于多种场景模式,具有广阔的应用前景。

(1)供应商分级管理

供应商水平能力参差不齐,统一管理不仅工作量大,管理效率及效果也难以提升。为了提高管理质量及水平,有必要对所面对的供应商群体进行分级管理,高效快速地评判供应商整体水平。

根据大数据分析模型结果,按照供应商综合得分排名,由高到低对应不同等级,见表 5-8。

表 5-8 供应商分级管理

等级	排名情况	说明
一级	得分排名前 25%	供应商综合得分处于行业领先水平
二级	得分排名 25%~50%	供应商综合得分处于行业较好水平
三级	得分排名 50%~75%	供应商综合得分处于行业一般水平
四级	得分排名后 25%	供应商综合得分处于行业较差水平

供应商行业内分级管理结果可直接作为参考应用于招标采购环节,主要将一级、二级供应商作为采购来源,将三级供应商作为潜在采购来源,将四级供应商作为非采购范围,极大地缩减了潜在采购对象的数量,减轻了评标压力,提升采购效率及质量;同时激励供应商自我积极革新,努力提升评级,形成良性竞争,从而进一步助力设备选优选强。

(2)供应商群体分类管理

供应商分级管理提供了对于供应商整体能力快速评定筛选的方式,但对于综合分数或排名相近的供应商,其相对优势或短板却可能差距甚远。因而有必要对供应商群体进行分类管理,深入掌握各供应商不同的状态状况,便于开展针对性业务管理,降低管理成本,促进供应商关系管理工作的精益化程度。

以变压器供应商为例,按照供应商企业实力、产品表现、履约口碑三个一级指标的实际数据评分,将供应商划分为八个群体,对于不同的群体,分类管理并制定不同的采购策略见表 5-9。

表 5-9 供应商群体分类管理

企业实力	产品表现	履约口碑	供应商群体分类
前 1/2	前 1/2	前 1/2	战略供应商
前 1/2	后 1/2	前 1/2	调控供应商
后 1/2	前 1/2	前 1/2	
前 1/2	前 1/2	后 1/2	
后 1/2	后 1/2	前 1/2	限制供应商
前 1/2	后 1/2	后 1/2	
后 1/2	前 1/2	后 1/2	
后 1/2	后 1/2	后 1/2	场外供应商

针对不同的供应商类别,可设定差异化管理方式,具体如下。

1)战略供应商属于各方面均衡发展的供应商,需要重点配置管理资源投入,加强供需双方的协同效应,实现供应商与电网企业共同发展。

2)调控供应商属于某方面存在一定劣势的供应商,需要加大管控力度,促进其短期内及时改进提升,并重点关注其成长情况。

3)限制供应商属于短板程度较为明显的供应商,应针对性地分析并告知供应商的问题所在,督促其在长期内整改完善。

4)场外供应商属于各项实力均不足的供应商,应引入淘汰机制,减少管理资源投入,优化群体环境。

供应商分类及差异化管理策略为打造和谐共生的电力供应商群体创造了条件，大幅提升了管控效率，为电网企业优化配置管理资源奠定了基础。

（3）供应商指标相关性分析

通过所获取的供应商数据分析结果，可对各指标共同关注的目标对象进行相关性分析，更加深入地掌握业务或行为的实际规律。

指标相关性分析可实现两大层面的实际运用效果。

1）探求各类指标对目标对象的具体影响程度，从而找出更为关键或应着重关注的指标，为招标采购或后期针对性管理提供决策依据。某电力设备供应商 A 某年采购金额同其两类指标得分的相关性分析图如图 5-19 所示，对比发现，企业实力指标的分数同采购金额的拟合关联度更高，因而相比之下，应对该指标提高关注程度。

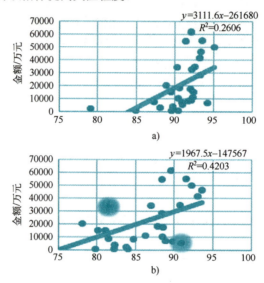

图 5-19 供应商指标相关性分析图

a) 综合分数　b) 企业实力分数

2）探究拟合曲线之外的偏差点，为调整采购策略提供建议。如图 5-19b 所示，所做的年采购金额-企业实力分数的拟合曲线，可以看到左上方灰色阴影的点明显向上偏离拟合曲线，对应的供应商采购金额较大，但企业实力分数却相对较低，说明其目前在一定程度上属于"过度采购"的情形，因而建议可在后期适量减少其订单；曲线右下方阴影的点明显向下偏离拟合曲线，对应的供应商采购金额较小，但企业实力分数却相对较高，说明其目前在一定程度上属于"采购不足或被采购忽视"的情形，因而建议可在后期适量增加其订单。

4. 供应商指标预警分析

结合供应商大数据模型分析结果，通过各类指标间多种排列组合形成的相关性分析，可发现供应商部分关键指标具有较强的表征效果，可实现提前预警的作用。例如耗电成本指标是企业是否实际生产产品的一个"信号灯"。在相关性分析中，发现其与供应商的营业收入正相关性较强。因而，可横向比较同类供应商的耗电成本占营业收入的比重的差异，并按时间纵向观测比重的变动情况，来侧面预警企业实际生产状况。

例如，当某供应商的耗电成本/营业收入比重发生大幅波动，但营业收入变化幅度不大时，便可在某种程度上提示该企业可能出现了"代工""转包"或"二次分包"等现象，在此类情况出现时,产品质量难以保证,应对其预警并重点核实。如图 5-20 所示为 4 家供应商耗电成本/营业收入比重的对比图,可以发现供应商 4 在 2015 年后耗电成本比重下降明显,基于该信息的提示对其开展具体核查,发现确实存在业务调整(由自主生产转为业务代理)。

而对于其他预警表征正相关作用一般,但具有实际业务预测意义且较容易量化的指标,如"财务状况"中"主营业务收入""资产负债率"等,则可依据供应商指标分数,设置合理预警阈值,关注分数明显低于阈值或突然大幅滑落至阈值之下的情况,提前辨识隐患,提升供应商防范能力,从而有效规避对于风险供应商的采购。

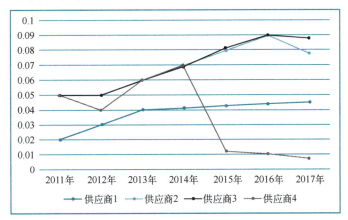

图 5-20　4 家供应商耗电成本/营业收入比重对比图

5. 供应商产品行业分析

基于大数据分析模型获得的同类产品供应商的分数结果及排名,可实现对某个行业领域中各供应商整体情况的深度分析,掌握该行业领域下各供应商的特点,充分把握行业发展状态及动态,为供应商关系管理及采购策略构建形成直接依据。如图 5-21 所示为某电力设备 B 领域内主要供应商的综合分数的整体分布情况,可以看出,该设备供应商在 90 分以上的比例达到 40%以上,说明该行业领域内供应商实力普遍较强,采购选择面较广,行业整体水平发展较乐观,可适当提升采购标准门槛。如图 5-22 所示为某电力设备 C 的综合分数排名前五名供应商的几类一级、二级指标得分的对比,可以更加清晰和直观地掌握该行业各顶尖供应商的相对优势及劣势。

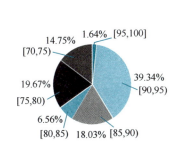

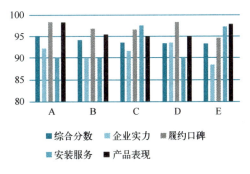

图 5-21　某设备主要供应商分数分布　　　图 5-22　供应商各指标分数对比

建设泛在电力物联网是国家电网公司落实"三型两网、世界一流"战略目标的核心任务,而大数据的应用无疑是实现这个任务的重要地基。供应商关系管理业务中的大数据分析充分而深入地挖掘了数据内在价值,可适用于多种应用场景,解释了供应商生产、技术等方面的能力和状态，助力掌握供应商实际情形，为采购管理提供智慧决策，促进供应商良性竞争和发展，营造良好的生态圈，为打造现代供应链提供了重要支撑。

本章小结

供应商数据除包括质量指标、成本指标外，还包括沟通数据、风险数据、关系数据、事件数据、联系数据、柔性数据、产品数据、资产数据等。零售商数据有助于弥补供应商数据的构成缺陷。

大量收集和分析物资采购历史数据，可以精准预测物资的需求人群、需求量、消费频率和消费方式，从而指导生产企业的生产计划、库存量等一系列生产活动。

运用大数据技术，将大幅提升采购者的决策与服务能力，有效指导和监控采购各方主体及行为，持续提高采购质量与效率。

将大数据技术应用在物资采购中，就可使大数据技术横向向外部数据扩展，纵向可延伸至物资需求、物资采购、物资供应的关键环节，具体体现在需求预测与库存控制、供应商的选择与管理、采购流程与规则的优化、日常业务监控和预警等方面。通过对整个供应链的科学配置，借助数据挖掘、云计算、人工智能等大数据技术提升采购质量，实现精准采购。

通过大数据采集技术实时获取采购两端（供应商和前端需求执行人员）的数据，企业实现采购全流程的数字化，全面了解供应商绩效表现和产品执行情况，增强业务掌控力，实现"精准对接"和"高效协同"。

通过供应链大数据平台，供应商管理的传统指标和供应商大数据融合，企业在供应链大数据平台上开展供应商管理，可打通沟通渠道，建立起有效的双向激励机制和共同的质量观。

本章练习

一、名词解释
1. 竞价交易
2. 集中采购
3. 招投标采购
4. 供应商管理

二、简答题
1. 供应商评价指标体系建立原则有哪些？
2. 新型集中采购模式的优势体现在哪些方面？
3. 根据供应商画像，企业可以将其供应商分为哪些类型？
4. 如何通过数据分析，更全面地刻画供应商的内、外部风险？

三、讨论题
1. 随着新形势和新发展对企业采购管理提出的新要求，如何有效地把"互联网+"思维和大数据技术运用于采购管理工作中？
2. 讨论如何在采购寻源管理中应用供应商数据挖掘，这有何现实意义？

第6章　生产制造大数据

学习目标

- 了解生产制造大数据的构成。
- 掌握生产制造大数据在不同领域的应用。
- 熟悉生产制造大数据的应用典型特征。

导入案例

大数据推动大物流

2017年3月25日，"2017年全国企业管理创新大会"在北京举行。中车浦镇公司的《轨道装备制造企业基于精益生产的智能化物流管理》成果喜获第二十三届国家级管理创新一等奖。该成果也是全国制造企业在物流领域获得的唯一一等奖奖项。

十大模块让物流变聪明

中车浦镇公司的车辆生产线上有许多操作工人，以往为按时完成产品，常常需要加班加点。然而，现在工人们的操作流程、车间面貌等都发生了翻天覆地的改变。工人们早上8点到达各自工位上，所需的物料早已静候在身边，料车中配置各工位当前节拍工作所需的各种零部件，不多也不少。而料箱内各种零部件的配置、料车准确抵达各个工位等操作都是由系统管理自动完成的。中车浦镇智能物流给制造带来的变化，着实让人啧啧称奇。

据现场工程师介绍，他们自主研发的这套智能物流解决方案可以对一个制造企业的物流进行全过程管理，包括供应链协同平台、精益物流MES、智能制造MES、微库、SLP智能物流平台、售后物流管理系统、智能质量管理系统、循环取料管理、WCS硬件控制系统、各种智能物流硬件装备，将这些功能各异但都高度智能化的模块集成，互相感知，便有了"聪明"的物流系统。

智能料箱是根据仓储物料种类量身定制的，力求做到占用最小空间存放最多的物料。因为与拍照摄像头、操作终端触摸屏、扫描终端、打印机、电子感应称重等功能整合，这种智能"大箱子"能做到实时库存预警、精准的出入查询、完备的基础数据维护、生产线及时补料等。给作业现场物料备用仓储、检修场地、换件储备等带来了极大的便利。

能够存储、分拣的智能微库，其软件部分由自主研发的精益物流MES与智能仓储管理系统（WMS）集成，能够实时获取物料信息。精益物流MES根据生产计划制定物料分拣计划，并将计划推送到智能仓储管理系统（WMS），WMS将拣选指令运用最优算法进行排序，下发到对应的自动货柜操作端进行拣选操作，拣选任务启动后，电子标签亮灯指示需分配料盒位置，操作人员将贴有条码的料盒放到该位置，并扫描绑定料盒。开始拣选物料时，激光指示灯指示分拣位置，打印机自动打印出库标签，电子标签指示投放位置。操作人员根据指示就可以进行入库、出库、盘点、调库等操作。

作为SLP智能物流平台的重要部分，自动导引运输车（AGV）在自动配送中的作用不可替代。当智能仓储管理系统接受上位控制系统的需求指令后，下发到硬件控制系统，仓储管理系统再自动下发给 AGV，AGV 调取最优执行任务，将缓存区的满料架车依据需求时间依次移到待配送区，再将空料架车托举到空出口，完成任务后等待下一道指令，而 AGV 的调度和协调都是由自主研发的调度指挥中心完成的，调度指挥中心根据现场的资源和任务情况，实时计算和调度现场的每一台 AGV 工作。

精益智能重塑物流体系

精益智能物流管理，是中车浦镇公司近年来根据精益生产和未来智能制造发展趋势，研发的可满足企业生产全流程物流管理的现代管理体系，是精益理念、信息化与业务的高度融合。通过变革传统物流管理理念、模式和手段，打造的一套高效运行的管理体系，最大限度地减少企业内部物流及供应链物流环节的浪费。经过企业生产经营的实践和应用，已成为企业高度融合智能物流、智能制造的解决方案。先进成熟的智能化物流系统有力地保障了企业如期完成繁重的生产任务。

精益智能物流解决方案是全面、系统的解决方案，它关注的不仅是内部流程再造和物流自身。在前端，可促进精益流程管理的进一步优化，通过异常拉动，发现改善源头，促进精益流程日臻完善。在供应链上游，该方案与供应商实现无缝对接，并通过物流 MES 系统实现内外部物流的一体化和智能化。在生产流程上，该方案实现与生产组织、物资采购及节拍化制造过程的联动，通过信息化平台，与企业生产组织体系融为一体，是企业实现生产"一个流"的坚强保证。几年来的实践证明，基于精益理念的智能物流解决方案是企业生产组织效率实现 4 倍提升的一项重要保证。

长期以来，由于我国很多制造型企业往往"重产品生产、轻物流管理"，对内部物流环节的综合优化重要性认识不足，没有充分发挥物流管理在资源流通中的杠杆调节作用，导致企业内部物流存在诸如对市场需求变化反应慢、订单交付不及时、物料到达不准时、车间物料调动混乱、零部件配套性差、库存及生产成本过高、生产效率低下和物料浪费等严重问题。统计显示：在产品的整个生产过程中，物料用于加工与检验环节的时间仅占 5%，而其余 95%的时间则处于存储、装卸、输送和等待加工状态。制造成本的 20%~40%直接与物流环节的流通时间相关。在物流环节，重"物"轻"流"的管理现状使企业组织效率、生产效率和经营效益长期在低位徘徊。精益智能物流解决方案，实现了对传统物流管理理念、模式和方法的颠覆与变革。

精益智能物流解决方案通过与 ERP 对接，形成贯穿制造过程物流全流程的信息化与智能化管理模式，建立了以工位制为核心的企业级信息化管理平台，作为产品制造及支撑部门的日常业务操作与管理平台，包括物流过程中的业务流程管理、信息管理、资源管理、知识积累和管理；实现了一体化、电子化、网络化、智能化的管理模式，提高现场执行力和管理水平；优化提升了现有的业务流程，形成了信息化体系下的新业务模式，实现职责更加清晰、考核体系量化、管理人员信息实时化、决策清晰化。同时，智能物流解决方案先人一步，成为智能制造的先锋。在数字化、信息化、自动化、智能化过程中，实现智能物流解决方案超越，成功破解物流供应"死结"，并取得成功。在发展理念和发展速度方面，该解决方案与世界先进水平的步伐不相上下。

省内外 50 多家企业受益

南京中车浦镇工业物流有限公司作为这次管理创新的主创单位，其精益智能物流解决方案，首先在中车浦镇公司得以全面验证，不仅改变了生产制造模式，也进一步解放了劳动生产力。应用新的解决方案后节省了大量物流费用，从事仓储、配送的人员数量降低 40%，交接次数由过去 4 次降至 0 次。车间生产工位与过去相比减少 90%以上的物料类异常，每天生产工位的计划兑现率达 99%以上，月度计划兑现率实现 100%。在场地不增、生产台位不变、生产效率大幅提升的情况下，物流费用下降了近 30%。

通过物流管理智能化和管理的提升，生产线上员工由原来"5+2，白加黑"苦干模式转变成准点下班，无须加班，员工幸福感明显提升。自主研发的精益智能物流解决方案不仅解决了企业自身的物流管理问题，也吸引了其他制造企业的广泛关注。2016 年，公司累计接待行业内外 400

多批 3000 多人次现场观摩学习，国内知名咨询培训机构与浦镇公司合作，以物流中心为标杆工厂进行公开课培训。目前，公司对外服务项目已进入江苏、河北、辽宁、广州、山东、山西、上海、天津等地，为 50 多家企业提供服务。

先进的精益智能物流解决方案，成为助推中车浦镇公司销售过百亿、实现华丽转身的一支重要力量。在国家"一带一路"倡议、中国智能制造发展战略、发展制造业服务业以及"供给侧结构性改革"新形势下，南京中车浦镇工业物流有限公司秉持创新，永不停步，争当未来智能制造的排头兵。（资料来源　中国物流与采购网．智能物流，让生产制造更精益更智慧[J/OL]. (2017-04-13)[2023-06]. http://www.chinawuliu.com.cn/zixun/201704/13/320497.shtml.）

6.1　生产制造大数据的构成

6.1.1　企业信息化数据

1. 企业信息化的定义

企业信息化（Enterprises Informatization）实质上是将企业的生产过程、物料移动、事务处理、现金流动、客户交互等业务过程数字化，通过各种信息系统网络加工生成新的信息资源，提供给各层次的人们洞悉、观察各类动态业务中的一切信息，以做出有利于生产要素组合优化的决策，使企业资源合理配置，以使企业能适应瞬息万变的市场经济竞争环境，求得最大的经济效益。

应用的企业信息化数据主要如下。
- 企业资源计划（ERP）数据，包含制造执行管理系统（MES）、生产设备和工位智能化联网管理系统（DNC）、生产数据及设备状态信息采集分析管理系统（MDC）、制造过程数据（PDM）、工装及刀夹量具智能数据库管理系统（Tracker）等。
- 客户关系管理（CRM）数据。
- OA 协同办公数据。

如果从动态的角度来看，企业信息化就是企业应用信息技术及产品的过程，或者更确切地说，企业信息化是信息技术由局部到全局、由战术层次到战略层次向企业全面渗透，运用于流程管理、支持企业经营管理的过程。这个过程表明，信息技术在企业的应用，在空间上是一个由无到有、由点到面的过程；在时间上具有阶段性和渐进性；信息化的核心和本质是企业运用信息技术，进行隐含知识的挖掘和编码化，进行业务流程的管理。企业信息化构成如图 6-1 所示。

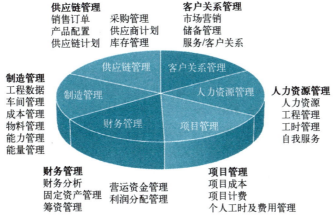

图 6-1　企业信息化构成

2. 企业信息化要素

1) 企业信息化的基础是企业的管理和运行模式,而不是计算机网络技术本身,其中的计算机网络技术仅仅是企业信息化的实现手段。

2) 企业信息化建设的概念是发展的,它随着管理理念、实现手段等因素的发展而发展。

3) 企业信息化是一项集成技术:企业建设信息化的关键在于信息的集成和共享,即实现将准确的关键数据及时传输到相应的决策人手中,为企业的运作决策提供数据支撑。

4) 企业信息化是一个系统工程:企业的信息化建设是一个人机合一的有层次的系统工程,包括企业领导和员工理念的信息化;企业决策、组织管理信息化;企业经营手段信息化;设计、加工应用信息化。

3. 信息化数据整合

对许多企业来说,通过信息化工具来解决企业管理中面临的问题也迫在眉睫,如数据整合、消除数据孤岛等。这是企业在扩张之路上难以避免的问题。

随着越来越多的数据信息在产生,企业对数据整合有了更多的需求。对企业来说,一个高效的、能整合数据信息的信息化平台是十分必要的。

显然,相比于传统的流程管理,数据整合能够更好地促进 OA 系统在企业中的深化应用,创造出更多的信息化价值。

企业信息化业务如图 6-2 所示,涵盖商务、应急和服务多个层次,涉及多项核心业务,包括产品供应、软件定制、现场服务、系统培训、客服热线、首问负责、系统维护、投诉响应、售前咨询和实施方案等。

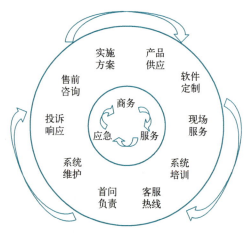

图 6-2 企业信息化业务

传统认为企业信息化程度划分为四个阶段:基础应用阶段、关键应用阶段、扩展整合及优化升级阶段和战略应用阶段,每一阶段都有其具体特征和判断标准。

1) 基础应用阶段。在此阶段,企业主要进行的信息化应用内容有基础的协同 OA、简单会计核算、企业网站、简单薪资核算和简单的员工考核等。

2) 关键应用阶段。这一阶段企业的信息化应用主要有全面会计核算、基本成本和资金管理、企业核心业务系统(如采购、生产、营销、库存等)和人力资源管理等。

3) 扩展整合及优化升级阶段,信息化应用解决了关键应用阶段信息系统未集成的问题,主要应用内容包含了全程供应链应用以及 CRM、PLM、电子商务等集成的 ERP 应用。

4) 战略应用阶段,这是我国企业信息化应用的最高阶段。处于此阶段的企业,在经历了较为长期的信息化应用之后,其信息化应用将通过商务智能、全面的绩效管理和随需而变的架构及机制等应用来全面体现其效益。

当然上述过程也是伴随信息化行业的发展路径自然形成的,对于新时期的处于发展中的中小企业而言,如果还未经历过传统信息化的四个阶段的洗礼,可以借鉴当前最新的信息化理念和管理系统,简化阶段,通过一套系统全局管理公司各项事务,打破各个业务系统的限制,按照随需而变的架构,实现全面的绩效管理,将目标落实并提供能够制定下一个目标的决策依据。

企业信息化的关键是企业中的人员可以充分地将信息化执行下去,没有人员的执行,根本无法去谈信息化,所以,企业信息化的基础还是以人为基础的信息化。而企业信息化的重点就是人与信息化软件的结合,才能达到最大的效果。举个例子:很多企业都开始部署 ERP,但是单纯的 ERP 无法给企业带来信息化的效果,需要有人来高效地执行才能达到信息化的效果。并且,ERP 中缺少了沟通的步骤,所以企业想做信息化除了要有 ERP,更关键的是需要沟通,可以将 ERP 与 WeTask 相结合,这样才能达到信息化的目的。企业信息化与生产制造的集成如图 6-3 所示。

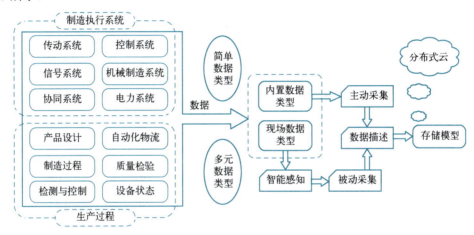

图 6-3　企业信息化与生产制造的集成

4. 信息化的目的

企业间的竞争应当包括产品竞争、价格竞争、品种竞争、服务竞争、市场竞争和信誉竞争等诸多方面。随着人们一边完成工业化进程,一边步入信息时代,这些竞争也都不可避免地被打上了信息化的烙印。企业要在日新月异的科技时代求得生存和发展,就必须参与企业间的科技竞争,把生产和经营牢牢植根于科学技术的沃土之上,使企业在优胜劣汰的竞争中永远充满活力。一般说来,技术进步会从以下几个方面对企业产生直接的影响。

1)技术的进步有助于产品和服务质量的提高。

2)技术的进步使产品的生命周期普遍缩短,由于更新换代的加快,企业也不得不重视产品的再开发。

3)技术的进步可以改进生产工艺和生产流程,可以研制出更有效的生产工具应用于生产,从而可以大大提高生产效率。

4)企业只有不断地进行技术开发、技术引进、技术改造,才能在市场竞争中保持强劲有力的态势,使企业永远立于不败之地。

5. 企业信息化的建设成效

企业信息化建设是指企业具体应用先进的科学管理方法和现代信息技术,以信息资源为主要对象，采用系统集成的手段，对企业管理的架构与机制进行全面整合，使物流、资金流、信息流、人力人才等资源得到合理配置，使企业经营（生产）管理业务流程得以规范和优化，实现提升企业核心竞争力，达到提高企业经济效益和管理水平的全过程。

针对制造业，信息化建设的含义就是以管理创新的思路将现代管理方法、信息技术、自动化技术等相关技术与制造技术相结合，提高企业管理现代化和生产自动化水平、降低成本、增强经济效益、全面提升制造业的市场竞争力。

企业信息化建设是具体的企业行为，是企业自身发展的一个阶段，与企业管理相辅相成并伴随在企业管理的进步之中，其最明显的特征是具有实践性和可操作性，常常以工程项目的形式体现。通常所讲的企业信息化实际上是指企业信息化建设，企业信息化建设只是企业信息化的一个进程，它不能等同于企业信息化。企业信息化建设的具体内容不是固有的，更不是一成不变的。其内容与各行各业的性质、规模有关，并随着经济体制、市场格局、产业政策的变化以及管理科学的发展、信息技术的不断进步而发生改变。某行业的企业信息化与生产制造的联动如图 6-4 所示。

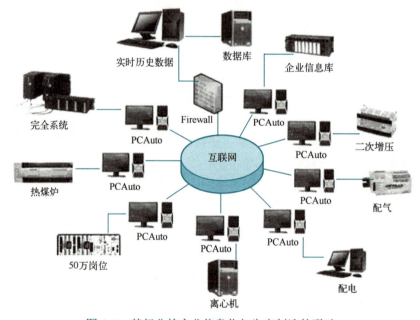

图 6-4 某行业的企业信息化与生产制造的联动

就制造业的共性而言，其信息化大致有以下几点基本内容。

（1）生产过程控制的信息化

生产过程控制的信息化是控制技术自动化的发展和升华，是制造类型企业特别是批量生产流水线作业方式信息化的关键环节。其主要内容就是综合利用自动控制技术、模拟仿真技术、微电子技术、计算机及网络技术实现对生产全过程的监测和控制，提高产品质量和生产（操作）效率。

生产过程控制信息化的重点是产品开发设计、生产工艺流程、车间现场管理、质量检验等设计、生产环节。例如，应用计算机辅助设计（CAD）技术、计算机辅助制造（CAM）、复杂工程结构设计（CAE）、辅助工艺设计（CAPP）、集散型控制系统（DCS）、计算机集成制造系统（CIMS）以及计算机集成生产系统（CIPS）等。

（2）企业管理的信息化

企业管理的信息化是企业信息化建设中比重最大、难度最大、应用最广泛的一个领域，涉及企业管理的各项业务及各个层面。企业管理的信息化建设就是在规范管理基础工作、优化业务流程的基础上，通过信息集成应用系统来有效地采集、加工、组织、整合信息资源，提高管理效率，实时动态地提供管理信息和决策信息。例如，事务处理系统（TPS）、管理信息系统（MIS）、决策支持系统（DSS）、智能决策支持系统（IDSS）、企业资源计划（ERP）、产品数据管理（PDM）、电子商务（EC）、安全防范系统（PPS）以及企业网站等。这是一项"牵牛鼻子工程"，往往可以达到"牵一发而动全身"的效果。无论什么类型的企业都必须根据自身的实际，选择适当的开发对象，花大气力、扎扎实实地把这项工作做好。

除此之外，在业务管理活动中还产生大量的非结构化数据，如各种文档、邮件、报表、网页、音像、视频、扫描图像以及演示幻灯片等。因此，办公自动化（OA）和文档管理也是企业管理信息化建设中的一项重要内容。

（3）企业供应链管理的信息化

在现代市场经济的条件下，制造业的生产也不再是"大而全、小而全"的单独、孤立、封闭的模式，企业的生产和管理活动发生了前伸和后延。企业从原材料、零部件的采购、运输、存储、加工制造、销售直到最终送到和服务于客户，形成了一条由上游的供应商、中间的生产者和第三方服务商、下游的销售客户组成的链式结构，这就是供应链。制造企业的生产活动、管理流程受到这条供应链的制约和影响。因此，企业供应链管理的信息化是制造企业非常重要的一个组成部分。其重点是利用企业局域网络、互联网、数据库、电子商务等技术资源通过对供应商、第三方服务商及客户的信息化管理与协调，将企业内部管理和外部的供应、销售、服务整合在一起，提高制造企业的市场应变能力。

（4）企业信息化组织建设及硬件配套

企业信息化建设最明显的特征是具有实践性和可操作性。因此必须务实，做好组织到位与措施落实这两件大事。概括起来就是要抓好三个要素一个配套，即设计思路、开发工具、人员组织落实以及硬件设施配套。有关设计思路、开发工具的问题前面已有阐明，不再赘述。

（5）企业的成长路径

随着组织规模不断扩大、业务模式不断转变、市场环境不断变化，信息管理的要求从局部向整体、从总部向基层、从简单向复合进行演变，企业信息化从初始建设到不断优化、升级、扩展，体现了企业信息管理由窄到宽、由浅至深、由简变繁的特性需求变化。ERP 软件系统对推动企业管理变革、提高绩效管理、增强企业核心竞争力等方面发挥了越来越重要的作用。例如，面对互联网时代信息技术革新和中国企业成长路径的需要，航信软件"懂税的 ERP"通过 B/S 模式完成对 C/S 模式的应用扩展，实现了不同人员在不同地点基于不同接入方式进行共同数据的访问与操作，极大降低了异地用户系统维护与升级成本，达到了"及时便利+准确安全+低廉成本"效果。

企业信息化组织建设说到底是靠人去完成的，选择什么样的人员、这类人员应该具备哪些知识和素质对企业信息化建设是至关重要的。同时，采取怎样的组织形式和机构也直接影响到企业信息化建设实施的质量和进度。实践证明，高效精干的组织机构和复合型 IT 人才是企业信息化建设的根本保证。从这个角度讲，企业信息化建设的一个重要任务就是要建立一支专业化复合型的人才队伍。

企业信息化组织建设要重视硬件设施的配套。其中，最关键的是必须建立一个合理的计算机网络拓扑结构，主要包括互联接入和企业局域网两大部分。要从通畅接入、防毒防攻击、可管可控、系统安全等方面来有效地配备网络结构和购置硬设备，同时建立、健全相应的网络管理制度，这些都是企业信息化建设的重要基础和支撑。

6.1.2 工业物联网数据

工业物联网是将具有感知、监控能力的各类采集、控制传感器或控制器以及移动通信、智能分析等技术不断融入工业生产过程各个环节，从而大幅提高制造效率，改善产品质量，降低产品成本和资源消耗，最终实现将传统工业提升到智能化的新阶段。从应用形式上，工业物联网的应用具有实时性、自动化、嵌入式（软件）、安全性和信息互通互联性等特点。

1. 工业物联网的技术问题

工业物联网技术的研究是一个跨学科的工程，它涉及自动化、通信、计算机以及管理科学等领域。工业物联网的广泛应用需要解决众多关键技术问题，如图 6-5 所示。

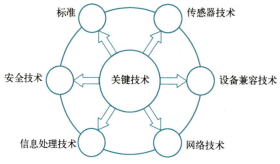

图 6-5 工业物联网的技术

（1）传感器技术

价格低廉、性能良好的传感器是工业物联网应用的基石，工业物联网的发展要求更准确、更智能、更高效以及兼容性更强的传感器技术。智能数据采集技术是传感器技术发展的一个新方向。信息的泛在化对工业传感器和传感装置提出了更高的要求，具体如下。

1) 微型化：元器件的微小型化，要求节约资源与能源。

2) 智能化：具备自校准、自诊断、自学习、自决策、自适应和自组织等人工智能技术。

3) 低功耗与能量获取技术：供电方式为电池、阳光、风、温度、振动等多种方式。

（2）设备兼容技术

大部分情况下，企业会基于现有的工业系统建造工业物联网，如何使工业物联网中所用的传感器能够与原有设备已应用的传感器相兼容是工业物联网推广所面临的问题之一。传感器的兼容主要指数据格式的兼容与通信协议的兼容，兼容关键是标准的统一。目前，工业现场总线网络中普遍采用的有 PROFIBUS、Modbus 协议，已经较好地解决了兼容性问题，大多数工业设备生产厂商基于这些协议开发了各类传感器、控制器等。近年来，随着工业无线传感器网络应用日渐普遍，当前，Wireless HART、ISA100.11a 以及 WIA-PA 标准均兼容了 IEEE 802.15.4 无线网络协议，并提供了隧道传输机制兼容现有的通信协议，丰富了工业物联网系统的组成与功能。

（3）网络技术

网络是构成工业物联网的核心之一，数据在系统不同的层次之间通过网络进行传输。网络分为有线网络与无线网络，有线网络一般应用于数据处理中心的集群服务器、工厂内部的局域网以及部分现场总线控制网络中，能提供高速率高带宽的数据传输通道。工业无线传感器网络则是一种新兴的利用无线技术进行传感器组网以及数据传输的技术，无线网络技术的应用可以使工业传感器的布线成本大大降低，有利于传感器功能的扩展，因此吸引了国内外众多企业和科研机构的关注。

传统的有线网络技术较为成熟，在众多场合已得到了应用验证。然而，当无线网络技术应用于工业环境时，会面临如下问题：工业现场强电磁干扰、开放的无线环境让工业机器更容易受到攻击威胁、部分控制数据需要实时传输。相对于有线网络，工业无线传感器网络技术则正处在发展阶段，它解决了传统的无线网络技术应用于工业现场环境时的不足，提供了高可靠性、高实时性以及高安全性，主要技术包括自适应跳频、确定性通信资源调度、无线路由、低开销高精度时间同步、网络分层数据加密、网络异常监视与报警以及设备入网鉴权等。

（4）信息处理技术

工业信息出现爆炸式增长，工业生产过程中产生的大量数据对于工业物联网来说是一个挑战，如何有效处理、分析、记录这些数据，提炼出对工业生产有指导性建议的结果，是工业物联网的核心所在，也是难点所在。

当前业界大数据处理技术有很多，如 SAP 的 BW 系统在一定程度上解决了大数据给企业生产运营带来的问题。数据融合和数据挖掘技术的发展也使海量信息处理变得更为智能、高效。工业物联网泛在感知的特点使得人也成为被感知的对象，通过对环境数据的分析以及用户行为的建模，可以实现生产设计、制造、管理过程中的人—人、人—机和机—机之间的行为、环境和状态感知，更加真实地反映出工业生产过程中的细节变化，以便得出更准确的分析结果。

（5）安全技术

工业物联网安全主要涉及数据采集安全、网络传输安全等过程，信息安全对于企业运营起到关键作用，如在冶金、煤炭、石油等行业采集数据需要长时间的连续运行，如何保证在数据采集以及传输过程中信息的准确无误是工业物联网应用于实际生产的前提。

2. 工业物联网数据的应用领域

工业物联网的信息集成如图 6-6 所示，分为信息处理层和物联感知层，其中物联感知层主要涵盖数据刻画与数据采集两个层面，中间以数据传输完成互联；而信息处理层包括数据集成和数据整合两个层面。同时，信息处理层也对应制造执行系统、可视化工厂、设备维护等方面，而监控事件则涵盖制造过程监控/协同、质量实时监测诊断、生产任务调度、物料优化配送和工艺监控等多个方面。具体应用领域如下。

（1）制造业供应链管理

企业利用物联网技术，能及时掌握原材料采购、库存、销售等信息，通过大数据分析还能预测原材料的价格趋向、供求关系等，有助于完善和优化供应链管理体系，提高供应链效率，降低成本。例如，空中客车通过在供应链体系中应用传感网络技术，构建了全球制造业中规模最大、效率最高的供应链体系。

（2）生产过程工艺优化

工业物联网的泛在感知特性提高了生产线过程检测、实时参数采集、材料消耗监测的能力和水平，通过对数据的分析处理可以实现智能监控、智能控制、智能诊断、智能决策、智能维护，提高生产力，降低能源消耗。钢铁企业应用各种传感器和通信网络，在生产过程中实现了对加工产品的宽度、厚度、温度的实时监控，提高了产品质量，优化了生产流程。

（3）生产设备监控管理

利用传感技术对生产设备进行健康监控，可以及时跟踪生产过程中各个工业机器设备的使用情况，通过网络把数据汇聚到设备生产商的数据分析中心进行处理，能有效地进行机器故障诊断、预测，快速、精确地定位故障原因，提高维护效率，降低维护成本。例如，GE Oil&Gas 集团在全球建立了 13 个面向不同产品的 i-Center（综合服务中心），通过传感器和网络对设备进行了在线监测和实时监控，并提供了设备维护和故障诊断的解决方案。

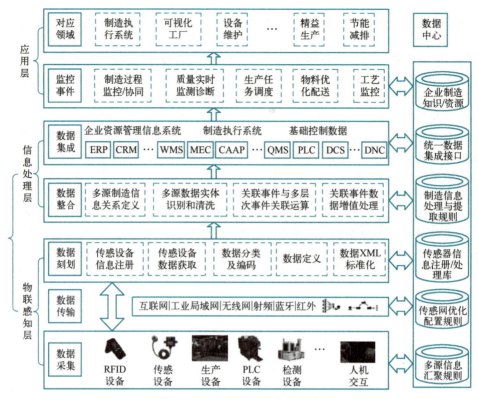

图 6-6 工业物联网的信息集成

（4）环保监测及能源管理

工业物联网与环保设备的融合可以实现对工业生产过程中产生的各种污染源及污染治理环节关键指标的实时监控。在化工、轻工、火电厂等企业部署传感器网络，不仅可以实时监测企业排污数据，而且可以通过智能化的数据报警及时发现排污异常并停止相应的生产过程，防止突发性环境污染事故发生。电信运营商已开始推广基于物联网的污染治理实时监测解决方案。

（5）工业安全生产管理

"安全生产"是现代化工业中的重中之重。工业物联网技术通过把传感器安装到矿山设备、油气管道、矿工设备等危险作业环境中，可以实时监测作业人员、设备机器以及周边环境等方面的安全状态信息，全方位获取生产环境中的安全要素，将现有的网络监管平台提升为系统、开放、多元的综合网络监管平台，有效保障了工业生产安全。

6.1.3 生产制造数据集成

数据集成是把不同来源、格式、特点、性质的数据在逻辑上或物理上有机地集中，从而为企业提供全面的数据共享。

1. 生产制造数据集成定义

在生产制造中，由于开发时间或开发部门的不同，往往有多个异构的、运行在不同的软硬件平台上的信息系统同时运行，这些系统的数据源彼此独立、相互封闭，使得数据难以在系统之间交流、共享和融合，从而形成了"信息孤岛"。随着信息化应用的不断深入，企业内部、企业与外部信息交互的需求日益强烈，急切需要对已有的信息进行整合，联通"信息孤岛"，共享信息。

数据集成，即通过应用间的数据交换从而达到集成，主要解决数据的分布性和异构性的问题，其前提是被集成应用必须公开数据结构，即必须公开表结构、表间关系、编码的含义等。

2. 生产制造数据集成的背景

近几十年来，科学技术的迅猛发展和信息化的推进，使得人类社会所积累的数据量已经超过了过去 5000 多年的总和，数据的采集、存储、处理和传播的数量也与日俱增。企业实现数据共享，可以使更多的人更充分地使用已有数据资源，减少资料收集、数据采集等重复劳动和相应费用。但是，在实施数据共享的过程当中，由于不同用户提供的数据可能来自不同的途径，其数据内容、数据格式和数据质量千差万别，有时甚至会遇到数据格式不能转换或数据转换格式后丢失信息等棘手问题，严重阻碍了数据在各部门和各软件系统中的流动与共享。因此，如何对数据进行有效的集成管理已成为增强企业商业竞争力的必然选择。

由于现代企业的飞速发展和企业逐渐从一个孤立节点发展成为不断与网络交换信息和进行商务事务的实体，企业数据交换也从企业内部走向了企业之间；同时，数据的不确定性和频繁变动，以及这些集成系统在实现技术和物理数据上的紧耦合关系，导致一旦应用发生变化或物理数据变动，整个体系将不得不随之修改。因此，数据集成将面临如何适应现代社会发展的复杂需求、有效扩展应用领域、分离实现技术和应用需求、充分描述各种数据源格式以及发布和进行数据交换等问题。

3. 生产制造数据集成模型分类

在生产制造数据集成领域，已经有了很多成熟的框架可以利用。通常采用联邦式、基于中间件模型和数据仓库等方法来构造集成的系统，这些技术在不同的着重点和应用上解决数据共享和为企业提供决策支持。在这里将对这几种数据集成模型做一个基本的分析。

（1）联邦数据库系统

联邦数据库系统（FDBS）由半自治数据库系统构成，相互之间分享数据，联邦各数据源之间相互提供访问接口，同时，联邦数据库系统可以是集中式数据库系统或分布式数据库系统及其他联邦式系统。在这种模式下，又分为紧耦合和松耦合两种情况，紧耦合提供统一的访问模式，一般是静态的，要增加数据源比较困难；而松耦合则不提供统一的接口，但可以通过统一的语言访问数据源，其中核心的是必须解决所有数据源语义上的问题。

（2）中间件模式

中间件模式通过统一的全局数据模型来访问异构的数据库、遗留系统、Web 资源等。中间件位于异构数据源系统（数据层）和应用程序（应用层）之间，向下协调各数据源系统，向上为访问集成数据的应用提供统一数据模式和数据访问的通用接口。各数据源的应用仍然完成它们的任务，中间件系统则主要集中为异构数据源提供一个高层次检索服务。

中间件模式是比较流行的数据集成方法，它通过在中间层提供一个统一的数据逻辑视图来隐藏底层的数据细节，使用户可以把集成数据源看为一个统一的整体。这种模型的关键问题是如何构造这个逻辑视图并使得不同数据源能映射到这个中间层。

（3）数据仓库模式

数据仓库是在企业管理和决策中面向主题的、集成的、与时间相关的且不可修改的数据集合。其中，数据被归类为广义的、功能上独立的、没有重叠的主题。这几种方法在一定程度上解决了应用之间的数据共享和互通的问题，但也存在以下问题：联邦数据库系统主要面向多个数据库系统的集成，其中数据源有可能要映射到每一个数据模式，当集成的系统很大时，对实际开发将带来巨大的困难。数据仓库技术则在另外一个层面上表达数据之间的共享，它主要是针对企业某个应用领域提出的一种数据集成方法，也就是面向主题并为企业提供数据挖掘和决策支持的系统。

6.2 生产制造大数据的应用领域

6.2.1 产品及工艺设计

大数据、云计算等新兴信息技术快速兴起，与现代工业技术迅速结合，产生了众多新型生产制造模式，如智能制造、数字孪生等，数据驱动成为解决复杂问题的有效途径与重要手段。随着数控机床、传感器、数据采集器和其他设备器件的大量应用，制造企业在生产过程中积累了大量的制造数据。这些制造数据呈现出典型的大数据特性，数据背后隐含的关联规则与制造知识尚待发现，需要进行数据挖掘以有效指导产品工艺的迭代和优化设计，进而提高产品工艺设计对制造环境的适应性。

传统的产品工艺设计方法较多基于仿真与实验来进行，产品工艺设计与数据挖掘的交互关系如图6-7所示。具体而言，在新的设计任务出现后，设计人员借助设计软件进行产品工艺的设计与规划；在实际生产之前试制产品并进行试验验证，确定最终设计方案后进行实际制造；在实际制造过程中，收集机器、刀具、工件等实时数据监控生产状态；对生产出来的产品进行质量检测，产生产品检测数据。制造数据的挖掘过程就是通过分析处理制造数据，探索出产品质量与工艺参数间的关系和规律；新发现的知识可运用知识库技术进行规范化表达与结构化存储，辅助设计优化决策，改进产品设计，实现产品工艺的"后向设计"。目前，基于实验与仿真的产品工艺设计方法在制造企业中应用相对成熟，而制造大数据驱动的"后向设计"有所不足，还需解决产品设计对制造系统环境自适应差、产品迭代与版本更新滞后等问题。

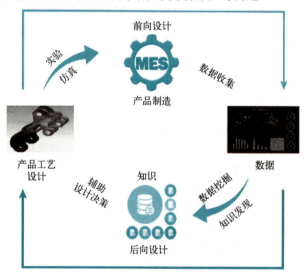

图6-7 产品工艺设计与数据挖掘的交互关系

随着数控机床、传感器在生产中的广泛使用以及物联网、人工智能等技术的快速发展，制造企业收集到的制造数据越来越多，数据增加速度也越来越快。如何充分发挥制造数据的价值成为企业发展面临的难题和机遇。"数据+知识+决策"的产品工艺自适应设计模式是解决这一问题的有效手段，可以充分挖掘制造数据的潜在价值，驱动产品工艺的自适应设计，促进产品服务和产品质量的提升。

数据驱动的产品工艺自适应设计模式的数据挖掘过程如图6-8所示，具体步骤如下。

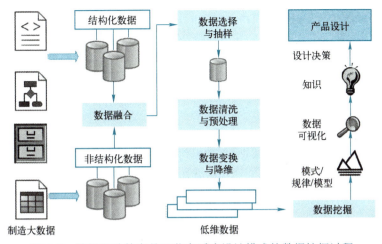

图 6-8 数据驱动的产品工艺自适应设计模式的数据挖掘过程

1) 从制造系统产生的数据出发形成制造大数据,分为结构化数据和非结构化数据,其中非结构化数据通过特征提取与信息提取等方式进行结构化处理来实现异构数据融合。

2) 对海量数据进行选择与抽样,使抽样样本既能体现整体的分布情况,又不增加数据分析计算的复杂度。

3) 对抽样后的数据进行清洗与预处理。

4) 通过数据变换使数据降维,成为低维数据。

5) 进行数据挖掘计算,挖掘数据中隐含的规律、模式和模型。

6) 以数据可视化方式辅助设计决策,推动产品的自适应设计。

6.2.2 设备诊断与健康管理

伴随物联网、互联网的迅猛普及和发展,目前社会数据的增长量和速度均呈现出直线增长的态势,是以往不能比拟的。

大数据其中心为数据,其基础为机制,其手段为计算,将智能数据决策和分析当作全新需求。设备诊断是对拥有多故障互偶或整个设施的繁杂体系落实多级诊断和监测,对轴承、齿轮、转子等关键区域落实单级诊断和监测。分析手段从通过人为挑选可靠数据,转变为全面地对多随机因子干扰中智能分析故障的动态改变环节落实全局研究和分析,进而获得故障弱特征切片分析的信号处理模式。机械故障诊断指标的改变为快速、精准地识别机械故障的演化和发生,规避或减少重大灾难事故的发生,将大数据当作机械设备组动态、健康的综合控制,对其落实智能优化和维护,实现生产环境的全面优化,确保其质量品质,实现生产效率的提升。

1. 目前面临的挑战

大数据涵盖大知识、大信息,以更加广泛、高的视角,协助诊断成员对设备运行情况进行了解,实现洞察力的提高,实现决策成效的提升。但具备价值的知识、信息均隐藏在大数据之中,需要全面分析,探寻精准的方法、理论、技术。基于此,机械故障诊断开始全面步入大数据时期,当下的智能故障诊断的方式、理论也遭遇全新的困难和挑战。

1) 当下的研究普遍应用单一的物理源信号进行设备的诊断,数据量较小。基于此,诊断专家在诊断过程中可挑选具备价值的信号落实。但在大数据时代,一般应用传感器获得很多物理源信号,真正有效、全面地呈现该设施的情况。由于多源信号具备很大的不同,且在抽样过程中形式多样,数据不具备较高的价值密度,质量参差不齐,表现出"片段化"的特性,诊断专家挑选信号宛如大海捞针。

2）出于信号处理技术特征提取，结合某特殊问题，进行专家诊断，有效分析机械设施故障体系，掌控处理信号的基础，在该层面，进行特征提取算法的设计，落实故障特征。但是，机器大数据具有多故障信息结合、多现状交替、多变化、模式不明确的特性，无法人为地落实涵盖全部信息的故障属性和特征。

3）大数据涵盖了并没有了解、落实的全新知识，也就是机械故障的演化规律、机制并非物流规律，而更多体现为由多源异构大数据（如声场、震动、热图像等）代表。当下的智能算法只可以针对机械健康情况进行决策，无法肩负机械故障演化机制、故障性质的提取和大数据信息分析的工作。

4）尽管诸多文献资料均应用浅智能模型进行机械故障的智能识别，但在大数据时期，设施故障更多地表现出不确定性、耦合、并发性。由于浅智能模型不具备较高的自学技能、建立模型和提取特征进行了有效隔离，导致识别故障中不具备较高的精准性，具备较低的泛化技能。基于此，在大数据情况下，从初步到深入均需要实现智能诊断模型的改变。

5）当下的诸多智能诊断模式均对单一标记识别进行了研究。但在大数据时代，单一标记体系不但分离了机械设施的故障关系，还很难对设施故障类型、位置、程度等信息进行描述。基于此，纳入多标签体系对多故障识别进行研究具备一定的必要性。

6）当下的预测数据驱动寿命的模式为在退化数据下探求某单一构件的失效问题和规律，并不考量部件不同的情况下其部件相互作用对系统失效导致的影响。机械体系为多部件通过耦合产生的整体，某一部件性能丧失或退化必然会导致其他部件产生"感染"，进而造成机械体系失效，进而影响该机械设施的全面运转。

2. 潜在方向与发展趋势

结合机械数据诊断当下面对的挑战，融合其特征，可在以下层面落实机械故障诊断的分析工作，为机械维护、诊断构建比较可靠和稳定的技术方式和理论支撑，进而有效释放机械数据涵盖的信息潜能。

1）大型标准数据库的构建数据为机械数据诊断分析的主要资源和基础，其数据库的建立和规划针对故障演化体系、技术创新诊断、科研协作等均具备显著的战略含义。公司共享设施的典型案例和长时间检测数据；主要收集机械设施在正常工作到故障发生的动态发展环节的数据；集中进化环节和记录零部件的相关信息。

2）评估大数据的可靠性。由于信号源的分散、数据量比较大、采样方式的多变性、随机干扰因素等诸多层面的影响，导致监测大数据表现出"不成体系"的形式，基于此，需要提升大数据的可靠性，集成智能诊断的设备方式和理论基础；研究多源信号的尺度、重采样、转换维度等规律性数据算法，实现信号一致性的提升；构建评价数据质量的统一标准，全面考量数据是否具备准确性、完整性、及时性；并在子空间聚类的层面提出智能数据清理算法，实现大数据质量的提升。

3）智能表示设备故障信息。设施故障作用规律通常"隐藏"在大数据中。唯有在数据驱动基础下研究其信号构成，实现故障特征的提取，落实故障信息的智能代表，方可有效利用大数据时期的机械价值。基于此，应落实以下工作：按照大数据比较稀疏的属性，分析稀疏非负分解、研究稀疏字典学习等表达模式，研究稀疏表达方式的物理含义，如字典可被当作某组别的特征波形基函数等，按照故障信号的产生原理，也就是响应信号为随机噪声、故障激励、系统传递函数卷积的结果，构建反馈体系。结合一般高维数据表现出低维特征的属性，提升高维特征到低维特征的提取和转换的方式。融合故障信息的记录和研究数据结构，研究全新的故障代表模式，提高故障体系的分析效率，主要分析初期故障的组合故障耦合和弱特征的症状。

4）可视化分析。可视化为运用交互落实理解、呈现、解释，对大数据的内涵进行解读，明确故障的规律，落实精准的决策，确保在研究机械故障中了解其新认识、新现象。可将智能模型组织的提取特征、可视化参数、指标可视化预测、预测结果可视化识别等当作主线,研究故障表达方式,直观呈现大数据本质,通过可视化结果分析响应信号、故障的因果,并研究故障模式、特征两者的关系。分析预测结果和识别结果的表达模式、交互式集成智能研究、多角度、多层次地表示设施健康情况等相关问题。

6.2.3 离散车间运行数据关联、预测及调控

随着物联网技术与通信技术的飞速发展,当前的制造车间逐渐转变为智能车间,并呈现出了高度相关性、深度集成性、动态融合性、数据量大等新的特点。制造车间的数据量也成指数爆炸式增长,无论是在数据量、数据种类还是数据变化速度方面都发生了巨大变化,呈现出大数据的特点。智能车间体系如图6-9所示。

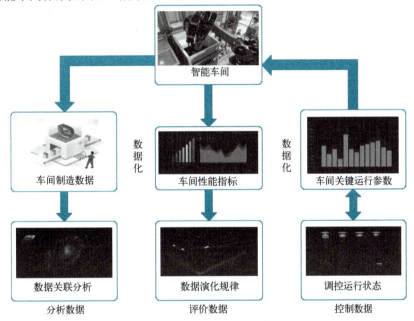

图6-9 智能车间体系

离散制造车间涵盖了从原材料到半成品或成品的离散制造全过程,在该过程中,与节能生产相关的制造数据包括车间工艺数据、设备状态数据、水电气消耗、工件位置数据等,体现了大数据的量大、多维、非线性、价值密度低等特点。这些数据主要分为两类:能耗数据与工艺数据。对于能耗数据,通过在每台机床上部署电能传感器进行采集,同时,通过气体/液体流量传感器监控加工过程中耗能工质(如压缩气体与工业用水)的使用量。一方面,工艺数据是工件的位置状态数据,可采用射频识别技术来监控制造过程中工件的位置状态,每个工件都会绑定一个RFID标签,并采用RFID读写器进行数据采集;另一方面,工艺数据也涵盖了机床数据、工艺流程、生产排程方案等企业ERP、PDM中的数据。离散制造流程体系如图6-10所示。

1. 多源异构数据融合

在先进制造系统中,随着传感器种类的增多,产生的信息量不断增大,数据的表现形式也更加复杂,如力学传感器与速度传感器工作时产生时序数据、视觉传感器捕捉图像产生图像数据、产品数据管理系统(PDM)运行中产生数据等。制造大数据的显著特征是多样性、复杂性和不确定性,对制造大数据的统一表达是解决数据融合问题的关键和难点。离散制造多源异构数据体系如图6-11所示。

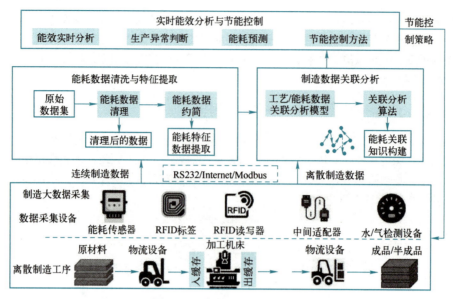

图 6-10 离散制造流程体系

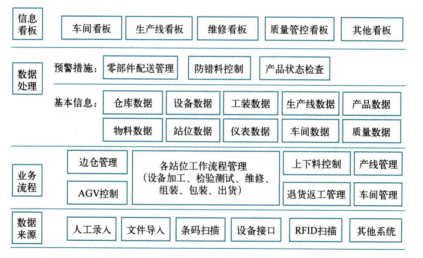

图 6-11 离散制造多源异构数据体系

1）时序数据的融合。制造过程通常需要对机床和工件的状态进行监控，采集速度、应力、温度等时序数据，而这类数据的采集帧率较高（4080fps）。为实现时序数据与其他类型数据的匹配和融合，需对时序数据进行下采样，运用平均值、方差等方法反映某一阶段的加工状态。

2）图像数据的融合。对于制造系统中的图像数据，需要提取图像中的信息以进行结构化表达。传统图像信息的提取是人手动完成的，效率较低。随着卷积神经网络模型在计算机视觉领域的应用，机器的图像感知能力有了跨越式发展，可运用机器进行图像数据的信息提取，将非结构化的图像数据转换为结构化的数据信息。

2. 数据清洗与预处理

在数据驱动的车间运行中，数据的体量和质量都发挥着至关重要的作用。数据质量包括数据的准确性、完整性、一致性和有效性。其中，准确性指数据与物理世界相符合的程度，完整性指数据中有效值所占的比例,一致性指数据对指定约束的满足程度,有效性则表征数据的价值密度。

数据清洗指将"脏数据"清除以提高数据质量,包括数据异常值与缺失值的处理、去噪等。对于数据异常值,可以采用距离度量或聚类的方法检测数据集中的离群点,删除与数据集中心距离过大的数据点。对于数据集中的缺失值,插值是数据处理的有效手段,通过数据填充使数据集趋于完整。针对数据中的噪声,可以使用平滑滤波等算法进行去噪。制造大数据中通常包含大量重复的数据点,对于这种数据集要进行数据降重,减少数据冗余。

3. 数据降维与特征提取

制造大数据是制造系统与制造过程的数字化表达,制造系统中收集到的数据越多,对制造系统的完整描述就越有帮助,而这为数据挖掘工作带来了维数灾难问题。维数灾难是处理高维数据时遇到的最大问题之一,不仅影响数据分析算法的时间和空间复杂度,还会导致数据分析算法的不收敛问题。

制造过程中采集的各种数据通常具有一定的相关性,如焊接过程中的电压与电流、机床主轴的转速与切削速度等。这种相关性会造成维度的冗余,增加不必要的计算,因而数据降维就显得尤为重要。数据降维指从高维的数据空间中保留合适的特征数据并剔除冗余数据,降低数据维度。降维后的数据既能保留原有信息量,又能避免维数灾难。

4. 制造数据关联分析模型

经过数据清洗和特征提取后,数据库中的能耗数据与工艺数据(包括机床数据、工件数据以及工艺流程数据)依然是相互脱离的,为此,通过构建制造数据关联分析模型,可以实现不同类型数据的关联分析与可视化展示,从而支持后续的生产过程监控与能效评估。考虑到实际的生产工艺流程,该模型自下而上共包含 4 层:源数据层、关联层、实体层和指标层,如图 6-12 所示。

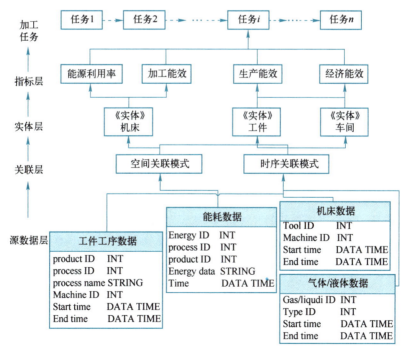

图 6-12 制造数据关联分析模型

6.2.4 企业生产及物料计划调度

统一建模语言（Unified Modeling Language，UML）是一种典型的面向对象的建模语言，支持系统可视化建模，可以用标准的、易于理解的方式对软件系统的静态结构和动态行为进行描述。UML 已广泛应用在国防、金融、交通等多个领域，具有可视化建模、概念明确、标准化、图形结构清晰、语义丰富、独立于开发过程等特点。本节采用 UML 建模方法对智能感知网环境下的船厂物料调度数据进行建模分析，以简单、直观的模型表征物料配送过程中的各制造要素实体，为系统提供数据模型基础，模型如图 6-13 所示。

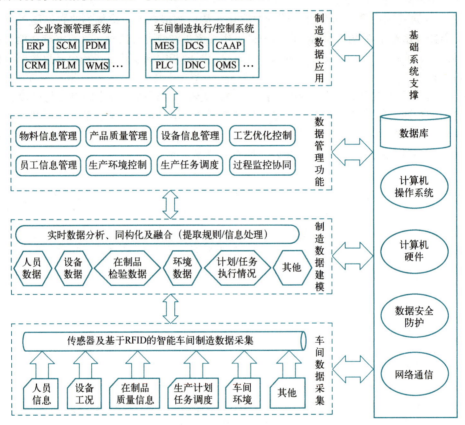

图 6-13　智能感知网环境下的船厂物料调度数据模型

按照数据对象的不同，将智能感知网环境下的物料调度数据划分为以下几类。

（1）物料信息模型

物料数据是船厂物料调度系统的关键数据基础，是实现系统功能的重要依据。物料数据模型是将物料作为主要研究对象，构建物料数据类，并继承物料的属性和操作。物料类操作指物料的加工与运输；物料属性包含编号、名称、类别、批号、单位和数量等。在制造过程中，物料的位置及数量不断发生变化，由船厂仓库配送到工位缓存区，准备生产，在一个工位完成加工后，运输到下一个工位进入下道工序，直至加工成成品。

（2）设备数据模型

设备是车间生产的重要工具。根据 UML 建模理论，以设备数据为分析对象，创建设备类，包含设备属性和操作。设备类操作主要有获取生产任务、生产加工等；设备类属性主要有设备编号、型号、名称、所在工位、负责人、状态、运行参数等。同时，每台设备有自身的加工任务和维护计划，因此需要将生产任务信息、状态信息及故障维护信息与设备数据模型关联起来。

（3）工具工装数据模型

工具工装是离散制造车间生产顺利进行的必要条件，包含刀具、量具、夹具和检具。工具工装数据建模是以工具工装为研究对象，创建工具工装数据类，并通过该类继承属性和方法。工具工装方法包括使用和维修等；属性信息主要有工具工装编号、名称、类型、数量、规格等基本信息。工具工装是执行调度任务和质量检验任务等的必要工具，因此工具工装数据模型需要和生产计划、调度计划等信息进行关联。

（4）人员数据模型

人员是车间物料调度的操作者与管理者。人员数据建模是将人员作为研究对象，创建人员数据类，并通过该类继承其属性和方法。人员操作方法包括获取、执行生产计划任务以及上传调度任务执行情况等；人员属性信息主要有工号、姓名、角色、所属班组等基本数据，工作、休假、所属位置等状态数据以及出勤、旷工等绩效数据。生产任务信息是通过人员传递给各个工位具体执行的，因此需要将生产任务信息与该类进行绑定，包括任务编号、任务名称、任务详情等，在模型中构建它们的映射和关联关系，完善人员数据模型。

（5）物料调度车辆数据模型

物料调度车辆是车间物料调度的重要运输工具，合理使用车辆是确保车间生产稳定进行的关键。根据 UML 建模理论，物料调度车辆建模是将调度车辆作为主要研究对象，构建物料调度车辆数据类，并通过该类继承其属性和方法。该类操作主要有工作、故障维修等；属性数据主要包括车辆编号、名称、类别、额定容载量等。

（6）调度任务执行数据模型

调度任务执行数据包括任务数据、进度数据和流转单数据，通过分析这些数据，创建调度任务数据类，并通过该类继承调度任务对象属性和调度任务类操作。其中，调度任务类属性有任务编号、任务序列、物料位置、配送工位等；该类操作主要指获取和执行调度任务等。调度任务执行数据和调度任务、调度车辆、生产任务等信息相互联系，因此需要将调度任务类与这些信息进行关联。

通过以上对物料、设备、工具工装、人员、物料调度车辆、调度任务执行等要素的数据模型进行研究分析，对这些数据模型进行整合，建立基于智能感知网的离散制造车间物料调度资源综合 UML 数据模型，总体模型包括物料调度过程的资源类、数据类以及资源状态的物理属性集和空间位置属性集，其具体建立过程如图 6-14 所示。

6.2.5 服务型网络协同制造

互联网、物联网等信息技术的普及应用，使近年来服务型制造的发展环境发生了巨大变化，实现万物互联的过程中产生的大数据成为服务型制造网络的一个重要驱动力。大数据环境下服务型制造主体的决策方式和互动机制发生了改变，除了客户和服务制造企业，更多的利益相关主体嵌入服务型制造网络中共同参与价值创造过程。随着社交网络平台、消费互联网平台以及工业互联网平台的快速发展，服务型制造主体不再局限于自身拥有的资源，而是通过网络平台的互动分享来整合内外部资源，主体间实现价值共创的资源基础和范围更加广泛，在资源基础上通过主体间的相互作用逐渐形成促进服务型制造网络实现价值共创的各项能力。此外，大数据环境下服务型制造网络创造的价值不再局限于企业和客户价值，还扩展到广泛的社会价值，共同构成了一个价值网络。因此，可以构建以大数据环境子网为驱动力，服务型制造的主体子网、资源子网、能力子网和价值子网相互作用的大数据驱动下的服务型协同制造超网络模型如图 6-15 所示。

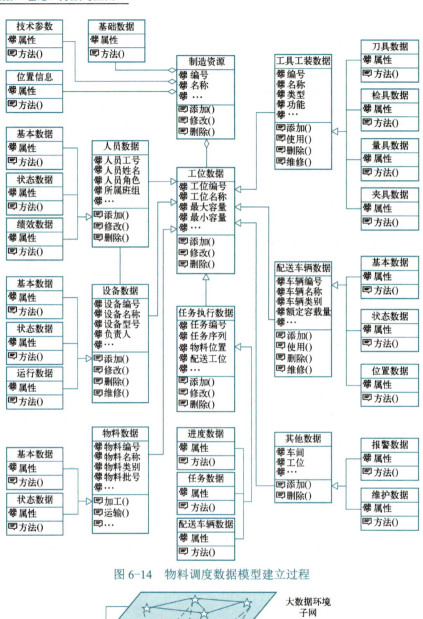

图 6-14 物料调度数据模型建立过程

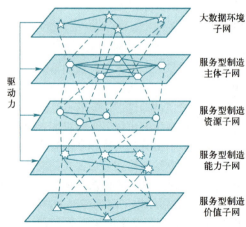

图 6-15 服务型协同制造超网络模型

(1) 大数据环境子网

大数据环境子网描述了当前服务型协同制造超网络运行的环境特征。近年来，互联网、物联网等信息技术的快速迭代发展加速了从人人互联到物物互联再到万物互联的过程，其主要特征就是生产运营环境中产生了大量非结构化和半结构化数据。服务型制造大数据环境子网中涉及的大数据主要包括客户行为大数据、产品服务大数据、设备运行大数据和组织运营大数据。

(2) 服务型制造主体子网

服务型制造主体子网描述了参与服务型协同制造超网络价值共创的主体构成和互动关系。大数据环境下，主体间的时空屏障被打破，可随时随地进行连接，互动交流效率大大提升，越来越多的主体主动参与到产品服务提供全生命周期过程中，实现了由企业客户向利益相关者进而向社会参与者的转变。服务型制造主体子网涉及的主体主要包括制造服务集成商、制造服务提供商、客户和潜在利益相关者。

(3) 服务型制造资源子网

服务型制造资源子网描述了服务型协同制造超网络实现价值共创的资源基础和整合过程。大数据环境下，服务型协同制造超网络的资源基础和范围日益扩大，无形资源的价值更加凸显，并开始在服务型协同制造超网络价值实现过程中占据主导地位。服务型制造资源子网涉及的关键资源主要包括关系资源、平台资源、数据资源和知识资源。

(4) 服务型制造能力子网

服务型制造能力子网描述了服务型协同制造超网络实现价值共创的关键能力及其作用过程。大数据环境下，服务型协同制造主体不再局限于内部开发能力，而是通过网络互动与其他主体合作开发获取新的能力。大数据驱动下，服务型制造能力子网涉及的关键能力主要包括关系管理能力、组织合作能力、数据挖掘能力和动态创新能力。

(5) 服务型制造价值子网

服务型制造价值子网描述了服务型协同制造超网络最终的价值目标。服务型制造主体若因追求单一的价值取向而忽视网络中其他主体的价值诉求将很难取得长远发展，只有每个主体都把自身所要实现的价值当成整体价值的一部分，才能实现所有参与主体的价值共创。大数据环境下，参与服务型协同制造超网络价值共创的主体更加广泛，其所创造的价值也由企业价值、客户价值向社会价值延伸。

(6) 大数据驱动下的服务型协同制造超网络

随着物联网、云计算等新一代信息技术的应用，利用大数据可极大地提升主体互动和资源整合的效率。在大数据驱动下，主体在互动过程中形成的承诺和信任关系能够产生链接红利，不仅有助于资源的分享和整合，而且对于联合培育和开发能力也具有重要作用。因此，大数据驱动下服务型协同制造超网络的价值共创综合作用机制由大数据驱动机制、主体互动机制、资源整合机制、能力作用机制和价值创造机制构成（见图6-16）。其中，大数据驱动主体互动、资源整合和能力作用，网络主体通过"主体交流、主体交互和主体交易"的主体互动机制，不断产生服务型制造所需的关系资源、数据资源、平台资源和知识资源等，然后通过"资源识别与获取、资源组合与配置、资源转化与利用"的资源整合机制，逐步形成关系管理、组织合作、数据挖掘、动态创新等服务型制造所需的能力，再进一步通过"能力开发、能力协同、能力渗透"的能力作用机制，最终实现主体间"价值共享、价值共生、价值共赢"的价值创造机制，完成从产品服务设计、生产到交付过程的全生命周期价值共创。

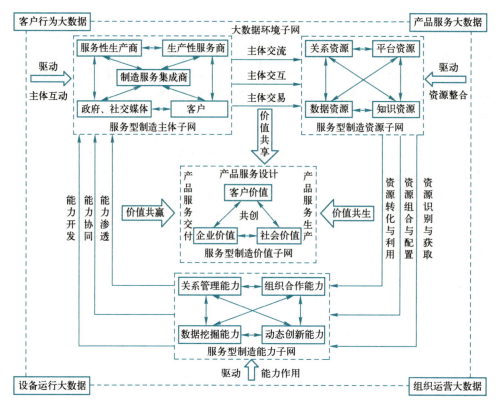

图 6-16 服务型网络协同制造全生命周期价值共创体系

6.3 生产制造大数据的应用案例

6.3.1 轮胎行业数字化工厂

轮胎行业数字化工厂通常包括密炼车间、部件车间、成型车间、硫化车间、分拣车间以及成品仓库，各个车间是典型的离散型智能制造模式。在分拣车间及成品仓库区域可通过投资建设全自动分拣物流装备和自动化立体仓库实现全过程的自动化和信息化；而在密炼、部件、成型等车间，由于不同车间设备种类分散布置，同一车间设备与设备之间相互独立，不同车间设备生产出的原料供下一工序车间使用，设备种类众多，原料种类繁多。大多数车间设备供料靠操作人员和人工叉车作业，物料台车较重，工作强度大，现场管理混乱复杂，依靠纸质单据进行信息传递，因此迫切需要引入车间成套物流系统（AGV）实现物料（胶料、胎侧、胎面、内衬层、带束层、胎体层、胎圈、冠带条等）在密炼、部件、成型等各个车间的自动化及智能化转运，并实现与企业制造执行系统 MES 无缝对接，从而实现少人化操作，进而提高生产效率，减少工人劳动强度，改善现场作业环境，提高产品生产质量，降低产品不良率和提高生产效率。

1. 核心：物料自动转运机器人系统

物料自动转运机器人系统的主要使命是完成密炼车间、部件车间、成型车间、硫化车间等车间设备之间轮胎生产所需物料自动、智能供应,形成物料搬运机器人系统、RFID 电子标签识别系统、智能供料信息管理系统以及与企业信息系统接口集成为一体的新型车间成套物流装备,从而构成轮胎生产数字化车间的关键物流装备,并满足日常生产所需的大批量、多品种物料供应,实现生产过程物料信息的全过程信息绑定与追溯,为成品轮胎质量管控和成品档案管理提供基础数据依据。

轮胎半成品生产过程基于上一车间生产设备产出的物料是下一车间生产设备的原料供应,该项目的总体建设目标是实现不同车间生产设备物料自动供应,实现物料下线与容器绑定入库存储、库存物料效期管理、根据生产计划配送出库等过程,充分利用机器人技术、计算机技术、网络通信技术、物联网技术(条码结合电子标签 RFID),实现 OT 系统和 IT 系统的融合集成应用。

物料自动转运机器人系统主要由自动转运机器人子系统、自动充电子系统、网络通信子系统、物料仓储子系统、RFID 电子标签识别子系统、作业自动调度子系统以及与企业制造执行系统(MES)协调集成模块组成,如图 6-17 所示。

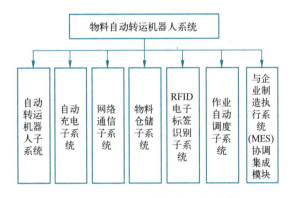

图 6-17 物料自动转运机器人系统

1)自动转运机器人子系统由若干台自动移动搬运机器人(AGV)小车及配套地面控制系统组成,主要用于不同工序设备之间物料容器的自动搬运。

2)自动充电子系统是为自动移动搬运机器人(AGV)提供电池充电的功能模块,根据使用场景可配置铅酸电池充电设备或电子充电设备,当移动搬运机器人运行电量低于预设值后自动驶入充电站,完成自动充电任务。充电站由自动充电机、远程 I/O 以及网络接口组成。物料自动转运机器人子系统与自动充电子系统的交互如图 6-18 所示。

3)网络通信子系统可保证地面管理控制计算机、移动搬运机器人、RFID 手持器等设备运行过程中数据的高速、稳定传输,由工业有线以太网和基于 802.11b/g/n 双频漫游的无线网络组成。

4)物料仓储子系统是基于 SOA 技术架构研发设计的针对地面平库的物料仓库管理系统,实现物料的出入库管理、作业管理、库存管理等功能,由物料仓库管理系统(WMS)、RFID 手持器及终端软件、仓储管理计算机以及网络接口组成。

5)RFID 电子标签识别子系统由硬件层、物资射频识别系统组成。硬件层包括固定 RFID 读写器、车载 RFID 读写器、手持 RFID 读写器、天线、RFID 标签,主要完成台车、托盘及其装载物料的标识、识别、信息关联和信息采集。

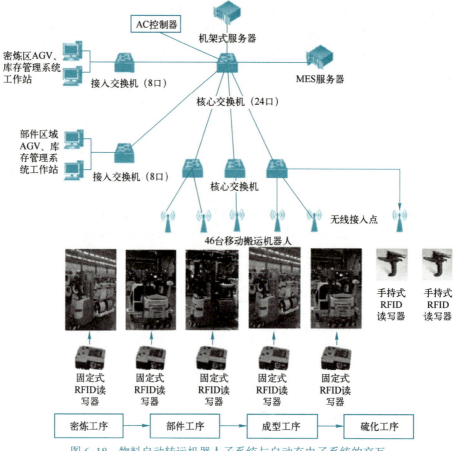

图 6-18 物料自动转运机器人子系统与自动充电子系统的交互

6）作业自动调度子系统是整个智能物料转运的中枢神经，负责作业指令的上下传递，其调度的实时性、高效性、准确性是整个系统运行的成败所在，由作业自动调度系统软件、与移动搬运机器人接口、设备接口、MES 接口组成。

7）与企业制造执行系统（MES）协调集成模块是负责数字化车间成套物流装备的指令发起方，由接口软件模块、物料仓储子系统接口、作业自动调度系统接口组成。

2. 自动调度核心技术

自动转运机器人管理监控调度系统（AMS）平台采用模块化软件结构，包括管理系统、监控系统以及作业自动调度系统，监控系统与作业自动调度系统分别以以太网 TCP/IP 方式与管理系统连接通信，管理系统主要功能是作业管理、交通管理、通信管理、系统诊断，监控系统以图形化方式显示自动转运机器人实时运行状态，作业调度系统负责作业调度下发、作业历史记录以及与第三方软件系统进行接口，实现转运过程的无人化和自动化。

管理监控调度系统开发采用模块化结构，不同功能模块进行集中管理控制，主要功能模块有全局数据、任务管理、车辆管理、交通管理、通信管理、信息查看、I/O 管理、系统诊断、模拟管理、功能测试等模块，形成标准的车间管理平台。

作业自动调度系统上接企业信息系统，下接管理系统，实现作业指令的自动下达与反馈，形成用户管理、权限管理、通信设置、作业状态查询、作业流水查询、作业历史记录、日志查询及系统设置等功能模块，如图 6-19 所示。经过近 20 年的工程实际应用，已形成具有可配置化、快速集成应用模式。

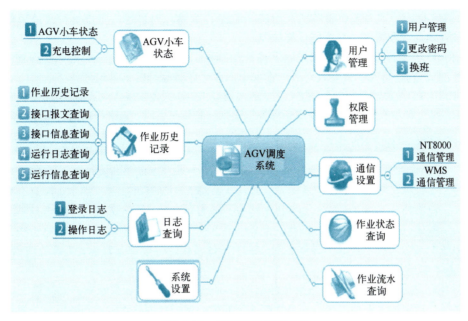

图 6-19 管理监控调度系统

3. 智能供料管理信息系统

智能供料管理信息系统的主要功能是对物料自动转运机器人系统中设备进行动态管理与调度，及时、准确完成各种物料的搬运作业，利用 RFID 识别技术实现物料入库、库存、出库全业务流程的信息追溯，并对库存数据、作业数据、货位数据等进行统计分析，为企业上游信息化系统提供底层的数据支撑，为数字化车间各部门提供有价值的决策信息，以便决策者对生产进行宏观调控。

系统以可视化方式动态显示智能供料库区物料存放情况，同时系统具备丰富的查询统计功能，能提供各种方式进行查询统计等功能。

根据系统总体规划设计，智能供料管理信息系统组成如图 6-20 所示，系统由作业接口管控系统、作业自动调度系统、料区仓库管理系统、RFID 电子标签识别系统、RFID PDA 终端系统、后台数据库管理系统以及与制造执行系统（MES）的接口组成。

通过将整个信息系统分成若干子信息系统，整体上协同完成智能料区信息管理系统，实现在轮胎行业复杂环境现场条件下数量众多的移动搬运机器人高并发作业场景的实时处理和库存管理，并与企业制造执行系统（MES）协同集成，整体上构成数字化车间成套物流装备的重要组成部分。

1）作业接口管控系统负责与 MES 协调集成，根据 MES 生产计划和料区仓库管理系统情况来生成调度作业指令，并实时向 MES 反馈作业执行详情。

2）作业自动调度系统负责车间内所有移动搬运机器人作业指令下达、数据报解析分析、逻辑记账等。

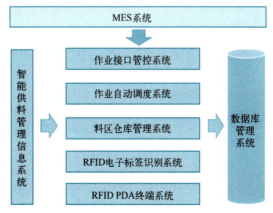

图 6-20 作业管控系统负责与 MES 系统协调集成

3）料区仓库管理系统负责胶料、胎侧、胎面、胎体、内衬层、带束等料区可视化库存管理、货位管理、作业管理、查询统计等功能。

4）RFID 电子标签识别系统通过固定式 RFID 读写器、车载 RFID 读写器来实现物料容器上 RFID 卡片的识别、写入、读取及比对，实现出入库全业务流程的信息追溯。

5）RFID PDA 终端系统以无线接入方式通过移动 RFID 设备实现作业查询及维护、库存查询及维护、库存盘点等功能，构成 RFID 电子标签识别系统的补充手段，来维护料区仓库管理系统。

6.3.2 半导体晶圆智能化生产调度

半导体晶圆制造系统是最为复杂的离散制造系统之一。不同于传统的流水车间和作业车间制造系统，半导体晶圆制造系统具有可重入流、大规模在制品混合加工、加工工序复杂繁多、加工周期长、设备昂贵、设备负载不均等显著特点。随着科技的进步，晶圆尺寸和重量不断增大，传统的人工搬运已不能满足要求。因此，世界上晶圆代工厂普遍采用自动物料运输系统。自动物料运输系统的高效运行对提高半导体晶圆厂的生产效率和经济效益有着至关重要的作用。

1. 基本制造工艺

半导体制造系统的工艺范围主要指晶圆制造阶段，这个阶段需要花费六到八周完成上百步复杂的化学和物理加工工艺，在芯片上刻蚀复杂的集成电路，因此该阶段的制造工艺也是最为精密和复杂的，所有的加工都是在超洁净环境中进行的。晶圆生产基本制造工艺如图 6-21 所示。

图 6-21 晶圆生产基本制造工艺

1）氧化（Oxidation）。氧化工艺的目的主要是在半导体表面形成一层 SiO_2 薄膜，其厚度视其用途不同而变化。

2）淀积（Deposition）。淀积是半导体制造过程中最常用的一种生成薄膜的加工工艺。

3）离子注入（Ion Implantation）。在本征半导体中加入杂质的过程称为掺杂，而离子注入是最主要的掺杂方法。离子注入工艺可精确控制杂质的含量及杂质穿透的深度，使杂质分布均匀。

4）金属化（Metallization）。金属化的目的是在芯片中形成电路连接。

5）光刻（Lithography）。光刻的目的是将光刻胶涂到硅片表面后，使用受控的光线（一般是紫外线）进行曝光，在硅片表面形成所需的图形。实际上，光刻工艺是一系列工艺的组合，包括涂胶、软烘、对准和曝光、曝光烘焙、显影、竖膜烘焙等工序，如图 6-21 所示。

6）刻蚀（Etching）。刻蚀是用化学或物理方法有选择地从硅片表面去除不需要的材料的过程。

7）化学机械抛光（Chemical Mechanical Planarization）。是一种表面全局平坦化技术，它通过硅片和一个抛光头之间的相对运动来平坦化硅片表面。

8）清洗（Cleaning）。清洗的目的是保持硅片表面的清洁，使其不被各种会造成芯片质量下降的微粒沾污。

9）晶圆测试（Wafer Testing）。晶圆测试的目的是检验可接受的电化学性晶圆。

10）装配与封装（Assembly&Packaging）。装配是从硅片上把好的芯片分割下来后粘贴在金属引线框架或管壳上，封装是将芯片封在一个保护管壳内。

晶圆制造的典型工作区域如图 6-22 所示。

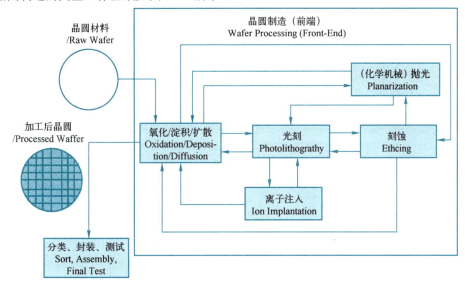

图 6-22　晶圆制造的典型工作区域

2. 数据驱动的半导体晶圆智能化生产系统

通过大数据驱动，可以将半导体晶圆智能化生产系统分成四个层级，如图 6-23 所示。

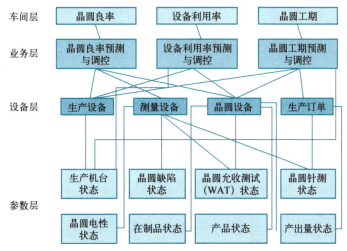

图 6-23　半导体晶圆智能化生产系统

其中，车间层为系统的物理基础层级，主要提供半导体晶圆生产时期的晶圆良率、设备利用率与晶圆工期等相关数据，并将数据提交到业务层，通过数据驱动对相应的指标提出有效调控方案，接着在设备层对各类设备进行操控，并输出参数，对车间的数据进行反馈，并对工期进行调控，其机理如图 6-24 所示。

根据制造车间数据的应用需求，提取出半导体晶圆智能化生产数据管理系统的功能结构，如图 6-25 所示。系统主要的功能模块有系统管理、基础信息管理、数据规则管理、加工任务管理、数据分析应用、监控管理、应用接口。

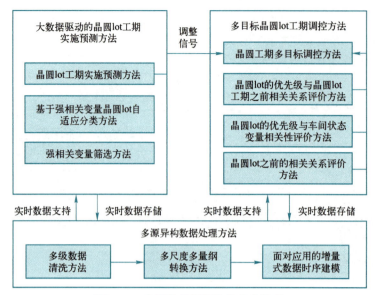

图 6-24 半导体晶圆智能化生产机理

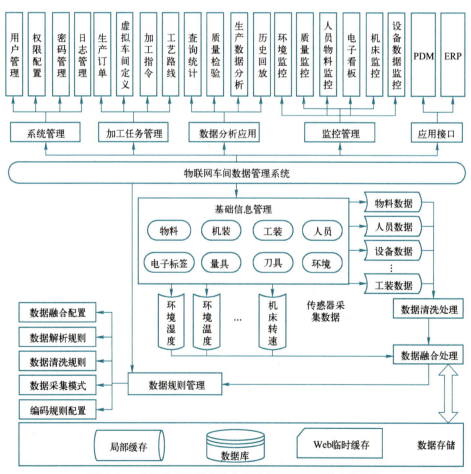

图 6-25 半导体晶圆智能化生产数据管理系统的功能结构

1) 系统管理模块是系统管理员对半导体晶圆智能化生产数据管理系统的维护与管理模块,

包含用户管理、权限配置、密码管理、日志管理等功能模块。用户管理是对系统使用者的管理，权限配置则根据不同使用者的角色为其配置权限。日志管理模块记录了每个使用者的历史操作，大大增强了系统的安全性和可靠性。

2）基础信息管理模块是对半导体晶圆生产车间的各类基础数据的采集管理，包括物料、机床、工装、人员、量具、刀具、电子标签、环境等信息。这些信息由部署在半导体晶圆生产车间的智能传感设备采集，经过数据清洗和融合处理后进行存储，并为其他模块提供数据支持。

3）数据规则管理模块主要实现系统中数据采集、数据解析、编码规则、数据清洗、数据融合等过程的规则配置，是系统的核心功能模块。

4）加工任务管理主要实现制定生产订单、定义虚拟半导体晶圆生产车间、生成加工指令、维护工艺路线等功能，负责产品从订单经过一系列加工流程到成品的跟踪管理，虚拟半导体晶圆生产车间定义实现了半导体晶圆生产车间信息的监控管理。

5）数据分析应用模块是生产过程结束之后的处理工作，实现了查询统计、质量检验等功能，也可根据生产数据分析、历史回放等实现生产计划及流程的改进。

6）监控管理模块实现了生产过程中各种参数（如环境、质量、物料、人员、机床、设备等要素）的实时监控及可视化功能。

7）应用接口模块实现了系统与 ERP、CAPP、MES、PDM 等的接口，便于与其他系统的数据集成。

此外，针对晶圆生产系统的全过程，也整合了一套数据驱动下的监控与管理体系，如图6-26所示。

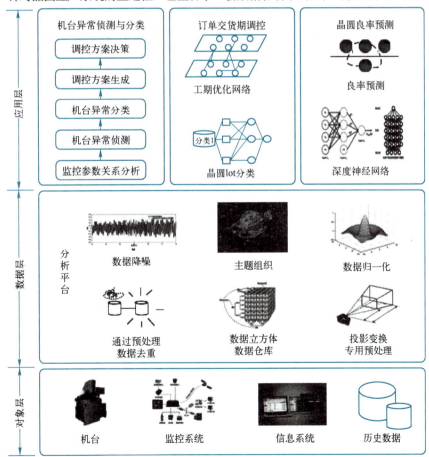

图 6-26　数据驱动下半导体晶圆智能化生产的监控与管理体系

本章小结

生产制造大数据包括企业信息化数据、工业物流网数据与生产制造数据，企业信息化业务涵盖商务、应急和服务多个层次，涉及多项核心业务。工业物联网的信息化数据，分为信息处理层和物联感知层两个层面，其中物联感知层主要涵盖数据刻画与数据采集两个层面，中间以数据传输完成互联，而信息处理层包括数据集成和数据整合两个层次。生产制造数据集成，即通过应用间的数据交换来达到集成，主要解决数据的分布性和异构性的问题，其前提是被集成应用必须公开数据结构，即必须公开表结构、表间关系、编码的含义等。

大数据、云计算等新兴信息技术快速兴起，与现代工业技术迅速结合，产生了众多新型生产制造模式，数据驱动成为解决复杂问题的有效途径与重要手段。随着数控机床、传感器、数据采集器和其他设备器件的大量应用，制造企业在生产过程中积累了大量的制造数据，这些制造数据呈现出典型的大数据特性，数据背后隐含的关联规则与制造知识尚待发现，需要进行数据挖掘以有效指导产品工艺的迭代和优化设计，进而提高产品工艺设计对制造环境的适应性。

通过大数据采集技术实时获取生产过程中的数据，企业可以实现采购生产制造的数字化，全面了解生产链与产品制造执行情况，实现制造环节的工业化与数智化。

本章练习

一、名词解释
1. 生产制造大数据
2. 企业信息化
3. 工业物联网
4. 生产工艺
5. 智慧工业供应链

二、简答题
1. 什么是企业信息化？
2. 如何分析服务型网络协同制造的结构？
3. 生产制造大数据对于生产制造协同优化起到了哪些作用？
4. 如何优化生产制造大数据？

三、讨论题
如何应用大数据改造智慧生产制造系统？

第 7 章 物流大数据

学习目标

- 了解物流大数据的特征。
- 掌握物流大数据在不同领域的应用。
- 熟悉物流大数据的应用典型特征。

导入案例

大数据推动大物流

大数据时代给物流企业信息化建设带来的最大挑战，是如何通过大数据分析提升自身的物流服务水平。物流行业与材料供应商、产品制造商、批发零售商、终端消费者是紧紧地联系在一起的，所涉及的数据量极大且具有一定经济价值。所以"共享物流"成了大数据时代一个不可回避的话题。

其实共享物流不是一个新事物，在共享配送资源方面，早在 2012 年 6 月，商务部流通司就发布了《关于推进现代物流技术应用和共同配送工作的指导意见》，并选择了 9 个城市开展共同配送试点工作，这是"共享配送资源"的共享物流模式。到 2015 年，商务部已经在全国组织了 25 个城市的共同配送试点，取得了很好的效果，带动了全国共同配送的创新发展。其中，在车货匹配领域，在网上网下融合 O2O 模式实现车货匹配基础上，共享货运资源的模式开始与车辆加油、车辆保险、车辆维修、在途大数据融合，实现全面创新的大数据共享模式，实现了车货最优匹配、车辆后市场与货运金融创新的结合，开创了很多颠覆性的创新模式。

在城市共同配送的共享物流领域，随着大数据、云计算与移动互联网发展，城市共同配送已经全面深化，出现了配送信息大数据在线集成，城市车辆在线实现实时的订单需求集成，车辆在城市配送途中能够做到实时共配。此外，零担物流城市配送也创新了多种模式。

在共享物流设备资源的共享物流领域，以叉车租赁为例，随着叉车物联网的发展，叉车租赁企业建立了叉车租赁共享平台，同时借助平台优势，整合叉车供应链，对叉车结构进行模块化改进，以"模块化更换维修"替代了原来的依靠维修师傅技术进行维修的模式，只要会拧螺丝钉就会维修，极大地简化了叉车维修程序。更换下来的需要维修的模块则可以集中维修备用。这样不仅大大减少了叉车租赁维修时间，提高了客户体验，还改进了叉车易损零部件的模块化供应，降低了成本。

在共享仓储资源方面，近年来，随着仓储设施与仓储服务标准化发展，基于共享仓储资源的共享平台发展很快，通过线上线下深度整合仓储资源，以云计算、大数据为基础，构建仓储互联网平台数据库，共享仓储资源与商品库存信息，实现了仓储资源的网上交易、网上调度、实时跟踪与监控，提高了全社会的仓储管理水平。

作为交通运输部门大数据共享的一个突出成就，当前物流公共信息平台建设在全国各省、市、区的发展总体上比较顺利，这种把物流、信息流、资金流等核心节点与物流智能化结合的创新平台，充分利用了大数据跨界共享的理念，对于推动制造业变革、整合供应链、推动智能制造的快速发展起到了很大的作用。

此外，大数据分析还可以提高物流行业管理的透明度和服务质量。大数据分析通过物流信息交流开放与信息共享，可以使物流从业者、物流管理机构的绩效更透明，间接促进物流服务质量的提高。同时，大数据在物流领域的应用还可以有效地协助社会治安。在这方面，山东省潍坊市的做法很有典型性。该市建立了"中心城区、相邻县市区、全市范围"三级防控圈，在环潍坊周边和环中心城区建成了 43 处交通治安检查站、146 个治安卡点，24 小时动态收集过往车辆、人员、手机、警员等轨迹信息，对可疑车辆、重点人员现场盘查核录、查缉布控。每天产生的 350 多万条图片信息自动存入大数据平台。全市 258 处电子围栏全部配套安装视频监控和电子卡口，研发应用"神眼"大数据和智能交通系统，对每天进出潍坊的 1000 万辆次过车数据比对分析，实现了"人过留影、车过留牌、机过留号"。虽然相关报道并未涉及警局数据是否与社会共享这一环节，但至少在交警管理环节，这种做法已经具备大数据收集和应用的基本特征，值得推广。

大数据作为一种新兴的技术，给物流企业带来了机遇也带来了挑战，合理地运用大数据技术，将对物流企业的管理与决策、客户关系维护、资源配置等起到积极的作用。

我国的数据开放与应用在一些地方已取得了初步成效，但从全球视角看，目前仍处于起步阶段，在政策制定、机制创新、应用支持、数据的可用性和影响力等方面都还存在不足。"十三五"期间，我国大数据战略落地实施，特别是在政府大数据共享问题上，国家应尽快摸清各地政府信息资源建设情况，在保证国家安全、商业机密和保护个人隐私的前提下，各级政府部门应稳妥有序地开放自己的数据资源，深化大数据在各行业的创新应用，促进大数据产业的健康发展。"
（资料来源　中国物流与采购网. 大数据推动大物流[J/OL]. （2016-09-19）[2023-06]. http://www.chinawuliu.com.cn/zixun/201609/19/315445.shtml.）

7.1　物流大数据的构成

随着大数据时代的到来，云计算和大数据技术加快向物流业渗透，通过海量的物流数据挖掘新的商业价值。物流之争在一定程度上逐渐演变为大数据技术之争。在大数据技术的支持下，人与物流设备之间、设备与设备之间形成更加密切的结合，形成一个功能庞大的智慧物流系统，实现物流管理与物流作业的自动化与智能化。可以说，大数据技术是构建智慧物流的基础。按其构成内容而言，物流大数据主要包括云仓储数据、配送数据和运输数据等。

7.1.1　云仓储数据

1. 云仓储数据需求

云仓储管理系统（WMS+）是针对快速消费品行业，基于智慧供应链、仓储和配送系统，应用先进的互联网技术，在同一平台上搭建的智能终端平台，以实现仓储供应、订单管理、消费服务、信息共享，系统具有人员管理和集中采购功能，并与基于用户的便利店运营体系相连接，形成涵盖经销商、仓库、配送、门店、人员、商品的智慧供应链闭环生态系统。因此，在开发云仓储管理平台时，仓储系统的数据需要满足以下功能需求。

1）系统的用户包括超级管理员、城市运营商、代理商、供应商、商店等，每个角色都具有不同的职能，为保证系统具有较高的安全性，必须对各个角色所拥有的权限进行严格规划。

2）云仓储是企业供应链中最基础的环节之一，云仓储平台需要与商城系统和店铺 ERP 系统相连接。

3）云仓储平台需要实现仓库管理系统的主要功能。

4）系统必须能够对数据进行分析，以便管理员能够及时发现异常数据。

2. 云仓储数据构成类别

通过分析不同的仓储物流管理平台，结合企业所采用的商业模式，仓储物流管理平台主要用户分为普通业务人员、供应商、代理商、城市运营商、仓库管理人员等。仓储物流数据主要分为系统管理、商品存储管理、商品调拨管理和商品配送功能4个类别。

（1）系统管理数据

1）组织机构与用户信息管理数据。组织模块主要包括用户的添加、删除、维护和查询功能。用户信息管理模块的功能包括新增和编辑用户；用户信息查询，查询方式可根据用户编码、用户昵称或者手机号查询；查看用户详细信息；设置用户状态等功能。用户信息包括人员编码、人员名称、角色名称、联系电话等信息。用户的状态分为在职状况与启用状况，在职状况分为在职与离职状态；启用状况包括启用与停用两种状态。

2）权限管理数据。企业通常有较为严格的组织结构关系，各级组织应该按照层级顺序开展维护工作，避免跨级维护，换言之，城市运营商组织由具有超级管理员权限的人员进行维护，供应商、代理商组织则由城市运营商管理员进行维护，仓库由供应商管理员进行维护。

（2）商品存储管理数据

1）商品管理。该系统当中可以建立多层次的产品分类，例如，一级分类为生鲜；二级分类包括精肉、蔬菜、水产品；精肉包括畜类和家禽。产品信息模块包括发布产品、下架产品、产品查询和产品编辑4个部分，发布和编辑产品功能要求仓库管理员保存产品名称、供应商、条码等信息，如仓储条件、成本、规格等。产品查询功能基于产品名称或产品代码，查询状态包括"启用"和"停用"。下架产品功能是一种针对滞销商品所采用的策略，系统将一定天数内未售出的商品确定为滞销商品，通过人工验证后列入黑名单。

2）出入库管理数据。根据其功能，仓库可分为不同的区域，如拣货区、收货区、出货区以及退货区。拣货区是货物的主要存放场所，收货区、出货区、退货区主要用于货物的存放和退货。在收货区，可以根据库存货物的类型划分不同的存储位置，货物的具体存放位置必须与特定的库位一致。商品在出、入库的过程中遵循一定的策略，例如，可以根据同一生产日期、货物分类或收货地点等信息来选取出、入库地点。出库因产品类别而异，例如，对于食品，出库应该以生产日期为基准。

3）退货管理数据。退货管理包括退货和换货两个部分。退货要求顾客在退货系统中填写退货单，退货时，退款金额按以下公式计算：订单退款金额=订单产品销售价格×退货数量×（1-商品折损率）。换货管理时要对库存进行检查，如果库存充足，可以进行更换；如果库存不足，要在盘点结束后进行补货。

4）盘点任务数据。库存盘点包括自定义盘点、全盘、动盘等功能模块，每个模块对应不同的盘点类型。全盘是盘点仓库中所有货物的信息。动盘是盘点当天库存变动信息。自定义盘点是选择需要盘点的商品。在盘点之后，系统将商品的实际库存数量与系统中保存的商品库存数量进行对比核验，具体结果包括以下几种。

① 正常：当实际盘点的货物数量与系统中的数量相等时，表示货物处于正常状态。
② 盘盈：当实际盘点的货物数量大于系统中的数量时，表示货物处于盘盈状态。
③ 盘亏：当实际盘点的货物数量小于系统中的数量时，表示货物处于盘亏状态。

（3）商品调拨管理

云仓储系统通常包括人工调拨和系统智能调拨这两种模式。人工调拨是指根据店铺下达的订单进行分配；系统智能调拨是根据商品销售水平、商品销售预测、企业运营策略、企业仓库布局等因素，提出供应商仓库与门店仓库之间的补货或退货建议，具体的触发时间和触发条件可以在系统中设置，触发时间初始值设定在每晚 7 点，可根据实际情况进行调整。同时，为了防止系统出现异常情况（如停电、网络故障等）导致系统无法按计划执行任务，仍然需要设计人工手动执行功能。

（4）商品配送功能

系统的商品配送功能需要实现对车辆的管理、完成配送任务、优化调整配送路线等。对于车辆管理来说，需要在准确记录车辆基本信息的基础上为车辆安装跟踪定位装置，确保实时掌握车辆状态。对于配送任务来说，主要包括查询任务与增加任务。对于配送路线来说，需要结合具体任务、商品与车辆情况科学规划路线，力求最大限度地降低成本。

7.1.2 配送大数据

在社区快递物流配送服务过程中，快递包裹作为信息的载体在配送中心、配送员、用户之间流通，通过物流配送大数据平台监控和管理整个社区快递物流配送的完整流程，可以收集到快递包裹流通过程中产生的大量数据，不仅能够有效地了解整个快递配送服务过程的即时情况，并且能够初步掌握用户的基本行为习惯。快递企业通过物流配送大数据平台监控和管理的数据包括配送业务数据、客户特征数据、配送员配送轨迹、实时环境数据。

1. 配送数据的构成

大数据的价值不仅在于其原始价值，更在于数据之间的连接、大数据扩展、再利用和重组。例如，京东利用物流大数据加上用户交易数据，推出的移动商店就大受欢迎。另外，大数据开放对于提升整个社会的发展水平具有重要作用。大数据作为数字资产，可以重复利用，不像资源类的零和游戏，政府、协会等社会组织可以收集数据，脱敏后对社会开放，为社会服务，创造出更大的社会价值。

（1）配送业务数据

配送业务数据是快递企业某一时间段内的物流配送信息，包括待配送的快递包裹数量、正在配送路上的快递包裹数量、配送员配送快递包裹的详细记录等，其作用是实时监控快递包裹的动态以及配送员配送的实时情况。

（2）客户特征数据

客户特征数据是接收用户的个性化数据，包括客户要求的上门配送时间、客户接收快递时的即时位置等，其作用是帮助企业了解客户的自然行为习惯，为配送路径的调度优化收集基础数据。

（3）配送员配送轨迹

配送员配送轨迹是配送员进行快递包裹的配送路线，包括配送员按照个人经验自主选择的配送路线以及系统给出的建议配送路线，其作用是为配送路线的调度优化收集基础数据。

（4）实时环境数据

实时环境数据是指配送员配送快递过程中的环境数据，包括配送时的天气环境数据、配送路线的地理环境数据等，其作用是减小环境对调度优化的影响。

2. 物流中心大数据特征

大数据时代，物流配送中心具有以下特征。

1）响应速度快。在大数据时代，物流配送中心作为物流网络的中心节点，对上游制造商和下游顾客的响应速度都加快，一方面，依据大数据的预测功能，提前做好资源调配，另一方面，依据大数据技术，对大交易数据、大感知数据和大交互数据的处理结果更加精准，处理时间缩短。

2）服务个性化。物流配送中心不仅满足原有的仓储、运输、加工、装卸服务，还可以根据货物的类别、顾客的需求增加个性化服务，如货物的个性化包装、配送的个性化定制等。

3）作业规范化。传统的物流仓储和装卸等环节很多依靠老员工的经验或者通用式的操作办法，但对于每个物流配送中心来说，这种作业办法往往不是最适合、最有效的方式。针对每个物流配送中心，可以分析其历史的交易数据和感知数据，建立各个环节的优化模型，使作业更规范、更实用。

4）配送数据化。在大数据时代，所有的信息都是数字化的，配送过程中产生了大量的感知数据，大数据技术提供了对感知数据的存储和分析方法，保证产品配送过程中的全方位、智能化的技术支持，决策过程、决策方案以数据为依据，避免主观决策的盲目性。

3. 配送数据的功能需求

（1）配送单元管理

1）配送单元。配送单元集群中，所有的单元都是等价的，对于一个新接入配送系统环境的配送单元，系统会为其分配一个全局唯一 ID。

2）配送单元组。在实际仓库中，可能存在很多不同的任务，为了尽快完成一个任务，有时需要多个配送单元同时分担，这时，可以把它们统筹在一起，按任务划分成组。

（2）运营监控和数据分析

1）定位监控。监控人员主动请求特定配送单元位置，相关配送单元主动实时上报当前位置。

2）异常监控。自动对处于异常状态的配送单元进行跟踪，实现目标车辆 ID、位置、工作状态、任务详情、可能异常问题预测信息等的实时直观显示。

3）组监控。有时为了跟踪了解一个任务状况，需要同时对多个配送单元进行监控。

（3）任务调度管理

可以根据配送环境的配送需求和空闲状态配送单元集合，进行自动任务创建和任务分配，以及对所需配送单元的任务下发和调度。

（4）环境管理

部署在云平台的云控中心，需要创建一个表征物理配送环境的抽象环境地图，并基于此进行各种决策和远程控制。

（5）路径规划和优化

配送单元在接收到任务指令后需要去往任务起始点，在到达起始点并完成装载配送货物后，需要去往任务目标点。此时，需要为配送单元合理规划一条路径。

（6）远程操控

为了配送空间的自动化程度，一般很少人工物理干预，理想情况下甚至无人工干预。此时，在一些特殊情况下，对配送单元的远程操控变得尤为需要。

1）远程启停。物理配送单元存在两种基本状态——"启动状态"和"关闭状态"，可以根据需要远程对其进行开启和关闭。

2）远程手控。无论多么优秀的算法和系统都会存在异常情况，导致配送单元无法在云控中心的指导下，凭借自身控制完成任务，此时需要远程进行人工操控，来协助其摆脱异常困境。

3）远程调度。一般地，依赖于云控中心，自动生成任务调度指令，来对配送单元进行任务指派和策略调度。有时需要进行人工指派。

4）远程救援。如果配送单元出现物理故障，需要远程操控其他救援单元帮助其到达检修窗口。

（7）消息通信功能

1）配送单元将所有监控数据远程上报云数据中心。

2）配送单元可以从云控中心接受指令，并应答。

3）云控中心的多台虚拟主机之间可以进行相互通信。

（8）状态同步和校正

1）控制方式在逻辑上是集中式，故需要对整个配送环境进行状态同步。

2）由于物理世界存在很多扰动，云控中心的虚拟环境可能在经过若干步之后，虚拟环境和物理环境的状态存在偏差，需要定时对虚拟环境进行校正，防止决策错误。

（9）安全监控和异常处理

对预定义的一些异常安全问题进行监控，如配送单元掉线、进入死锁状态。

7.2 物流大数据的应用领域

7.2.1 智能仓储管理系统

1. 系统的架构设计

（1）整体架构

系统架构基于 WMS（仓储管理系统）的 C/S 结构模式，C/S 结构模式要求在客户端安装专用的客户端软件，从而真正体现硬件环境的有效性，保证系统的稳定性，但无法满足人们的智能化办公需求。B/S 结构模式具有良好的分析效果，对现有系统软件的维护和升级也十分便利。然而，为达到使用便利的效果，服务器必须采取集中分布方式。在系统的设计和规划中，应优先考虑前后端分离，应用 Vue+Element UI 进行前端节点的设计研发，由 Node 执行和传输。后端可以选择轻量级的 SSM 作为主框架。为有效保证系统的稳定性和适用性，在整个请求环节中应用 Token 检验方式，有利于确保系统的整体效率，并在关系数据库分析系统中使用内部数据，在此基础上建立一个日志管理平台，对系统进行监管。

（2）功能架构

系统功能架构主要包括系统管理模块、出入库管理模块、基础资料管理模块、库存管理模块、配送任务模块、退货管理模块以及智能调拨模块。

系统管理模块包括业务人员、组织结构、仓库审核、用户信息等模块；出入库管理模块是对收发货物的跟踪和收发后信息的综合管理；基础资料管理模块涵盖了一些基本的信息源，如客户、车辆、货物、供应商等；库存管理模块包括库存预警、库存调整和库存盘点等模块；配送任务模块主要是对整个商品的配送环节进行监控；退货管理模块主要进行退换货入库以及退货单管理；智能调拨模块主要进行调拨单管理、调拨任务状态监管、调拨参数设置。

（3）数据库设计

智能仓储物流管理平台系统根据自身架构，覆盖系统的所有业务流程，对系统内部重要流程中的用户及仓库商品等实体属性进行排列，再与业务流程之间进行抽象性的联系，形成实体管理平台架构。

2. 系统的设计与实现

（1）权限管理的设计与实现

权限管理模块主要对系统中新的角色和访问权限进行管理，在此基础上，根据不同的用户需求标准在业务流程之间分配不同的权限和功能。该模块采用权限管理方法和功能级管理方法，不同功能级别的权限需要相对简单的逻辑验证，同时，能够查询用户当前登录的具体角色。在平台系统中，层级方法有助于建立上下级关系，除了城市现有运营商之外，每个上级只对应一个下级。

在权限模块的实际操作中，管理员需要添加下级角色。例如，在超级管理员登录账户时，就能够创建出相应的运营商角色，此后，需要设置相应功能模块的访问权限，并以动态方式展示用户的功能，如针对菜单栏的显示状态以及页面的添加、删除、编辑设置相应的权限。

(2) 出入库模块的设计与实现

1) 出库模块。新订单发布流程完成后，需要对订单发布的有效性进行评估，主要确定是否为线上订单，可以手动生成线下订单，并选择合适的供应商和部分物品入库，新建立的出库单要根据计算的结果，等待后续交易的最终结果再进行最终结算。因此，出库接口必须对外开放，如果其他平台需要调用云存储系统接口，这些接口必须与语言定义的接口匹配。此外，不同的产品有不同的出库策略，例如，对于肉类或饮料，必须考虑产品的保质期，以便确认储存时间。

2) 入库模块。实际上，入库模块的设计与出库模块基本相同，入库模块的工作流程中的第一个环节是构建存储命令，只要收货文件提交的产品为单个产品，即可直接进入验收程序，如果有多个产品，必须逐个进行验收，核实的内容包括货物属性的填写完整性、库存货物的情况以及是否缺货，检查完毕，需要由专门的审核人员进行审核后才能完成入库工作。

(3) 库存管理模块的设计与实现

1) 盘点任务。库存的准确性是确保库存和分类合规的关键，在系统设计中，库存盘点可分为自定义盘点、全盘、动盘等形式。每个模块对应一个库存盘点类型，通过盘点工作可以明确库存数量的多少，并将其显示在具体的系统中。在盘点过程中，根据盘点人员增设的盘点单，设置盘点的类型、盘点所包含的范围信息等，进而针对性地对库存商品进行盘点。在盘点完成后，进行数据保存，使相关人员更准确、直观地了解库存信息。如果仓库内部真实的商品数量和系统的商品数量存在差值，则需依照差值对盘点的状态进行设置，在盘点完成后就可以对盘点工作进行审核，审核通过后即可生成相关单据，同时，无须再次进行盘点。

2) 库存调整。为保证仓库的存储量合理性，必须对仓库内商品的总量进行统计，根据最终的系统列表对数据进行组织和分发，保证系统的数据真实，并且对错误数据进行修改。统计完成后，管理人员必须根据最终的统计结果估计进入系统的货物数量，并根据各方需求决定是否进行调拨和补货。

(4) 配送任务模块的设计与实现

智能仓储物流管理平台的配送任务模块主要负责货品的配送服务，因此，必须保证库存满足相关订单要求，这就需要对库存进行核算。智能仓储物流管理平台可以根据调拨订单生成配送订单。此外，平台可以根据任务的详细信息规划经济合理的配送路线，并可根据订单选择司机、车辆等。在完成配送任务后，出库订单由待收货物的状态转变为订单完成的状态。

1) 路线规划。路线规划是配送任务的核心，这里采用里程节约法进行路径优化，里程节约法运用了三角形的两边之和大于第三边的思想，根据每次合并路径后节约的总路程的大小顺序将运输问题中的两个回路合并成一个，直至达到所选运载工具的装载限制再进行下一次优化。利用里程节约法优化配送路线的出发点是根据配送中心的运输能力和配送中心到各个仓库之间的距离来制定使总的车辆运输的吨公里数最小的配送方案。

根据里程节约法优化配送路径，获取配送中心到每个配送点的距离以及配送点之间的距离。同时，将计算得到的配送路线采用高德地图 API 在前端页面展示。为了直观，使用直线连接每个点，每条线采用不同的颜色进行标注，用户拖动鼠标悬停在配送的路线上时，可查看配送路线所经过的配送点。

2) 配送任务管理。配送任务管理的主要功能是根据出库订单分配配送任务。在调拨计算完成后，系统根据调拨单生成出库订单，对调拨任务生成的出库单，管理人员要根据路线规划计算得到的结果组合订单进行配送。管理人员可以根据出库订单选择司机来发布配送任务，配送完成后，出库订单由待收货状态转变为已完成。

7.2.2 物流中心选址

1. 物流选址的数据需求

在对配送中心选址问题进行研究的过程中可发现，起到决定性作用的是配送中心建设成本、物流运输成本以及分拨中心需求量三个因素，因此可研究以上三个因素与数据交互强弱相关性、大感知数据以及大交易数据之间的关系。

大交易数据可分为两个部分，首先是行业内的大交易数据，如物流流通加工作业量、装卸搬运、包装以及运输等指标，这些数据信息对于物流分拨中心的需求量来说具有一定的强相关联系，可使用趋势拟合法、因果分析法以及时间序列分析法等方式来对各个分拨中心的需求量进行预测。其次是派生行业大交易数据，其他行业的派生需求也可看作物流需求，与物料市场、消费品生产以及工业生产等领域具有一定联系，因此可使用日用品行业、医学、工业以及农业等产业的物料存储、加工和生产数据进行分析。而大感知数据技术可对运输成本造成较大影响，对于传统的物流运输来说，对其运输成本造成影响的因素有配送能力、配送时间以及地理距离等。而在实际的运输过程中，预测距离与实际经过路径存在偏差，而感知设备的使用可对货物运输时长、货物周转轨迹以及配送轨迹等信息进行精准反映，从而对物流运输成本进行计算。

2. 物流中心选址的影响因素相关数据分析

运用现代物流学原理，在城市现代物流体系规划过程中，物流中心的选址主要应考虑以下因素与相关数据。

（1）自然环境数据

1）气象条件数据。物流中心选址过程中，主要考虑的气象条件数据有温度、风力、降水量、无霜期、冻土深度、年平均蒸发量等指标。例如，选址时要避开风口，因为大风会加速露天堆放的商品老化。

2）地质条件数据。物流中心是大量商品的集结地。某些容重很大的建筑材料堆码起来会对地面造成很大压力。如果物流中心地面以下存在淤泥层、流沙层、松土层等不良地质条件，会在受压地段造成沉陷、翻浆等严重后果，为此，土壤承载力要高。

3）水文条件数据。物流中心选址需远离容易泛滥的河川流域与上溢的地下水区域。要认真考察近年的水文资料，地下水位不能过高，洪泛区、内涝区、故河道、干河滩等区域绝对禁止。

4）地形条件数据。物流中心应地势高、地形平坦，且应具有适当的面积与外形。若选在完全平坦的地形上是最理想的；其次选择稍有坡度或起伏的地方；对于山区陡坡地区则应该完全避开；在外形上可选长方形，不宜选择狭长或不规则形状。

（2）经营环境因素

1）经营环境数据。物流中心所在地区的优惠物流产业政策对物流企业的经济效益将产生重大影响；数量充足和素质较高的劳动力条件也是物流中心选址考虑的因素之一。因此经营环境数据需要在选址前进行收集。

2）商品特性数据。经营不同类型商品的物流中心最好能分别布局在不同地域。例如，生产型物流中心的选址应与产业结构、产品结构、工业布局紧密结合。

3）物流费用基础数据。物流费用是物流中心选址的重要考虑因素之一，因此物流成本数据也相对比较重要。大多数物流中心选择接近物流服务需求地，如接近大型工业、商业区，以便缩短运输距离，降低运费等物流费用。

4）服务水平数据。服务水平是物流中心选址的考虑因素。由于现代物流过程中能否实现准时送达是服务水平高低的重要指标，因此，在物流中心选址时，应保证客户可在任何时候向物流中心提出物流需求都能快速获得满意的服务。

（3）基础设施数据

1）交通数据。物流中心必须具备方便的交通运输条件。最好靠近交通枢纽进行布局，如紧邻港口、交通主干道枢纽、铁路编组站或机场，有两种以上运输方式相连接。由此需要收集一系列交通数据用以支撑。

2）公共设施相关数据。物流中心的所在地，要求城市的道路、通信等公共设施齐备，有充足的货架和供电、水、热、燃气的能力，且场区周围要有污水、固体废物处理能力。

（4）其他因素与数据

1）国土资源利用数据。物流中心的规划应贯彻节约用地、充分利用国土资源的原则。物流中心一般占地面积较大，周围还需留有足够的发展空间，为此地价的高低对布局规划有重要影响。此外，物流中心的布局还要兼顾区域与城市规划用地的其他要素。

2）环境污染数据。物流中心的选址需要考虑保护自然环境与人文环境等因素，尽可能降低对城市生活的干扰。对于大型转运枢纽，应适当设置在远离市中心区的地方，使得大城市交通环境状况能够得到改善，城市的生态建设得以维持和增进。

3）邻近设施数据。由于物流中心是火灾重点防护单位，不宜设在易散发火种的工业设施（如木材加工、冶金企业）附近，也不宜选择居民住宅区附近。

3. 地理信息系统数据

地理信息系统（Geographic Information System 或 Geo－Information system，GIS）又称为"地学信息系统"或"资源与环境信息系统"，是一种特定的十分重要的空间信息系统。它是在计算机硬、软件系统支持下，对整个或部分地球表层（包括大气层）空间中的有关地理分布数据进行采集、存储、管理、运算、分析、显示和描述的技术系统。地理信息系统处理、管理的对象是多种地理空间实体数据及其关系，包括空间定位数据、图形数据、遥感图像数据、属性数据等，用于分析和处理在一定地理区域内分布的各种现象和过程，解决复杂的规划、决策和管理问题。它的基本功能是将表格型数据转换为地理图形显示。GIS 通过地理空间拓扑结构建立地理图形的空间数据模型并定义各空间数据之间的关系，从而实现地理图形和数据库的结合。

地理信息系统的核心是空间数据管理子系统，它由空间数据处理和空间数据分析构成。空间数据的主要来源有专题地图（等水位线图、地形地质图等）、遥感图像数据、统计数据及实测数据等。地理信息系统具有七大功能：数据的提取、转换和编辑，数据的存储与管理，数据重构和数据转换，空间数据的查询和检索，空间操作和分析，空间显示和成果输出，空间数据的更新。

物流使用嵌入的 GIS（或商业 GIS）作为地理数据输出的平台或者服务系统。其中物流网络设计、销售与营销区域划分、配送资源计划、生产地点选址/设施布置以及车辆计划等，应用 GIS 的地理显示或者图表都能够得到比较不错的效果。

通常在使用 GIS 进行物流建模时，需要估计运输时间。在大多数的物流应用中，为了估计运输时间和运输成本，有必要计算出两个位置之间的距离，通常有以下几种做法。

1）计算两个坐标之间的直线距离并将它同一个因子相乘，以此来估计两点之间的迂回路程，这当然是一个非常简单的方法，除了两点的坐标之外，并不需要其他的信息，在这种方法中，DSS（决策支持系统）根据不同的地区而使用不同的因子。

2）使用实际的路线网络，从中找到最好的一条路线，接着确定它的距离，这种方法需要有关道路网络的大量精确信息，其中可能包括单向行驶街道、转弯障碍以及类似的其他细节材料。

此外，物流网络中的各个节点（如工厂、仓库、零售/服务中心等）的选址也是一个十分重要的决策问题，它决定了整个物流系统的模式、结构和形状。早期的选址模型研究通常把运输成本作为重要的因素。物流网络中设施选址不仅要考虑运输服务水平，还影响着库存战略决策，同时要考虑上游提供服务的供应商以及下游接受服务的客户，因此十分复杂。

其中的供应商/客户位置定位、配送中心的位置、仓库的布局、运输的最佳路径规划都是空间信息的基本应用。因此，可以以 GIS 技术为支持，结合最短路径分析，构建物流网络中设施选址模型。

物流设施选址是一个复杂的决策过程，一个最佳的位置是由许多因素决定的，传统的选址方法几乎都是先建一个模型，然后经过一系列的计算得出设施点的位置，缺乏计算机和决策者的动态交互过程，而这样的功能只有 GIS 能够实现，这就是基于 GIS 建立物流设施选址模型的基础。

物流具有空间尺度和空间特征的性质是 GIS 技术与物流技术集成的基础，GIS 应用于物流，从根本上改变了传统物流的管理方式和分析模式，具有广阔的应用前景。物流活动具有资源庞杂、流动空间广、过程复杂的特点，而地理信息技术具有强大的空间信息获取、管理、分析、决策及其他的强大功能。将地理信息技术应用于与人们生活有密切关系的精确物流，对于解决物资的高效、合理流动，达到物资配给效益最大化问题将具有广阔的应用前景，具有很强的时代特征。

4．物流中心选址方法

目前，关于物流中心的选址已经有很多方法，大致可分为定性和定量两大类。定性方法是指凭借个人或集体的经验来做出决策，它的执行步骤一般是先根据经验确定评价指标，对各待选中心利用评价指标进行优劣性检验，根据检验结果做出决策。定性方法的优点是注重历史经验、简单易行，其缺点是容易犯经验主义和主观主义的错误，并且当可选地点较多时不易做出理想的决策。定量方法根据各种约束条件和所要达到的目标，把选址问题转化为函数，再利用合适的算法进行求解，求出最符合条件的解（即具体的地点）作为将建物流中心的位置。下面是几种目前使用较多的选址方法。

（1）层次分析法

层次分析法（AHP）是美国运筹学家 T.L.Saaty 教授于 20 世纪 70 年代提出的一种实用的多方案或多目标的决策方法。它合理地将定性与定量的决策结合起来，按照思维、心理的规律把决策过程层次化、数量化，特别适合那些难以完全定量进行分析的复杂问题。它首先将所要分析的问题层次化，即根据问题的性质和要达到的总目标，将问题分解成不同的组成因素，按照因素间的相互关系及隶属关系，将因素按不同层次聚集组合，形成一个多层分析结构模型，最终归结为最低层（方案、措施、指标等）相对于最高层（总目标）重要程度的权值或优劣次序的问题。该方法自 1982 年被介绍到我国以来，以其定性与定量相结合地处理各种决策因素的特点，以及其系统灵活简洁的优点，迅速地在我国社会经济各个领域（如能源系统分析、城市规划、经济管理、科研评价、物流网络规划等）得到了广泛的重视和应用。

应用 AHP 来解决多目标决策问题一般有以下几个步骤，在物流网络布局中具体如下。

1）明确问题：选择最优的物流园区地点。

2）建立层次结构：根据评价指标建立目标与元素之间的层次结构。

3）建造判断矩阵：对每一层次各个准则的相对重要性进行两两比较，并给出判断。这些判断用数值表示出来，写成矩阵，即判断矩阵。

4）通过综合计算各层因素相对重要性的权值，得到最底层（方案层）相对最高层（总目标）的重要性次序的组合权值，以此作为评价和选择方案的依据。该方法中被选点权重的大小会直接影响计算所得到的结果，所以利用层次分析法确定权重时，要广泛征集有关人员和专家的意见，使得所计算出的权重较好地符合实际情况，从而最大限度地提高该模型的适用性。

（2）模糊聚类法

目前，已有的数学选址模型大部分都是对某一特定区域内的几个场址进行评价分析，并未提供对不同区域间的选址方案进行甄选。北京交通大学许婷、韩宝明的论文《多区域物流中心选址方案的模糊聚类分析》对这一方法有比较详细的论述，并通过实例验证了模糊聚类法可有效解决多区域物流中心选址问题。模糊聚类分析是将一个无类别标记的样本集按某种准则划分成若干个子集类，使相似样本尽可能归为一类，而不相似样本尽量划分到不同的类中，表达了样本类属的中介性，是一种软划分手段。模糊聚类能较好地将选址方案中一些难以直接量化的因素归入模型中，其主要优势是不需要建立像微观模型一样复杂的方程组，可以根据实际情况选择不同指标,且建立的指标体系能全面、准确地衡量不同地区物流选址条件的优劣。模糊聚类的性质提高了决策者方案选择时的优选性,同时考虑到了不同区域方案间的相似性,使方案决策也具有了多重性,克服了 AHP 模型中相似方案被划归为不同等级的缺陷。可分为以下几个步骤。

1) 数据标准化:构造数据矩阵,为了消除原始数据矩阵的量纲同时将数据压缩至[0,1],对其进行平移极差变换可得到标准化矩阵。

2) 建立模糊相似矩阵:依照一定聚类方法确定不同区域选址方案间的相似系数 R,并依据 R 构造相应的模糊相似矩阵,采用海明(Hamming)距离法进行计算。

3) 聚类:给定不同的置信水平列出各点的排列顺序,即可比较不同位置的优劣。

(3) 重心法

重心法是单个设施选址最常用的方法,重心法是一种静态的方法,将运输成本作为唯一的选址决策因素,给定供给点与需求点的坐标及节点之间的运输量,则单设施选址的目标是使运输总成本最小。模型为:总运费=设施与客户之间的直线距离×需求量,采用不动点算法求得最优解。也可以用几何实验法,将需求点看成分布在某一平面范围内的物体系统,各点的需求量和资源量分别看成是物体的重量,物体系统的重心点将作为物流网点的最佳设置点。

(4) 交叉中值法

中值法将加权的城市距离和最小作为目标函数,即总费用=设施到需求点的折线距离×需求量。求解函数最后得到最好位置可能是一个点、一条线段或一个区域。

(5) 加权评分法

选址时的许多重要因素难以精确地量化,而对这些因素与指标缺乏一定程度的量化就难以对各种选址方案做对比分析,常用的处理方法就是加权评分法。加权评分法就是选定几个因素并给出权重,对欲确定的地址求加权总分得出该选址方案的最后评分,以得分最高的作为最优的选址方案。常作为离散型选址的常用方法,步骤如下。

1) 列出备选地点。
2) 列出影响选址的各个因素。
3) 给出每个因素的分值范围。
4) 专家对各个备选地点就各个因素评分。
5) 将每个地点各因素的得分相加,求出总分后加以比较,得分最高的地点作为选址地点。

常需考虑的因素有建设成本、运输成本、能源情况、劳动力环境、生活条件、交通情况、供水、气候、政策等。

(6) P-中值法

P-中值法可以解决已知需求集合和一个候选设施位置的数量和位置,确定设施的位置并为每个需求点指派一个特定的设施,使设施和需求点之间的运输费用最低。可用贪婪取走启发式算法来计算。

(7) 网络覆盖模型

网络覆盖模型用于解决对需求已知的一些需求点,如何确定一组服务设施来满足这些需求点的需求,也就是需要确定服务设施的最小数量和合适的位置,可分为两种不同的模型:集合覆盖模型(用最小数量的设施去覆盖所有的需求点)和最大覆盖模型(在给定数量的设施下,覆盖尽可能多的需求点)。前者常用启发式算法,后者常用贪婪算法。

(8) 系统模拟法

物流管理系统与外部环境或其各环节之间存在着一定的数学或逻辑的关系,因此可以用定性分析和定量分析的方法,通过一定的数学逻辑模型去描述这些数学的或逻辑的关系,反映系统的本质。模拟法就是建立数学逻辑模型,通过计算机实验,对一个系统按照一定的作业规则由一个状态变换为另一个状态的动态行为进行描述或分析。

（9）遗传算法

遗传算法是模拟自然进化过程，利用简单的编码技术和繁殖机制来解决十分复杂的问题。它通过适当的遗传操作和反复迭代，最后可得到最优解，即物流实施的合理位置。

（10）模糊品质机能法

在选址过程中除了考虑物流企业自身的需求外，还考虑客户的需求，建立如下的选址决策品质屋（见图7-1）。然后根据客户选址需求权重建立关心矩阵，计算选址准则权重，对各方案进行模糊评价，再对各方案进行模糊排序，最后找出最佳的选址位置。

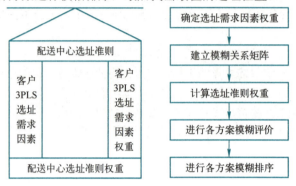

图7-1　模糊品质机能法

（11）最短路径法

可以采用图论中的最短路径算法来建立物流中心选址模型。它的主要思想是从代表两个顶点的距离的权矩阵开始，每次插入一个顶点，比较任意两点间的已知最短路径和插入顶点作为中间顶点时可能产生的路径距离，然后取较小值以得到新的距离权矩阵。当所有的顶点均作为顶点时，得到的最后的权矩阵就反映了所有顶点间的最短距离信息。最短距离者作为费用最小者，即最佳的选址位置。

（12）双层模拟退火算法

上层对设施选址决策进行优化，下层则在上层确定的设施选址决策基础上进行用户需求分配的优化，双层模拟退火算法不但收敛速度快，而且能求取更高质量的最优解。

正因为物流中心选址的重要性，以致有许多人致力于该领域的研究。物流中心的选址方法除了以上的方法之外，还有人把离散型和连续型相结合采用遗传算法来求解选址问题，还有基于逆向物流系统的物流中心动态选址方法等。

7.2.3　智慧配送

1. 物流配送

首先描述一个简单的物流配送过程。如图7-2所示。假设有供应商、配送中心以及客户（零售商或最终客户），现某零售商需要一定单位的商品G，物流供应商（这里指第三方物流）接到订单之后，首先必须确定哪个配送中心拥有所需商品的库存（在信息共享的条件下，甚至可以知道哪个工厂拥有库存以及数量多少），确定由哪个配送中心发货之后，在货源地和客户目的地之间计算出货物最优的配送路径，最后派出车辆完成任务。

在整个过程中，人们都在与地理有关的信息打着交道，单纯的数学方法（如运筹学方法），求解配送路径规划的过程非常抽象；而GIS的运用克服了这一缺点，在图形界面下调用原先的算法，再利用图形处理技术把求解得出的最优路径高亮显示在地图上。同时GIS的应用优势还在于它与数据库的结合，因为在物流系统中大部分数据都与地理位置发生关系，将这些数据与图形相结合之后，极大地方便了物流数据的显示和管理。

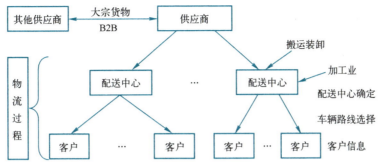

图 7-2 物流配送过程

随着计算机的普及以及地理信息科学的发展，GIS 因其强大的功能得到日益广泛和深入的应用。网络分析作为 GIS 最主要的功能之一，在电子导航、交通旅游、城市规划以及电力、通信等各种管网、管线的布局设计中发挥了重要的作用，而网络分析中最基本、最关键的问题是最短路径问题。最短路径不仅仅指一般地理意义上的距离最短，还可以引申到其他的度量，如时间、费用、线路容量等。相应地，最短路径问题就成为最快路径问题、最低费用问题等。由于最短路径问题在实际中常用于汽车导航系统以及各种应急系统等（如 110 报警、119 火警以及医疗救护系统），这些系统一般要求在 1～3s 内计算出到出事地点的最佳路线，在行车过程中还需要实时计算出车辆前方的行驶路线，这就决定了最短路径问题的实现应该是高效率的。其实，无论是距离最短、时间最快还是费用最低，它们的核心算法都是最短路径算法。

2. 大数据下的智慧配送特征

智慧配送是智慧物流体系中的核心功能，借助集成智能化技术，让配送系统模仿人的智能，具备思维、学习、感知、推理判断、解决问题等能力，以对配送过程中出现的各种难题进行分析判断进而自行解决。也就是利用各种互联网技术从接收订单开始，自动化处理备货、存储、分拣及配货、配装、配送运输、送达服务及配送加工，让信息流快速流动，以便在各操作环节及时获取信息，对信息进行分析做出决策。简而言之，智慧配送就是借助传感器、RFID、移动通信技术让物流配送实现自动化、信息化、网络化。配送过程的智慧性应具有以下特征。

1）自动感知。利用感知技术获取配送流程中产生的各种信息，包括消费者订单、库存信息、货物属性、分拣配货信息、运输车辆状态、物品载荷程度等，将信息数字化处理以作为协调各项配送活动的决策依据。

2）整体规划。信息产生于配送流程中较为分散的作业活动中，智慧配送系统应具有信息收纳功能，构建基于互联网平台的数据处理中心，分散的信息在此处进行集中、分类、规整，实现配送流程协同一体化运作。

3）智能分析。利用智能学习系统来模拟实际配送活动中出现的难题，物流企业要根据具体问题提出假设，并在模拟环境下进行问题的分析及对策的实施，从而为系统提供类似问题的解决范式，系统会自行调用已有的经验数据，实现智慧化决策。

4）决策优化。随着市场需求的变化以及物流企业追求目标的改变，智慧配送系统能够根据配送成本、配送时间、配送距离以及车辆数目等对特定需求进行评估，基于确定型、非确定型以及风险型的决策条件比较决策方案，找出最合理、最有效的解决方案。

5）修正与反馈。智慧型配送应体现在业务流程柔性化操作方面。系统不仅可以自动按照最佳问题解决方案、最快捷的路线运行，还能够依据条件和目标的改变随时修正决策方案；对于修正的内容自动备份并及时向配送相关环节反馈，使业务操作人员可以实时了解作业运行情况，使管理人员对各环节进行严格把控。

3. 智慧配送体系构建

（1）构建基础

智慧配送体系不同于传统配送体系之处在于运营理念、运营体制和运营技术三个方面的创新。

1）要具备运营理念基础，从企业的管理思想、管理模式和管理文化方面重视信息化改造与智能化升级，统一企业内部各部门间协同化思想。为此，传统配送中心必须向现代化配送中心转变，现代化配送要求产品可实现智能追溯、业务环节可视化智能管理、操作流程自动化衔接及监管等，并非简单的购买业务处理软件或者升级个别环节技术水平能够实现的，而应该是自上而下的功能再造与业务流程重组。

2）智慧配送系统要以业务运作与管理水平为保障。要从业务流程、组织结构和管理制度等方面为订单信息流的顺畅流动保驾护航，因为只有配送运作与管理水平提升，信息系统才能实现有序发展，达到改善业绩的目标。智慧配送系统与高水平的运作管理高度契合，是发挥其协同、协作、协调效应的关键。

3）智慧配送体系的构建要具备技术基础，一方面要提升订单管理、货物出入库管理、分拣配货管理的信息化水平，以便围绕信息流对各项活动做出合理化调度与安排；另一方面要构建围绕业务处理流程的大数据分析体系，通过整合智能识别技术、自动化采集技术、数据挖掘与联机分析处理技术等，实现配送活动的智慧化管理，如作业流程关联度分析、风险感知、绩效评价、智慧创新等，从而能够不断优化配送业务流程，保障运营的稳定性。

（2）智慧配送系统组成

1）RFID 分拣系统。该系统应用 RFID 技术对货物入库与出库进行自动化识别、记录、存储、传输，实时检测货物与订单是否完全匹配，使分拣操作达到快速、准确的目的，提升分拣效率。目前分为 DPS（摘取式 RFID）和 DAS（播种式 RFID）两种类型，前者面向货物分散存储的中小客户，提供库位、货架和货物上贴放 RFID 标签；后者面向货物集中存储的大客户，提供存储区域标签与货物标签服务。

2）感知记忆系统。智慧配送能够自动识别需要分拣的货物，并进行多维度检验，比如库位、货架、货物信息是否准确，与订单产品清单是否一致，在拣选和配货环节需要对订单匹配与否进行二次检验。如果遇到货物分拣错误、货物数量与订单要求不符的情况，感知记忆系统能够自动预警。该系统需要对配送路径优化进行智能管理，如送货地点发生变化，要根据配送站点、配送成本等约束实时调整配送路线。

3）配送管理信息系统。配送相关活动的调度与管理依靠配送管理信息系统，在整个配送体系中起到信息集中与转化的作用。向下与 RFID 系统和感知记忆系统互联，向上接收大数据分析系统与智慧创新系统的知识与模式，并应用于实际业务操作中。该系统由 7 大模块组成：货物信息管理模块、订单管理模块、配送线路信息模块、应急处理模块、货物交接管理模块、配送业务结算管理模块、客户评价反馈管理模块。该系统主要承担业务调度任务，按照关键信息对订单进行汇总、归类、排序，向用户提供运输状态查询等服务，帮助配送企业分理订单、制作调度单。

4）大数据分析系统。该系统具有发现智慧与规整智慧功能，在日常配送过程中借助传感器、智能设备以及 RFID 技术对货物信息进行自动收集与处理，以此为基础对数据进行分析，再结合商业智能筛选出来的信息，充分挖掘有价值的信息，从中发现机遇与风险，借助智能模拟模型，以概率风险为基础对某项配送策略涉及的时间、成本、质量与服务等方面进行评估，预测业务运作的关键流程与高风险活动，进而调整资源分配，进行差异化管控。最终将新知识与模式存储于商业智能模块，实现智慧创新。

（3）智慧配送体系功能结构

智能配送体系由三个层次构成，如图 7-3 所示。

第 7 章 物流大数据

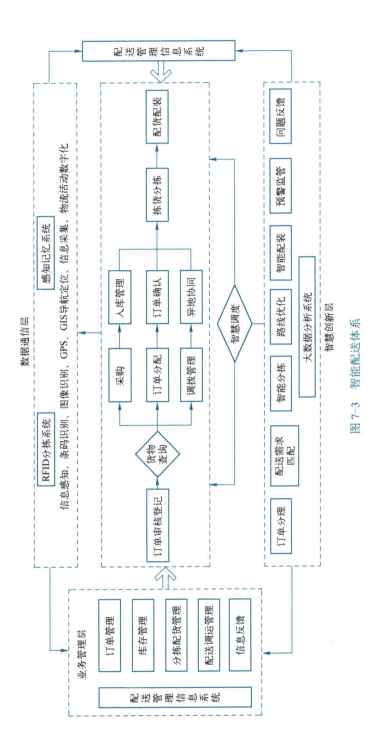

图 7-3 智能配送体系

1）数据通信层。包括 RFID 分拣系统与感知记忆系统。主要是借助自动识别、传输、监控与定位技术实现对信息的收集、存储、跟踪、传输，从而为其他相关活动提供实时信息与数据。因此，数据通信层是智慧配送体系功能协同的基础。该层次主要服务于以下业务流程：第一，订单处理流程。这是配送活动的第一个环节，对整个配送业务有着至关重要的作用。主要流程包括订单受理、订单数据处理和订单状态管理，完成对订单的分类整理、确认审核等操作，并通过 EDI 系统将订单确认信息传递至关联部门。订单信息被确认之后，要根据订单查询货物的备货情况，然后根据查询结果进行库存分配。应用新传感技术、RFID 技术、视频监控技术等可视化库存存储状态，并实现对目标货物的快速锁定，借助移动计算技术制定拣货单和出货单。依据这些单据进行出库物流作业。订单执行过程可以应用无线网络传输技术、GPS 技术等进行实时监控与跟踪，及时反馈订单处理过程中的问题，提供给大数据分析系统加以解决。第二，拣货作业流程。配送中心对客户订单进行确认、审核后，会对订单信息进行分类，同时制定出相应的货物配送清单，安排拣货。拣货操作流程借助 RFID、条码技术以及传感技术等，实现货柜货物自动提醒、拣选路线智能优化。能够明显提高拣货的效率，降低人工操作的出错率。第三，分拣作业流程。在拣货作业完成后，需要检查完成分类后的货物，确保发货数量、质量和规格的正确性。此外，还必须检查分拣的货物与订单的相符程度。自动感知识别技术能够自动识别货物数量、完整程度、质量状态等信息，减少人工操作的环节。在检查分拣的货物与订单相符程度的过程中，通过 RFID 读取货物的电子标签，检验标签信息与订单货物条码信息的一致性就可以完成此项工作。第四，送货流程。在货物送到消费者手中的过程中，通过视频监控技术、GPS、GIS 等实时跟踪运输工具的行驶状态、行驶路径等信息，并向用户提供实时的信息查询功能。

2）业务管理层。主要依靠配送管理信息系统来调度日常的配送业务，包括订单管理、库存管理、分拣配货管理、配送调运管理和信息反馈管理。配送管理信息系统作为与外界客户联系的窗口，接收电子商务系统传递的顾客订单以及连锁零售门店的补货订单。配送中心接收到顾客订单后，先对订单进行审核，审核通过借助库存管理系统查询库存从而决定是否需要外部供应商采购以满足订单需求；在分布式仓储管理系统中，依据订单的可执行情况进行仓库的订单分配，如需异地调拨则涉及货物调拨管理。制订好货物出库计划之后，对订单分拣、拣货、配货及配装活动进行管理。其中涉及的自动拣货操作以及拣货路径设定，可以借助数据通信层相关技术自动化运作；另外配货及配装活动需要依据顾客的分布地点、送货时间的要求、交通状况、物品冷藏冷冻温度控制的要求、货物体积与重量、车辆体积额定载货量等情况，借助大数据分析系统获得最优化的决策支持。设定好相关计划以后，系统输出确定出库信息，通过配送管理信息系统平台为顾客提供订单处理进度等查询服务。

3）智慧创新层。通过应用大数据分析系统对配送过程中各个功能以及业务流程进行优化分析，最终形成智慧化解决方案。大数据分析系统通过接收 RFID 分拣系统以及感知记忆系统所识别及存储的配送业务运行数据，实现数据挖掘与知识发现。另外，该系统记录配送管理信息系统日常事务的处理模式与方法，作为事务管理决策实施的依据与优化的基础，对于多种目标与约束条件下可能存在的效率提升、成本降低、时间缩短的机会进行捕捉，借助智能模拟模型探索最优化方案。智慧创新层要实现的功能包括订单分理、配送需求匹配、智能分拣、最优运输路线规划、智能配装、预警监管以及问题反馈等。大数据分析系统通过把相关业务操作的数据进行规整，按照设定的优化目标，通过数据挖掘形成某些规律，并将可能的解决方案模型存储于数据仓库中，将半结构化或非结构化的问题逐渐转化成结构化问题。基于不同的业务目标，大数据分析系统将通过智慧调度模块与配送管理信息系统的相关功能进行连接，将优化的结果传递给各流程的操作人员，为该项活动具体实施方案的制定提供智慧化参考。

7.2.4 应急物资调度

当突发事件发生时，根据应急事件处理的一般性机理，应急指挥中心收到灾情信息，对突发事件判断划分等级并制订应急方案，通知相应的部门做好行动准备。同时，各方媒体、互联网等相继对灾情进行跟踪报道。

目前，我国对应急物资调度的流程如下：在应急指挥中心对事件进行分级后，根据情景分析及应急物资的需求预测，如等级在一定的范围内，就直接调用当地储备库里的应急物资；当等级超过一定范围后，储备库内的物资无法满足需求，政府将与合作的供应商联系进行市场采购、生产，或者直接征用当地的物资设备等；同时在互联网媒体的宣传下，个人和社会组织进行社会捐赠。在各方的积极行动下，各类应急物资汇集到应急物资调度中心；然后统一调运到各分发点，派送给灾区的群众；最后根据当地救灾情况将资源信息反馈到应急指挥中心。在灾情得到控制后，即进入应急物资的逆向物流过程，此时的物资已没有了应急特性，只需按照一般性物资处理。应急事件的应急物资调度流程如图 7-4 所示。

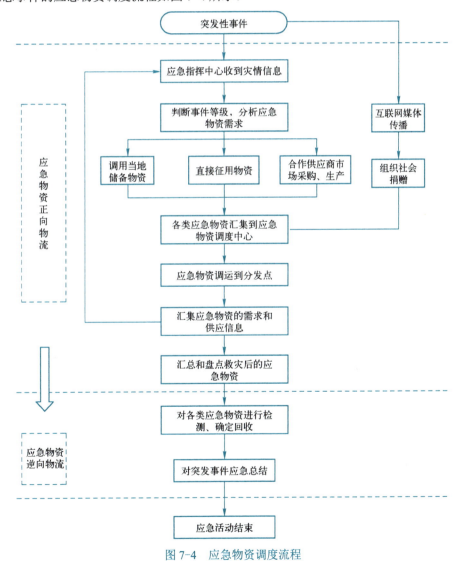

图 7-4　应急物资调度流程

1. 大数据环境下应急物资调度系统功能分析

应急物资的管理涉及救援过程的前、中、后三个阶段，主要内容有应急物资的储备、需求预测、调度配送和灾后灾情评价等。其中，应急物资的储备是属于前期的管理行动，应急物资的需求预测、筹集和调度配送则是应急物资管理的核心内容，属于事中、后的管理行动。目前，在应急救灾的过程中，由于捐赠给受灾地区的各类物资质量各不相同，又缺少统一的科学管理，为物资的调度和配送增加了很多负担，也使得应急物资的使用价值得不到最大化，同时还会给救灾的质量造成一定的影响。在大数据和现代物流的发展下，可以利用大数据和供应链物流等思想，设计应急物资管理各环节集成于一个系统而又可以相对独立运行的模式。在应急物资管理行动中，在最大的资源利用效率下实现最低的资源运输损失，实现应急物资的最大价值。

大数据环境下应急物资调度系统的主要功能有应急物资需求预测、选择应急物资调运线路、应急物资的定向分配、能力绩效和满意度评估。

1）应急物资需求预测。应急物资的需求预测功能主要是在突发事件发生时，根据灾区等级对需求点的应急物资需求进行预测和分析，灾情等级如果在可控范围内，可以直接调用当地储备库的物资；当等级超过一定范围，政府将与合作的供应商联系进行市场采购或者直接征用当地的物资设备等。

2）选择应急物资调运线路。应急物资运输活动是在突发事件、紧急救援资源按照需求筹集完毕之后进行的，这里需要充分考虑各道路信息的不确定性，基于大数据强大的分析能力，结合经典案例、资源分配的效率和故障点的概率。根据各灾区的灾情等级，首先要满足以最短的调运时间来运输应急物资；其次，也要尽可能避免造成浪费，最大限度发挥应急物资的效用价值。规划总体优化方案，迅速满足需求地点，对应急物资需求进行快速、经济、合理的响应。

3）应急物资的定向分配。在选择好应急物资调运线路之后，需要完成应急物资的定向分配。在大数据环境下，充分运用大数据的计算能力，考虑灾区群众对时间的风险感知程度以及物资调度的公平性，引入最小化公众心理风险感知程度、分配公平性和成本费用等效用指标构建应急物资配置模型，并在大数据平台上设计快速求解算法，实现应急物资的定向分配目标。

4）能力绩效和满意度评估。此功能是对应急活动完成之后的成效进行充分评价，利用大数据平台和实际运行数据，同时使用多种手段对应急行动的满意度进行摸底调查，如网络调查、电视采访和各群体的抽样问卷调查等；根据灾情评估能力、应急组织能力、应急物资调度能力、信息传递能力和灾区群众满意度等构建绩效评估指标体系，并采用数学方法对其定量评估，发现问题、反馈问题形成良性循环。

2. 大数据环境下的应急物资调度系统构建

根据功能分析，在大数据环境下应急物资调度系统的主要功能框架图如图7-5所示。

图7-5 大数据环境下应急物资调度系统的主要功能框架图

通过对应急物资调度系统的研究，在大数据下运行可以对各灾区应急物资需求进行大规模存储和处理。此系统可分为数据层、存储层、应用层和调度展示层,下面将详细介绍各层的具体情况。

（1）数据层

大数据时代之前的应急物资调度模式,绝大多数都是依赖有限的历史数据和个人经验判断来制定决策方案。在有限的算力下,导致救援迟缓、应急物资无法及时满足人民群众的需求。大数据时代,人们可以将各方面多维、繁杂的异构数据变换成可计算的、有价值的信息数据,为灾区应急物资的预测、调度、分配以及成效评估提供坚实的基础。

数据层中数据信息主要有以下五个方面。

1）灾区数据：各个灾区人口数量、伤亡人数、痊愈人数、在一定周期内的物资灾区信息需求量。

2）物资数据：各个物流中心、中转点、中途运输以及到达灾区的应急物资数量、物资信息社会捐赠、企业生产的数量车辆信息。

3）车辆信息：利用 GPS 确定应急车辆的运输活动轨迹、载重量、速度等。

4）路径信息：各应急物资供应点到受灾点之间的最短路径、通过车联网反馈的路径实时畅通情况等信息。

5）其他信息：通过网络爬虫技术收集各灾区灾情和网络舆情发展态势数据。

（2）存储层

通过数据层收集的各项信息,如何安全有序地存储在系统中,是一个重要问题。在大数据环境下的应急物资调度系统中,收集好的数据完整存储于 HBase 集群中。HBase 集群利用分布式数据存储的优势,将所有的数据存放于云信息平台,将应急区域内各个物流中心作为 HBase 集群的节点,把各类信息存储于各节点的数据集合；同时,为了数据安全,避免物资调度发生偏差,必须做好相应的备份。系统存储层框架图如图 7-6 所示。

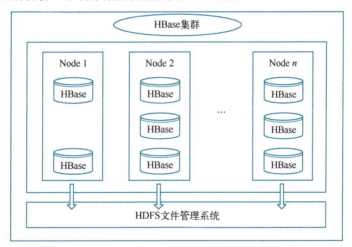

图 7-6　系统存储层框架图

（3）应用层

系统应用层有应急物资需求预测、应急物资调运线路、应急物资定向分配、能力绩效和满意度评估四个方面。

1）应急物资需求预测。在大数据环境下,应急物资需求预测可分为两步,如图 7-7 所示。

第一步,初步预测。应急物资调度系统通过与历史类似案例数据库对比,依据非常规事件的等级、影响数据以及受灾地区的经济发展情况和应急物资情况,在历史经验和科学方法的配合下,构建不完全信息的伤亡人数和应急物资需求初步预测模型,做好应急工作的紧急响应。

213

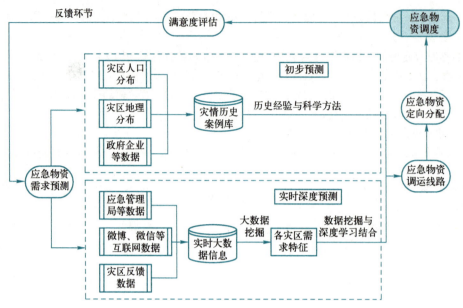

图 7-7 大数据应急物资需求预测

第二步,深度预测。在应急的中后期,随着应急救援活动不断深入,对各方面信息掌握得越来越全面,尤其是在大数据环境下信息更新快捷。此时,应急调度系统必须提高预测的准确度。首先,收集应急管理局、地震局等官方在各渠道发布的信息,以及微博、微信和官媒等平台发布的信息,完善各渠道信息收集源,通过大数据强大的计算分析能力进一步挖掘各个灾区的需求特征;其次,实时更新灾区、物资供应中心和物资筹集点等反馈的数据,在信息挖掘和深度学习的基础上,绘制需求变化的演化路径图,有效评估物资预测的变化趋势,实现对事件中后期各受灾点应急物资预测的动态调整,为制定精准决策方案提供参考。

2) 应急物资调运线路。大数据应急物资调运线路如图 7-8 所示。首先,在各类信息不畅通、不确定时,参考历史经验,运用三点估计法确定各受灾点最期望的运输时间,使用最短路径法规划出调运路径;然后,在已有信息的基础上,充分发挥大数据强大的数据收集和计算能力,收集实时的地理信息和灾情演化信息,包括灾情等级、破坏程度、道路、人口等情况,与初始调运路径形成补充,及时更新路径信息;最后,对确定的调运线路在大数据环境下逆向验证分析,绘制调运路径和灾情的演化图,有效评估应急物资调运线路的有效性,实现多供应点、多需求点的应急物资高速快捷调度。

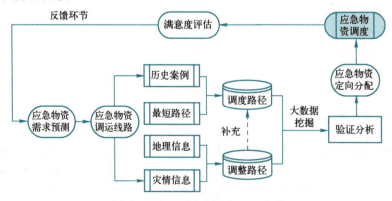

图 7-8 大数据应急物资调运线路

3）应急物资定向分配。应急物资定向分配在规划好应急物资调运路线的基础上，坚持人民至上、生命至上的原则，应急分配过程以人为本，如图7-9所示。首先，考虑灾区民众对时间的风险感知程度以及物资调度的公平性构建分配模型，在各灾区受灾人数等相关数据的支撑下确定定向分配计划；然后，结合大数据识别各方面的灾区信息，并捕获网络上的实时特色信息，形成特色化的需求服务，进一步为灾区民众提供个性化的帮助和服务，同时协调初始分配计划进行一体化运作，以实现应急物资的定向分配。

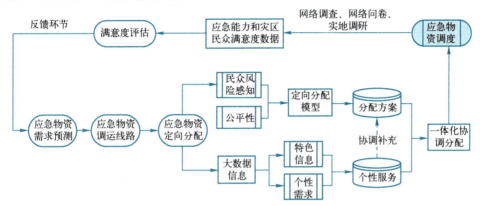

图7-9　大数据应急物资定向分配

4）能力绩效和满意度评估。在完成所有应急活动之后，通过对应急物资调度程序和结果进行能力绩效和满意度评估，可以进一步了解在应急过程中的缺陷和需要改进优化的环节。可以采用网络调查、网络问卷以及实地走访调查等多种方式，并结合灾区民众对应急救援的态度和满意度数据，通过对应急物资调运路线、定向分配数量和灾区民众等各渠道信息的采集、数据筛选分析、分类评估，总结经验并反馈情况，进一步优化大数据环境下应急物资调度系统的功能设置和调度模式。

（4）调度展示层

调度展示层的定位是更加直观明了地让系统使用人清楚自己所要查询数据的具体情况，通过使用交互函数调取存储在 HBase 中的数据，在屏幕上直接展示，从全局快速了解所需要的数据信息。通过此方式让系统应用层计算出的应急物资需求变化、调度路线、应急车辆运动轨迹等数据都能够在各子系统之间得到相应的展示，完成相应的功能定位。

7.3　物流大数据的应用案例

7.3.1　物流中心选址实例

1. 基于聚类思想的配送点分区划分原理

（1）区域划分的含义

划分物流区域一般与优化配送中心联系同时研究，因此在阐述区域划分的含义之前，需要先明确"配送中心"的概念。在《物流术语》（GB/T 18354—2021）中，配送中心是指从事配送业务的物流场所或组织。配送中心应符合几个特点：为特定的顾客服务、具有健全配送功能、信息网络完善、较小的辐射范围、品种多、存量小、配送为主要业务、存储为辅助性业务。配送中心主要是承担短距离的运输，其配送范围是有限的。

配送中心是通过接受并处理用户的订货信息，对供应商送到的多品质货物进行分拣，然后按照用户要求进行挑选、配装、加工，并把货物送到用户手中的设施和结构。

配送区域是根据服务需求自然形成和真实存在的专项经济区域，由每个快递员提供配送服务的区域。配送区域的划分必须根据具体的服务需要，以提升配送效率、降低配送成本为目的。配送区域划分要考虑地理、道路、客户点的分布、运输工具、配送中心以及其容量等因素。

（2）聚类算法解决区域划分

如何对目标客户的区域进行划分，明确各配送中心的范围是一个至关重要的问题。科学合理的物流配送区域划分是实现同城物流配送的关键，可有效降低物流配送成本，提高物流服务质量，可采用 k-means 算法实现物流配送区域的精度划分。

（3）聚类算法评价指标

1）经度和纬度：经纬度是地理名词，二者往往一起使用以确定地表上某点的精确位置。可通过 ArcGIS 数据实现配送点的经纬度定位。

2）配送量：在物流配送活动中的数量总和。

3）订单数量：商家订单产生数量。

4）配送总数：物流网点配送包裹的总数量。

5）配送频率：物流网点发生配送的频率。

2. 选址结果分析

根据某网站提供的物流配送末端的数据，根据配送点的经度、纬度、配送量以及商户相应的配送量、订单量和商家位置等信息，通过 k-means 聚类分析，便可初步得出聚类结果。

（1）基于配送点信息的配送区域划分

将聚合后的分类结果与配送点信息融合，得到配送点负责区域的数据情况。具体步骤如下。

1）如果单纯从经纬度等地理信息方面考虑，可以将配送点进行聚类划分，可以实现配送区域的初步分析，如图 7-10 所示。

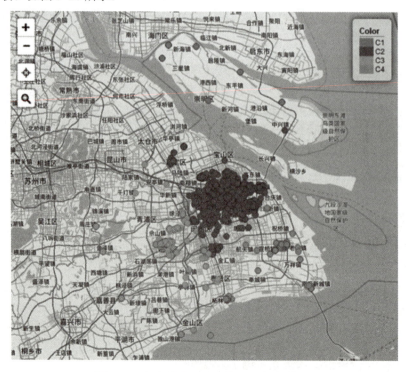

图 7-10　仅考虑地理分布的配送点聚类结果

2）在以上配送思想的基础上，进一步引入配送点对应的商家区域聚类信息和订单数量信息，对配送点进行进一步聚类划分，其中，考虑到订单数量信息较为连续，需要进行离散化处理，因此将订单数量根据各配送点的具体配送情况分为三个档次，以此为基准，对配送点进行进一步聚类分析，其结果如图 7-11 所示。

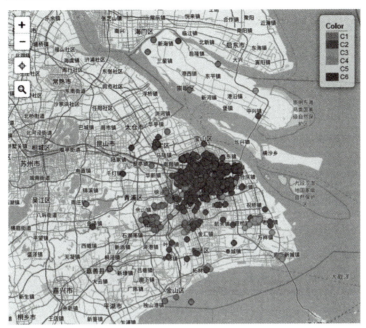

图 7-11　综合考虑商家分布与订单信息的配送点聚类结果

3）在此基础上将配送点分区与商家分区形成对应关系，如图 7-12 所示。

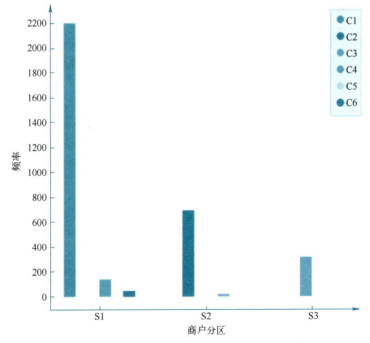

图 7-12　综合聚类结果与商业分区之间的关系

更进一步,可将综合聚类结果和地理聚类结果进行比照,如图 7-13 所示。

由图 7-13 可以看出,综合聚类的 C1 主要集中在地理分区 P1 的位置,而 C2 和 C3 则主要分布在地理分区的 P2 和 P3 位置,各个配送点的聚类在地理分区之间也有相互交叉的情况,但 P1 则是 C4 到 C6 等小类的主要集中地。

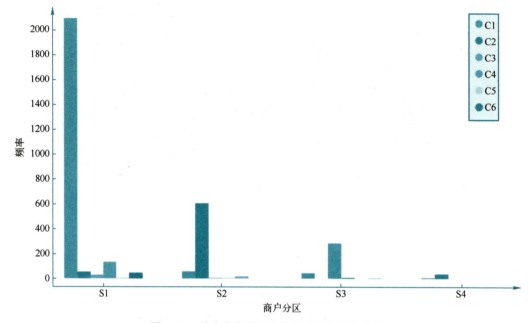

图 7-13　综合聚类结果与地理分区之间的关系

(2) 基于网点聚类的物流结构优化

在配送点两种聚类结果的基础上,对网点进行聚类,算出物流节点位置。

在聚类过程中,引入物流配送效率参数,通过特征工程模块,求得配送数量与配送频率的比值,得到单次配送的运输效率(见图 7-14),并对此进行离散化处理后,引入作为网点聚类的主要参数。

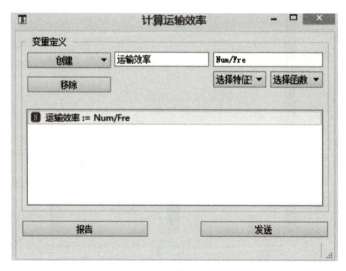

图 7-14　运输效率计算

由此,分别以地理聚类和综合聚类结果作为依据,对网点信息进行聚类,其结果分别如图 7-15 和图 7-16 所示。

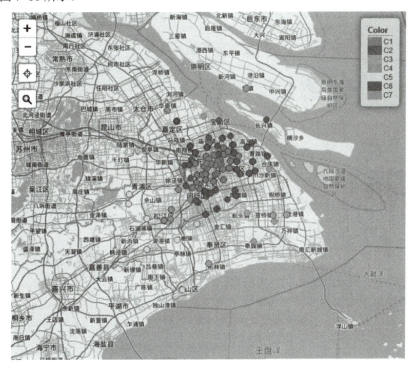

图 7-15 基于配送地理聚类信息的网点聚类划分结果

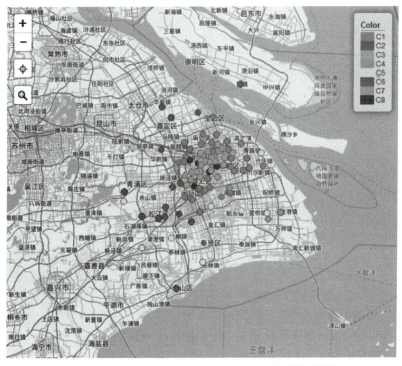

图 7-16 基于配送综合聚类信息的网点聚类划分结果

两个聚类结果在大多数类别分布上趋于一致,但对于上海市较为边缘的节点方面,综合信息的网点聚类划分则有所差异,因此需要综合二者的聚类结果,根据网点分布定义物流节点,并计算出上海市的配送中心位置。因此将两个聚类结果的散点图进行综合,如图7-17所示。

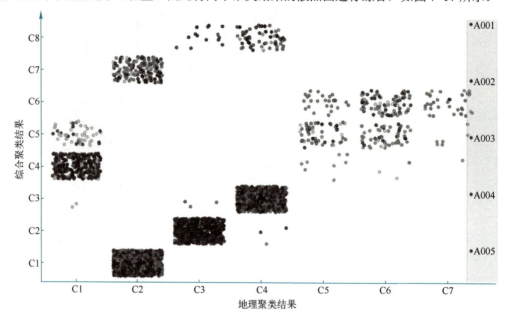

图7-17 基于两种聚类结果的网点划分分析图

由图7-21可见,两种聚类划分结果中,有多种分类具有一定重合性,由此可以对物流节点进行细分,得到13个较大的物流节点,并对区域进行划分,其分布情况与配送区域、商户区域的对应关系见表7-1。

表7-1 物流节点与配送区域、商户区域的对应关系

物流节点	节点编号	网点(地理聚类)	网点(综合聚类)	配送区域	商户区域
1	A020	C1	C5	P3	S3
2	A099	C1	C4	P3	S3
3	A093	C2	C1	P1	S3
4	A045	C2	C7	P1	S1
5	A009	C3	C2	P2	S1
6	A116	C3	C8	P2	S1
7	A094	C4	C3	P1	S1
8	A007	C4	C8	P1	S1
9	A012	C5	C5	P1	S1
10	A082	C5	C6	P1	S2
11	A108	C6	C5	P2	S2
12	A021	C6	C6	P2	S2
13	A066	C7	C6	P4	S2

由此，可以单独提取以上网点数据，计算其物流配送有效半径，进一步根据其地理位置和辐射范围锁定物流配送中心位置。其物流节点辐射图如图 7-18 所示。

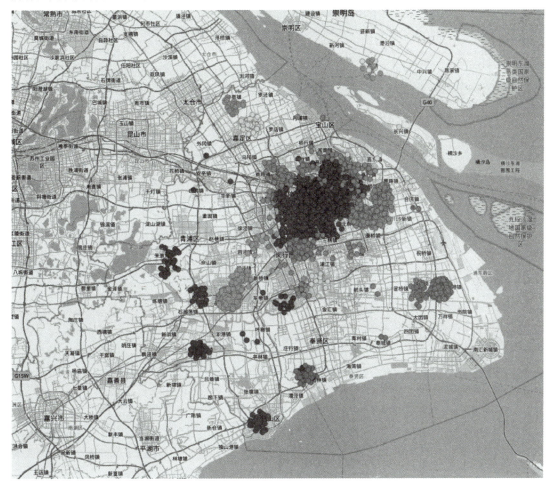

图 7-18　物流节点辐射图

7.3.2　物流配送路径优化实例

随着经济全球化、信息技术的快速发展，物流配送指按照客户的需求，经过分拣、加工、装配等配备工作，把最终的产品从生产线的末端运输到消费者手中的移动、存储过程。《物流术语》中指出，共同配送是由多个企业或其他组织整合多个客户的货物需求后联合组织实施的配送方式。共同配送模式能打破传统的个体资源模式，实现资源共享，进而完成物流基础设施、管理制度等的整合，提升物流配送作业的智能化、规模化、信息化。

在物流作业中，物流运输涉及大量优化决策的问题，比如，如何解决车辆配套设施的装载和合理线路规划问题等。本节讨论物流配送优化，也就是说，通过制定合理的、高效的运输路线，尽快把货物送到消费者手中。

一个位置固定的配送中心，如何满足多个客户的不同需求？比如，对时间的要求、对货物品种的要求等；配送车辆从配送中心出发，如何选择配送路径才既能满足客户需求，又能使配送成本最低？另外，如何利用最少的车辆去服务最多的客户群体？在解决这些问题之前，需要对存在的客户进行聚类分析，再对客户进行服务，就可以做到得心应手，游刃有余。

（1）共同配送路径优化与配送模式创新问题概述

对于配送路径优化问题，可以理解为如何使配送过程中的运输费用达到最小。在这个问题中，涉及如何配装和选择最佳路线，由于配送的用户众多，且路线复杂，因此工作难度较大。另外，配送路径的优化需要满足一定的约束条件，如车辆装载量、客户需求量、时间限制等。为了让使用的车辆数量最少、车辆行驶距离最短、行驶时间最短，运用既合理又科学的方法来确定配送路线，是实现科学化、系统化物流配送的重要途径。车辆路径问题示意如图 7-19 所示。

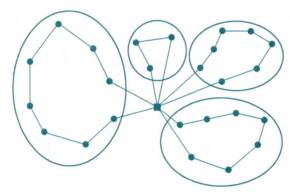

图 7-19　车辆路径问题示意图

要想只利用一个配送中心点就满足大量客户群体的需求，数量庞大的车辆是必不可少的。但是，要达到效率最高、成本最低的目的，车辆配送的路径如何优化是一个热点问题。

可以把车辆路径问题描述如下。

一个配送点用多辆车或者一辆车向 n 个客户送货，其中客户的需求量和位置坐标是确定的，车辆的载重量和单次配送的最大行驶距离也是有限的。如何安排配送车辆的行驶路线才能使所用的配送总成本最少、延误的惩罚费用最低，还必须同时满足以下约束条件。

1）配送车辆的总载重量要大于不同客户群体的需求量。

2）配送车辆一次能配送的最大行驶距离大于各条路径的距离。

3）必须满足每个客户的需要，并且送货只能由一辆配送车进行。

4）必须在客户规定的时间内送到。

（2）基于 GIS 和 Dijkstra 算法的共同配送路径优化与配送模式创新思路和方法

综合当前物流末端配送的现状和问题以及聚类结果，表明物流配送末端优化的核心是明确需求主体对于配送方式的要求，同时尽可能将末端分散的网点化零为整，减少配送路程和二次送达率。

提出如下基于配送点需求规律的末端配送方案：对城市物流末端的配送，利用聚类依据配送的种类、时间、配送点、配送群体等，得出最佳的城市物流中心，从而使得原本杂乱无章的配送线路变得清晰，另外由于不同领域对物流的需求和占比不同，由此还可以根据现有的不同领域的末端物流配送的数据进行聚类，得出各个领域的最佳配送点，将这些配送点和最佳城市物流中心连接起来，便可以使配送路线得到进一步的优化。

根据前述得到的物流节点与配送点、网点的对应关系，可根据运筹学的运输问题思路，引入 GIS 数据，运用 Dijkstra 算法计算节点间的最优配送路径，再使用运筹学软件 WinQSB，采用表上作业法，实现共同配送的运量分配。

其中采用的方法主要包括导入地理信息数据的 ArcGIS 数据库、求解物流节点到配送点优化路径的 Dijkstra 算法，以及计算共同配送运量分配的表上作业法。

1）基于 GIS 的物流节点与交通路网数据信息导入。物流规划必须基于经济社会的发展全局，结合实际情况以及市场未来的需求，采用严谨的预测方法，制定出符合需求的规划目标。对于物流规划目标而言，最为关键的环节是预测物流量。GIS 通过管理数据，借助插值与统计分析功能，来实现对物流量的预测。此外，也能够通过调用外部的预测模型来分析，按照时间顺序，直观显示地图或专题地图。通过 ArcGIS 软件，可以将网点与配送点基础数据导入到编辑好的路网中，为后续最优路径计算提供依据。

2）基于表上作业法的共同配送供需分配。在基于表上作业法计算共同配送供需分配时，主要用到了运筹学中的最小元素法和位势法。在最小元素法中，为了减少运费，应优先考虑单位运价最低（或运距最短）的供需业务，最大限度地满足其供需量。由于需要计算多个网点和配送点之间的供需关系，所以在用最小元素法得到初始方案后，使用位势法可计算出检验数并对方案进行调整。以前面的 A020 等网点到 B0552 等配送点为例具体步骤可分为以下几步：

第一步：列出运价表和调运物资平衡表。

第二步：编制初始调运方案。

第三步：初始方案的检验与调整。

3）基于 Dijkstra 算法的共同配送路径优化。由于共同配送是一个动态的过程，所以在对共同配送路径进行优化时，主要采用 Dijkstra 算法。通过 Dijkstra 算法将各个网点到与之对应的所有网点之间的最短时间计算出来。

（3）共同配送路径优化与配送模式创新案例分析

根据前述配送区域划分和物流节点选址的结果，依据既有的配送任务和订单数量，对配送量与配送路径进行优化。其中，A 表示原物流网点的编号，B 表示物流配送点编号。

选择物流节点 D1（网点 A020）与物流节点 D2（网点 A099）作为配送起点，对 P3 区域的物流配送点的 B6148、B4951、B4435、B2807、B1300、B3253、B3644、B3923、B1782、B0096、B0552、B6096、B7398、B2232、B0200 进行货物配送，其中 D1 下可调用的网点包括 A020、A038、A117，D2 可调用的网点包括 A099、A018 与 A087。

首先，配合 GIS 数据的经纬度信息、道路网与红绿灯信息，采用 Floyd 算法计算各节点之间的距离与预计时间，如网点 A020 到 B0552 之间，可以计算得到三个线路。

第一条线路，从 A020 出发，途经展公路—窑桥中心路—科工路—沪杭公路—联业路—南海公路—富勒路—滨湖路，最终到达 B0552，共计 9.8 公里，途经 9 个红绿灯，预计耗时 19min。

第二条路线，从 A020 出发，途经展公路—窑桥中心路—科工路—万华路—胡滨公路—228 国道—南海公路—富勒路—滨湖路，最终到达 B0552，共计 10.1 公里，途经 10 个红绿灯，预计耗时 19min。

第三条路线，从 A020 出发，途经展公路—浦卫公路—观工路—南海公路—胡滨公路—富勒路—滨湖路，最终到达 B0552，共计 11.0 公里，经过 7 个红绿灯，预计耗时 18min。

从距离、红绿灯与预计时间综合考虑以上计算结果，最终可得到网点 A020 到 B0552 的最短时间为 18min。

由此可以制定网点到配送点之间的最短时间表，见表 7-2。

表 7-2　网点到配送点之间的最短时间表（单位：min）

	A020	A038	A117	A099	A018	A087
B6148	57	40	51	35	40	33
B4951	61	46	55	41	44	36
B4435	52	36	32	10	18	15
B2807	55	42	43	33	40	36
B1300	55	43	42	32	40	35
B3253	51	35	37	8	18	18
B3644	54	37	39	10	20	21
B3923	50	34	37	6	16	17
B1782	55	42	39	12	16	17
B0096	54	42	47	18	30	16
B0552	18	32	40	53	57	50
B6096	15	35	41	54	58	51
B2232	21	36	42	53	57	50
B0200	46	33	5	45	33	38

同时，根据各网点的物流供应量和各配送点的物流需求量，进一步可以得到案例中各网点到配送点之间的运输问题表格。其中各节点之间的数字表示节点之间的运输时间，见表 7-3。

表 7-3　网点到配送点之间的运输表（运输时间单位：min）

	A020	A038	A117	A099	A018	A087	需求量
B6148	57	40	51	35	40	33	4
B4951	61	46	55	41	44	36	20
B4435	52	36	32	10	18	15	37
B2807	55	42	43	33	40	36	3
B1300	55	43	42	32	40	35	6
B3253	51	35	37	8	18	18	66
B3644	54	37	39	10	20	21	220
B3923	50	34	37	6	16	17	74
B1782	55	42	39	12	16	17	19
B0096	54	42	47	18	30	26	10
B0552	18	32	40	53	57	50	41
B6096	15	35	41	54	58	51	10
B2232	21	36	42	53	57	50	9
B0200	46	33	5	45	33	38	10
供应量	96	74	76	119	85	79	529

最终通过 WinQSB 执行表上作业法，计算各节点之间的物流分配量，其结果如图 7-20 所示。

09-30-2014	From	To	Shipment	Unit Cost	Total Cost	Reduced Cost
1	A020	B4951	20	61	1220	0
2	A020	B2807	3	55	165	0
3	A020	B1300	3	55	165	0
4	A020	B0096	10	54	540	0
5	A020	B0552	41	18	738	0
6	A020	B6096	10	15	150	0
7	A020	B2232	9	21	189	0
8	A038	B6148	4	40	160	0
9	A038	B3644	70	37	2590	0
10	A117	B4435	37	32	1184	0
11	A117	B1300	3	42	126	0
12	A117	B3644	26	39	1014	0
13	A117	B0200	10	5	50	0
14	A099	B3644	45	10	450	0
15	A099	B3923	74	6	444	0
16	A018	B3644	66	20	1320	0
17	A018	B1782	19	16	304	0
18	A087	B3253	66	18	1188	0
19	A087	B3644	13	21	273	0
	Total	Objective	Function	Value =	12270	

图 7-20 网点与配送点之间的物流分配量分布

其中，在 WinQSB 计算结果中，From 表示供给点，To 表示需求点，Shipment 表示运输量，Unit Cost 表示单价，Total Cost 表示总价，Reduce Cost 表示削减费用，最下面一排结果则表示目标函数总和。

因此，网点到配送点的物流运输量见表 7-4。

表 7-4 网点到配送点的物流运输量

	A020	A038	A117	A099	A018	A087	需求量
B6148	0	4	0	0	0	0	4
B4951	20	0	0	0	0	0	20
B4435	0	0	37	0	0	0	37
B2807	3	0	0	0	0	0	3
B1300	3	0	3	0	0	0	6
B3253	0	0	0	0	0	66	66
B3644	0	70	26	45	66	13	220
B3923	0	0	0	74	0	0	74
B1782	0	0	0	0	19	0	19
B0096	10	0	0	0	0	0	10
B0552	41	0	0	0	0	0	41
B6096	10	0	0	0	0	0	10
B2232	9	0	0	0	0	0	9
B0200	0	0	10	0	0	0	10
供应量	96	74	76	119	85	79	529

由分配结果，可以发现目前配送路径实现了以下优化。

1）货物从各个网点到配送点的供应量和相应需求量，从而使货物的配送达到最优的分配结果，这就让原本效率低下的配送布局得到大幅提升。

2）物流节点可以适当向下属的网点调配货物，实现网点间的资源共享，提高资源利用率。

3）随着目前消费者对配送时效要求越来越高，通过运输分配结果，可以迅速得到分配，从而减少分配中浪费的时间，使配送效率得以提升。

本章小结

随着大数据时代的到来，云计算和大数据技术加快向物流业渗透，通过海量的物流数据挖掘新的商业价值。物流之争在一定程度上逐渐演变为大数据技术之争。在大数据技术的支持下，人与物流设备之间、设备与设备之间更加密切地结合，形成一个功能庞大的智慧物流系统，实现物流管理与物流作业的自动化与智能化。可以说，大数据技术是构建智慧物流的基础。智慧物流就是以大数据处理技术为基础，利用软件系统把人和设备更好地结合起来，系统不断提升智能化水平，让人和设备能够发挥各自的优势，达到系统最佳的状态，并且不断进化。在"互联网+"的大环境下，智慧物流成为业界一致追求，智慧物流的基础就是大数据相关的技术。以大数据为基础的智慧物流，在效率、成本、用户体验等方面将具有极大的优势，也将从根本上改变目前物流运行的模式。

随着经济全球化进程的加快，不同国家和地区间的经济联系日益密切，基于竞争优势和互补性的经济结构调整步伐也越来越快。从而对提供商品物资时空位移转换的物流产业产生了巨大的需求。此外，经济的全球化不可避免地造成各种资源在全球范围内重新组合与配置，也为现代物流的发展提供了广阔的市场。物流大数据可广泛应用于物流中心选址与物流配送路径等领域。

本章练习

一、名词解释

1．物流大数据
2．市场需求
3．物流中心选址
4．物流配送路径
5．地理信息数据

二、简答题

1．什么是物流大数据？
2．智能仓储架构由哪些模块构成？
3．物流大数据可在哪些领域进行应用？
4．物流大数据该如何优化？

三、讨论题

1．通过调查了解，介绍物流大数据在现代物流中的应用场景。
2．物流中心选址需要考虑哪些具体因素？

第 8 章　金融大数据

学习目标

- 了解供应链金融大数据的类型，熟悉供应链金融大数据的构成。
- 掌握供应链金融业务产品类型。
- 熟悉供应链金融大数据应用领域。
- 掌握供应链金融大数据应用分析。

导入案例

京东数科：基于供应链信息的小微融资模式

京东数科以平台供货商和第三方存货、仓储、销售等供应链数据为核心，依托"金融+科技+电商"优势，对供应链条中应收账款、存货、营销、物流等信息进行深度挖掘、动态管理，建立完善的智能风控系统，为不同经营场景、不同节点的小微企业提供一站式数字化金融服务。

1）"一站式"供应链金融服务。京东数科依托电商平台供应链优势，加快布局大零售、医药、物流、制造等行业，依托京东商城、中间场景、技术及自建物流体系形成了大数据驱动的供应链金融体系。京东供应链金融产品主要有"京保贝""京小贷""易贷""云仓京融""企业金采""京东快银"等，为京东商城供应商、第三方经销商、品牌经销商及上下游小微企业整个链条提供转账支付、保理、信用融资、信用赊购、动产质押、投资理财等全方位金融服务。至 2019 年，京东数科信贷业务覆盖了 800 余万线上线下小微企业、700 多家金融机构。

2）金融科技优势。京东数科将自己定位于"金融科技"公司，坚持用科技解决金融的问题，致力于金融科技模式和服务输出，以数据为基础、科技为手段，强化合作关系，为金融机构提供小微金融产品营销、获客、风控、运营、场景拓展等全流程数字化服务，开创了全新的 B2B2C 商业模式，为有需求的金融机构提供技术支持。

3）大数据风控。京东数科利用平台超过 14 亿的用户节点和节点间的图、相关关系，构建了 500 多个机器深度学习风控模型，形成了节点动态风控模式；建立了 5000 余个风险策略模型、60 余万风控变量，实现了 3 亿多京东终端用户信用风险评估。并结合终端用户行为特征，如使用时的按压力度、设备仰角、触点间隔等行为指标建立客户专有行为模型，有效判定用户的真实身份，及时预警账户异常行为。京东数科依托技术优势，将小微信贷审核效率提高了 10 倍以上，成本降低了 70%以上。2019 年末，平台不良率低于 1%。（资料来源　丁廉业. 大数据金融：小微企业金融服务的创新与思考[J]. 西南金融，2021(07):62-73.）

8.1　供应链金融概述

供应链金融是运用供应链管理的理念和方法，为相互关联的企业提供金融服务的活动。供应链金融是一个系统化概念，是面向供应链所有成员企业的一种系统性融资安排。具体描述为，将供应链上的相关企业作为一个整体，根据交易中构成的链条关系和行业特性设计融资模式，为各成员企业提供灵活的金融产品和服务的一种融资创新解决方案。主要业务模式是以核心企业的上下游企业为服务对象，以真实的交易为前提，在采购、生产、销售各环节提供金融服务。由于每家企业都有自己的供应链条，展现出一个庞大的供应链网络。不同的金融企业把自己的服务产品化，赋予不同的产品名称。

供应链金融的运作模式一般会划分为三个阶段，形象地概括为 1.0、2.0 和 3.0 阶段。简单说，1.0 是传统的"1+N"线下阶段，2.0 将线下迁移到了线上，3.0 则是通过科技的手段，建设供应链金融平台，即"N+1+N"的平台模式，如图 8-1 所示。

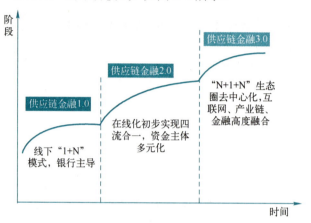

图 8-1 供应链金融发展的三个阶段

供应链金融是一种集物流、商流、信息流以及资金流为一体的管理行为和过程，其运作过程将卖方、买方、第三方物流以及金融机构紧密连成一体，具有将供应链中的资金盘活、用资金拉动供应链运作的作用。既然供应链金融将供应链运作中的四流集为一体，完成全链条式的闭合运作，那么大数据先进分析对供应链金融的健康运作的影响就更为深远。供应链金融通过引入大数据技术，利用成熟互联网和 IT 构建平台以连接供应链金融运作中的各个参与者，可以加强整个链条与第三方物流企业和金融机构之间的互动、协同，并使整个交易更加可视化。此外还可以将相关各方经营活动中产生的物流、商流、资金流和信息流归结并进行整合，针对不同供应链的特点提供不同的在线融资、结算以及投资理财等综合的金融和增值服务。

具体来讲，以大数据先进分析为支撑的供应链金融的运行特点是通过获取并分析高质量的数据，对供应链网络中各参与者的主体信用、交易信用进行全方位的刻画，同时能够有效分析和发现贷后资金去向，为金融机构高效瞄准目标客户、加快贷款审批，提供相应的金融服务产品，同时为控制风险提供必要的数字化支撑。显然，要实现这一目标，就需要大数据分析具备如下能力：一是全量反映。全量的含义是全维度供应链关系分析，不局限于单个供应链。通常在任何一个供应链网络中，企业有多个下游客户和多个供应商。而在传统的供应链金融模式下，只能核实与核心企业的交易，这种交易关系存在单一性，难以反映供应链的整体交易关系和信用。因此，在大数据金融模式中，需要通过大数据先进分析对供应链交易特征开展全量聚合评估。二是闭环。指基于大数据先进分析的风险评估覆盖贷前审查、贷中审批以及贷后监控，实现全流程风险管理。三是触达。即中小企业能够通过便捷的入口发起申请，进入审批过程，结果反馈要简洁高效。

8.2 金融大数据的构成

如今大数据成为企业增进绩效、推动业务创新的重要因素，这是因为大数据不但是企业为客户提供增值服务的基础，还能有效降低供应链成本；此外，大数据还能促进企业间的信息协同。在供应链金融兴起的背景下，大数据分析技术也能成为企业的一种战略性资源。

要在供应链金融决策中有效运用大数据，首先需要正确地了解大数据。易观智库在发布的《中国供应链大数据市场专题研究报告 2014》中提出，供应链中的大数据主要包括以下四种类型：结构数据、非结构数据、传感器数据和新类型数据。

1. 结构数据

结构数据是指那些在电子表格或是关系型数据库中存储的数据，这一类型的数据只占数据总量的 5%左右，主要包括交易数据和时间段数据。现在的大数据分析大多以这一类数据为主，很多研究认为这其中重要的结构数据包括 ERP 数据。高度结构化、集成化的 ERP 数据能够帮助企业比没有运用 ERP 数据的企业，在战略采购、品类管理和供应商关系管理方面产生更好的绩效。有研究认为 ERP 系统数据价值亟须挖掘和拓展。一方面，ERP 系统中存储的数据是企业运转多年积累的大量的行业数据，这些数据对于企业的经营决策和预测来说意义非常重大；另一方面，ERP 数据是企业内部处理的结构化数据，在大数据时代，企业怎样将自己内部的结构化数据和非结构化数据以及企业内部数据与企业外部数据相衔接，通过运用大数据分析技术深度挖掘这些海量的、类型多样的、具有价值的、实时更新的数据的商业价值，将交互数据、交易数据以及传感器等数据联合以进行价值挖掘，从而更好地服务客户并提高供应链整体的柔性、稳定性以及效率，是其面临的一个重大挑战。

2. 非结构数据

非结构数据主要包括库存数据、社会化数据、渠道数据以及客户服务数据。尽管现在有大量的研究和报告探讨数据和分析能力在供应链中的运用，但是这些研究和报告的重点仍然聚焦在传统的数据来源和分析技术以及它们对于供应链的相关计划和执行的影响上面。而对于非结构数据，例如社会化数据对供应链的影响和作用的相关研究却相对缺乏。企业可以利用社交媒体数据辅助进行需求预测，以便进行更有效的分类计划并更好地安排商品在货架上的摆放位置。尽管物流供应商、生产者以及零售商们现在都在借力于传统的供应链数据进行供应链管理，但是参与调查的企业中，只有 1%的企业运用了社交媒体数据进行供应链计划。相关研究的缺乏以及企业实践的忽视，充分显示出了大家对社交媒体数据的重要性认识不足，对社交媒体数据的利用不充分。因此，加强企业对社交媒体数据在供应链情境中作用的理解非常必要，而对如何利用社交媒体数据来指导企业进行供应链活动的规划（包括新产品的开发、利益相关者的参与、供应链风险管理以及市场探查等），以及社交媒体数据究竟会对供应链绩效产生怎样的影响，这两方面的研究是现在需要关注的重点。要想实现这一目标，就需要从内容丰富的非结构化数据中挖掘出商业智慧，使用不同的研究方法和度量方式。以推特数据为例，从非结构化数据中挖掘商业智慧采用三种分析技术，即描述性分析、内容分析以及网络分析。

除了上述两种主要的大数据类型外，易观智库还指出了另外两类数据，即传感器数据和新类型数据，前者主要包括 RFID 数据、温度数据、QR 码以及位置数据，这类数据的量目前增加较快，随着物联网技术的发展将形成新的产业，构建新的物流供应链，为供应链金融带来巨大商机；后者主要有地图数据、视频数据、影像数据以及声音数据等，目前更多用于数据可视化领域。这部分数据使大数据的质量进一步提高，实时性更强，分析的精准度更高。

供应链流程活动中参与主体主要有核心企业、融资企业（包括上游供应商和下游分销商、零售商)、金融机构和第三方物流公司等其他参与主体,所以供应链金融数据收集分析主要对象如图 8-2 所示。

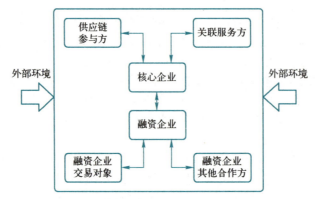

图 8-2　供应链金融数据收集分析主要对象

8.2.1　核心企业数据

在供应链金融生态系统中,核心企业是金融机构向整个供应链提供金融服务的关键因素。

商业银行等金融机构可以通过系统连接供应链核心企业 ERP 系统或财务系统,获取核心企业订单、应收应付账款、人力薪酬、物流信息等企业相关数据,分析核心企业的资质,包括基本素质、偿债能力、营运能力、盈利能力、创新能力、成长潜力、信用记录等,围绕核心企业与供应商之间的应收应付账款相关数据为供应商提供供应链金融服务。

1. 企业基本素质相关数据

企业基本素质是影响企业信用状况的内部条件。较高的企业素质可以保证企业具有较好的法律合规意识以及良好的契约精神,保障企业正常、合理、持续地发展,获得合法的经济效益。企业的基本素质主要体现在企业规模、领导者素质、职工队伍素质和管理水平等方面。

2. 偿债能力相关数据

企业偿债能力是企业信用状况的最主要表现,也是企业信用评价的首要指标。企业偿债能力既反映企业经营风险的高低,又反映企业利用负债从事经营活动能力的强弱。反映企业偿债能力的数据主要有资产负债率、流动比率、速动比率、现金比率、逾期债务比率、利息保障倍数等。

3. 营运能力相关数据

营运能力是指通过企业生产经营资金周转速度等有关指标所反映出来的资金利用效率,它表明了企业管理人员经营管理、运用资金的能力。企业生产经营资金周转的速度越快,表明企业资金利用效果越好、效率越高,企业管理人员的经营能力越强。营运能力的大小对盈利的持续增长与偿债能力的不断提高,产生决定性影响。企业营运能力的相关数据主要有存货周转率、应收账款周转率、流动资产周转率、固定资产周转率和总资产周转率。

4. 盈利能力相关数据

企业的盈利能力是企业信用的基础,企业只有盈利才有可能按期偿还债务。盈利能力是指企业在经营过程中获取利益的能力,是企业管理水平和经营业绩的集中体现。盈利能力是企业赖以生存的基础,反映企业盈利能力的相关数据主要有销售净利率、销售毛利率、资产报酬率和净资产收益率等。

5. 创新能力相关数据

企业的创新能力对于形成竞争优势具有举足轻重的作用。反映企业创新能力的数据主要有新产品销售收入比重、技术人员比重、新技术装备率、研发投入力度等。

6. 成长潜力相关数据

成长潜力是推动企业不断前进、改善资信状况的作用力，只有成长潜力大的企业才能保证盈利的持续性，其信用状况才会好。反映企业成长潜力的因素包括三方面：一是企业所在行业的发展前景，以及企业能否真正从事符合产业发展趋势的供应链运营；二是企业能否获得关键利益相关方的支持，特别是国家政策支持；三是企业自身的成长能力。反映企业自身成长潜力的数据主要有净利润增长率、销售收入增长率、资本积累率、企业发展规划等。

7. 信用记录

信用记录是企业以往借贷和履约状况，它不仅反映企业的偿债能力，同时也客观地反映企业的偿债意愿。在对企业声誉进行评估的过程中，企业主个体的生活行为和要素也是需要关注的重要方面。与个体特征相关的数据包括个体的教育程度、社会地位、职业、借贷状态（信用偿还历史、信用账户数、使用信用的年限、正在使用的信用类型、新开立的信用账户）、家庭状况、资产状态、法律诉讼、税务状况等。

8.2.2 融资企业数据

大数据的运用主要是为了更好地了解供应链金融中关键利益方（特别是融资对象）的经营能力、潜在能力和潜在风险。经营能力是指服务对象在市场和行业中的地位，以及表现出来的竞争力。供应链金融的服务对象往往不具备资金、资产和信誉，然而需要"有技术"和"有订单"，技术代表了该企业的核心竞争能力，而订单则代表了企业市场拓展的能力。总体上讲，判定融资企业的经营状况可以从"硬能力"和"软能力"两个方面来分析（见图8-3）。

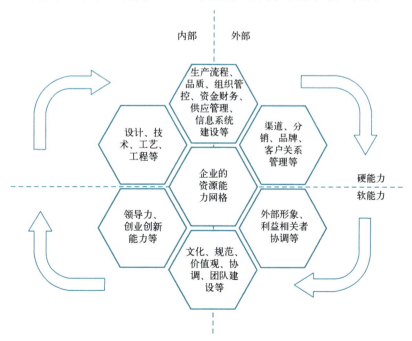

图 8-3　供应链融资企业的市场能力和潜在能力

1. "硬能力"相关数据

"硬能力"在理论上称为一个组织和企业的显性能力,即可以记录、无须讨论的事实性的能力。具体讲,融资企业的"硬能力"数据包括研发方面的能力(如技术、设计、工程、工艺等能力)、运营方面的能力(如生产流程、品质、组织管控、资金财务、供应管理、信息系统建设等能力)以及市场营销方面的能力(如渠道、分销、品牌、客户关系管理等)。

2. "软能力"相关数据

"软能力"也可称为隐性能力,即无法量化、需要面对面交流沟通才能传递的技能。融资企业的"软能力"数据包括领导力和创新、创业方面的能力,文化建设和协调、团队建设方面的能力,以及外部形象和利益相关者协调能力等。

除了经营能力外,大数据分析的另外一个重要的目标是分析判断供应链中服务对象的潜在能力,也就是说,不仅仅要分析一个组织已表现出来的能力,还要关注其未来具备的能力,这就需要从动态的角度,分析判断企业"硬能力"和"软能力"的培育能力和发展趋势。培育能力指的是企业采用何种手段或者路径去获得或拓展软、硬两种能力,而发展趋势则是判断企业在连续时间段内两种能力的发展程度。

大数据分析的第三个主要目标是分析判断供应链融资对象的潜在风险。潜在风险是指对企业目标的实现可能造成负面影响的事项发生的可能性。企业在制定和实现自己目标的过程中,会遇到各种各样的风险,需要通过大数据分析了解企业可能存在的各种负面影响因素。

具体看,需要分析了解的风险主要有五大类。

1)运营风险,是指企业在运营过程中,由于外部环境的复杂性和变动性以及主体对环境的认知能力和适应能力的有限性,而导致的运营失败或使运营活动达不到预期的目标的可能性及其损失。

2)资产风险,是指公司在经营过程中,由于外部不确定因素、内部人为因素及相关条件导致的资产质量发生偏差,而使公司信誉、资金、收益等遭受损失的可能性。

3)竞争风险,是指企业由于外部的因素或者能力不足或者失误,使得企业在竞争和经营过程中,实际实现的利益与预期利益目标发生背离的可能性。

4)商誉风险,是指组织目前在所有利益各方心目中的地位以及在当前环境下的运营能力和形象受到损毁。

5)战略风险,这类风险是影响整个企业的发展方向、企业文化、信息和生存能力或企业效益的各类不确定因素。

上述五类风险都是供应链金融有效率和有效益运行发展的威胁,因此,需要借助大数据分析,了解相关主体可能存在的这五类潜在风险。

供应链金融中需要利用大数据分析技术收集分析供应链上融资企业的资质情况,包括企业规模、企业管理水平、人员素质、偿债能力、营运能力、盈利能力、发展潜力等相关数据。

8.2.3 关联服务方数据

关联服务方数据包括来自第三方物流、政府、公用事业、银行等机构的数据,以及用户在电商、社交网络、网络新闻等互联网应用上留存的数据,这类数据可以从多角度展示用户的特征。

1. 金融机构数据

金融机构主要包括商业银行、信托、财务公司、保理、小额贷款等从事资金借贷的机构。金融机构通常拥有较为庞大的客户群体,同时,存储了涵盖客户个人信息、账户信息、产品信息、交易信息等大量的结构化数据,以及海量的以语音、图像、视频等形式存在的非结构化信息。这些信息背后都蕴藏着诸如客户的个人偏好、社会关系、消费习惯等丰富全面的信息资源。

利用相关的大数据挖掘技术、文本数据分析技术等，将客户数据、产品数据、地理空间数据等进行关联分析，就可以勾勒出一个完整真实的客户立体全景视图。根据视图，实施针对性的产品设计和服务优化，就能有效地提高营销和服务的精确性。

2．电商平台数据

电商平台数据的来源主要包括以下几部分。

1）平台用户申请时提交的数据信息，如年龄、性别、籍贯、收入状况等，利用这些数据可以了解用户的基本情况，验证用户的身份。

2）平台用户在使用过程中产生的行为数据，包括资料的更改、选填资料的顺序、申请中使用的设备等，可以通过用户的行为来进行特征挖掘。

3）用户在平台上累积的交易数据，这类数据对于判断用户信用会有很高的价值。

供应链金融中金融机构或供应链核心企业可以利用电商平台共享的商家采购、销货、物流等数据，提供相应供应链金融服务或优化供应链金融风险控制。电商平台可提供的供应链数据项主要包括商户营业执照号码、注册资本、分级级别、合作平台、营业面积、累计交易金额、累计同客群平均交易金额、上年度核心企业销售指标达成率、当期库存数量、当前库存金额、实际控制人身份证号码、行政处罚次数、行政处罚金额、内部处罚次数、内部处罚金额、月度交易金额等，利用这些数据可以分析供应商的交易流量情况、风险等级情况、企业经营规模、资产规模、销售规模、库存规模、企业的销售场所、时间、方式、业绩以及企业的资信等级、实际控制人资信状况等。

3．第三方物流数据

除了上下游企业外，第三方物流也是获取数据的重要来源。供应链金融中，可以与物流监管企业的物流监管系统对接，获得供应链企业物流仓储信息、物流运输信息等数据。第三方物流数据的获取主要是为了帮助核心企业分析物流的状态和水平。例如，可以从承运商或者货代处了解经营企业的运输状态或者货运情况；从仓储企业了解经营企业的产品库龄和产品结构；从库存管理公司处了解经营企业的进销存或库存周转；从港口码头了解产品进出口或者分销的结构和业务规模以及产品的去向等。

4．关联服务组织数据

一些关联服务组织是可以直接获得数据的主体。第三方支付是指具备实力和信誉保障的第三方企业和国内外的各大银行签约，为买方和卖方提供信用增强的中介平台。在银行的直接支付环节中增加第三方支付，在通过平台交易时，买方选购商品，不直接将款项打给卖方，而是付给中介，中介通知卖家发货；买方收到商品后，通知付款，第三方支付将款项转至卖家账户。第三方支付往往是大数据来源的重要方面，因为供应链参与者的实力和经营状态可以通过其资金支付的状况得到反映。保险公司也是大数据来源的一方面，保险公司是通过销售保险合约、提供风险保障获得相应的收益，其类型包括直接保险公司和再保险公司。从这些保险公司处获取相应的数据，能够帮助了解分析业务的风险程度以及供应链参与者的市场和业务状态。

作为监督和管理企业经营活动的公共管理机构，政府部门往往拥有大量企业数据，而这些数据可以清楚地反映出企业状况的重要方面。政府部门掌握的数据一般包括海关部门的通关状态、仓单信息、外汇核销单状态、进口付汇证明、出口退税证明、出口结汇证明、深加工结转状态、商品税率、报文状态、快件状态、报关员计分、知识产权备案信息等；国家质监部门掌握的以组织机构代码为标识的企业信息，生产许可、强制性认证等行政许可信息，政府奖励等良好记录以及质量不合格或违法违纪的不良行为记录等；外汇部门掌握的货物贸易、服务贸易、直接投资及一些资本项下的交易、物流、资金流、企业名录、跨境结售汇等；税务部门的涉税数据，工商部门和其他部门所掌握的信息数据。

经营/生活部门能为企业提供各种公共服务，这样的机构有供水公司、电力公司、物业管理等。在提供产品与服务的过程中，这些机构会掌握大量的企业数据。这些基本数据可以从侧面反映出企业的经营状态和能力。

还有一些属于独立组织或平台的机构也是间接性关联服务机构，可以通过合作等方式获取数据。这类机构主要包括行业协会、标准化组织、专利局等公共机构，还包括 VC 等商业机构，这类机构会对企业的历史数据和文档、管理人员的背景、市场风险、管理风险、技术风险和资金风险等进行全面搜集和审核。与行业协会的管理系统对接，可以获得市场价格走势、行业内企业变动情况、行业发展情况等数据。

8.3 金融大数据的应用领域

大数据的本质是实体产业数据，真正实现大数据技术应用必将变革产业本身，变革产业供应链管理，将供应链各终端数据传输至云端。供应链金融作为产业和金融的天然桥梁，在金融支持实体产业中具有天然的优势。在不断创新的新经济常态下，供应链金融必将不断结合大数据、互联网等技术，立足金融本质，风险控制预警更加科学化、数据支撑化，真正做到风险实时监测隔离。大数据在供应链金融中的主要应用如图 8-4 所示。

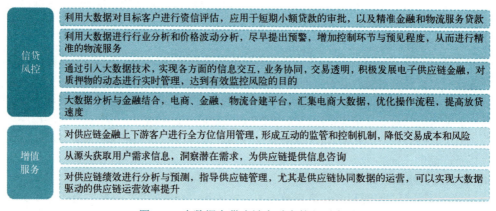

图 8-4　大数据在供应链金融中的主要应用

8.3.1　设计个性化金融服务产品

在供应链金融中，大数据技术主要作用于整合资源信息、解决信息不对称问题、指引金融服务商业等方面。大数据技术可通过数据挖掘匹配多种数据源，可以对客户财务数据、生产数据、电水消耗、工资水平、订单数量、现金流量、资产负债、投资偏好、成败比例、技术水平、研发投入、产品周期、安全库存、销售分配等进行全方位分析，信息透明化，能客观反映企业状况，结合行业发展动态，精准把握中小企业需求，将企业寻找信息转换成信息主动寻找企业，为中小企业设计各种个性化供应链金融服务产品。

大数据背景下，供应链金融的业务不仅是买卖形成后开票或产品接受阶段的融资行为，而且是延伸到供应链运营从寻源到最终支付全过程的端对端供应链金融服务。从供应链金融发生的时间维度看，可以将供应链金融业务划分为战略融资（Strategic Finances）、装运前融资（Pre-Shipment Finance）、在途融资（In-Transit Finance）以及装运后融资（Post-Shipment Finance）几个阶段，如图 8-5 所示。

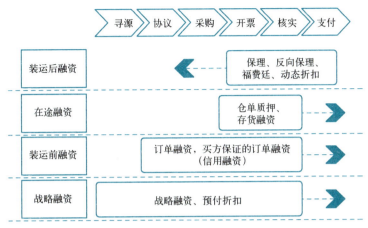

图 8-5 按时间维度划分的端对端供应链金融

1) 战略融资是一种较为特殊的金融行为，严格意义上在这一时间点买卖双方并没有实际发生交易行为，但是为了稳定或培育战略性供应商，或者优化供应链运营，会对供应商或者其上游实施融资行为。显然，这种供应链金融行为完全是基于供需双方之间长期交易所形成的信任建立的伙伴关系，相对而言，风险也最大。一旦这种信任关系丧失或者伙伴关系受到挑战，资金流就有可能中断，风险进而增大。

2) 装运前融资能够使供应商基于买方的采购订单从金融机构获得资金，从而在产品发运前满足其运营资金的需求，这一阶段供应链金融依赖的基础是采购订单而非票据，因此，信用风险也较高，这种类型的供应链金融也是以供需双方所形成的信赖关系为基础的。

3) 在途融资使借方能够从金融机构处获得贷款，而贷款所产生的基础是运输过程中或者其他物流服务过程中的产品或库存。在途融资风险控制的依据是物流活动中的产品，因此，这类融资的信用风险要弱于装运前融资，利率通常偏低。

4) 装运后融资使得资金需求方能够基于应收账款从金融机构获得运营资金。这类供应链金融的保障是票据、装运单、提单等，因此，风险相对于前两类也较低。

按担保物可获得性划分，供应链金融业务也分为市场型融资（Arm's-length Finance）以及关系型融资（Relationship Finance），如图 8-6 所示。

图 8-6 按担保物可获得性划分的端对端供应链金融

市场型融资工具建立在可证实的信息或者有形担保物的基础上，诸如票据、交易订单、存货等，其规制机制是法律。也就是说，一旦没有履行上述行为，可以通过法规来追索相应的权利，因此，市场型融资的信用风险更容易被金融机构评估。与此相反，关系型融资依赖于买卖双方建立的信任关系，而非具有约束性的契约关系，因此，没有任何有形的担保物可作为风险控制的保障。通常这类供应链金融服务提供者是供应链运营中的成员或者平台服务商，它们充分了解借方的信用状况、交易历史和供应链运营的能力，依据这些信息和数据，使得贷方能够较为精确地评估借方的信用，从而做出融资决策。

1. 寻源阶段供应链金融业务产品

寻源阶段主要的金融业务有战略融资和预付折扣。

1) 战略融资是为了维系良好的供需关系，一方给予另一方资金，以支持其战略性投资、提升产品或业务竞争力的金融行为。严格意义上讲，买卖双方在这一阶段并没有发生实际购销行为，但是供需双方形成了长期稳定的合作关系，也具有高度的信任感。在这一背景下，通过支持合作方的战略性投资或者提升竞争力的行为，企业给予对方资金上的支持，从而在未来优先获得合作方具有竞争力的产品或者分销上的支持，进而稳定和发展战略性供需合作关系，其示意图如图 8-7 所示。例如，为了在将来优先获得具有竞争力的技术或产品，需方在资金上支持供应商进行技术升级改造，从而锁定未来订单。这种金融产品的保障是未来的订单、产量或者销售支持。信用保证的提供者以及融资方均是买方，服务的对象是买方的上下游合作企业。

图 8-7　战略融资示意图

2）预付折扣是买方将资金预付给供应商，以获得产品将来交付时一定的折扣。供应商的折扣承诺激励买方提前支付资金，从而缓解供应商运营资金的紧张；而对于买方而言，由于提前支付，有利于保障产品供给，其示意图如图 8-8 所示。严格意义上讲，预付折扣尚未形成实际的采购协议，而是一种意向性订单，以便在未来获得优惠的价格或者经营上的支持。预付折扣与战略融资的差异在于，战略融资中供需双方的保障是未来的订单、产量或销售上的支持，也就是一种对未来行为的期待；而预付折扣的保障是意向性订单，相对而言，其保障的要素更为具体。此外，融资的目的也不完全相同，战略融资的目的比较宽泛，既可以是战略性的行为，诸如提升企业运营能力，也可以是具体的经营业务，如订单锁定；而预付折扣的目的是获得一定折扣的供货。两者的相同之处在于信用和资金的提供方都是买方。

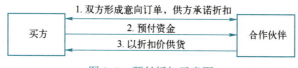

图 8-8　预付折扣示意图

2. 装运前阶段供应链金融业务产品

在供应链装运前阶段，主要的供应链金融业务是订单融资和买方保证的订单融资。

1）订单融资（Purchase Order Finance）是指这样一种业务，在产品发运前，买方为了采购原材料或者生产，向金融机构申请所需资金，金融机构则根据供应商的信用决定是否向其提供资金，其示意图如图 8-9 所示。显然，在这种产品业务中，信用保证的提供方是供方，资金的提供方是银行这类金融机构，而融资的受益方是供应商。

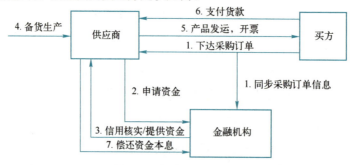

图 8-9　订单融资示意图

2）买方保证的订单融资（Buyer-Backed Purchase Order Finance）也可以称为信用融资（Credit Finance）。它同样基于买方的采购订单，由金融机构向供应商提供融资，以满足其备货或者生产中的资金需求，或者满足供应商及时全额获得销售资金的要求。它与纯粹的订单融资的不同之处在于，其信用的提供方是买方，而不是供方自身，其示意图如图 8-10 所示。通常在没有买方保障的条件下，供应商向金融机构借贷的利率取决于金融机构对中小企业的征信和信用评级，而在买方保证的订单融资中，订单由可信的买方发起，因此，中小企业的资金利率依赖于买方的信誉和信用。

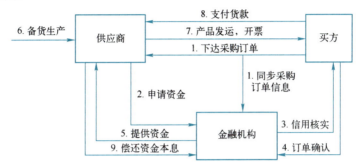

图 8-10　买方保证的订单融资示意图

3. 在途阶段供应链金融业务产品

在供应商生产出产品、向买方发运产品的过程中，主要的供应链金融业务是仓单质押以及存货融资等产品。

1）仓单质押融资是基于仓库中质押的仓单向供应商融资的金融业务，其示意图如图 8-11 所示。该业务的担保物是经营中的库存仓单，信用保证的提供者是管理存货的第三方仓储管理方。

2）存货融资（Inventory Pledge Finance）是金融机构基于存货向借方提供融资的产品，该业务使用借方的存货作为质押物，这种形式的融资可帮助企业满足扩大产能、设备更新或材料供应的营运资金需求，其示意图如图 8-12 所示。该业务与仓单质押业务非常相似，区别在于，一方面，仓单质押的信用保证提供者是仓储企业，而存货融资的信用保证提供者是借款方；另一方面，仓单质押的担保物是仓单，而存货融资的担保物含义较为广泛，既可能是各种形式生产中形成的库存（如原材料、半成品库存、产成品库存），也可能是物流服务途中的产品（在途库存）。

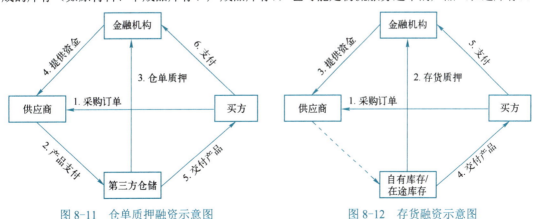

图 8-11　仓单质押融资示意图　　　　图 8-12　存货融资示意图

4. 装运后阶段供应链金融业务产品

装运后阶段指的是产品已经从供应商处抵达买方，形成了票证、提单等，买卖双方构成了应收应付的关系,并基于债权和债务关系产生了诸多供应链金融业务,包括保理、反向保理、福费廷、动态折扣等产品。

1)保理(Factoring)又称托收保付、是卖方将其现在或将来的、基于其与买方订立的产品销售/服务合同所产生的应收账款转让给保理商(提供保理服务的金融机构),由保理商向其提供资金融通、买方资信评估、销售账户管理、信用险担保、账款催收等一系列服务的综合金融服务方式,其示意图如图 8-13 所示。在保理形式下,供应链金融业务的担保物是买卖双方形成的商业票据,信用保证的提供者是供应商,融资服务的提供者是金融机构,供应链金融的受益者是供应商。

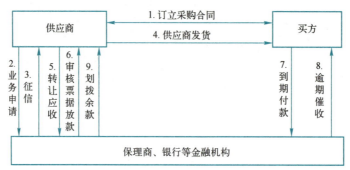

图 8-13 保理示意图

2)反向保理(Reverse Factoring)又称买方保理,是指由债务人(义务人)发起业务申请的保理,其示意图如图 8-14 所示。与一般的保理业务不同,在反向保理中,保理商进行风险评估的对象是作为供应链核心企业的买家,而不是像保理业务中那样对供应商进行信用评级。此外,由于对买家比较了解,保理商可以选择那些买家提前批准表示同意支付的应收账款进行融资,这大大降低了保理商的风险,同时使得供应商的融资成本降低。因此,在反向保理中,融资的担保物是买方(核心企业)提供的票证,信用保证的提供者是买方,供应链金融的受益者是买方支持的供应商。

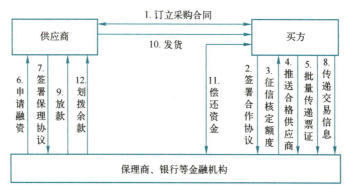

图 8-14 反向保理示意图

3)福费廷是与出口贸易密切相关的供应链金融业务产品,是指银行或其他金融机构无追索权地从出口商那里买断由于出口商品或劳务而产生的应收账款,其示意图如图 8-15 所示。相对于其他贸易融资业务,福费廷业务的最大特点在于无追索权,也就是出口企业通过办理福费廷业务,无须占用银行授信额度,就可从银行获得 100%的便利快捷的资金融通,改善其资产负债比率,同时,还可以有效地规避利率、汇率、信用等各种风险。福费廷与保理的区别在于:福费廷是信用证项下,保理是非证结算;福费廷多承担银行同业风险,保理则承担买方授信的风险;保理业务往往是打包服务,包括保理账户托管以及账款催收等,而福费廷则偏单一融资。

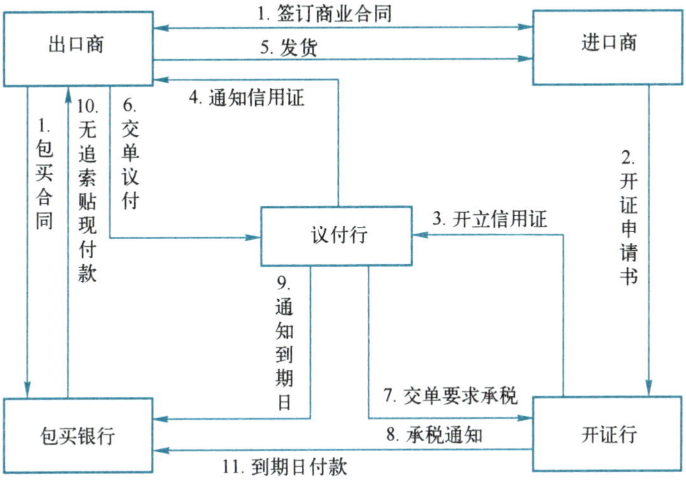

图 8-15 福费廷示意图

4)动态折扣是一种具有金融属性的交易活动,在买卖双方约定的账期范围内,如果买方提前付款,可以获得供应商动态调整的价格折扣,从而使买卖双方均获得相应利益。基于动态折扣,也可以结合金融机构提供的资金融通服务,即在协商付款提前期以及折扣价的基础上,买方可以向金融机构申请融资,提前支付给供应商,待一定时间后,买方向金融机构偿还资金,其示意图如图 8-16 所示。在这一状况下,买方是否申请融资取决于资金利息与付款提前的折扣之间的差异,如果折扣价值大于资金利息,融资提前支付就具有较大价值。这一业务的信用保证提供者是供应商,在无金融机构介入下,资金利益的提供方是供应商,而在金融机构介入下,资金利益的提供方则是供应商和金融机构双方,供应链金融的受益方是买方。

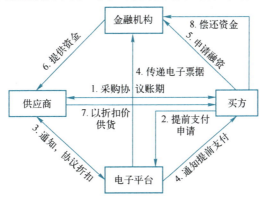

图 8-16 基于动态折扣的供应链金融示意图

8.3.2 优化交易征信与风险控制

传统模式下,征信基于的交易数据主要依托于静态、平面的财报数据,这些数据的参考性不高,存在人为加工等风险。大数据应用模式下,征信基于的交易数据主要是动态、可持续的财务数据源,其将对相关主体的财务数据、生产数据等多维的立体数据进行梳理分析,并通过订单、库存、结算等明细交易记录进行交叉验证,获得企业最真实的经营状态,提高征信服务质量,降低信息不对称。

传统模式下的供应链金融授信仅依靠核心企业客户订单数据，缺乏各环节的配合和完整的交互数据。依托供应链大数据分析技术后，对企业的授信可通过模型结合动态数据源脱敏处理、行业数据、外源数据，得出行情分析、价格波动分析，实现实时监控的分级预警、量化授信，精准把控风险。大数据应用模式通过交易网关数据模式建立授信主体全方位数据库，完善数据交互，从云端获取中小企业交叉数据，智能匹配中小企业进销存 ERP 系统，彻底摆脱核心企业硬性担保、占比份额等措施，精准防范控制金融风险，实际缓解中小企业融资难题。同时，大数据技术还可提炼多维数据源，辅助参考决策。例如，授信主体高管个人数据信息，通过高管人员日常生活的交易数据（如消费金额、消费分布信息）、社交数据（如微博、微信等信息）分析高管人员特性、习惯，交叉验证授信主体实际财务状况，预警授信主体实际控制人还款意愿。

在对授信主体建立完善的全方位立体数据库后，结合行业数据源，通过相应分析模型可预测出相应的供应链上各数据相互影响关系、各联动变动规律，将一定时期内的消费和流通作为常量，最大限度地预测终端消费量的变动对供应链各数据源的影响，判断预期交易量，判断渠道、市场的分配量，实现流通和消费的打通，最终提升供应链管理的效率，优化供应链金融风险控制。

1. 供应链金融主要风险

供应链金融在较完善的供应链网络中可通过紧密的合作关系解决各环节资金问题，较大缩短现金流量周期并降低企业运营成本。但供应链金融在增加供应链企业运营效率的同时也存在相应的风险。主要风险如下。

（1）核心企业信用风险

在供应链金融中，核心企业掌握了供应链的核心价值，担当了整合供应链物流、信息流和资金流的关键角色，商业银行正是基于核心企业的综合实力、信用增级及其对供应链的整体管理程度，而对上下游中小企业开展授信业务。因此，核心企业经营状况和发展前景决定了上下游企业的生存状况和交易质量。一旦核心企业信用出现问题，必然会随着供应链扩散到上下游企业，影响到供应链金融的整体安全。

一方面，核心企业能否担当起对整个供应链金融的担保作用是一个问题，核心企业可能因信用捆绑累积或有负债超过其承受极限，使供应链合作伙伴之间出现整体兑付危机；另一方面，当核心企业在行业中的地位发生重大不利变化时，核心企业可能会变相隐瞒交易各方的经营信息，甚至出现有计划的串谋融资，利用其强势地位要求并组织上下游合作方向商业银行取得融资授信，再用于体外循环，致使银行面临巨大的恶意信贷风险。

（2）上下游企业信用风险

虽然供应链金融通过引入多重信用支持技术降低了银企之间的信息不对称和信贷风险，通过设计机理弱化了上下游中小企业自身的信用风险，但作为直接承贷主体的中小企业，其公司治理结构不健全、制度不完善、技术力量薄弱、资产规模小、人员更替频繁、生产经营不稳定、抗风险能力弱等问题仍然存在，特别是中小企业经营行为不规范、经营透明度差、财务报表缺乏可信度、守信约束力不强等现实问题仍然难以解决。与此同时，在供应链背景下，中小企业的信用风险已发生根本改变，其不仅受自身风险因素的影响，还受供应链整体运营绩效、上下游企业合作状况、业务交易情况等各种因素的综合影响，任何一种因素都有可能导致企业出现信用风险。

（3）贸易背景真实性风险

自偿性是供应链金融最显著的特点，而自偿的根本依据就是贸易背后真实的交易。在供应链融资中，商业银行以实体经济中供应链上交易方的真实交易关系为基础，利用交易过程中产生的应收账款、预付账款、存货为质押/抵押，为供应链上下游企业提供融资服务。

在融资过程中，真实交易背后的存货、应收账款、核心企业补足担保等是授信融资实现自偿的根本保证，一旦交易背景的真实性不存在，出现伪造贸易合同、融资对应的应收账款的存在性/合法性出现问题、质押物权属/质量有瑕疵、买卖双方虚构交易恶意套取银行资金等情况，银行在没有真实贸易背景的情况下盲目给予借款人授信，就将面临巨大的风险。

（4）业务操作风险

操作风险是当前业界普遍认同的供应链金融业务中最需要防范的风险之一。供应链金融通过自偿性的交易结构设计以及对物流、信息流和资金流的有效控制，通过专业化的操作环节流程安排以及独立的第三方监管引入等方式，构筑了独立于企业信用风险的第一还款来源。但这无疑对操作环节的严密性和规范性提出了很高的要求，并造成了信用风险向操作风险的转移。因为操作制度的完善性、操作环节的严密性和操作要求的执行力度将直接关系到第一还款来源的效力，进而决定信用风险能否被有效屏蔽。

（5）物流监管方风险

在供应链金融模式下，为发挥监管方在物流方面的规模优势和专业优势，降低质押贷款成本，银行将质押物监管外包给物流企业，由其代为实施对货权的监督。但此项业务外包后，银行可能会减少对质押物所有权信息、质量信息、交易信息动态了解的激励，导致物流监管方的风险。

由于信息不对称，物流监管方会出于自身利益而做出损害银行利益的行为，或者由于自身经营不当、不尽责等致使银行质押物损失。例如，个别企业串通物流仓储公司有关人员出具无实物的仓单或入库凭证向银行骗贷，或者伪造出入库登记单，在未经银行同意的情况下，擅自提取处置质押物，或者无法严格按照操作规则要求尽职履行监管职责导致货物质量不符或货值缺失。

（6）抵质押资产风险

抵质押资产作为供应链金融业务中对应贷款的第一还款源，其资产状况直接影响到银行信贷回收的成本和企业的偿还意愿。一方面，抵质押资产是受信人出现违约时银行弥补损失的重要保证；另一方面，抵质押资产的价值也影响着受信人的还款意愿，当抵质押资产的价值低于其信贷敞口时，受信人的违约动机将增大。

供应链金融模式下的抵质押资产主要分为两类：应收账款类和存货融资类。应收账款类的风险主要在于应收账款交易对手信用状况、应收账款的账龄、应收账款退款的可能性等。存货融资类的主要风险在于质押物是否缺失、质押物价格是否波动较大、质押物质量是否容易变异以及质押物是否易于变现等。

2. 基于大数据技术的供应链金融风险控制

利用大数据技术实现供应链网络的数据和信息整合是供应链金融风险管控的重要保障。大数据背景下，供应链金融风险管控需要供应链网络中的参与者实现一切业务数据化。大数据的核心不仅仅在于利用各类技术获取现存的网上或其他渠道的信息或数据，更在于如何将随时随地发展的业务活动数据化，并且通过对数据的归集、识别、清洗、分析和挖掘，发现其中的机会，并将发现的机会更好地转化为新的业务。要实现这一目标就需要建立起覆盖整个网络的基于云计算的产业互联网体系，即 MaaS、SaaS、PaaS 和 IaaS。

1）MaaS 是物联网即服务的简称，这个概念伴随着物联网产生，即能为客户提供有效感知、传输和智能分析服务。

2）SaaS 是运营商运行在云计算基础设施上的应用，用户可以在各种设备上通过搜索客户端界面访问。客户不需要管理或控制任何云计算基础设施，包括网络、服务器、操作系统、存储等。

3）PaaS 是把客户开发或收购的应用程序部署到供应商的云计算基础设施上。客户不需要管理或控制底层的云基础设施，但能控制部署应用程序以及应用程序的托管环境配置。

4）IaaS 是对所有设施的利用，包括处理、存储、网络和其他基本的计算资源。

以上四个层面成为推动供应链金融发展、防范风险的重要基础。在供应链网络体系中，不是所有的参与者都具备良好的信息化开发、维护和运营能力，特别是一些中小企业信息化程度较低，B2B 产业互联挑战很大，而云计算是基于互联网的相关服务的增加、使用和交付模式，其特点是成本低、高灵活、按需交付，非常符合中小企业信息化建设的状态。

基于大数据技术的监管，供应链金融的风险就能真正实现有效监控、识别和管理，做到实时地基于"网络流"的风险管理。以往的"物流金融"实际上是"物"的金融，而不是"物流"的金融，因为基于动产的金融活动，严格意义上讲只是控制和管理静态的"物"（包括货物的真实存在、权益清晰、可市场化、保值性等），而没有真正把握"物"在供应链不同环节、不同主体、不同位置的变化，价值的增减以及流转的方向。而脱离了"流"的管理，就容易产生相应的风险。同样，目前开展的供应链金融，虽然已经不再是"物"的金融，开始转向"流"的金融（即基于债项结构本身的风险控制），但是客观地讲它还只是"链条流"而非"网络流"。换言之，目前对供应链商流、物流和资金流的把握只是局部的，并没有真正涵盖整个网络体系。例如，很多企业都在极力提高供应链信息化的程度，试图把握供应链运营和金融活动中的所有信息和数据，但是如果不同地区、不同管理部门以及不同行业之间不能有效地进行信息交流和整合，这种供应链信息仍然是有盲区的，信息盲区就隐含了金融风险。因此，需要逐步从目前中心化的风险管理走向去中心化的风险管理，即实现基于供应链区块链的风险管理体系。

区块链（Blockchain）是一串使用密码学方法产生的数据块，每一个数据块中包含过去 10min 内所有比特币网络交易的信息，用于验证其信息的有效性（防伪）和生成下一个区块。区块链技术提供了一种去中心化的、无须信任积累的信用建立范式。区块链技术本质上是去中心化且寓于分布式结构的数据存储、传输和证明的方法，用数据区块（Block）取代了目前互联网对中心服务器的依赖，使得所有数据变更或者交易项目都记录在一个云系统之上，理论上实现了数据传输中对数据的自我证明。区块链中的核心要素有交易（Transaction）、区块（Block）以及链（Chain）。交易是被存储在区块链上的实际数据；区块是记录确认某些交易是在何时、以何种顺序成为区块链数据库的一部分；链就是盖上时间戳（Timestamp），不可伪造。

区块链由于具有不可篡改的时间戳和全网公开的特性，一旦交易，将不会存在赖账现象，从而避免了纸票"一票多卖"、电票打款背书不同步的问题。系统的搭建和数据存储不需要中心服务器，省去了中心应用和接入系统的开发成本，降低了传统模式下系统的维护和优化成本，减少了系统中心化带来的风险。区块链数据前后相连构成的不可篡改的时间戳，使得监管的调阅成本大大降低，完全透明的数据管理体系提供了可信任的追溯途径，并且可以在链条中针对监管规则通过编程建立共用约束代码，实现监管政策全覆盖和硬控制，规范市场秩序，降低监管成本。

区块链技术可以运用于权益证明和物流运作证明。权益证明是保证供应链运营中的产品或货物权属清晰，往来可溯。区块链每个参与维护节点都能获得一份完整的数据记录，利用区块链可靠和集体维护的特点，可对权益的所有者确权。此外，运用区块链技术可以对供应链运营中的物流活动进行有效的记录和证明，诸如每一物流单元的订单商品拆分，作业的时间、地点、数量等加盖时间戳，并且永久记录，全面反映每一物流单元在不同节点的变化、各部分产品的去向等，这样整个供应链运营过程清晰明确。显然，对于存储永久性记录的需求，区块链是理想的解决方案。

区块链技术的最终目的是建立起完善的去中心化的信用体系。目前，供应链金融业务的开展，最基础的考量是借款主体本身所具备的金融信用。为了实现这一目标，就需要通过各种途径获得相应的信息，刻画借款人的信用状态。传统的银行借贷采用的征信是各家银行将每个借款主体的还款情况上传至央行的征信中心，需要查询时，在客户授权的前提下，再从央行征信中心下载参考。这种信用调查存在信息不完整、数据不准确、使用效率低、使用成本高等问题。而供应链金融则是通过把握供应链运营中的商流、物流和资金流信息，加之通过间接渠道获得的大数据，反映借款人的信用状态。然而这种方式也会因为各种原因存在信息获取不完整、成本较高、信息获取周期较长的问题。而区块链的优势在于依靠程序算法自动记录海量信息、并存储在区块链网络的每一台计算机上，信息透明、篡改难度高、使用成本低。各机构以加密的形式存储并共享客户在本机构的信用状况，客户借贷时不必再到央行申请查询征信，或者去交易服务平台提供者或综合风险管理者处获取信用信息，即去中心化，供应链金融服务提供者通过调取区块链的相应信息数据即可完成全部征信工作。供应链融资平台区块链如图8-17所示。

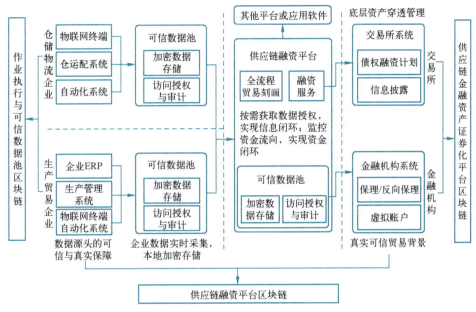

图8-17　供应链融资平台区块链

供应链金融大数据技术应用从终端采集企业数据到数据清洗、数据整理分析全部通过计算机完成。大数据技术应用模式下的风控预警依托的是实时更新的交易数据、实时追踪的风险测算结果，一旦触发风险预警，有足够的时间采取措施转移风险，如要求授信主体提供第三方担保、承诺差额支付等强制增信措施，或金融机构及时进行资产保全等。

目前已有大数据机构与金融机构合作，为企业客户量身定制企业版的"体检报告"，依托丰富的真实数据来源和大数据分析技术，计算出各标准数据的区间范围，通过上下游企业数据的匹配，对其资信进行合理判断。此报告最大的亮点是数据实时变化，并提供了部分数据变化预测，对业务周期全程化进行监控，能够做到及时通知和给出建议，从而将金融机构的风险降到最低。供应链金融大数据风控体系如图8-18所示。

供应链金融本身就是应用在不同行业当中的，必然会根据行业呈现不同的特性，随着数字化的进程，将促使供应链金融向更垂直细分、更精准、更专业的方向发展，供应链金融服务将逐渐走向成熟，实现物流、商流、资金流、信息流的"四流合一"。通过建立大数据平台的方式，对企业的静态数据进行整合并实时监控动态经营数据，根据融资企业生成全方位、多维度的分析报告，依托大量的行为数据和交易数据，通过大数据技术进行处理，结合产业链上下游企业数据匹配，对融资企业的资质和信用、行为等状况进行全面合理评估，尽可能做出有效和准确的判断，从而将放款风险降到最低。在技术应用上，鼓励发挥区块链、大数据、物联网等技术的作用，对产业链条上的物权、债权等信息流进行监控，以解决业务信用风险的管控难题。

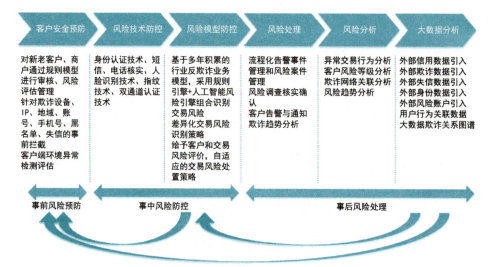

图 8-18 供应链金融大数据风控体系

8.4 金融大数据的应用案例

8.4.1 制造行业的供应链金融实践——海尔集团

1. 海尔平台化经营战略的背景

海尔集团是全球领先的整套家电解决方案提供商和虚实融合通路商。自 2004 年世界品牌实验室首次发布中国品牌 500 强榜单以来,海尔已经连续 19 年登榜,实现了品牌价值 7 倍的攀升。如今,海尔智家不仅实现了全球大型家用电器品牌零售量第一,更是连续 13 年以世界家电第一品牌的身份,为全球 10 亿多用户提供高品质服务。海尔的发展得益于近些年推行的人单合一体系,按照海尔的解释,"人"是指员工,"单"是指用户,"人单合一"就是员工给用户创造价值的同时实现自身价值,即双赢。从启动到探索,海尔"人单合一"模式已演进了十余年。

"人单合一"是张瑞敏于 2005 年 9 月提出的,提出后企业进行了一系列的变革。2006 年,海尔明确提出打造卓越运营的商业模式,启动 1000 天再造计划,即建立从目标到目标、从用户到用户的"端对端"的卓越流程。自主经营体建设开始具备了"端到端"和"同一目标"的特征,并不断优化。在组织上,开放搭建 1+1+N 团队;在流程上,上线 GVS 信息化系统。组织再造,将每位员工再造为自主经营的经营体。在上述要求下全员签订 PBC(个人事业承诺),建立人单合一的日清体系,在战略上取消 DC 库,推进零库存下的即需即供,提出四个创新。

1)机制创新。建立让企业整体充满活力,让每个海尔员工在创造市场价值的同时体现个人价值的自主经营机制。

2)网络创新。打造满足虚拟柜台、虚拟超市的供应链,也就是虚实网的结合。

3)商业模式创新。创建零库存下的即需即供。

4)战略转型。战略定位为领先时代、永续发展,成为有第一竞争力的美好居住生活解决方案提供商。

2008 年,海尔进一步提出了做透样板、复制样板,明确自主经营体的三要素:端到端、同一目标、倒逼体系,确定好"目标、路径、团队"。将海尔的流程再造归结为两个转型,即为了适应环境的"转变"——从传统经济到互联网时代的转变，企业必须跟着"转型"——从制造业向服务业转型；员工必须"转化"——从原来被动听命于上级的指令转化到主动为用户服务、创造用户价值。为了实现上述目标，企业要求管理者做到以下几点。

1）必须事先有一个目标体系，这个目标体系和薪酬体系是对应的，也就是说预算、预案、预酬。

2）倒逼自我、挑战自我。

3）转变过去的"正三角"，真正变成为第一线员工提供资源的资源提供者。

2010年，海尔提出了节点闭环的动态网状组织；2012年，模式创新的重点突破任务就是让每个人成为创新的主体，让每个人成为自己的CEO。由三类三级自主经营体组成的"倒三角"组织架构进一步推进，各级经营体进一步扁平化为节点闭环的动态网状组织，逐步探索平台型团队，按单聚散。海尔战略损益表进行了四次升级，以两维点阵推进经营体升级优化。同时在机制上进一步深化，取消"职务酬"，改为"人单酬"，第一次提出了自主经营体升级的目标是成为拥有"三权"的小微。

2014年，海尔集团战略推进的主题是"三化"，企业的互联网思维对应"企业的平台化"，互联网对企业的改变就是平台化；企业的互联网宗旨对应"用户的个性化"；而员工的价值体现在"员工的创客化"。通过平台化的搭建，海尔为"人人创客"时代打造了个性化的用户体验生态圈。

2019年，海尔宣布进入生态品牌战略阶段，持续布局智慧住居、产业互联网、大健康三大主业，打造了高端品牌、场景品牌、生态品牌的三级品牌体系。

2. 海尔下游供应链与日日顺

平台化战略的推进意味着海尔在经营中需要朝两个方向发展：一是海尔电器作为公司的渠道和运营中心，提供社会化的综合渠道服务；二是青岛海尔作为制造中心，打造智慧家庭创新平台。为了实现上述两点，就需要渠道扁平化，减少为客户服务流程中不必要的中间环节，在提高分销效率的同时，能够使供应链更加敏捷地应对市场的变化。去除中间层后的海尔销售线条下原有的末端经销商直接与工厂生产环节对接，根据对自身销售情况的判断制订销售计划，直接向海尔工厂订货。

在这个销售模式下，海尔的生产效率得到了提升，但下游经销商的资金问题成为该推进模式的掣肘。根据海尔与经销商的交易习惯，经销商在采购时须按总货款的一定比例向海尔打预付款，经销商在支付这笔预付款后，海尔才会组织生产，到期后经销商打款赎货。这在传统的经销模式下，问题并不显著，这是因为在多级经销状态下，位于上层的经销商往往因为较大的经营规模和较充分的自有资金能够应对海尔的要求。而去中介化之后，海尔下游销售体系已将生产供货与供应链末端的中小微经销商直接对接，这些对于无论在销售规模还是资产状况方面均实力较弱的中小微经销商而言，面临的资金压力非常巨大，加之这些企业没有充足的资产或抵押物作为担保，很难从银行获得资金或者融资成本高昂。

针对以上问题，2014年4月25日，海尔与中信银行、平安银行签订战略合作协议，实现以海尔日日顺官网为基础联合第三方金融机构对下游经销商进行供应链融资支持，将产业与金融基于互联网整合在一起。

日日顺成立于1999年，是海尔集团旗下在香港联合交易所有限公司主板上市的公司，主要从事海尔及非海尔品牌的其他家电产品的渠道综合服务业务，也研发、制造及销售海尔品牌的洗衣机和热水器。日日顺品牌是海尔电器集团的渠道综合服务业务品牌，定位为互联网时代引领用户体验的开放性平台。日日顺品牌的核心业务是四网融合的平台型业务，即虚网、营销网、物流网和服务网。"虚网"指互联网，通过网络社区与用户互动，形成用户黏度。"实网"指营销网、物流网、服务网,依托线下"实网"的优势,日日顺物流目前已成为我国最大的物流网络之一,在三、四级市场具备较强的优势。

日日顺 B2B 电子商务平台作为日日顺对外信息展示和承接业务上下游交易管理的核心平台,实现客户订单、财务等交易、交互由线下到线上的转变,其核心定位为:日日顺官方信息发布渠道平台,包括企业新闻、财务报告、业务公告、行业资讯等信息;商品的展示和信息查询平台,向用户提供商品展示和信息的核心渠道,包括商品名称、型号、描述、图片、营销信息、保修信息等;日日顺经销商订单处理的核心渠道,即经销商自助下单和订单跟踪管理的渠道,同时相关的返利、合同、报表等一系列功能也将通过 B2B 电子商务平台实现。

3. 海尔互联网供应链金融解决方案

得益于移动互联和大数据技术的发展,作为交互用户体验引领下的开放平台,日日顺可以将其拥有的客户群体和规模庞大的经销商数据与中信银行或平安银行平台连接,成为银行授信的重要依据。海尔与银行的合作,整合了银行的资金、业务以及技术的专业优势和海尔集团分销渠道网络、交易数据和物流业务等要素的雄厚积淀。通过日日顺的交易记录,将产业与金融通过互联网的方式集合在一起,开拓了针对经销商的"货押模式"和"信用模式"两种互联网供应链金融业务。这两种互联网供应链金融产品的差异在于:"货押模式"是经销商为了应对节日(如五一、十一、春节等)消费高峰、抢购紧俏产品/品种、每月底或每季底完成当月或季度计划获得批量采购折扣而进行的大额采购实施的金融解决方案;"信用模式"则是针对经销商当月实际销售而产生的小额采购实施的金融解决方案。

"货押模式"的具体操作流程如图 8-19 所示。首先经销商通过日日顺 B2B 官网向海尔智慧工厂下达采购订单,之后经销商需先将 30%的预付款付至银行;经销商随后向海尔供应链金融申请货押融资,海尔供应链金融将信息传递至银行,并提出建议额度;银行审核后付款至经销商监管账户,海尔供应链金融将资金(70%敞口)定向付至海尔财务部门,财务部门通知智慧工厂排产生产;工厂生产出成品后,发货至日日顺物流仓库,货物进入质押状态;当经销商实际需要产品时,向海尔供应链金融申请赎货,然后将剩余货款归还至银行;海尔供应链金融在获取全额资金支付信息后,通知日日顺仓库,货物解除质押;日日顺物流将货物配送到经销商,通知经销商提货。

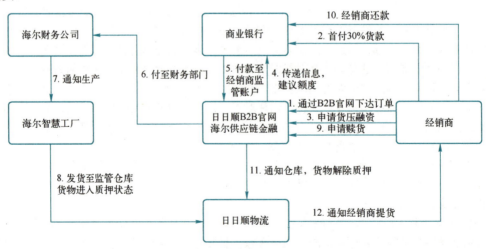

图 8-19 海尔"货押模式"流程图

"信用模式"是海尔供应链金融和商业银行基于经销商的业务信用而提供的金融解决方案,其具体业务流程如图 8-20 所示。经销商向海尔提供当月的预订单(即当月的意向订单);根据预订单，海尔智慧工厂进行产品生产；海尔供应链金融和银行根据经销商的信用状况提供全额资金，并定向支付至海尔财务部门；财务部门准许工厂发货，工厂则通过日日顺物流配送至经销商处；经销商收到货物后支付款项至商业银行。

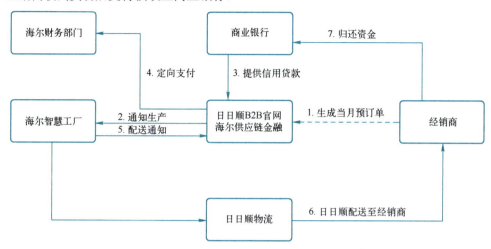

图 8-20　海尔"信用模式"流程图

海尔供应链金融平台上线后，海尔日日顺 B2B 平台上的经销商不用抵押，不用担保，不用跑银行办手续，通过平台上的"在线融资"窗口便可实现资金即时到账，不仅方便快捷、效率高，还能享受与大企业一样的优惠利率，大大减少了利息支出。目前，海尔互联网供应链金融的"货押模式"利率为年化 5.7%左右，而"信用模式"则为年化 8%左右，海尔互联网供应链金融则通过商业银行代收获取 1%的服务费。

不仅如此，海尔供应链金融和中信银行青岛分行劲松路支行协同创新，充分利用银行票据管理的优势，还提供了银行承兑汇票模式，从而使经销商能零成本获得资金。例如，在"货押模式"下，经销商在支付 30%的首付后，可以向海尔供应链金融和中信银行申请开票，在支付开票费后，银行在线开具承兑汇票，并付至海尔财务部门，之后经销商打款从日日顺物流赎货。所有过程中信银行不收取任何融资费，经销商只需承担千分之五的开票费和代海尔供应链金融收取 1%的服务费，同时，经销商还能享受 30%首付款的存款利息。该金融产品推出后，得到了经销商的高度认同和赞许。四川西充县的一位经销商开始了解该产品时表示怀疑，用计算机在平台上试着发出了 1 元钱的开票申请，而中信银行青岛分行劲松路支行开具了目前中国最小金额的银行承兑汇票，成为海尔供应链金融的一个标志性样本。

4．海尔互联网供应链金融平台的功能模块

将供应链金融互联网化，海尔和各利益相关方均可摆脱时间和空间的限制，及时掌握业务动态，将整个供应链运营掌握在手中。针对供应链金融的前台和后台，基于互联网的在线供应链金融发挥了及时、透明、对称的信息优势，促进了供应链金融的发展。

从供应链金融的前台看，对于授信客户（也就是经销商）而言，能够及时地下达订单，并且获得金融支持，不断开拓业务领域。具体从功能和业务流程看，经销商可以通过互联网进入海尔的供应链金融平台，完成如下功能。

1）进行商业银行绑定。目前，海尔供应链金融平台与中信银行、平安银行等开展了合作，由于不同的商业银行融资利率和要求不尽一致，因此，经销商可以根据自己的情况，选择对应的商业银行。

2）融资充值。对于"货押模式"而言（系统中称为"订单融资"），经销商需要首付 30%的货款,因此,需要经销商在银行账户上预存相应金额的货款。借助平台,经销商还可以选择现金贷或者银行承兑(电票),同时,标示相应的融资金额和期限。系统可以自动计算利息(如采用现金贷)和首付款金额。

3)融资订单查询。经销商可以通过海尔供应链金融平台详细查询以往的融资订单,并且可以在线提请赎货。

4)费用查询。经销商可以实时查询赎货时间、金额、数量,并且还可以及时知晓银行还款状态、仓储费缴纳状态、海尔供应链金融服务费缴纳状态等信息。

从供应链金融的后台看,对于海尔供应链金融和商业银行而言,数据源提供数据的真实性和安全性是供应链金融顺利开展的关键。无论是"货押模式"还是"信用模式",都需要基于供应链上下游真实可靠的交易、经营和物流信息,一旦信息失真或被造假,违约风险便会急速增加,从而导致灾难性后果。海尔日日顺官网平台明确了信息传输各环节中的归属权和管理义务,从而明确各环节数据控制方的责任,共同维护信息安全性。即各环节的信息归属方在与信息接收主体进行信息数据推送前必须保证信息生成、传递和使用过程中不发生信息的泄露或外溢,降低信息在传递过程中被恶意修改或减损给信息真实性和可用性带来的影响,最终保证信息被接收的主体获取。从其系统的功能看,包括了如下一些板块。

1)融资统计,能自动根据前台形成的数据计算各经销商的融资状况,包括期限、金额等各类信息,为海尔和银行了解经销商的经营和融资趋势、详细融资状况、还款状态提供支撑,从而有效地管控潜在的风险。

2)费用查询。该板块主要是提供贷款安排费查询和仓储费用查询,从而为银行及时了解对经销商提供金融支持的代价和收益以及海尔日日顺物流存货的费用发生状况、判断相应的风险提供了强有力的数据分析。

5. 海尔互联网供应链金融的风险管理

由于贷款申请全在网上完成,因而银行无法像传统融资服务那样根据具体情况考量中小型经销商面对的风险,同时因为该类经销商资金链受整体市场和所处环境影响较大,若发生到期强行提货或是由于经营不善不能到期打款提货的情况,银行信贷的违约风险和损失就产生了。针对这种情况,海尔和商业银行进行了相应的风控措施的设计。

首先,海尔供应链金融需要与商业银行保持良好的合作关系和系统对接,海尔会将所有经销商近 3 年的销售数据传递给商业银行,从而便于商业银行判断经销商的经营状况和能力,确立相应的信用额度。

其次,对于"货押模式",其定位的客户往往是销售周期明显的家电经销商。因为有货物质押作为客户的违约损失担保,该类融资服务模式对经销商的经营年限和年销售规模要求相对较低。第一,在经销商申请贷款时需要按照 30%的比例缴纳首付款或是拥有部分自有资金,这样在一定程度上可以降低客户道德风险动机。第二,作为监管方的日日顺物流、海尔财务部门、日日顺 B2B 平台以及供应链金融需要签署四方协议,明确每个利益相关者的责任和权利,控制经销商的交易信息,降低信贷风险。第三,如果经销商逾期未赎货,由日日顺负责将货物调剂销售并优先归还银行授信。

最后,针对风险暴露更大的"信用模式",合格客户的年销售额需在 1000 万元以上,且由于申请借款的都是规模较大、信用较好的优质经销商,因此银行和日日顺更加重视经销商的资质,只有拥有作为海尔经销商大于 3 年的销售记录才能通过额度审批。另外,通过与平台数据的实时交互,银行得以监控经销商真实、全面的交易信息和数据。且随着企业交易的重复进行,这些信息、数据得以不断累积和完善,从而建立起一套动态可监控、全生命周期的商业数据体系,而这便是银行为中小微经销商提供商业信用融资服务的基础。此外,"信用模式"每笔融资金额一般都在 5 万元左右，通过小额动态循环，海尔供应链金融和商业银行能够借助大数据技术控制相应的风险。

对于该模式下各参与方而言，银行通过对海尔统一授信且建立完善的风险控制机制来管理海尔的经销商，既能减少对不同经销商分别设计供应链金融产品的成本，又可通过复制标杆的手段在短时间内以几何级数的方式增加客户数量。在海尔渠道去中介化的进程中，其供应链体系中的层级经销商被简化，海尔直接与下游的中小经销商进行订单对接，大量中小规模的经销商通过传统融资模式融资难、融资贵的问题凸显，银行抓住这个契机与产业紧密结合，使供应链上的企业可以借助银行实现信用延伸和风险转移。

8.4.2 物流行业的供应链金融实践——顺丰

1. 顺丰背景与发展

顺丰速运（集团）有限公司（以下简称顺丰）成立于 1993 年，总部设在深圳，是一家主要经营国内、国际快递及相关业务的服务性企业。自成立以来，顺丰在国内建立了庞大的信息采集、市场开发、物流配送、快件收派等业务机构，建立了服务客户的全国性网络；同时也积极拓展国际件服务，目前已开通新加坡、韩国、马来西亚、日本及美国业务。

顺丰不断投入资金加强公司的基础建设，积极研发和引进具有高科技含量的信息技术与设备，不断提升作业自动化水平，实现了对快件流转全过程、全环节的信息监控、跟踪、查询及资源调度工作，促进了快递网络的不断优化，确保了服务质量的稳步提升，奠定了业内客户服务满意度的领先地位。

顺丰自有服务网络具有服务标准统一、服务质量稳定、安全性能高等显著优点，能最大限度地保障客户利益。顺丰每年都投入巨资完善由公司统一管理的自有服务网络：从广东中山，到立足珠三角，再到布局长三角；从华南先后扩展至华东、华中、华北；再从国内扩展到国外。

2. 顺丰的底层化物流服务体系

顺丰的底层化物流服务体系主要是围绕交易数据、物流信息、系统对接、监控系统这四个方面的不断提升而展开，所有这些方面为之后实现互联网供应链金融打下了良好的业务基础。在物流方面，主要有顺丰速运、顺丰仓配、顺丰供应链以及顺丰家；在信息流和资金流方面，主要有历史交易数据、支付交易数据、物流系统信息以及征信引入，这些在 B2B 交易过程中沉淀下来的数据，便于顺丰在开展互联网供应链金融业务时进行评级和评估；在商流方面，主要有顺丰优选、丰趣海淘（原顺丰海淘）、顺丰电商产业园等，所有这些板块支撑着整个顺丰底层化物流服务体系。

在物流服务体系方面，顺丰依托自身强大的运输配送资源及网络资源，为客户提供仓储、分拣、配送一站式的供应链物流解决方案。目前在全国已建成多个区域配送中心，主要包含天津、嘉兴、广州、武汉、成都 5 个区域配送中心，服务范围覆盖华北、华东、华南、华中、华西。此外，配以顺丰数万网点，覆盖全国 2500 个区县，基本建成了覆盖全国的电商仓储配送体系。仓储服务为服装服饰、家电、食品、医药等不同行业客户提供出入库管理、库存管理及各种增值服务。同时，引进先进管理系统，为客户提供批次、串号、保质期等管理服务。时刻保持与客户系统的无缝对接，降低客户系统投入，为客户提供订单全生命周期信息跟踪。在运输体系的完善上，顺丰先后开通了多条辐射国内主要城市的货运航线，还与多家国际航空公司开展长期稳定的运输合作，目前服务区域遍及美国、日本、韩国、新加坡、马来西亚、泰国、越南、澳大利亚等国家，国际服务网络仍在不断拓展。在物流服务产品上，涵盖了时效系列服务（顺丰标快、顺丰即日）、经济系列服务（顺丰特惠、物流普运、汽配转运）、安全系列服务

（顺丰特安）、电商惠系列服务（电商速配、电商特惠）、特运系列服务（保单专送）以及跨境系列服务。

在信息化建设方面，顺丰上线了手持终端（HHT）、全/半自动分拣系统、呼叫中心、营运核心平台系统、客户关系管理系统、全球定位系统（GPS）和航空管理系统等先进的软硬件设施设备，在国内实现了对货物从下单到派送的全程监控、跟踪及查询，并全部采用全自动与半自动机械化操作，优化快件的操作流程。在信息化综合集成的基础上，顺丰根据物流快递的行业特性，提出了快件全生命周期的概念，据此进行信息化的模式创新。快件生命周期包括五个组成部分：客户环节、收派环节、仓储环节、运输环节、报关环节。目前，各个环节的信息化应用已经取得显著成效。在客户环节，呼叫中心已经能够做到每一通呼叫都可记录对应的通话原因，每个客户投诉都有完整的处理流程。在收派环节，手持终端程序的最大优势就是减少人工操作中的差错和提高操作人员的工作效率，目前顺丰使用的第四代手持终端系统使收派员的工作效率提高了 20%以上。在仓储环节，顺丰的全自动分拣系统能连续、大批量地分拣货物且不受气候、时间、人的体力等的限制，可以连续运行。在运输环节，GPS 对车辆的动态控制功能，完成了运输过程的透明化管理，可以对运输方案、车辆配置及时中止优化，运输成本综合降低 25%。另外，在为电子商务客户服务方面，顺丰通过信息化与电子商务客户之间的系统实现对接，同时以安全、快速的客户体验赢得了电子商务企业与个人客户的信赖，顺丰网购收入增长率超过 70%。

在商流和供应链服务方面，顺丰主要的服务体系包括顺丰优选、丰趣海淘以及顺丰电商产业园。顺丰优选是由顺丰速运打造，以全球优质安全美食为主的网购商城。2012 年 5 月 31 日正式上线，商品覆盖生鲜食品、母婴用品、酒水饮料、营养保健、休闲零食、粮油副食、冲调茶饮等品类。顺丰优选常温食品配送已开通全国，生鲜配送已开通 54 城，并拥有华东、华南、华北三个综合型仓储中心，内部配备专业的多温控区间仓库，可满足各类商品的存储，同时，依托仓储管理系统，具备完善、高效的订单处理能力。丰趣海淘是顺丰速运在 2014 年推出的跨境进口零售网站，主要以自有采购团队加境外电商的组合，为消费者提供海外优质品牌的进口商品。产品类别包括母婴用品、保健品、快消日用品、流行服饰箱包、居家生活用品，以及各种多元化的海外生活体验商品，提供闪电发货和团购特价优惠，满足中国消费者对于快速购买到海外商品的迫切需求，丰富多元化购物选择。2014 年 6 月，顺丰启动了电商产业园业务，即借助顺丰已具备的强大营运能力，为满足电商企业全面的一站式的服务，与地方政府紧密合作，建立包括仓储、办公、物流、融资、销售甚至电商摄影、培训全方位的服务，类似孵化园区和产业发展园区，提供综合的电商产业园服务。顺丰电商产业园的特点是试图打造全体系电商企业供应链解决方案，通过电商配套资源的整合，打通电商企业上下游供应链、为中小企业发展消除瓶颈，提供全产业链服务。

3. 顺丰的互联网供应链金融

立足于上述服务体系，自 2015 年起顺丰开始大力拓展互联网供应链金融业务。目前，顺丰互联网供应链金融主要通过五个产品来实现：基于货权的仓储融资、基于应收账款的保理融资、基于客户经营条件与合约的订单融资、基于客户信用的顺小贷和面向普通用户的顺手付。五个产品基本涵盖与快递物流有关的所有金融服务。

（1）仓储融资

2013 年成立至今，顺丰产业园已经在 10 个城市成功运营 14 个园区，其中 6 个为轻资产园区，输出招商运营管理服务；8 个为重资产业园区，包括香港、上海、杭州等，运营面积约 75 万平方米。顺丰产业园目前在建园区 21 个，在建面积 200 万平方米左右，另外，规划园区 30～40 个，产业园运营中心总体规划在全国 50 个城市投资建设 60 个以上的现代产业园，运营管理面积约 700 万～800 万平方米。顺丰产业园仓储可以实现全国仓与仓之间的及时调配、信息的实时沟通，实现了垂直管理等方面的优势。另外，在仓储服务方面顺丰已经有多年的丰富经验，这是实现"分仓备货+仓储融资"的基础。仓储融资业务模式示意图如图 8-21 所示。

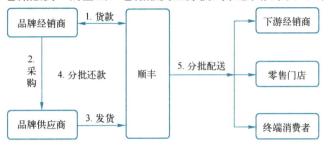

图 8-21　仓储融资业务模式示意图

2015 年 3 月，顺丰有上百个仓库为客户提供分仓备货，同时推出顺丰仓储融资服务。优质客户如果提前备货至顺丰仓库，不仅可以实现就近发货，还可凭入库的货品拿到贷款。顺丰通过自己庞大的物流配送网络、密集的仓储服务网点和新兴的金融贷款业务，形成完整的物流服务闭环，并由此极大提高了客户的服务满意度和客户黏性。

仓储融资的具体操作为：顺丰首先对具有融资需求的客户进行信用评级从而决定服务对象。随后，评级符合要求的客户将顺丰仓储中的商品作为抵押，顺丰则根据企业的资质和抵押的货品情况，给予客户 100 万～3000 万元的贷款额度，从而使客户能够获得质押贷款以解决其商品采购等临时性资金需求。总体来看，顺丰的仓储融资服务使客户在使用顺丰分仓备货的同时享有可灵活调整的信贷额度，增加了顺丰仓储服务的价值。另外，顺丰的仓储融资服务具有灵活性，客户可以根据短期的资金需求灵活地随借随还，最大限度地降低了客户的资金使用成本，增加了客户的价值。目前，顺丰仓储质押业务已经实现了动态质押，并且由于仓储数据可以实时更新，从而仓储质押业务也能够实现动态变动授信额度的功能。

（2）订单融资

订单融资服务主要是针对与顺丰有深层次合作的客户。订单融资业务模式示意图如图 8-22 所示。客户在发起订单时，把订单信息提交到顺丰融资平台，之后的整个订单采购资金付款全权由顺丰代为完成。订单生成之后，包括运输、仓储环节以及最后的交货，顺丰金融全程介入，为客户提供全方位、全流程的互联网供应链金融服务，帮助客户实现更多的合作价值。

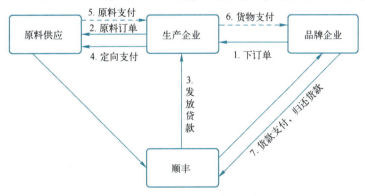

图 8-22　订单融资业务模式示意图

（3）保理融资

在保理方面，目前顺丰所做的仓储质押业务可以实现动态质押。顺丰在仓储方面实现了仓储数据实时在线更新功能，从而使顺丰在仓储质押业务方面实现了动态变动授信的额度功能。与以往在仓单质押过程中需要提供很多数据相比，顺丰仓储质押提供了非常精准的服务基础。保理融资业务模式示意图如图 8-23 所示。顺丰保理公司买断顺丰国内所有供应商的应收账款后，由顺丰采购商直接将货款支付至保理公司账户。该产品后期将延伸至供应链条上所有存在应收应付关系的客户，为其提供现金贷款的金融服务。

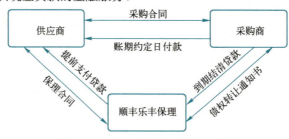

图 8-23 保理融资业务模式示意图

（4）顺小贷

顺小贷的主要特点是客户门槛低、操作灵活，针对与顺丰合作信誉良好、从事商品销售的实体经销商、电商等客户。顺丰根据客户在经营中产生的临时性资金需求而提供 5 万～100 万元的信用贷款。顺小贷根据客户的特点，为与顺丰有一定合作基础和合作潜力的客户提供金融信贷支持，由此不仅提高了客户的黏性，提高了顺丰平台的资源整合度，还增加了顺丰服务的广度和深度。

（5）顺手付

顺手付是顺丰金融面向普通用户的主要产品，主要中介是和中信银行合作推出的"中信顺手付"App，主要功能是收发快递场景下的扫码支付、收款、转账。同时，类余额宝产品已成为金融类 App 的标配，顺丰也将之前推出的"顺手赚"货币基金理财融入顺手付，合作方为易方达基金。另外，顺手付 App 中还融合了寄快递、充话费、好友间发红包和顺丰优选购物功能，集转账、付款、线上下单、线下物流等于一体，为消费者提供一站式服务，使广大消费者受益，不用再担心购物流程复杂。

整体来看，顺丰互联网供应链金融具有以下几个方面的特点。

1）动态性。顺丰的仓储融资体现了快递行业的特点。传统的质押贷款是相对静态的，而顺丰的产品是动态的、灵活的。在客户使用仓储融资产品期间，顺丰可以通过仓储管理信息系统（WMIS）监测客户每天的货流量和货值，进行动态记录，从而可以根据监测到的数据为客户提供变量的、流动性的融资服务安排。这种动态的融资服务尤其适用于电商，因为电商的货物流动性较大，每天都有货物进出，由此便增加了传统的质押贷款方式的管理成本。而顺丰通过把仓储和金融的信息联通，可以通过仓储的数据对贷款额度进行精准调整，从而完善了其给客户的授信模式，使该授信模式更为成熟和灵活。

2）灵活性与多样化。顺丰的仓储融资服务提供不同的贷款模式，客户可以根据自己的融资需求进行灵活的选择，从而为轻资产的电商客户带来了更大的优惠：①先款后货模式。顺丰先为客户提供贷款，然后客户利用贷款进行商品采购并将采购的产品存到顺丰的仓库内，通过销售回款来偿还贷款。②先货后款模式。客户先把货物存放在顺丰的仓库，然后顺丰根据货物的价值与客户的信用评级为客户提供一定额度的贷款，客户利用销售回款偿还贷款。

3）覆盖 B 端客户。让网中的 B 端客户受益，纳入金融服务范围，是行业竞争的必然结果。顺手赚、顺手付等金融产品相继面世，四大互联网供应链金融产品也不断稳定发展，顺丰的金融业务正在稳步推进，各项产品的成长速度也在加快，这些创新产品和服务必将带动顺丰更广阔的业务发展。

4)服务闭环。顺丰一直在追求打造一个物流服务领域的完美闭环。随着互联网发展得越来越快,并迅速渗透至物流和金融领域,把三者合一是顺丰的必然选择。金融服务的介入填补了顺丰在物流金融领域的空白。顺丰充分理解电商客户的轻资产性来设计金融产品。电商企业正逐渐往轻资产的方向和模式转变,部分电商因为依靠互联网销售,无银行认可的固定资产,很难从银行获得贷款,时常会陷入资金困境。顺丰也可以相对控制资金的风险。这是顺丰金融和银行等金融机构不同的地方,同时也是更灵活的地方。

8.4.3 电商行业的供应链金融实践——阿里巴巴菜鸟网络

菜鸟网络科技有限公司(以下简称"菜鸟网络")成立于 2013 年 5 月,由阿里巴巴集团联合银泰集团、复星集团、富春集团、申通集团、圆通集团、中通集团、韵达集团等共同组建。菜鸟网络定位于做一家基于互联网思维和技术的创新型互联网科技企业,其愿景是建设一个数据驱动、社会化协同的物流及供应链平台,提供开放、共享、社会化的物流基础设施平台服务,努力实现中国范围内 24h 内送货必达、全球范围内 72h 送货必达的目标。成立以来,菜鸟网络以数据为核心,通过社会化协同,打通覆盖跨境、快递、仓配、末端配送的全网物流链路,提供大数据联通、数据赋能、数据基础等产品,为商家提供仓配一体解决方案、跨境无忧物流解决方案等一站式服务,使得中小商家可以专注于生产和营销运营,赋能物流行业合作伙伴提升服务水平,从而推动整个行业降本增效、转型创新。

截至 2018 年底,菜鸟网络联合合作伙伴构建了全国最大的物流生态体系。菜鸟网络数据系统运行着全国 70%的电商包裹数据,合作伙伴包括占全国电商快递市场份额 90%以上的 15 家快递公司,协同 200 万以上的快递和仓储从业人员,跨境物流服务覆盖全球 224 个国家和地区。2016 年 5 月,菜鸟网络成立供应链金融事业部,专业提供物流供应链金融服务。2016 年 9 月,供应链金融官网对外发布,为电商平台上的商家、物流合作伙伴提供完善的供应链融资解决方案,服务产品包括存货融资、预付融资及应收保理、设备融资、车辆融资等。截至 2017 年 3 月 30 日,累计发放融资规模接近 15 亿元,为 300 家客户提供了融资服务。

1. 菜鸟网络预付融资案例背景

某品牌电器厂商(以下简称"A 厂商")是一家横跨消费电器、暖通空调、机器人及自动化系统的全球化科技集团,2016 年销售规模达千亿元级,净利润达百亿元级,是全球规模最大、品类最齐全的电器生产公司之一。由于上游原材料价格持续上涨,A 厂商决定在 2017 年 4 月 1 日上调产品出厂价格。

上海某电子商务有限公司(以下简称"B 公司")成立于 2013 年,在天猫商城经营某品牌微波炉官方旗舰店,年销售金额达数亿元,毛利率 15%,日常存货周转天数在 20 天左右,大促(如"618""双 11")期间由于经营需要,需大量采购囤货,导致存货周转天数超过 40 天,资金压力凸显。菜鸟供应链金融上线后,B 公司即成为第一批存货融资客户,日均融资余额近千万元。2017 年 3 月中旬,B 公司获知上游 A 厂商即将调整价格,为保障利润,需在 A 厂商提价前完成一笔 1800 万元的采购,但缺乏充足的周转资金。而传统金融机构由于信贷审批周期较长,难以满足 B 公司紧急的资金需求。

基于 A 厂商即将涨价的情况,在现有库存融资额度基本用满的前提下,如何满足 B 公司此次采购资金需求?菜鸟供应链金融部门经过充分调研和沟通,对 B 公司天猫上的经营数据进行挖掘分析,向 B 公司提供了"预付融资",即商家基于与上游厂商签订的购销合同,向菜鸟供应链金融申请预付采购资金的短期融资。该产品的主要特点如下。

1)额度更高、支用更早。"预付融资"的融资额度由商家过往交易数据及整体经营情况综合评估而得,最高不超过 3000 万元,在商家与上游厂商达成采购协议的时候即可申请放款,资金指定用于支付订单项下的货款，按日计息，随借随还。

2）高效便捷、线上操作。"预付融资"依托菜鸟网络的订单管理系统（BMS）及供应链金融（SCF）系统，全流程线上操作，采购与融资一站完成，融资后还可继续操作商品发货预约入库等流程。

3）双方确认、安全可靠。厂商与商家分别以不同身份登录系统进行操作，发布商品与采购操作均需双方审核确认，确保订单的真实性、有效性及合规性，避免因某方发起虚假订单而导致的异常资金风险。

2. 菜鸟网络预付融资实施过程

菜鸟网络"预付融资"产品的实施过程可分为四个阶段，具体如下。

1）商务谈判。A 厂商是阿里巴巴集团战略伙伴，与天猫及菜鸟网络均保持良好的互动与沟通，菜鸟供应链金融业务人员正是在与 A 厂商的日常交流中得知其计划 4 月调价，而 B 公司苦于缺少流动资金无法于调价前完成采购。菜鸟供应链金融业务人员借机分别向 A 厂商及 B 公司推介了"预付融资"产品。方案中，菜鸟网络提出 A 厂商仅承担发货入仓的责任，即保证在约定时间内将订单项下的货物完整配送到菜鸟网络指定仓库，而不要求其提供回购等担保。各方约定 3 月 30 日为放款日，后续流程以此时点安排进度。

2）协议签署。由于此次合作共有四方（菜鸟供应链金融、网商银行、A 厂商、B 公司），所以协议条款的起草涉及四方的法务、业务及风控团队，菜鸟供应链金融承担牵头、沟通、统筹责任，在原有标准协议文本的基础上整合各方诉求。3 月 29 日，正式签署四方协议。

3）系统操作。首先，A 厂商在菜鸟 BMS 发布此次采购的商品信息，并推送至网商银行进行准入审核，审核完毕后，B 公司发起总金额 1800 万元的采购，采购订单经 A 厂商确认，由网商银行做授信终审，终审额度 1200 万元（不超过订单金额的 70%），并实时在 B 公司菜鸟 SCF 系统界面中体现。A 公司随即申请支用，随着线上签署《贷款合同》与《最高额质押合同》，在申请支用后 3min，贷款资金即进入 B 公司在网商银行开立的监管账户，并即时划转到A厂商指定收款账号。同时，B 公司将自付部分款项（订单金额的剩余部分）划转至 A 厂商账号，A 厂商确认收款后，系统操作阶段结束。

4）发货入仓。A 厂商确认收款，随即开始准备发货，此时 B 公司需要再次操作菜鸟 BMS 预约入仓日期，预约成功后，A 厂商发出的商品即可顺利进入菜鸟网络仓库进行质押监管，后续随着 B 公司不断销售，产生的回款便可用作还款。

菜鸟网络预付融资产品的基本流程如图 8-24 所示。

3. 菜鸟网络预付融资成效

菜鸟网络预付融资帮助 B 公司成功解决了其大额采购资金需求，使得 A 厂商也提前收回了货款，提高了存货及应收账款周转效率。总的来看，其供应链金融产品的特点如下。

1）实现信息全链联通。依托菜鸟网络自主开发的 BMS 和 SCF 系统，商家与上游厂商之间原本复杂且分散的商品发布、采购下单、融资申请、结算支付、仓储配送等环节可以一站完成；融资到期后，还可对接"存货融资"，理论上融资期限可以延长至 9 个月。而且由于 BMS 与 SCF 系统天然的共生关系，上述所有环节均可无缝链接，数据推送即

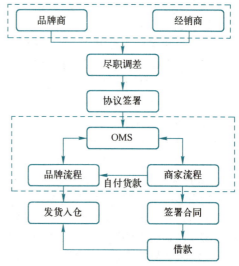

图 8-24 菜鸟网络预付融资产品的基本流程

时、准确。未来，菜鸟供应链金融计划利用阿里云强大的云计算能力，将系统中沉淀的数据予以整合、分析，形成标准化的数据产品，为商家和厂商提供战略布局、经营预测、资源分配等方面的建议。

2）实现上下游多方共赢。传统的预付类融资产品对核心企业（即上游厂商）的依赖程度很高，基本上是将商家的信用风险转移至厂商，因此需要厂商对融资进行强担保，比如回购、调剂销售等。由于厂商承担较大风险，此类条件往往难以大规模推广。菜鸟供应链金融提供的预付融资，以菜鸟网络强大可控的仓储监管能力为基础，凭借对阿里巴巴电商平台上销售数据的实时监测，可以有效控制和处置质押物，大大简化和降低了对厂商操作要求及责任要求，从而带动了下游经销商对它的普遍使用。

3）实现普惠与风控的有机结合，额度核定与风险定价是融资的核心环节，传统金融机构对于额度及定价核定更多基于商家自身的资产实力、财务状况以及抵押物。大多数的商家都是轻资产运营且体量规模较小的，即便符合传统金融机构的准入门槛，获得的授信额度也无法完全满足其需要，相应的定价也普遍高于正常水平。天猫商家获得的传统渠道融资年化成本不低于10%。菜鸟供应链金融预付融资产品对于商家的授信额度采取的是多维度评价模型，包括商家在天猫和菜鸟网络平台过往的交易及物流数据、所采购的商品在天猫平台的历史销售价格、商家信用履约记录等，同时对于订单本身也会进行综合评估，而商家资产、财务指标及质押物情况在额度评价模型中的权重将显著降低，甚至不纳入评价模型。至于风险定价，也将严格依照评价模型得出的结论，根据"风险与收益匹配"的原则，采取分层定价。

8.4.4 金融大数据创新实践——感融科技

感融物联网科技（上海）有限公司（以下简称"感融科技"）业务正式开展于 2016 年，公司总部及运营服务中心设在黄浦区，是一家 IoT 科技创新服务公司，核心研发团队具有超过 10 年 IoT 行业共同工作经验，并参与提出 IoT 核心架构标准。该公司目前主要的业务定位于 IoT 动产管理运营服务与相关 IoT 金融业务，从技术上推动动产质押登记业务由现有的自发自主描述化登记的模式向标准化结构化登记模式转变。目前，感融科技通过其"感融卫士"和"智链云"，适配不同的资产类型和客户需求，对应车辆运输智能管理、大宗仓储仓库管理、集装箱与托盘智能管理、流动产管理四大类业务场景。目前，感融科技的"感融卫士"主打服务产品主要有 W-Pledge、V-Pledge、B-Pledge 三种。

1. W-Pledge

W-Pledge 主要是指面向仓库的大宗货物和仓单的精准监管与技术服务。通过在仓库现场建设 IoT 感知系统，实时感知货物的物理状态与货值变化情况，并生成保证唯一性的 IoT 仓单，通过在中国人民银行征信中心形成动态仓单登记，确保货物的客观存在与唯一登记。通过 W-Pledge App，约束仓储操作员的合法合规操作，同时为银行、监管方、仓储方提供第一时间报警及异常行为预警服务。

具体而言，在对银行大宗商品质押业务系统的支持方面，感融科技通过完全配合银行和信贷机构的管理要求，实现了线上线下和系统对接几个层面上的集成。主要针对的质押业务类型是目前流行的静态货押监管和动态货押监管模式，其中动态货押监管模式中包括定额控货和核定库存模式的动产质押融资支持。感融科技利用 IoT 支持整个监管货物的入库、出库、置换和质押解押操作，实现对货值、物理状态和仓储环境的动态管理，从而达到动态风险管理的目的。此外，感融科技还实现了对担保物权统一登记方式下的确定性或者一般性公示方式的支持，以此支撑融资业务。

感融科技的大宗商品仓库监管系统主要包括货物物理属性感知子系统、作业设备管理子系统、异常行为感知子系统以及货物重量感知子系统。利用这些子系统可以对仓库货物重量和状态的变化进行准确感知，实时感知操作机具的作业情况，能够检测非授权人员的机械操作，并实时检测追踪货物物理状态变化等。因此，借助 IoT，感融科技实际上把平面场景通过现有的虚拟现实手段进行三维空间化，把原来的平面坐标变成一个三维的空间坐标，最后完整地对货物和仓库进行数字化。数字化之后就可以动态了解货物的物理属性，在这个物理属性的直接管理下，可以对某一个仓位内仓单的所有动态货值和风险变化情况，在一个连续时间段进行精确管理。对这个时间段的货值变化及风险状态与银行金融机构的控货要求（包括控货方式）等进行动态的匹配和修正，每时每刻根据它的风险关系来确定它的融资余额限制及贷款余额的调整。因此，这实际上是自动化的现场审计过程。并且，感融科技利用仓押风险管理服务 App（iOS 和 Android）将货物的作业数据及时传递，并根据异常情况及时报警，从而实现了货物（包括仓单）的完整管理过程。因此，针对大宗商品，感融科技可以提供的服务包括了监管服务、仓单管理服务、仓储作业服务和报警服务四类。

此外，在这种管理方式下，感融科技所支持的仓单从一个文字的概念和一个法律逻辑的概念演变成一个物理关系的直接结合，也就是说具有实物属性的仓单。这个仓单实际上与实物是一一对应的关系，因此便具备了实物的所有属性，从而可以进行管理和交易。鉴于此，感融科技与中国人民银行征信中心合作开展了 IoT 动产质押登记服务，试图通过一个可以明确描述的仓单，在中国人民银行的登记系统里面完成仓单的担保登记，以实物化仓单为基础提供确定性和一般性担保物权登记公示。

2. V-Pledge

V-Pledge 是指感融科技所提供的汽车整车供应链管理与质押监管数据服务。通过 V-Pledge 终端可以实现对整车供应链的端到端智慧化管理，弥补传统人工管理模式下，信息传递不及时、无法掌握业务最新状态、业务真实性背景缺乏、业务过程无法自主发现和自主跟踪等不足，实现了对整车供应链的动态闭环与业务的场景化自主智能驱动，实现了供应链全过程的人机自主高效智慧化协同与动态校核和风险告警，大幅提高了管理效率和业务衍生服务能力。

与针对大宗商品的货物属性、货物货值进行管理不同，感融科技对汽车行业的管理是从出厂到销售完成的整个全链闭环管理，包括从汽车的出厂到它的运输、在库、移库，再到汽车的销售整个过程中的作业单据的自动化业务处理；从汽车的出库单、入库仓单到运输过程的多式联运单，一直到它的销售清单和最后的违规作业清单全部都是自动生成、自动监控、自动交叉校核、自动匹配的，而且中间的交割交付作业过程全部是严格的确定性操作，在整个过程中主体的交付环节都以一体化的管理方式自助集成和处理。

感融科技利用 V-Pledge 车辆监管终端装备与管理汽车进行结合，不需要在汽车上附加什么装备，安装后就可以作为软件直接进行服务。V-Pledge 车辆监管终端装备具有车辆真实性 CA、智能工作模式、业务交互操作、超低功耗控制、拆除检测算法、独立电池供电、安装拆卸简单等技术优势。在此基础上，感融科技的 V-Pledge 报表大数据服务平台可以：查看绑定车辆的当前状态与历史状态，包括位置和轨迹；查看在库监管、运输监管、移库监管的业务状态；查看操作员、审核员、司机的所有任务状态；查看消息与告警；根据车辆、经销商、单据、任务等字段进行索引查询，系统支持报表的生成、查询、导出、打印；提供数据接口帮助客户集成进 ERP 或其他信息管理系统等。因此，可以提供作业导引和数据服务，其中作业导引在全面的管理下可精确地产生下一链条的作业指示、作业推送和任务推送，可以推送给相关的作业人员且作业可以同时进行校核，即物和车及人的双向校核与确认。同样，V-Pledge App 也可以实现绑定解绑、交付签收、报警消息、申请审核以及状态查看等功能。

感融科技的 V-Pledge 服务有效解决了汽车供应链行业中存在的多个痛点。首先，能够对企业供应链中的资产进行有效管理，能够及时预测与发现经销商的极端行为和潜在风险，使得经销商的实际销售和库存与主机厂的台账保持统一、准确，并能够对资产进行全程无遗漏风险管控；其次，能够对汽车行业中的资金进行优化，督促经销商在真实卖车时能够及时赎证和回款，并且可以实现跨地域、跨渠道金融贷款；最后，在渠道管理方面，可以把经销店所有停放点（包括二网二库）纳入管理，及时发现经销商的车辆私移、私售行为，帮助二网二库客户更容易获得银行授信的金融支持，以及实现车辆销售的真实信息确认等。在解决这些痛点的基础上，也解决了众多供应链参与主体的相关问题，例如，在帮助汽车主机厂进行全过程监控以及销售渠道管理等的同时，解决监管方手工记账麻烦易错、高成本驻店监管以及人为道德风险隐患等问题，帮助银行解决日常风险缺乏管理手段、经销商二网二库授信难等问题。因此，感融科技基于 V-Pledge 服务对汽车供应链金融服务业务起到了重要的支持作用，如图 8-25 所示。

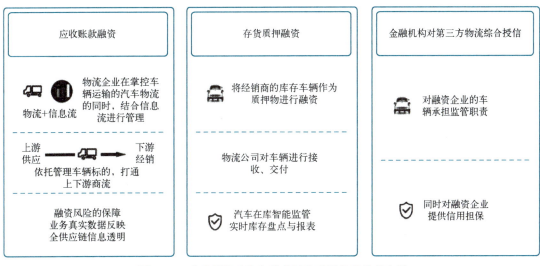

图 8-25　感融科技对汽车供应链金融服务业务的支持

3. B-Pledge

B-Pledge 是指感融科技所提供的供应链全程无缝实时感知服务，为供应链服务商、仓储物流企业、金融机构、商品生产与经销商构建开放的联合研发与体验计划。提供基于标准化托盘和集装箱的标准集约化管理，具备商品在库、在途、跨境以及最后一公里的全供应链自主发现、自主跟踪服务能力，实现了对供应链的动态闭环与业务场景化的自主智能驱动，实现了供应链全过程的人机自主高效智慧化协同与动态校核和风险报警，大幅提高了管理效率和业务衍生服务能力，同时确保商品在物流运输环节对保存状况、安全情况、野蛮装卸情况的全状态感知。

感融科技将汽车管理作业延伸到其他供应链全程管理当中，实际上就是将管理的对象从汽车整车扩展到细粒度的托盘、集装箱、中转箱等可以集约化管理的物流体系，包括部分原材料、快消品、电子元器件、配件。这些货物的全链信息与整车的性质是一样实时的，同时需要跟踪跨地域业务，包括国内和国际业务。供应链全程管理过程包括风险和作业关系的实现，但更多的是强调货物的有效性，即货损的管理。感融科技的供应链全程管理对象包括生产贸易企业，为其提供供应链、仓储管理以及金融服务，其中金融服务是最核心的。金融服务不是以实物存货质押为主，而是在确保订单和应收账款真实性，以及订单执行全程作业贸易真实性的基础上，实现风险测量和预警，降低供应链融资风险。

感融科技可以针对一个供应链企业，利用 B-Pledge 终端、感知网络设备、B-Pledge App 以及 B-Pledge 云等系统，对企业供应链全流程进行标准化、流程化的无缝监管，让银行对企业贷款风险评估为可控，并基于技术监管解决方案提供供应链融资服务。在进行跨部门、跨主体，跨运营商、跨物流商、跨区域、跨国全链条管理之后，将原有的信用证提单全部纳入了银行一揽子的金融服务当中，也就是将它的订单、应收账款、预付款、订单交割、所有原来的信用证和提单全部纳入了打包的服务当中，进行非常精细化的全链条管理。

因此，感融科技的供应链全过程管理将产品装箱、产品入库、产品出库、运至海外仓储库、开箱全部纳入监管范围之内，大幅度提高了供应链运营的效率和准确度。更重要的是，可以对差错及时校正、自主校正。这对于融资企业来讲，是一个典型的业务真实性背景下的供应链金融的全过程，从而使得供应链金融风险管理具备其所需要的业务闭环和精细化管理。

4. 智链云

智链云是感融的另一个重要技术服务。智链云产品服务是把原有线上系统数据从传给操作人员转变为传给感融系统，一方面，系统通过"IoT+区块链"的模式让动产能够主动平等地参与业务并与操作人员在不同业务场景中进行协同，同时进行数据校核（多模共识）以保证业务执行的背景真实性。另一方面，感融科技通过大数据分析将作业指令拆分成标准化的作业场景（一次出库、一次装车、一次验收卸车、一次入库、一次移库、一次销售），动产在某一标准化业务场景的作业结束，自然激发下一个业务场景的生成，同时向线上系统上传真实的业务数据（人员的作业与物的状态同时校核，不可窜改）。可见，智链云服务的目标是确保业务背景的真实性，且实现供应链全链自发打通业务闭环，激发了动产的金融属性，为金融机构向企业提供流动资产贷款模式，为以动产和供应链业务为载体的供应链金融产品提供了可能和保障。

本章小结

供应链金融是运用供应链管理的理念和方法、为相互关联的企业提供金融服务的活动。供应链金融将供应链上的相关企业作为一个整体，根据交易中构成的链条关系和行业特性设计融资模式，为各成员企业提供灵活的金融产品和服务。以大数据先进分析为支撑的供应链金融的运行特点是通过获取分析高质量的数据，能够对供应链网络中各参与者的主体信用、交易信用进行全方位的刻画，同时能够有效分析和发现贷后资金去向，为金融机构高效锚定目标客户、加快贷款审批提供相适应的金融服务产品，同时为控制风险提供必要的数字化支撑。

供应链金融大数据的主要构成包括供应链核心企业数据、供应链融资企业数据、供应链关联服务方数据。供应链金融大数据的应用主要有设计个性化金融服务产品、优化交易征信与风险控制等。通过供应链金融大数据在制造行业、物流行业、电商行业等的应用案例分析，可以熟悉供应链金融大数据的相关方法理论。

本章练习

一、思考题

1. 供应链金融大数据主要有哪些类型？
2. 供应链金融中需要搜集、分析的数据来自哪里？
3. 供应链金融中需要搜集、分析什么样的数据？
4. 大数据在供应链金融中主要有哪些应用？
5. 从供应链金融发生的时间维度看，可以将供应链金融业务划分为哪几个阶段？各个阶段相应的供应链金融产品有哪些？

6．供应链金融存在哪些主要风险？

二、讨论题

1．通过调查了解区块链相关知识，讨论如何应用区块链技术控制供应链金融相关风险。

2．结合供应链金融大数据相关理论技术，讨论在医药商品行业领域如何设计供应链金融产品服务。

三、案例分析

蚂蚁金服基于产业消费生态基础的大数据个人金融征信

蚂蚁金服在完善了产业和金融生态后，逐步开始了基于大数据和云计算的产业和个人信用管理，从而实现用产业、生活消费支撑金融征信，同时立足产业和个人信用管理，推动产业和消费活动的双循环迭代体系。这种基于大数据的信用管理，在 B2B 领域主要反映在立足产业生态的信用建立和信贷（诸如跨境领域阿里巴巴一达通的 TA（信用保障体系）以及相应金融产品、农村淘宝领域基于信用基础的旺农金融产品），而在个人消费领域则主要表现在芝麻信用体系的建立上。

芝麻信用体系的建立，不同于传统金融机构主要依托信贷数据，而是立足于其建立的产业和消费生态数据。具体讲，借助于云计算和大数据技术，蚂蚁金服征信模式的运营机制互为循环，形成了一个闭合的体系，如图 8-26 所示。

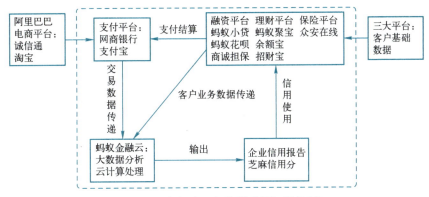

图 8-26 蚂蚁金服征信模式的运行机制

首先，从征信的信用数据来源看，不同于传统金融机构主要依赖于信贷数据，蚂蚁金服依托其建立的产业和消费生态形成信用数据源。

具体讲，其信用数据渠道有四个方面，一是阿里巴巴集团下属电商的平台交易数据。据 2022 年上半年统计结果，淘宝天猫年度活跃消费者（AAC）规模达 9 亿，商家总数量超 1000 万；交易额破亿商家达 1163 个，且年增速保持 50%以上；会员用户超 5000 万；平台交易额在 7 万亿基础上实现大规模增长。这些交易额背后都是客观存在的客户交易行为，这无疑都成了蚂蚁金服征信系统的数据信息来源。二是蚂蚁金服集团采集的其他基于互联网运营产生的金融数据。主要包括支付宝、余额宝以及网商银行采集的个人信用信息数据。前两种渠道也是芝麻信用采集信息的主渠道。三是与阿里集团具有合作关系的外部机构提供的信息数据，如公安网等公共机构向芝麻信用提供政府公开信息，以及公安、工商、法院等信息。此外，部分国内其他金融机构与芝麻信用达成数据互换协议，向芝麻信用提供信用数据。四是用户自己提供的信用数据。目前，芝麻信用正在开辟各类渠道，允许用户主动提供各类信用信息，如学历学籍、职业、公积金、车辆信息以及国际信用报告等。

其次，蚂蚁金融云专注于云计算领域大数据的研发，运用最先进的大数据技术来处理信用信息数据，比如深度学习、PageRank 和神经网络等，通过深入的数据挖掘，可以把各行为主体纷繁复杂的信息数据映射为其自身详细的信用评价，形成芝麻信用分和企业信用报告。评分特点如下：一是参考国际主流个人信用评分模式设置评分区间。芝麻信用在信用评分区间上参考国际做法（如美国著名的 FICO 评分，评分区间为 300～850 分），将芝麻信用分区间设置为 350～950 分。二是信用评分按从低到高划分为五个等级，代表不同的信用状况，350～550 分为最低等级，表示信用状况"极差"；550～600 分表示信用状况"中等"；600～650 分表示信用状况"良好"；650～700 分表示信用状况"优秀"；700～950 分为最高等级，表示信用状况"极好"。三是信用评分结果由五个维度共同决定。利用大数据技术，芝麻信用综合考虑个人用户的信用历史、行为偏好、履约能力、身份特质、人脉关系五个维度信息，并对五个维度的信息加工后得出最后的评分结果。这些信用评估结果可以直接用于融资理财和保险平台的业务开展。比如，通过芝麻信用的评分结果，用户在蚂蚁花呗中会有不同的信用额度，也可以在出行和住宿方面进行信用消费；基于大数据进行风险甄别的蚂蚁微贷，会根据企业的信用状况快速做出反应，使商家申请贷款后几秒钟内就可得到资金；还可以根据其信用情况来确定保险费率或理财产品的收益率等。反过来，通过信用评估结果在这些方面的大量借鉴和使用，会形成新的交易和行为数据，这些数据又会被视作原始数据收集起来，丰富大数据库，以便能更好地分析和处理数据，进而做出更全面、真实、可靠、有效的信用评估。（案例来源 《互联网供应链金融》 编者：宋华）

根据案例回答问题。
1. 蚂蚁金服如何设计开展其供应链金融产品征信服务？
2. 蚂蚁金服如何利用大数据技术提供匹配的供应链金融产品？

第 9 章　供应链大数据运营

学习目标

- 了解供应链大数据运营的概念，掌握供应链大数据运营与传统运营的区别。
- 掌握供应链大数据运营的框架构成及我国供应链大数据运营市场概况。
- 掌握供应链企业开展大数据运营的路径。
- 熟悉我国供应链企业开展大数据运营的典型应用。

导入案例

阿里巴巴集团的"大中台、小前台"组织战略

阿里巴巴"大中台、小前台"的中台战略的官方提法源自 2015 年 12 月 7 日，时任阿里巴巴集团 CEO 的张勇通过一封内部信说："今天起，我们全面启动阿里巴巴集团 2018 年中台战略，构建符合 DT 时代的更创新灵活的'大中台、小前台'组织机制和业务机制"。推动"中台战略"的目的是：作为前台的一线业务会更敏捷、更快速适应瞬息万变的市场；而中台将集合整个集团的运营数据能力、产品技术能力，对各前台业务形成强力支撑。

（1）阿里"业务中台"

阿里的"中台战略"不是一个简单的组织变革，而是业务变革、机制变革、技术架构变革的一次全面转型。业务中台需要收敛一些基础的业务服务，如会员、商品、交易、营销和结算等。这些基础的服务会被整个电商业务使用，对其进行统一管理是很有必要的。但业务中台也不是什么都做，除了有基本的基础服务和服务能力外，还要定义中台的边界。业务中台一些基本的工作范围如图 9-1 所示，它需要能够对接能力，同时又服务好能力使用方，而自己并不负责实现具体的业务。

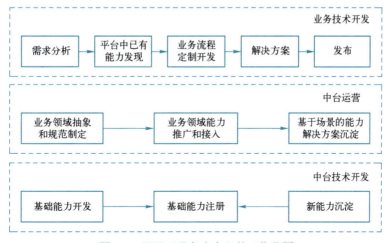

图 9-1　阿里"业务中台"的工作范围

中台战略中的"大中台、小前台"阵型，具备以下四大特征。

1）团队协同效率最高。科学证明，人数是 7 个人的团队协同效率是最高的。当进行团队作战时，最短时间内达成意见的统一和行动步调的一致，是充分展现团队强大战斗力的必要条件。

2）对战机的把握更加敏锐。在前端的小团队正如一个小的创业团队，如何生存是团队首先考虑的问题，这样的环境会更容易激发团队成员的能量和潜能，对当前的战机的感知会更加敏锐。

3）调整方向更加快捷。分别投入 200 人和投入 10 个人去完成一个任务，当发现任务的方向有错误时，200 人的团队调整方向所花费的时间和资源一定远超 10 个人的团队。

4）一旦发现正确目标，全力投入扩大战果。这样的中台阵型，一旦前端的作战团队找到了正确的攻击目标，接下来一个远程呼唤，后端的中台会瞬间摧毁目标，这就是中台阵型发挥威力的最佳体现。

（2）阿里中台与前端应用的协作机制

1）紧密沟通机制。业务中台理论上是为集团成百上千的应用提供专业的服务，但是，必须考虑不同业务规模给集团带来的收益价值有很大的差异，因此，要能够识别哪些是业务优先级更高的前端应用。对应到阿里巴巴集团业务中，淘宝、天猫、聚划算的业务重要性不言而喻，所以业务中台与这一类的用户建立了紧密的沟通机制。比如各服务中心的核心架构师和运营人员会定期参与前端业务方的业务会议（如周会）或重要项目（如双 11 大促）的研讨会。

2）分歧升级机制。当出现中台与前端应用争执时，一般按照业务负责的层级关系依次升级。以购物车为例，这部分业务在层级上从上到下是"共享业务事业部→交易中心→购物车"，每一层级都有对该部分业务负责的业务架构师作为团队或部门的负责人。通过这样的升级机制，将出现的分歧在更高的层面上与前端应用方达成一致。对于这样的分歧处理一般在部门层面为止，比如天猫事业部和共享业务事业部层面，不会到更高层面。

3）岗位轮转推动。遇到具体分歧，考虑到前、中台人员所处岗位的不同，依然避免不了针对业务在哪里落地产生争执，如果遇到双方都是强势领导的时候，就会将一些本应内部通过协调沟通的问题暴露在业务更高层面，很容易影响业务中台与前端业务方的协同效率。所以，阿里巴巴会在一段时间内采用岗位轮换的方式，比如将业务中台某服务中心的负责人与天猫对口业务的负责人进行岗位对调，让双方在实际工作中更真切地感知到处于不同岗位时对业务的理解和出发点。通过这样的方式，让原本口头上说起来容易的"换位思考"在现实中落地。

4）业务持续沉淀及共建模式。如果发现有些前端应用中对业务中台的需求不同于前端应用共性的需求时，这样的需求要成为新增的功能，如果这个功能业务覆盖面比较大，甚至会成立一个新的服务中心对该业务的服务进行独立的运营。此时，就会采用共建的模式，业务中台和前端应用方各自派出人员共同组建一个团队，一起负责该业务功能的实现以及到中台的能力沉淀，通过业务共建的模式，可以在最短的时间内实现业务功能，很好地满足了前端业务方的要求。

总之，目前逐步流传的"小前端、大中台"的中台阵型，从本质上来讲，是一种反应更加敏捷高效的组织形态，即以内部小前端去实现与外部多种个性化需求的匹配对接。这种更为扁平化的组织形态，已成为互联网时代越来越多企业组织变革的选择。

9.1 供应链大数据运营概述

9.1.1 供应链大数据运营的概念

近年来，智慧供应链、数字供应链、供应链大数据以及数据运营、数字化运营等概念层出不穷,"数据运营"也有广义和狭义之分,狭义指"数据运营"这一工作岗位。它与内容运营、产品运营、活动运营、用户运营一样,属于运营的一个分支。从事数据采集、清理、分析、策略等工作,支撑整个运营体系朝精细化方向发展。近年来,越来越多的互联网企业开设了"数据运营"这一工作岗位,主要分布在一线运营部门。与数据分析师这一岗位不同的是,数据运营更加侧重支持一线业务决策。广义的"数据运营"则指"用数据指导运营决策、驱动业务增长"的思维方式,即数据化运营,属于运营的一种必备技能或者思维方式,泛指通过数据分析的方法发现问题、解决问题、提升工作效率、用数据指导运营决策、驱动业务增长。

供应链大数据运营指通过建立供应链大数据平台,连接制造商、供应商、经销商和消费者,用大数据指导运营决策、驱动业务增长,实现供应链企业运营指标的提升,包括在销售和研发环节利用大数据手段增加收入,在采购、制造和支持部门利用大数据技术降低成本,在供应链资本管理环节利用大数据方式优化现金流,在采购、仓储、物流等供应链全场景构建大数据分析模型实现供应商等企业风控预警。

9.1.2 供应链大数据运营与传统运营的区别

大数据时代的来临不仅仅给人们提供了很大的发展机遇,重要的是传统供应链运营所面临的挑战极大地加剧了新生产力条件下企业之间的竞争。生产力的变化带来了劳动者、生产资料和劳动对象的变化,正是因为大数据时代的生产力特征与传统的生产力特征供应链运营模式之间的矛盾,所以传统的供应链运营所面临的挑战也是非常严重的,旧事物必然要转型升级,适应新事物的发展,供应链运营模式也不例外。

1. 传统供应链运营所面临的挑战

(1)响应速度较慢

传统供应链管理在技术水平不断提升的同时,经历了从最基本的 MIS 到 ERP,再从 ERP 到当前供应链一体化的进化,但是从整体水平上来看,传统的供应链管理仍然存在着以订货订单为驱动的库存管理,周转库存的管理从本质上来看是一种应对传统供应链管理的经营模式,在这种经营模式的管理水平下,周转库存构成了经营的基本保障,安全库存成为订货管理的服务水平底线。此外,此种模式的出现,也在一定程度上说明了产品生命周期理论的响应速度依靠周转库存和安全库存来保障客户的服务水平,所以在这种模式下顾客需求的响应速度比较慢。

(2)不能有效满足终端消费需求

传统供应链模式对企业经营的贡献主要在于企业以满足部分需求的形式进行产品的设计,在这种情况下,终端消费者的基本需求能够得到满足,但是现有产品不能满足终端消费者潜在的深层次需求,这种产品经营的设计和生态注定了终端消费需求和源头的生产制造脱节的商业逻辑。供给侧的生产制造不能够针对终端用户的体验进行个性化设计,只能在短期内以批量的模式提升自己的生产效率。

例如,在互联网出现之前,市场上的衣服大部分是根据设计师对终端用户体验的评估进行设计,而没有针对更多用户(特别是普通用户)的个性化需求进行定制,而且衣服定制成本非常高、时间比较长,这从根本上制约了终端消费需求的普遍性满足。

(3)库存周期较长

传统的供应链管理模式以存货管理构成支撑企业经营的基本条件,库存成为实现经营的流动资产,大部分行业的库存盘点是以月为单位进行的,因为产品属性不同,库存管理盘点有所差异,从整体的水平看,基本上在途库存和周转库存周期均在两个月以上;从资金利用的角度来看，在很大程度上制约了流动资金的利用。

（4）协同效应差

供应链管理模式协同效应较差主要体现在，生产制造型企业不能快速地实现渠道的建立，销售渠道未能实现和终端消费者有效的互动，终端消费者的反馈也不能成为生产制造企业进行产品换代升级的依据。从整个供应链的管理水平可以看出，各个环节都在实现自身利益的最大化，但是未能实现整体效益的最大化，在面临市场的竞争时存在着互相挤压，为维护自身环节的利益牺牲供应链整体效益的情况屡见不鲜。

（5）管理成本非常高

传统供应链模式的管理成本由于信息化水平较低，不能对各个环节所涉及的企业信息进行有效传递，最终造成了各企业所付出的固定成本中的摊销成本非常高，人工成本尤其突出。因为条块分割严重所造成的管理混乱进而导致的管理成本已经成为供应链管理中占比较高的部分之一。

2. 供应链大数据运营相比传统运营的优势

（1）供应链管理理念精准化

管理理念随着生产的进步、技术的发展越来越成为先进生产管理方式的核心和精髓。大数据时代的变革使得供应链管理理念能够实现深层次、精准化的发展，包括供应链消费终端需求信息的收集以及用户体验反馈到生产端、对产品进行再次设计制造和生产、满足终端消费者的深层次更精准的需求。

在供应渠道方面，信息通过网络的精准传递有利于渠道的多样化，通过精准的营销广告的投放可以实现渠道的快速销售。

在库存方面，主要以消费需求拉动的库存管理为主，实现库存订货批量的同时安全库存大大降低，零库存的概念已经能够完全实现周转库存。库存水平大大降低，所以从库存成本的角度来看，供应链管理中的精准化，最终不仅满足了消费者的终端需求和深层次需求，同时也满足了生产者降低成本以及带给用户完美体验的高层次目标。

（2）协同效应作用加大

通过智能硬件和软件技术的数据化处理，在供应链各个环节的信息处理收集分析和应用方面，均能及时有效地实现最优化，不但实现每个环节执行层面的敏捷性，而且可以实现整体各个环节的协同作用。例如，在当代电子商务的供应链管理中最典型的是以京东商城为代表的自营物流体系和平台的协同结合，不仅实现了订单的快速处理，而且京东商城的自营物流体系实现了库存管理的最优化，更使商城的卖家能够以大数据为基础进行产品的选择、营销策略的制定、采购渠道的优化，最终实现了供应链一体化的最大协同效应。

除了电子商务企业这种行业的典型代表之外，在中国的汽车后市场（特别是针对汽车配件）供应链大数据实现了分类包装、挑选等物流服务，以及产品多品类、同一个产品多参数的复杂产品特性的供应链管理，为中国汽车后市场中小企业（特别是最靠近消费者的终端企业）获得更好的用户体验奠定了坚实的基础，与传统的汽车修理厂门店相比，这种利用数据进行供应链管理的中小企业在竞争力方面（特别是用户体验方面）具有明显优势。

（3）消费需求定制化驱动

大数据的应用有效地满足了供应链管理中消费者的需求，不仅能够分析交易、消费者购买行为以及消费者对未来预期，而且可以根据这种分析实现生产定制化，把解决供给侧问题的批量生产转变为以满足个性化需求为特征的定制化生产。

例如，对衣服的生产，在传统模式下几乎都是设计者进行设计引导消费者进行购买，定制化需求在市场竞争中处于弱势地位，不能满足所有消费者的个性需求，而且衣服的定制化成本非常高，广大消费者不能够承担这种定制化的成本，从而造成定制化的发展缓慢。近几年来，使用红外技术对人体描绘使得软件和硬件相结合，不仅能够实现消费者身体特征的描述而且能够根据不同的消费者对衣服的偏好进行设计，能够快速地让消费者根据自己的意愿进行设计，在购买和交易阶段也能够通过智能试衣镜对现有的衣服进行挑选，在此过程中，通过收集、分析并处理各项数据，对未来衣服的消费趋势进行描述，而且能够最终为消费者提供深层次的长期的服务，这样不但能从交易中获得利润，而且能够从单一消费者的长期服务中，实现消费者黏性的提高，有利于广大中小企业利用数据实现精益经营。

（4）供给侧结构管理优化

供给侧结构性改革是我国"十三五"期间的主导政策，大数据时代为供给侧结构性改革提供了有利的条件。当前，我国大部分行业处于传统模式，以投资需求和外贸为拉动的主要发展模式下普遍发生了产能过剩，解决产能过剩的问题主要从两个方面入手，一方面，要提高供给侧产品生产制造的质量，实现产业的转型升级，优化结构，提高生产制造的效率，特别是注重保护环境等可持续发展策略；另一方面，要针对终端消费者的消费需求，生产真正满足消费者需求的竞争性产品。大数据时代为供给侧结构性改革提供了难得的机遇。

对供给侧结构的优化管理以能源的利用为典型，随着环境问题日益严重，我国对新能源代替传统的化石能源必须采取非常有效的管理措施，其中主要体现为以数据为核心的管理处理新能源逐步代替传统化石能源，从而改善环境、提高能源的利用率，实现东部沿海地区和能源利用较多地区的清洁能源代替工程，必须利用大数据对能源的有效利用进行强力管控，对污染环境的传统化石能源进行逐步改善。

（5）中小企业大数据应用提升竞争力

在传统的生产力条件下，中小企业面临市场竞争激烈、资源方面不足、创造力不足、效率低等问题，大数据出现之后，中小企业虽然在资源方面以及创新能力方面不如大企业强，但是中小企业可以利用战略上的灵活性，充分发挥瞄准市场进行发力的敏捷优势，利用大数据对市场进行再次细分，锁定目标细分市场，对客户进行深度挖掘，对产品进行二次创新，在创新方面不断满足消费者的需求，提升自身产品和服务的竞争能力，有效地完善了自身的不足，最终提升了生存竞争力，在国家大力倡导"大众创新、万众创业"的宏观环境下，中小企业使用大数据技术，在信息沟通、营销竞争、战略再投资等方面紧紧地把握住了细分市场目标客户的有效需求，不但满足了针对性的深度需求，而且掌握了提升用户体验、满足细分市场目标客户潜在需求的工具和方法，在创造和实现顾客价值的同时，也创造了大量的就业岗位，从此品牌竞争深入人心。

从国家申请专利的数量来看，除了在市场竞争中占主导地位的大型科技企业对研发投入比例大而产生了大量的专利之外，广大中小企业在满足细分市场目标需求的同时，利用自身条件而重新申请专利的数量大幅度增长，在提升竞争力的同时实现了价值重塑、品牌塑造。

9.1.3 供应链大数据运营框架

神策数据于 2020 年 11 月提出了基于数据流的企业运营框架 SDAF，包含四个环节——感知（Sense）、决策（Decision）、行动（Action）和反馈（Feedback），如图 9-2 所示，它们形成一个闭环，而数据可以让这四个环节具象化并且量化地衔接到一起。

图 9-2 企业运营框架 SDAF

1）感知（Sense）可以从两个方面理解。其一，从抽象数据中观察，完成对业务流程的感知，目前神策数据有"互联网+"行业的客户，如银行、品牌零售等行业，过去他们熟知线下业务流程（如客户进店的走向，货架摆放设计等），但当把业务从线下搬到线上时，他们对线上流量、用户留存及商品 SKU 的展现销售情况可能并不清楚，只能看到最终的数据。

2）决策（Decision）指当对业务流程和用户形成了准确的认知之后，企业可以基于此做决策。在决策的过程中，人处理的信息是有限的，此时可以把机器引进来让人与机器共同决策。

3）行动（Action）基于数据的全方位智能触达手段，运营同事可以直接创建一个画布，筛选不同的人群定时推送，例如，设置服饰鞋包、美容化妆、家用电器三类推送，向不同偏好的人群进行个性化推送，肯定比全量推送效率高，并且只需轻轻点几下就可以实现，不用制作用户标签，也不需要把标签数据导出放到推送系统再发送。

4）反馈（Feedback）指全面实时的数据反馈，神策现在基本上可以将各种各样的数据导入进来，不仅是导入进来，还可以把不同的数据孤岛打通，这样才能真实地还原业务流程，提供动态的数据画像。

基于 SDAF 理论的闭环方法论，可帮助企业沉淀"公域+私域"数据用户管理平台，支持私有化部署，为微信生态的数字化运营提供专业的咨询服务和定制化解决方案。其中，感知（Sense）从抽象的数据中形成对业务和用户的洞察；决策（Decision），感性与理性的平衡，人与机器共同决策；行动（Action）基于数据的全方位智能触达手段；反馈（Feedback），实现全端数据全面、实时的反馈。SDAF 闭环的四个环节缺一不可。

基于 SDAF 对企业数据运营的价值，可构建供应链大数据运营的整体框架，如图 9-3 所示。

1. 供应链大数据管理

供应链大数据运营工作需要根据实际需求搭建供应链大数据分析框架，因此需要掌握确定分析思路要用到的营销、管理等方面的知识。如果缺乏管理等理论知识，就很难搭建所需的数据分析框架，会导致后续的数据运营无法正常进行。

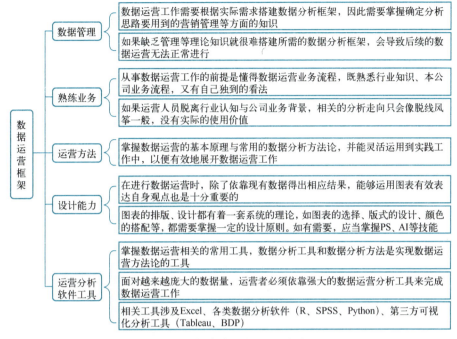

图 9-3 供应链大数据运营框架

2. 熟悉基于大数据的供应链业务

从事数据运营工作的前提是懂得数据运营业务流程，既熟悉行业知识、本公司业务及流程，又有自己独到的看法。如果运营人员脱离行业认知与公司业务背景，相关的分析走向只会像脱线风筝一般，没有实际的使用价值。

3. 供应链大数据运营方法

掌握数据运营的基本原理与常用的数据分析方法论，并能灵活运用到实践工作中，以便有效地展开数据运营工作。

4. 运营分析软件工具

掌握数据运营相关的常用工具，数据分析工具与数据分析方法是实现数据运营方法论的工具。面对越来越庞大的数据，运营者必须依靠强大的数据运营分析工具来完成数据运营工作，相关工具涉及 Excel、各类数据分析软件（R、SPSS、Python）、第三方可视化分析工具（Tableau、BDP）。

5. 设计能力

在进行数据运营时，除了依靠现有数据得出相应结果，能够运用图表有效表达自身观点也是十分重要的。图表的排版、设计都有着一套系统的理论，如图表的选择、版式的设计、颜色的搭配等，都需要掌握一定的设计原则。如有需要，应当掌握 PS、AI 等技能。

9.1.4 供应链大数据运营市场概况

1. 中国供应链大数据市场规模

中国信息消费市场规模量级巨大，增长迅速。在网络能力的提升、居民消费升级和四化加快融合发展的背景下，新技术、新产品、新内容、新服务、新业态不断激发新的消费需求，而作为提升信息消费体验的重要手段，大数据将在行业领域获得广泛应用。

IDC 于 2021 年 6 月发布了《中国大数据平台市场研究报告 2020》。报告显示，2020 年全球大数据软件市场规模达 4813.6 亿元人民币，微软、Oracle、SAP 作为前三位的厂商贡献了 30% 以上的市场份额；中国市场（包括硬件、软件、服务在内的中国大数据市场）规模达 677.3 亿元人民币。

我国企业大数据应用场景如图 9-4 所示。其中，营销分析、客户分析和内部运营管理是大数据应用最广泛的三个领域。调查发现，超过 60%的企业将大数据应用于营销分析；其次，52.2%的企业将大数据应用于客户分析；另外，超过 50%的企业将大数据应用于内部运营管理。相比之下，大数据分析在企业供应链管理方面的应用比例偏低，仅为 21.6%，大数据在供应链运营管理方面的应用还有待提升。

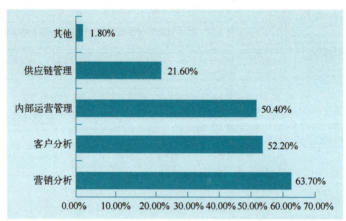

图 9-4　我国企业大数据应用场景

（数据来源：工信部）

2．供应链大数据产业分布

我国供应链大数据产业分布如图 9-5 所示。

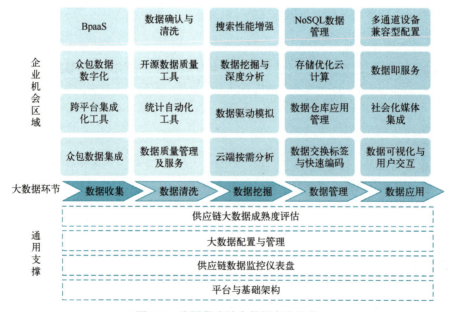

图 9-5　我国供应链大数据产业分布

（来源：易观智库）

3. 供应链大数据市场的商业服务类型

供应链大数据市场的商业服务类型主要包括数据众包服务、数据仓库应用管理服务和云端按需应用服务等方面。

（1）数据众包服务

数据众包服务使用低成本、高效率的众包模式满足客户对数据的需求，可采集到大量的原始数据，通过数据标注对原始数据进行加工，最终提供计算机可以识别的高质量数据，帮助数据科学家更精准地训练算法模型、开展机器学习工作，同时向客户交付标准化、结构化的可用数据，提高 AI 领域的竞争力。目前，比较主流的模式是通过运营众包平台或 App 向大众发布任务，服务商提供可以对采集的信息结果进行数据标注、拍摄、识别的工具。例如，美国一家名为 Premise Data Corp 的数据公司，通过三百万名兼职人员，以拍照、数据记录、填写问卷等形式采集商品的价格、当地用户喜好/情绪、气候变化、人文地理等，并对完成这些数据收集任务的人员进行奖励。

数据众包服务具体如下。

1）数据标注服务和内容审核服务。适用于大规模的图像、视频、语音、文本以及其他特殊数据的数据清洗、评估、提取和特殊信息标注，专业的标注团队可以高效、稳定地提供数据标注服务，结合高质量的内容审核解决方案，助力客户高效展开算法模型训练与机器学习，快速提高 AI 领域竞争力。

2）数据采集服务。适用于各种复杂场景数据采集的需求，海量众包用户定制化线下采集，涵盖图片、文本、语音、视频等全维度多媒体数据。助力客户高效展开算法模型训练与机器学习，快速提高 AI 领域竞争力。

3）数据集成服务。实现多源异构数据源的汇聚融合，打通系统信息孤岛，保障数据实时采集传输和多源融合分析。助力企业实现数字化、网络化、智能化升级。

（2）数据仓库应用管理服务

数据仓库应用管理基于大数据技术，结合数据仓库建设等，为企业提供实时、低门槛、低成本的新一代数据仓库解决方案，满足各类数据资产建设和数据分析应用场景。全托管的高性能、可扩展、低成本的实时数据仓库应用管理包括分钟级别创建企业级高性能数据仓库，灵活扩展、兼容 MySQL 语法，使用方便，支持存算分离助力成本优化；同时配套提供数据入仓、数据仓库管理、数据仓库分析等可视化配套工具。

大数据仓库应用管理的相关产品如下。

1）数据仓库：帮助企业快速且低成本地构建云上数据仓库，对导入的海量数据进行大数据的多维分析；兼容主流 BI 工具，数据分析师可以通过可视化的方式分析和展示数据，快速获取洞察以辅助决策。

2）数据湖管理与分析：可封装数据从汇聚、管理、开发、分析及服务流程屏蔽了大数据底层技术，提供简易的可视化开发操作界面，一站完成数据集成、数据管理、批量流数据开发、数据分析服务等。降低了数据资产构建和开发分析应用的门槛，帮助企业数据资产建设和开发分析应用，实现数据价值释放。

3）数据可视化：自助 BI 报表分析和制作可视化数据大屏的强大工具，组件丰富，开箱即用，无须 SQL 和任何编码。具体功能包括集 BI 报表与大屏功能于一体，满足客户不同场景的可视化需求；支持 3D 模型直接导入，场景、动画与交互界面化配置，无代码打造 3D 大屏；集成企业微信和钉钉，布局自动适配移动端界面，随时随地查看分析可视化数据；支持将可视化页面通过定时邮件或 URL 公开分享方式提供给他人浏览，并可灵活嵌入第三方系统等。

（3）云端按需应用服务

云端按需应用服务全面整合人工智能、大数据和云计算核心技术、平台产品与开发工具，结合行业需求，为金融、政务、工业、交通等多个行业提供按需应用服务和整体解决方案，旨在为企业复杂的 IT 环境提供统一的运营和管理，帮助企业以更低的成本获得安全稳定、高效敏捷的云服务，加速相关行业产业智能化转型。

云端按需应用服务具体如下。

1）智能云平台：融合开放安全的大数据、全面落地的 AI 技术提供便捷的 AI 基础服务，为企业智能化升级充分赋能，可助力企业实现系统自运维修复，简化运维过程，降低运维成本，云产品的智能运营可帮助企业租户和云业务最大化利用资源，降低使用成本。

2）多场景解决方案：从源头获取金融、安防、交通、城市、制造、教育等多行业的需求信息，洞察潜在需求，为供应链企业提供全面、完整的云产品和解决方案。

3）专家级全流程服务：资深云技术专家提供全程架构设计，为企业系统安全保驾护航，同时配备专业完善的售后服务团队，提供驻场服务，随时解决客户问题、全流程陪同管理。

9.2 供应链企业开展大数据运营的路径

物联网、大数据、云计算、人工智能等前沿技术的发展，推动着传统"链式"供应链向"网状"供应链转型，这给全球范围内的企业带来了新一轮的发展机遇。要想抓住发展的契机，就必须顺势而为，改造升级传统供应链，向数字化供应链转型。

传统供应链向数字化供应链转型并非只是简单的在企业内部引入智能化、数字化的高新技术、信息系统，而是需要企业从供应链的各个环节以及企业管理、员工管理、客户管理、市场管理等各个方面进行全方位的转型，最终实现整个商业模式的创新。供应链企业开展大数据运营的路径通常为确定大数据运营战略→建立大数据运营团队→构建大数据运营平台→设计供应链大数据治理方案→实施大数据驱动供应链企业运营。

9.2.1 确定大数据运营战略

1. 经营策略

供应链企业的经营策略是企业制定的规划，它详细阐明了企业的长远目标、如何实现这些目标以及如何与对手竞争等。企业战略指明了企业的发展方向，涵盖内容广泛，集中于企业的长期发展，并奠定了企业其他决策的基础。企业经营战略涉及以下 3 个问题。

- 市场是什么？
- 产品的独特性是什么？
- 如何在市场中竞争？

企业如何解决上述问题非常重要，因为它们决定了企业如何在市场中竞争并了解自身优势。例如，内曼公司的竞争优势是消费者服务，而前进保险公司的竞争优势是价格，不同企业的竞争优势是不同的。具体到一个供应链大数据平台从无到有的过程，需要将上述问题进一步细化，具体考虑以下几个问题。

- 供应链大数据平台的定位：交易？解决方案？商城？
- 供应链大数据的来源：自有？第三方渠道？
- 运营团队人员的配备：技术驱动？销售驱动？运营驱动？
- 供应链大数据平台运营规则：如何保证数据安全？如何给数据定价？如何保证数据质

量？数据使用问题如何定责？如何保证数据的更新频率和即时性、有效性？
- 快速变现：如何引导用户使用？如何让数据流通碰撞？

供应链企业要解决上述问题，可以从战略和战术层面来进行决策。战略决策有助于战术决策。战术决策涵盖的内容较为狭窄，并集中于企业的短期发展。这两种决策互相联系。企业首先做出战略决策，由此指明战术决策方向，而战术决策是企业日常工作中经常需要制定的。虽然看似基础，但是企业不能忽略战略决策的指导性作用，以制定更多的战术决策。战术决策较为具体并集中于企业的短期发展，关注企业日常问题。例如，企业资源的数量、时间安排与使用方式，这些决策都受到企业战略决策的制约。战术决策必须与战略决策统一，从长期来看，战术决策对企业的效益至关重要。此外，战术决策为战略决策提供反馈，进而有助于修正战略决策。

企业若没有战略决策指明发展方向，就可能无法按照商业规划进行竞争，从而浪费资源。应用大数据分析法也是如此，企业应该制定分析法策略来支持其商业策略。

2. 分析法策略

企业应当制定统一的分析法策略，以支持商业策略，全面考虑数据模型、架构与解决方案属性。以消费者数据为例，若企业不能实现整个组织的数据整合与共享，个体业务单位就很难制定自己的数据策略，因此，他们会发现整个企业对消费者与自身性质的认识都不尽相同，即便是在同一个业务单位，这种情况也会发生。这种缺乏以消费者为中心的认识使得企业不能全面应用大数据来创造价值。

以信息技术为中心并加以巩固这一能力是很有帮助的。分析法策略的属性越来越要求不同分析法中创新与应用的整合与协作，如优化价格能够影响产品分类、物流、营销与财务等多个流程。许多企业都采取了信息技术中心化策略。例如，百思买专门针对分析法成立了项目管理办公室，来协调其不同的分析法应用，而且主要集中在跨职能部门对这一方法的应用。

在制定分析法策略时，企业除了必须制定商业策略外，还需要考虑分析法的其他几个方面：技术差距、外包策略、供应链分析法策略以及长短期策略。

（1）技术差距

有效的分析法策略必须考虑数据架构、数据模型和包括安全、一致性和一线服务等在内的各项因素。许多企业为了达到其期望的技术水准，会在信息技术硬件、软件和各种信息技术服务领域进行额外的投资，而投资的多少会随着当前的信息技术水平而有很大不同。

企业需要进行差距分析，从而评估、识别现有技术和所需技术之间的差距，它们包括有效捕捉技术、存储技术、聚合技术、通信技术及数据分析技术。许多企业都觉得其遗留系统有待更新，这可能需要巨额的技术投资。企业不应该模仿同行业企业，采取"追随领袖"的模式，而是需要确立与自身商业战略与技术领导力角色相符的分析法策略；领导者则要为新的投资建立新的商业案例，并优先考虑这方面的投资。

（2）外包策略

企业需要了解自身应该发展哪方面的能力，应该外包哪些能力，这是分析法策略非常重要的一点，也是重要的外包决策与战略决策。由于技术和所需能力的更新速度非常快，企业无法单枪匹马地进行信息技术探索。因此，外包技术就会产生对外部供应商的依赖性，所以他们可以选择在内部保留一部分技术能力并控制一些数据组。

选择外包的合作伙伴是外包策略的一部分。方式之一是选择为整个行业服务的合作伙伴提供高效分析。例如，Catalina Marketing 公司为美国超过 200 家果蔬连锁店与欧洲部分果蔬连锁店管理客户忠诚度计划。方式之二是与非特定行业服务提供商合作以创造竞争优势。例如，提供顾客分析服务的 Dunnhumby 公司与克罗格和特易购等零售商合作，其客户并不局限于特定地理位置或行业领域。

（3）供应链分析法策略

当企业与供应链参与者整合并共享数据时，必须考虑供应链分析法策略。企业们需要确保能够结合外部数据和自身交易数据，将其进行整合并加以分析。企业若要实现一体化，就需要实现数据整合与共享，但同时要仔细辨别哪些参与者能通过数据共享与分析获益，进一步实现选择性的数据整合与共享。

从信息共享的角度来看，获取数据的确是有益的，但也的确存在风险。例如，塔吉特发生数据安全事件，多达 1.1 亿顾客的个人数据被窃取，包括信用卡数据、顾客姓名和 PIN 码等。尽管塔吉特首席执行官格雷格·史坦哈菲（Gregg Steinhafel）声明，公司对于数据被窃事件深怀歉意，但还是遭到了严厉批评，导致公司销售业绩和股价大幅下跌。

（4）长短期策略

任何与外部数据分析提供者合作有关的决定不仅应当考虑到零售商最迫切的需要，同时也需要考虑随时间推移对技术需求的变化。有些合作商提供短期技术服务，有些合作商则运用分析法提供长期提升技术能力的服务。由于技术需求成本很高，许多企业往往会选择短期的合作商。

但是企业也应该明白，随着对技术的需求不断累积，也会使得其技术能力不断地提高，这意味着当今无规划的短期投资很快会成为以后长期的遗留系统。

综上所述，供应链企业大数据运营战略的确定要以人力、流程与技术为基石。并不是所有项目都是对供应链的整体改造，许多成功的大数据运营和数字化转型是从装置运营状况不够理想的试点项目开始的，通过组建熟悉现场工况的工作团队以及通过运营效能的偏差分析能够快速发现改进机会，并以此作为大数据运营和数字化转型的起点，从小范围的试点开始，逐步扩展。因此，在实施试点项目的过程中制定逐步发展的战略对于实现大数据运营和数字化转型收益最大化来说同样具有重要意义。此外，如果公司有足够的实力，想自建数据平台，可以基于现有的一些开源数据相关的工具来进行搭建，底层存储和计算平台的 HDFS、Spark、Hive 都是 Apache 开源的，OLAP 有 Kylin、Saiku 等开源工具，可视化有 Airbnb 开源的 Superset，如果在这些基础上进行搭建和开发，相信能够省去一些开发量。反之，如果公司尚处于起步阶段，则可以选择外包策略。但是事物除了有共性还是有个性的，想要绝对地满足需求是不存在的，都需要企业根据自身的需求来进行定制化开发。

9.2.2 建立大数据运营团队

对于企业来说，要建设自己的大数据平台，需要的不只是技术解决方案，更重要的是组建一支优秀的团队。具体而言，建立大数据运营团队包括确定大数据运营团队的成员组成、明确大数据运营团队成员的工作方式以及建立合理的大数据运营团队组织架构。

1. 团队成员

大数据运营团队成员主要包括基础平台团队成员、数据平台团队成员和数据分析团队成员。各种不同团队的成员角色和他们的工作职责有所不同。

（1）基础平台团队成员

基础平台团队成员主要负责搭建稳定、可靠的大数据存储和计算平台。其中，数据开发工程师负责 Hadoop、Spark、HBase 和 Storm 等系统的搭建、调优、维护和升级等工作，保证平台的稳定；数据平台架构师负责大数据底层平台整体架构设计、技术路线规划等工作，确保系统能支持业务不断发展过程中对数据存储和计算的高要求；运维工程师负责大数据平台的日常运维工作。

(2)数据平台团队成员

数据平台团队成员主要负责数据的清洗、加工、分类和管理等工作,构建企业的数据中心,为上层数据应用提供可靠的数据。其中,数据开发工程师负责数据清洗、加工、分类等开发工作,并能响应数据分析师对数据提取的需求;数据挖掘工程师负责从数据中挖掘出有价值的数据,把这些数据录入到数据中心,为各类应用提供高质量、有深度的数据;数据仓库架构师负责数据仓库整体架构设计和数据业务规划工作。

(3)数据分析团队成员

数据分析团队成员主要负责为改善产品体验设计和商业决策提供数据支持。其中,业务分析师主要负责深入业务一线,制定业务指标,反馈业务问题,为业务发展提供决策支持;建模分析师主要负责数据建模,基于业务规律和数据探索构建数据模型,提高数据的利用效率和价值。

2. 团队的工作方式

大数据运营团队的工作可以分成两大部分,一部分是建设数据存储和计算平台,另一部分是基于供应链大数据平台提供数据产品和数据服务。

供应链大数据平台的建设者包括基础平台团队成员、数据平台团队成员和数据产品经理团队成员三种人群,如图9-6所示。其中,基础平台团队成员对Hadoop、Spark、Storm等各类大数据技术都非常熟悉,负责搭建稳定、可靠的大数据存储和计算平台。数据平台团队成员主要对各类业务数据进行清洗、加工、分类以及挖掘分析,然后把数据有组织地存储到数据平台当中,形成公司的数据中心,需要团队具有强大的数据建模和数据管理能力。数据产品经理团队成员主要是分析挖掘用户需求,构建数据产品为开发者、分析师和业务人员提供数据可视化展示。

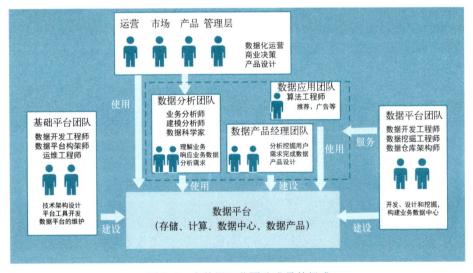

图9-6 大数据运营团队成员的组成

供应链大数据平台的使用者包括三种人群:数据分析团队成员通过分析挖掘数据,为改善产品体验设计和商业决策提供数据支持。运营、市场和管理层可以通过数据分析师获得有建设性的分析报告或结论,也可以直接访问数据产品获得他们感兴趣的数据,方便利用数据做决策。数据应用团队成员利用数据平台团队提供的数据开展推荐、个性化广告等工作。

3. 团队的组织架构

在整个大数据平台体系中的团队(包括基础平台、数据平台、数据应用和数据产品经理团队)都可以保持独立运作,只有数据分析团队的组织架构争议比较大。数据分析团队一方面要对业务比较敏感，另一方面又需要与数据平台技术团队有深度融合，以便能获得他们感兴趣的数据以及在数据平台上尝试进行复杂建模的可能。

从各团队的工作方式可以看出，数据分析团队是衔接技术和业务的中间团队，这样的团队组织架构比较灵活多变，主要有外包模式、分散式、集中式和嵌入式四种，每种架构有各自的优劣势。

（1）外包模式

公司自身不设立数据分析部门，将数据分析业务外包给第三方公司，当前电信行业、金融行业中很多数据分析类业务都是交给外包公司完成的。

1）优势：很多情况下，可以降低公司的资金成本和时间成本；许多公司内部缺乏相关的知识与管理经验，外包给专业的团队有助于公司数据价值的体现。

2）劣势：一方面，外包人员的流动和合作变数，对数据的保密性没有保证；另一方面，外包团队对需求的响应会比较慢，处理的问题相对通用、传统，对公司业务认知不如内部员工深入，创新较低。

（2）分散式

每个产品部门独立成立数据分析团队，负责响应自己产品的数据需求，为业务发展提供决策支持。

1）优势：数据分析团队与开发团队、设计团队以及策划团队具有共同的目标，团队整体归属感强，绩效考核与产品发展直接挂钩，有利于业务的发展。

2）劣势：一方面，在业务规模比较小的情况下，数据分析师比较少，交流的空间也比较小。因为身边的同事都不是该领域的专家，无法进行学习交流，所以成长空间会比较小，分析师的流失也会比较严重，最终陷入招募新人→成长受限→离职→招募新人的恶性循环。另一方面，每个产品团队都零星地招募几个分析师，整体来看给员工一种公司并不是特别重视数据化运营的文化的感觉，对数据的认同感会被削弱，不利于公司建立数据分析平台体系。

（3）集中式

数据分析团队与产品团队、运营团队各自独立，团队的负责人具有直接向分管数据的副总裁或 CEO 直接汇报的权限，团队负责响应各业务部门的数据需求。

1）优势：一方面，分析团队具有充分的自主权，可以专心建设好公司级别的数据平台体系，研究最具有价值的那些数据，有权平衡业务短期需求和平台长期需求之间的关系。另一方面，这种自上而下建立起来的组织架构，可以向全体员工传达数据在公司的重要位置，有利于建立数据化运营的文化。

2）劣势：产品业务团队会觉得他们对数据的掌控权比较弱，一些业务数据需求得不到快速响应，认为分析团队的反应太慢无法满足业务发展的需要。随着业务发展越来越大，产品团队会自己招募分析师来响应数据需求，逐渐替代分析团队的工作，这样势必导致分析团队的工作被边缘化。

（4）嵌入式

数据分析团队同样独立于产品团队存在，但只保留部分资深数据专家负责招聘、培训数据分析师，然后把这些人派遣到各产品团队内部，来响应各类业务数据需求。

1）优势：团队的灵活性比较好，可以根据公司各业务线的发展情况合理调配人力资源，为重点发展的项目投入优秀的人才，一些需要关闭项目的人才可以转移到其他项目中去。

2）劣势：分析师被嵌入到产品团队内部，受产品团队主管的领导，从而失去了自主权。人事关系在公司数据分析团队中，被业务团队主管考核，但业务团队主管并不关心他们的职业发展，导致分析师的职业发展受到限制。

某个企业到底应该采取哪一种组织架构,可以根据供应链企业大数据运营进展的深度来决定。一般来说,早期采用分散式,中期采用集中式,后期采用分散式、嵌入式或两种结合。

1)早期阶段:公司对数据体系的投入一般比较谨慎,因为要全面建设数据体系需要投入大量的人力和财力,公司不太可能在还没有看清楚局势的情况下投入那么多资源。所以,往往都是让每个产品团队自己配置分析师,能解决日常的业务问题就行。例如,杭研院早期的网易云阅读、印象派等项目中就是采用这种分散的模式。

2)中期阶段:随着业务的发展、公司对数据的认识有所提高并且重视程度不断加大,就开始愿意投入资源来构建公司级别的数据体系。这个阶段采用集中式有利于快速构建数据分析平台,为公司各个产品团队提供最基础的数据分析体系,能在未来应对业务的快速发展。杭研院花了两年时间完成了这个阶段的主要工作,并在网易云音乐和易信产品发展阶段起到了至关重要的作用。

3)后期阶段:一旦公司级别的数据分析平台构建完成,消除了早期分散模式中分析师缺少底层平台支持的窘境,他们就能够在分析平台上自助完成大量的数据分析工作。而且经历过集中式阶段的洗礼,公司上上下下对数据的认识都有了很大的提高。此时,再回到分散模式时,原先的很多弊端已基本消除,此外,采用嵌入模式也是可以的。目前,杭研院在网易云音乐、网易云课堂、考拉海购等几个产品中就是分散式和嵌入式并存的架构。

总之,没有最好的组织架构,只有适合自己的组织架构。企业要根据其供应链大数据运营所处的阶段来选择适合自己的团队组织架构,扬长避短。

9.2.3 构建大数据运营平台

面对海量的各种来源的数据,如何对这些零散的数据进行有效的分析,从而得到有价值的信息一直是大数据领域研究的热点问题。大数据运营平台就是整合当前主流的各种具有不同侧重点的大数据处理分析框架和工具,从而实现对数据的挖掘和分析。一个大数据运营平台涉及的组件众多,如何将其有机地结合起来,完成海量数据的挖掘是一项复杂的工作。

目前,我国相当一部分企业没有实力建设自己的大数据运营平台,往往会在购买服务的基础上,结合企业数据资产现状及数据分析应用规划,快速建设大数据平台或搭建企业级托管大数据平台,包括分布式存储、批数据处理框架、实时流式计算、NoSQL 数据库、Kafka 消息服务、MPP 数据仓库等系统以及一站式大数据平台服务。全托管构建、可视化运维管理、一站式使用大数据平台服务。国内和国际上已有多家公司提供大数据平台搭建服务,国外有名的公司有 Cloudera、Hortonworks、MapR 等,国内有华为、明略数据、星环等。另外有些公司(如明略数据等)还提供一体化的解决方案,寻求这些公司合作对于入门级的大数据企业或没有大数据分析能力的企业来说是最好的解决途径,可在实现企业业务目标的同时保证大数据运营平台的稳定性、可扩展性和安全性。

在搭建大数据运营平台之前,要先明确业务需求场景以及用户的需求,通过大数据运营平台想要得到哪些有价值的信息、需要接入的数据有哪些,明确基于场景业务需求的大数据平台要具备的基本功能,决定大数据运营平台搭建的具体步骤和影响因素。

1. 构建大数据运营平台的步骤

(1)操作系统的选择和安装

操作系统一般使用开源的 RedHat 或 Debian 作为底层的构建平台。为了提供稳定的硬件基础,在给硬盘做 RAID 和挂载数据存储节点时,需要按情况配置。例如,可以选择给 HDFS 的 namenode 做 RAID2 以提高其稳定性,将数据存储与操作系统分别放置在不同硬盘上,以确保操作系统的正常运行。要根据供应链大数据平台所要搭建的数据分析工具可以支持的系统，正确地选择操作系统的版本。

（2）分布式计算平台/组件的安装

目前，国内外的分布式系统大多使用的是 Hadoop 系列开源系统。Hadoop 作为一个处理大规模数据的软件平台，实现了在大量的廉价计算机组成的集群中对海量数据进行分布式计算。

Hadoop 框架中最核心的设计是 HDFS 和 MapReduce，HDFS 是一个高度容错性的系统，适合部署在廉价的机器上，能够提供高吞吐量的数据访问，适用于那些有着超大数据集的应用程序；MapReduce 是一套可以从海量的数据中提取数据最后返回结果集的编程模型。在生产实践应用中，Hadoop 非常适合应用于大数据存储和大数据的分析应用，适合服务于几千台到几万台服务器的集群运行，支持 PB 级别的存储容量。

Hadoop 家族还包含各种开源组件，比如 YARN、ZooKeeper、HBase、Hive、Sqoop、Impala、Spark 等。使用开源组件的优势显而易见，活跃的社区会不断地迭代更新组件版本，使用的人也会很多，遇到问题会比较容易解决，同时代码开源，高水平的数据开发工程师可结合自身项目的需求对代码进行修改，以更好地为项目提供服务。

（3）数据接入

数据接入是将数据写入数据仓储中，也就是数据整合。因为在企业中数据来源可能不同，可能分布在外部和内部，分布在外部的是企业使用第三方系统产生的数据和一些公共数据，分布在企业内部的是企业内部 IT 系统产生的数据。这些数据一般都是独立分布的，也就是所说的数据孤岛，此时的这些数据是没有什么意义的，因此数据接入就是将这些内外部的零散数据整合到一起，将这些数据综合起来进行分析。

数据接入主要包括文件日志的接入、数据库日志的接入、关系型数据库的接入和应用程序等的接入，数据接入常用的工具有 Flume、Logstash、NDC（网易数据运河系统）、Sqoop 等。例如，Sqoop 可以将数据从文件或者传统数据库导入到分布式平台，一般主要导入到 Hive，也可将数据导入到 HBase。

对于实时性要求比较高的业务场景，比如对存在于社交网站、新闻等的数据信息流需要快速处理反馈，那么数据的接入可以使用开源的 Strom、Spark Streaming 等。当需要使用上游模块的数据进行计算、统计和分析的时候，就需要用到分布式的消息系统，比如基于发布/订阅的消息系统 Kafka。还可以使用分布式应用程序协调服务 ZooKeeper 来提供数据同步服务，更好地保证数据的可靠和一致性。

（4）数据存储

除了 Hadoop 中已广泛应用于数据存储的 HDFS，常用的还有分布式、面向列的开源数据库 HBase，HBase 是一种键-值系统，部署在 HDFS 上，与 Hadoop 一样，HBase 的主要目标是依赖横向扩展，通过不断增加廉价的商用服务器，提高计算和存储能力。同时，Hadoop 的资源管理器 YARN 可以为上层应用提供统一的资源管理和调度，为集群在利用率、资源统一等方面带来巨大的好处。KUDU 是一个围绕 Hadoop 生态圈建立的存储引擎，拥有和 Hadoop 生态圈共同的设计理念，可以运行在普通的服务器上，作为一个开源的存储引擎，可以同时提供低延迟的随机读写和高效的数据分析能力。Redis 是一种速度非常快的非关系型数据库，可以将存储在内存中的键-值对数据持久化到硬盘中，可以存储键与 5 种不同类型的值之间的映射。

（5）数据分析和挖掘

数据分析和挖掘一般包括数据预处理和数据建模分析两个阶段。

1）数据预处理是为后面的建模分析做准备，主要工作是从海量的数据中提取出可用特征，建立大宽表，创建数据仓库，这个过程会用到 HiveSQL、Spark SQL 和 Impala 等工具。其中，

Hive 可以将结构化的数据映射为一张数据库表，并提供 HQL 的查询功能，它是建立在 Hadoop 之上的数据仓库基础架构，是为了减少 MapReduce 编写工作的批处理系统，它的出现可以让那些精通 SQL 技能、不熟悉 MapReduce、编程能力较弱和不擅长 Java 的用户能够在 HDFS 大规模数据集上很好地利用 SQL 查询、汇总、分析数据。Impala 是对 Hive 的一个补充，可以实现高效的 SQL 查询，但是 Impala 将整个查询过程分成了一个执行计划树，而不是一连串的 MapReduce 任务，相比 Hive 有更好的并发性且避免了不必要的中间 Sort 和 Shuffle。Spark 可以将 Job 中间输出结果保存在内存中，不需要读取 HDFS，Spark 启用了内存分布数据集，除了能够提供交互式查询外，它还可以优化迭代工作负载。

随着业务量的增多，需要进行训练和清洗的数据也会变得越来越复杂，可以使用 Azkaban 或者 Oozie 作为工作流调度引擎，来解决有多个 Hadoop 或者 Spark 等计算任务之间的依赖关系问题。

2）数据建模分析是针对预处理提取的特征/数据进行建模，得到想要的结果。数据建模分析最常用的工具是 Spark。同时，数据建模分析会用到机器学习相关的知识，常用的机器学习算法（如朴素贝叶斯、逻辑斯谛回归、决策树、神经网络、TF-IDF、协同过滤等）都已经集成在 MLlib 里面，调用比较方便。

（6）数据结果的可视化以及输出 API

可视化一般是对结果或部分原始数据做展示。一般有两种情况，即行数据展示和列查找展示。在这里，要基于供应链大数据平台做展示，会用到 ElasticSearch 和 HBase。HBase 提供快速（ms 级别）的行查找。ElasticSearch 可以实现列索引，提供快速列查找。处理得到的数据可以对接主流的 BI 系统，比如国外的 Tableau、QlikView、Power BI 等，以及国内的 Small BI 和新兴的网易有数等，将结果进行可视化，用于决策分析；或者回流到线上，支持线上业务的发展。

2. 影响大数据运营平台的因素

搭建供应链大数据运营平台不是一件简单的事情，本身就是一项复杂的工作，在这过程中需要考虑的因素有很多，包括平台的稳定性、可扩展性和安全性。

（1）稳定性

理论上来说，稳定性是分布式系统最大的优势，因为它可以通过多台机器进行数据及程序运行备份以确保系统稳定。但也由于大数据平台部署于多台机器上，配置不合适也可能成为最大的问题。比如由于硬盘质量较差，会不时出现服务停止现象，耗费大量时间。故供应链大数据运营平台的稳定性可以通过多台机器进行数据和程序运行的备份，但服务器的质量和预算成本会相应限制平台的稳定性。

（2）可扩展性

大数据平台部署在多台机器上，如何在其基础上扩充新的机器是实际应用中经常会遇到的问题；如何快速扩展已有大数据平台，在其基础上扩充新的机器是云计算等领域应用的关键问题。在实际的应用中，有时需要增减机器来满足新的需求。如何在保留原有功能的情况下，快速扩充平台是实际应用中的常见问题。

（3）安全性

保障数据安全是大数据平台不可忽视的问题，在海量数据的处理过程中，如何防止数据的丢失和泄露一直是大数据安全领域的研究热点。决定是否实现一个大数据平台时，组织可能会查看新数据源和新的数据元素类型，而这些信息当前的所有权尚未明确定义。一些行业制度会约束组织获取和使用的数据。例如，在医疗行业，通过访问患者数据来从中获取洞察是否合法。类似的规则约束着所有行业。除了 IT 治理问题之外，组织的业务流程可能也需要重新定义和修改，让组织能够获取、存储和访问外部数据。具体涉及的数据安全问题如下。

1）安全性和隐私：当数据存储在硬盘驱动器或服务器上时，被视为静态数据。当为电子邮件或即时消息应用程序等任务发送数据时，会变成传输中的数据或动态数据。为了与当地法规一致，数据安全解决方案可以访问哪些数据？可以存储哪些数据？哪些数据应在传输过程中加密？静态数据又该如何加密？谁又可以查看原始数据？

2）数据的标准化：是否有标准约束数据？数据是否具有专用的格式？是否有部分数据为非标准格式？

3）数据可用的时段：数据在一个允许及时采取操作的时段是否可用？

4）数据的所有权：谁拥有该数据？解决方案是否拥有适当的访问权和权限来使用数据？

5）允许的用法：允许如何使用该数据？

9.2.4 设计供应链大数据治理方案

1. 治理目标

实施供应链大数据治理可以为供应链企业带来巨大的价值，包括降本增效、提高生产效率、减少人力成本、加速产品迭代、提升制造的自动化程度等。但是，治理的愿景虽然美好，现实却远远不如人意。麦肯锡在全球范围调研了 800 多家传统企业，结果显示，尽管已有 70%的企业启动了数字化和大数据治理，但是其中的 71%仍然停留在试点阶段，85%的企业停留的时间超过一年以上，迟迟不能实现规模化推广。这种"试点困境"，主要是由于企业的业务、技术以及组织转型中存在种种陷阱和障碍。成功的大数据治理和数字化转型需要进行合理的顶层设计，明确企业大数据治理和数字化的愿景，关注业务、技术和组织三大领域，紧紧围绕赋能要素，贯穿整个价值链环节。其中，IBM 及吴信东等提出的大数据治理的目标包括战略一致、风险可控合规及价值创造三大方面。其中，战略一致主要要求数据治理分析的目标与企业整体战略一致；风险可控合规主要要求在数据治理过程中遵守法规和规范，合理控制治理风险，最终实现数据价值转化；价值创造是数据治理最核心的目标，即实现数据资产的价值转化，为企业创造价值。

大数据治理和数字化转型的核心目标是创造价值，所有大数据治理和数字化技术的应用和落实也应围绕这个目标展开。一方面，大数据治理和数字化转型是为了改善运营业绩。在传统精益改善和管理优化的基础上，业务和流程的数字化变革能够为企业进一步创造降本增效的潜力：通过全价值链的数字化转型，包括采购和销售数字化、办公流程自动化、生产和供应链互联透明等举措，大幅提高人员和资产效率，在激烈的行业竞争中保持领先。据麦肯锡全球研究院预测，到 2025 年，数字化突破性技术的应用每年将带来高达 1.2 万亿～3.7 万亿美元的经济影响价值。另一方面，大数据治理和数字化转型有助于提升企业的收入和盈利能力，带来显著的财务价值。麦肯锡的 Analytics Quotient 数商数据库在调研了全球多家企业后发现，大数据治理和数字化水平成熟度高的企业，其业务增长动力也越强。大数据治理和数字化综合能力强的企业，其收入增长率和利润增长率均为其余样本平均值的 2.4 倍。大数据治理和数字化转型可以为企业带来"真金白银"，为企业发展提供持续动力。

2. 治理内容

供应链企业开展大数据治理的内容主要包括业务转型、技术转型和组织转型三个方面，贯穿供应链各个环节。

（1）业务转型

业务转型指企业通过全价值链的数字化变革实现运营指标的提升，包括在销售和研发环节利用数字化手段增加收入，在采购、制造和支持部门利用数字化技术降低成本，在供应链、资本管理环节利用数字化方式优化现金流。成功的业务转型需要认清方向，明确愿景，制定分阶段的清晰转型路线图；同时关注全价值链环节，以"净利润价值"为驱动，而不是简单地从技术应用顺推转型。

（2）技术转型

技术转型指搭建企业数字化转型所需的工业物联网架构和技术生态系统。工业物联网架构是支撑数字化业务用例试点和推广的"骨骼"，数据架构是确保"数据-信息-洞见-行动"能够实现的"血液"，而整体架构的构建需要始终以数字化转型的终极目标为导向。技术生态系统则是一个囊括外部丰富数字化智慧和能力的"朋友圈"，部署数字化用例、数字化技术的迭代创新以及新技术的引进，都离不开技术生态系统其他合作伙伴的支持。成功的技术转型需要健全物联网架构，创造并引领主题明确的技术合作伙伴生态圈，促进企业借力合作，取长补短，共同发展。

（3）组织转型

组织转型指在组织架构、运行机制、人才培养和组织文化上的深刻变革。一方面，成功的组织转型是一场自上而下推动的变革，需要企业高层明确目标，构建绩效基础架构，成为指导转型行动方向的"大脑"；形成转型举措和财务指标的映射，成为反映转型业务影响的"眼睛"；树立全组织一致的变革管理理念和行为，成为引领组织上下变革的"心脏"。另一方面，企业需要关注团队的构建，弥补员工的能力差距，建设数字化知识学习的文化并使之可持续发展；还需要推进数字化能力和人才梯队的建设，组成推动转型大规模推广的"肌肉"；构建敏捷型组织和团队，为又快又好实施和优化转型举措提供人才。

3. 治理策略

（1）过程分析

过程分析技术（PAT）的应用就是一个很好的例子。利用数字化转型方案，在整个工业物联网（IIoT）架构中，引入新的测量技术提供的数据感知能力，数据通过数字化分析系统形成的优化模型用以提升装置的运营性能，从而让工厂在无须投资新设备的情况下，提高现有生产线的效率。

此外，通过这一技术可以增加新的预测分析用于高级决策。预测数据不仅可以缩短产品上市时间、加速技术转让、推动更高效的工艺过程，还可以为新的操作人员提供对熟悉工艺流程更为高效、安全的技术支持，以使他们更好地完成工作。

（2）数据分析

尽管多数工厂已经在收集大量的数据，但对于如何实现数据关联、整合与分析并没有达成一致。供应链大数据治理需要通过数据分析技术，实现供应链各个环节数据的收集、关联、整合及分析。

1）数据收集方面：对于大多数企业，甚至是那些已经开始大数据运营和数字化转型的企业来说，找到一种方法从车间系统和传感器获取关键数据，并将其应用到合适的云分析系统中，是至关重要的一步。

2）数据关联方面：企业已经开始利用多种工具来克服从现场传输数据的一些最常见障碍。从前期设计就将 MES 和 DCS 系统进行集成，以消除"自动化孤岛"，因为这种"孤岛"阻碍了技术转移流程，也限制了数据在生产装置和流程中的访问和使用。

3）数据整合方面：整合数据流，对应关键场景（如时间、设备、订单等）是企业新的关注焦点，可以释放生产优化和设备可靠性中尚未挖掘的潜力，而模块化的、可扩展的解决方案将加快这一进程。而且，设备及过程的可靠性和可用性将是机器学习和人工智能的一个重点领域。由于这类工具的预测性和规范性非常强，因此人们可以及早发现潜在的生产和可靠性问题，并采取纠正措施以防止故障发生。通过已实施的项目证明，机器学习和人工智能可以减少 40%～50%的维护支出，减少停机，减少预测性维护、维修和校准工作量，并降低运营库存。

4）数据分析方面：各种分析技术层出不穷，其中，数字孪生技术在优化运营中的应用可谓举足轻重，可利用企业现有的大数据帮助工厂提升运营性能，通过大数据技术将工厂现有稳态设计模型集成到离线的实时动态仿真中，方便、准确、灵活地模拟真实场景中的事物，企业可以运用这项技术在正式生产前进行虚拟动态测试，根据所产生的真实操作流程的动态还原，做出改进生产的有利决策，从而在没有任何运营风险的情况下测试优化方案对流程改进造成的影响，进一步提高工厂运营性能。企业还可以利用数字孪生技术进行安全可靠的操作人员培训，操作人员可以获得与现实工厂运行配置完全一致的真实体验，而不会因为任何操作而真正影响工厂运营，从而避免过程停机带来的损失。

大数据及大数据分析将在供应链大数据治理和提高企业绩效中发挥越来越重要的作用，从而加快企业实现卓越运营，不同企业之间的差距也将由此拉开，越早行动则越早获益。

9.2.5 实施大数据驱动供应链企业运营

大数据供应链的实施能够优化供应链，降低成本，提供大批量定制化的服务。其成功实施需要两项基本技能：对供应链业务的深入了解和强大的数学能力。往深了说，业务来提要求，协助构建数学分析模型；专业人士构建模型，收集数据，统计分析，然后得出结论。具体实施分五步，即设定目标、收集数据、整理数据、基础分析、高级分析。

1）设定目标。供应链涵盖的范围很广，要确定是解决整条供应链问题，还是其中一段的问题。可以是解决采购、供应商质量问题、制造问题、物流问题、销售问题。如果是解决物流问题，是要解决整个物流，还是运输、仓储？这看起来很简单，但是要想好能够投入多少资源，能够实现哪些领域的改变？从传统供应链到大数据供应链的转型，可不要急于求成，应该由小到大，一个一个领域地来。设定好目标，接下来就需要大数据人员一起搭建好收集数据的平台，协助建立数学模型。

2）收集数据。这是大数据最为基础的阶段，这一阶段要将收集的数据数字化和结构化，便于后期整理、分析和运用。收集数据时，要注意保证数据质量，收集到的数据要保存在数据库中。

3）整理数据。这一阶段，要尽可能地开放数据，让全员可用，全员参与进来使用这些数据本身就为企业提供了巨大的发展动力，同时也是整合数据、创立管理新商业视角的第一步。使用者多了，反馈也就多，也就能更好地验证数据的可用性。

4）基础分析。在这一阶段可以使用相对简单的研究方法研究。比如，数据间的比较与关联、定量分析、定性分析等。需要把数学和统计学的知识结合起来。现今，许多企业分析到这里就认为这些结果足够用了，其实不然，还需要进行高级分析。

5）高级分析。高级分析才是大数据供应链的核心。需要运用高级分析方法（如预测分析方法、自动化算法和实时数据分析等）来建立全新的商业视角和商业模式。高级分析和基础分析的区别在于基础分析是分析和改善；而高级分析是分析、推理加创新或创造。而且，在大数据基础上进行的推理更接近于实际。

9.3 供应链企业开展大数据运营的典型应用

大数据是供应链企业开展运营的基础，应用于企业供应链运营的各个环节，在供应链运营中处于十分重要的地位。随着大数据的发展与应用，供应链大数据运营水平、效率效益、服务质量得到了极大提升，对于促进供应链产业快速发展起到了重要作用，同时也为制造、电商等其他行业提供了有力支撑。其中，阿里零售通智慧供应链平台、京东供应链大中台及准时达端到端的智慧供应链实时协同平台是较为典型的应用。

9.3.1 阿里零售通智慧供应链平台

1. 问题描述

2018 年，在杭州云栖大会上，阿里巴巴零售通技术部分享的《零售通智慧供应链平台》指出，夫妻小店是零售业的毛细血管，拥有万亿级的市场，在新零售商业变革的浪潮中，阿里巴巴基于大数据实现了供应链体系升级，新零售技术赋能小店老板、赋能品牌商和经销商等商业伙伴，搭建的零售通智慧供应链平台帮助百万小店升级。

（1）阿里零售通业务

阿里巴巴零售通业务以"服务每家店、只为每个家"为使命，服务六百万家小店。阿里新零售供应链平台的整个零售通业务全景如图 9-7 所示，针对六百万小店，往上游链接品牌商、经销商、共同搭建高效的分销网络，为小店提供丰富的商品、提供供应链的保障。往下游，连接阿里的线上能力，让小店能够线上线下同时开店。同时拟通过一些智能化的设备，像自动售货机，扩展小店周边 300 米的区域，线上线下、全时全域扩大小店经营范围，为消费者构建便利生活圈，最终帮助六百万小店里面有一百万小店能够实现店变成店仓的功能。整个网络对品牌商的价值，是构建到消费端的高效分销通路，同时到消费端实现全链路数字化，以及让品牌商能直接触达消费者进行精准营销。对小店的价值来说，让它具备数据化运营周边的消费场，服务他周边的消费者。同时通过对小店提供强有力的商品供应功能，帮助小店做商品的更新迭代，接入阿里生态线上能力，赋能小店。

（2）供应链的机会和挑战

通过调研了解到，有 30%的小店面临经营下滑的风险，有 10%甚至面临倒闭，还有 40%做得好，开多家店，出现了有组织式的运营。从消费端看，现在消费端变化非常快，消费场景碎片化，消费需求多变，还有整个商品生命周期在缩短，这些对小店经营来说挑战非常大，总体来说小店属于弱势群体，夫妻店升级面临困难。

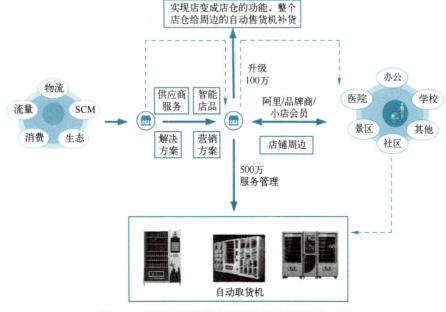

图 9-7 阿里新零售供应链平台的零售通业务全景

我国供应链供应端的基础设施变迁如图 9-8 所示，左边是上一代的基础设施，右边是无线、4G、5G 和高铁等新一代基础设施。以往，在上一代的基础设施上，建立起来的到小店的整个分销链路，从品牌商到省级代理到市级代理、再到批发商、一批二批等，在高速发展的物流背景这么长的链路已没有必要存在。目前，我们有能力有机会把品牌商到经销商再到小店、消费者所有的链路数据化，实现由过去计划式供应链到需求拉动式供应链体系的转变。

图 9-8　供应链供应端的基础设施变迁

2. 解决方案

阿里零售通智慧供应链平台的目标是建立一个品牌商、供应商到直接消费者之间的智能分销网络。如图 9-9 所示，其核心包括三块，第一块是智慧门店端，通过门店端数字化的能力，让门店更好地服务周边的消费者，更了解周边的消费者。第二块是全链路数字营销，实现从品牌商到消费端全链路数字化运营，过去数字化直达消费者不现实，现在则有可能通过供应链大数据平台帮助品牌商服务其周边的门店和门店周边的消费者。第三块是基于前面两块建立的端到端智慧供应链体系。

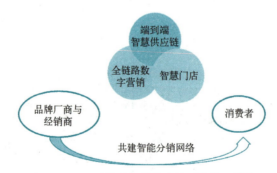

图 9-9　阿里零售通智慧供应链平台核心模块

阿里零售通智慧供应链平台的系统概览如图 9-10 所示。其中，最底层的数字化实现人群、小店以及品牌商、经销商的生意经营以及他们的仓配、组织全面数字化。该数字化体系上是智慧供应链引擎，主要实现仓网规划、货品择仓、销售预测、库存优化、决策优化等功能。在引擎之上是计划协同系统，从需求计划到库存计划再到供应计划，这是一套计划协同系统。再上面是供应链执行系统，包括商家管理、商品管理、库存管理、货进仓、货出仓。再上面是为品牌商、经销商、生态合作伙伴提供的端到端解决方案，以及 PC 端工作台、移动端 App。最左边是开放平台，希望接入企业的 ERP 和 ISV 系统。最右边的是成本监管系统，实现降本功能。

第 9 章 供应链大数据运营

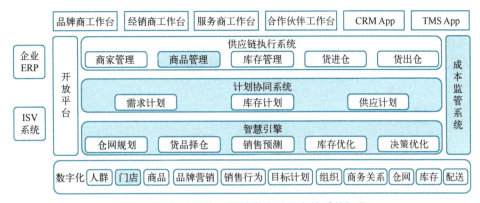

图 9-10 阿里零售通智慧供应链平台的系统概览

（1）门店数字化方面

门店数字化的解决方案，如图 9-11 所示。一方面，门店数字化实现了对周边人群的数字化，通过摄像头和显示屏，实现对进店人群的年龄、性别、消费行为等的数字化。同时通过 WiFi 探针和手机支付实现线上线下数据 360°数字化。另一方面，实现对小店的数字化，一个是货架切割，还有是小店周边的环境和小店本身的经营面积、经营人的文化层次差异等。此外，方案提出的智慧门店 POS 如意系统与传统的 POS 机不一样，该系统一端连接阿里整个生态的线上线下，让大家具备线上线下同时数字化经营能力，另一端连接整个供应端，让小店的场和后端整个供应体系打通。

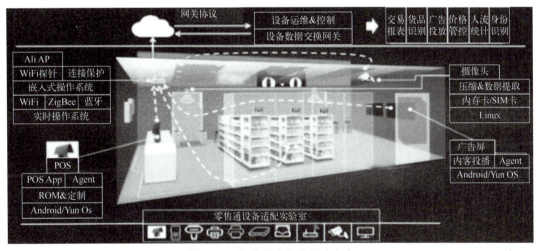

图 9-11 门店数字化的解决方案

商品管理数字化包括商品管理、小店切割和商品规划等。商品管理这一块，可以用货架切割小店这个场，小店里面的货架是一个场，小店所属的区域是一个场，对它供应的仓库又是一个场。不同场对商品之间的关系，这个商品怎么去规划？怎么入这个场？应该有不同的层级、不同的思考。最难的是一个商品放在什么样的货架上，这是非常难的，因为周边整个销售的稀疏性以及库存的深度非常浅，如何去提升坪效，这是非常大的难题。小店切割，则实现希望千店千面，不同店周边环境不一样，适合的货架也是不一样的，所以不同的店放不同的货架、不同的货架放不同的商品。这个店属于不同的区域，就会涉及覆盖这个区域的仓库的品类规划，就是说这个仓库里面怎么放商品最合适、放什么样的商品最合适。在上游端，可以通过天眼调研系统触达线下的店是什么样子，通过地动仪系统挖掘区域线上的消费行为数据，最后挖掘背后的消费需求，为商家端和平台端提供数据化品类规划能力。在小店端，品类就是分不同的货架去区分每个小店应该适合什么样的商品。

商品的全生命周期管理如图9-12所示，依次是商品的引入期、培育期、成熟期、汰换期。

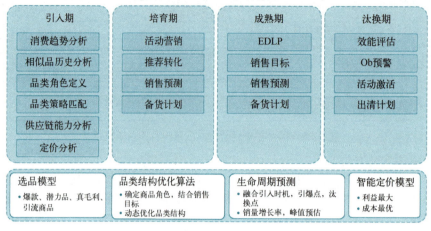

图 9-12　商品的全生命周期管理

1）在引入期要考虑消费趋势分析，如果是新品还要考虑上市的分析。再是品类决策和品类策略是否匹配，再到供应能力的分析、价格分析，最后进入整个供应体系。

2）进入培育期后，会涉及活动营销的销售预测以及背后的供应计划。

3）成熟期，需要保证稳定的价格供应，所以需要智能定价，并制订这时候的销售目标、销售预测、备货计划等。培育期和成熟期虽然都有销售预测，但做法是不一样的。

4）汰换期，人们希望为小店建立效能评估，形成 360°的品效模型，最后根据销售目标确定整个商品结构的合理性进行汰换。

如果库存深度较深，还要涉及营销打折，那么以什么样的价格打折？这里又有一整套闭环，有出清的闭环。所以从整个生命周期管理来看，底层都需要很多算法模型支撑，如选品模型、爆品、毛利品怎么识别，再到品类结构算法优化，为了达到销售目标，整个商品结构会是什么样子的。再到整个商品生命周期的预测、什么时候引入，比方说季节性汰换了、什么时候引爆、什么时候汰换。

（2）智慧供应链引擎方面

智慧供应链引擎如图 9-13 所示。在现有的消费需求的情况下，怎么规划仓库更合理？仓库建立以后，仓库里面该放什么商品？是商家直送入仓成本最低？上门揽收成本最低？还是让商家直送区域仓调拨到城市仓成本最低？上述场景均涉及运筹优化，需要较强的模拟仿真系统来支撑。

（3）智慧协同方面

协同系统是整个供应链的指挥中心，其实现难度也最大。阿里零售通计划协同系统和智慧供应链协同网络分别如图 9-14 和图 9-15 所示。供应链保障稳定可分为销售预测、库存计划和执行三道防线，这三道防线的本质问题是协同问题。在协同问题上，一个创新业务也会面临很大的问题，比如数据的稀疏性，如何把销售预测做准？这是一个非常大的挑战。此外，在协同的节奏一致性上，比如要做促销、营销，怎么和后端供应协同？所以协同的节奏也是非常大的难点。针对这套体系，应该分不同的场景处理这些问题，第一个是 KA 的商家，就是和商家做联合销售预测和备货计划，以保障商品的稳定。对于成熟的商品，则用 EDLP 的方式，EDLP 相对来说预测准确度会高很多，可以达到 80%以上。大促级别和日常营销级别则需要用另外一种协同方式。但无论是什么场景，核心就是实现人、数据以及经验的拟合，最终实现人、节奏、资源等相互协调。

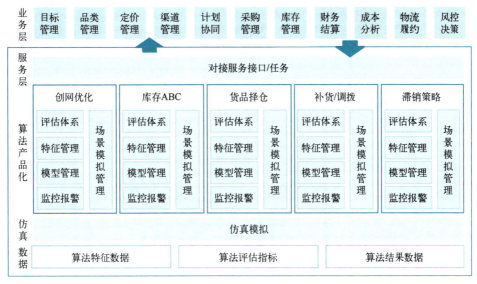

图 9-13　智慧供应链引擎

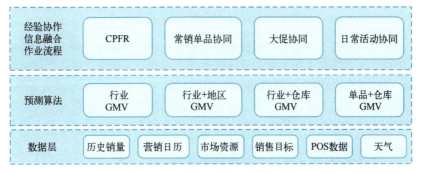

图 9-14　阿里零售通计划协同系统

图 9-15　阿里零售通智慧供应链协同网络

（4）端到端的智慧供应链解决方案

可以把整个供应链分成深度分销供应链、中度分销供应链、浅度分销供应链。例如，在周边的小店，如果打电话要一箱啤酒，店主可以直接从周边的仓库调货，所以商品下沉是非常深入的。像薯片等零食或者大家用的洗发水，传统的只能触达一级经销商，下面的触达不到，这种是中度。浅度是没有触达线下能力的品牌商，像淘宝上的一些淘品牌，这些就是浅度分销商。在深度上，人们希望和传统线下做得非常好的、仓配能力非常强的经销商接入他们的仓配能力。对中度和浅度分销商，则希望选择性自建仓配能力，为品牌商提供高效的供应链服务。总体来说，需要构建一个开放、共享、共建的系统化协同的供应链体系，这就是端到端供应链。

阿里零售通端到端智慧供应链如图9-16所示。

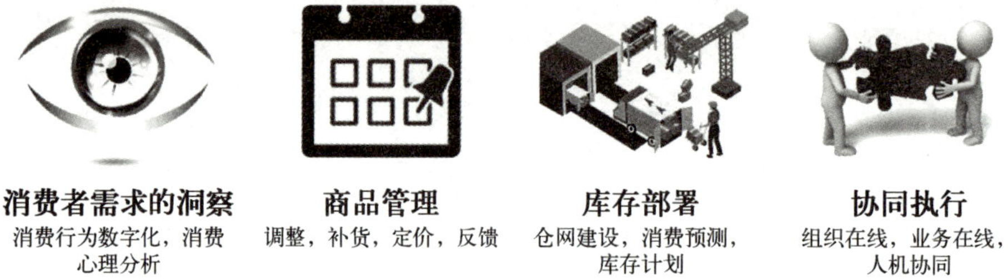

消费者需求的洞察　　商品管理　　　　库存部署　　　　协同执行
消费行为数字化，消费　调整，补货，定价，反馈　仓网建设，消费预测，　组织在线，业务在线，
心理分析　　　　　　　　　　　　　　　　　库存计划　　　　　人机协同

图 9-16　阿里零售通端到端智慧供应链

1）消费者需求的洞察，希望通过数据分析消费者心理、形成对消费需求的数字化。

2）商品管理，希望商品全生命周期实现数字化，得到商品研发、铺货、商品定价及消费者对商品的反馈，整个商品实现全生命周期的数字化管理。

3）库存部署，希望一个智能化的库存流动，传统的都是人驱动货的流动，更希望能够驱动货自己去找场，这里面会涉及整个仓配网络的建设、销售预测和库存计划，核心是要保障稳定的小店供应。

4）协同执行，供应链的本质问题是协同的问题，希望通过现在的移动办公技术、App端的技术，把整个生态里面的合作伙伴、品牌商、经销商、小店以及整个平台的运营能力全部链接上来。

以前传统的信息系统更多是一个工具，但在大数据驱动下，整个人机协同变成人和机器是同一个系统，要想做到无缝协同，这也是一个非常核心的挑战。同时，要考虑到小店业态是全品类的业态，不同品类供应链解决方案不一样，所以要考虑平台化支撑端到端的解决方案，其核心就是对消费者需求的洞察。

（5）成本监管系统

阿里零售通的成本监管系统如图9-17所示。成本监管系统首先通过数据算法做了一层成本的拆分和分摊。然后在成本运营场景下实现成本可视化，从而实现对成本异常的自动挖掘和跟踪。第一，预包装的成本问题，一个小店里面顾客的购物习惯是什么样子的，他喜欢买几个商品，这就会涉及怎么提前打好包装，然后捡货的时候一次拣货，而不是多次拣货，从而提升工作效率。第二，箱规问题，怎么找到小店场景里面更适合它的标准规格。第三，商品下沉的问题，零售通仓库分三级，区域仓可以覆盖好几个省，城市仓可以覆盖一个城市，城市仓里面还有前置仓。需要监控一个商品应该放到哪个仓库里面，其成本会最低，整体效率会更高。因此，针对成本监控，可以构建成本仿真模拟系统，用于辅助运营决策，实现管控平台式供应链。

图 9-17 阿里零售通的成本监管系统

3．应用效果及展望

2019 年 8 月 28 日，阿里巴巴 CEO 张勇在零售通年度战略发布会上表示，经过 4 年努力，零售通已覆盖 130 万家小店，相当于全国每六家门店就有一家是零售通的客户，覆盖了 21 个省份，占市场容量的 85%。另据阿里巴巴副总裁、零售通事业部总经理林小海透露，在物流方面，零售通已经和菜鸟一起搭建了可以支撑覆盖 80%市场容量、几十万日单量的网络。每一件在零售通售卖的商品，零售通都可以实时看到从品牌商仓库到小店货架的每一个流通状态。资金流方面，在支付宝全链路数字化支付解决方案的基础上，零售通商家可以享受预付订货、仓单质押、极速到账的金融服务；小店还可以申请赊购服务。信息流方面，在零售通平台，品牌商、经销商、小店、业务员等分销链路上的关键信息节点实现了完全的信息闭环。此外，2018 年推出的如意 POS，已经铺设 10 万个小店。该 POS 机被认为是小店打开新零售的钥匙，通过这台 POS 机，不仅可以接入阿里巴巴数字经济体的大数据体系和整个生态体系，还可以接入 3000 多个快消品牌的营销资源。

通过改造线下分销渠道，零售通得以强化对品牌商、末端小店的控制，才有能力和资源向小店推出品牌专供的上万款新商品。这些新商品，是根据百万小店消费者需求的数据标准化配送、定制化供给的精选好货。但林小海介绍，零售通并没有打算做自有品牌，而是定位于线上线下一体化的营销平台，降低整个渠道的分销成本，帮助品牌商和小店把优质商品卖给消费者，实现"人、货、场"的高效匹配。

9.3.2 京东供应链大中台

1．问题描述

这两年，私域电商、直播带货、社区团购已逐渐渗透到人们的生活，很多人认为这都是下沉市场的电商化，却没有意识到这种趋势的本质是交易场景的转移。

以前大家在中心化电商网站购买，买什么搜什么，但现在，用户的交易场景却越来越碎片化，社群里、朋友圈里、种草平台、直播间，甚至"门店+直播+私域"的玩法让交易更加去中心化。面对中心化电商成交总额（GMV）增速的放缓，头疼的不只是平台，品牌和商家也受到很大影响。

随着外部竞争加剧，阿里、京东、小米等企业先后进行了"小前台、大中台"改造。"中台"的存在，是为了提炼各前台的共性需求，把后台产品做成标准化组件供前台部门使用，同时作为"变速齿轮"匹配前后台速度，产品更新迭代更灵活、业务更敏捷，减少"重复造轮子"。

2. 解决方案

京东集团围绕京东商城、京东物流、京东金融这三大核心业务,提出中台战略,构建京东物流大中台、京东商城大中台和京东金融大中台,以解决现存的后台资源无法被前台有效使用的问题。

（1）京东物流大中台

2019年,我国社会物流总费用为14.6万亿元,与GDP的比率为14.7%,相比欧美发达国家普遍 8%～10%的占比还有比较大的差距。我国社会物流费用偏高有产业结构、流通管理体制、企业管理模式等多方面的原因,同时也有物流技术与装备水平不够先进的原因。采用先进的物流技术和装备,提升物流系统的自动化、信息化和智能化水平,是降低物流成本、提高物流效益的重要手段。国外很多企业自动化程度超过 90%,我国企业物流自动化普及率低,且行业分化严重,已经实施或者部分实施信息化的物流企业仅占 39%,全面信息化的企业仅占10%,采用智慧物流系统提升物流效益意义重大,是大势所趋。

京东物流最初作为京东集团的物流部门,其组织架构层级少,相对扁平。2017 年,京东物流的组织架构分为两个层次,如图 9-18 所示,第一层是京东运营体系负责人,第二层由运营管理部、办公室及九大部门构成,分别是物流开放业务部、物流规划发展部、仓储物流部、大件物流部、配送部、客服部、售后部、国际供应链部、运营研发部 JDX。作为部门,京东物流能够获取的资源比较有限,相关的部门仍以服务京东电商平台为主。

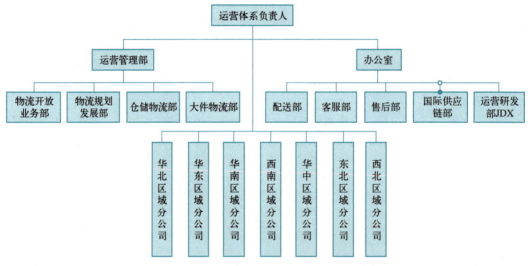

图 9-18　2017 年京东物流组织架构

2018 年年初和年底两次调整架构,京东物流引入中台架构概念,推进"小集团,大业务"的打法,以盘活资源,发挥组织的活力,形成自由度更高的模块化、积木式的单元。京东物流进行了史上最大规模的组织升级:形成"1844"的业务体系（1 个中台+8 大核心业务+4 大成长业务+4 大战略业务板块）,如图 9-19 所示。"1"是由综合规划群、经营保障中心、市场公关搭建起的体系化、专业化的中台,全面提升运营效率;"844"作为前台业务单元,面向客户需求对整体业务收入负责,包括由 KA 销售部和 7 大区域组成的 8 大核心业务板块,由云仓、服务+、跨境及价值供应链组成的 4 大成长业务板块,由 X 事业部、冷链、快运与海外事业部组成的 4 大战略业务板块。同时,财务部与人力资源部作为后台,最大化提升组织效率和财务效率。新的组织架构除了提升运营效率之外,更强化了业务协同能力,健全了供应链服务能力。

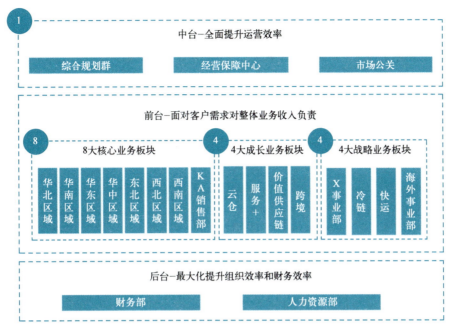

图 9-19　2018 年京东物流 "1844" 业务体系
（数据来源：京东物流，安信证券研究中心）

2020 年，京东物流再次调整组织架构，由原来的 "1844" 组织架构调整为 "6118" 组织架构，如图 9-20 所示。将原来的 1 个中台升级为 6 个中台职能，强化中台的专业能力；11 为产品化的业务前台，包括 7 个产品（供应链产品、快递产品、快运产品、大件产品、冷链产品、服务产品、到仓产品）、3 个技术业务（产业平台、战略与创新业务、X）和 1 个国际业务。8 为精悍化的经营前台，仍然是 7 个区域和 KA 及销售发展，可以及时洞察市场需求和发展趋势，快速、灵活地开拓和占领市场。三大后台部门包括人资行政、财务经分以及综合管理，为业务提供支持及保障。"6118" 组织架构相较 "1844" 组织架构，中台部门由 1 个增加为 6 个，提供更加具体、专业化的支持，11 个业务部门平行，协同能力进一步强化。

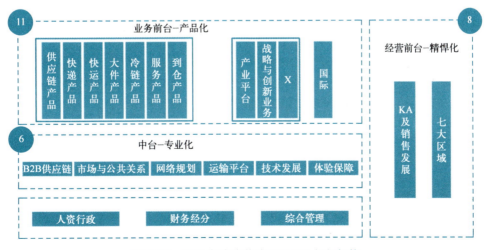

图 9-20　2020 年京东物流 "6118" 组织架构
（数据来源：京东物流集团 2019 评优颁奖会暨 2020 年展望会议，安信证券研究中心）

（2）京东商城大中台

京东商城以客户为中心，划分为前台、中台、后台，此前的三大事业群被重组，加上新增的业务部门，构成了五大业务部、三大事业群，并纳入前台、中台和后台几大体系内，如图 9-21 所示。

图 9-21　京东商城组织架构

1）前台：指离客户最近，最理解和洞察客户需求和行为，最终实现和提升客户价值的职能。其核心能力是对市场和客户行为深刻洞察，服务客户的产品创新和精细化运营。其中包括整合了生鲜事业部之后的 7FRESH、新通路和拍拍二手，以及新成立的平台运营业务部和拼购业务部。

前台部门主要围绕 C 端和 B 端客户建立灵活、创新和快速响应的机制。具体措施包括成立平台运营业务部，整合原平台运营部、平台产品部、平台业务研发部与微信手 Q 业务部，负责线上渠道场景的精细化运营；成立拼购业务部，负责拼购业务的发展、探索社交电商的创新模式；整合生鲜事业部并入 7FRESH，通过线上线下相结合为用户创造最佳的客户体验。

2）中台：指为前台业务运营和创新提供专业能力的共享平台职能。其核心能力是专业化、系统化、组件化、开放化。此前的三大事业群大部分被重新调整，纳入中台，包括新成立的 3C 电子及消费品零售事业群、时尚家居平台事业群、生活服务事业群等。中台部门主要通过沉淀、迭代和组件化地输出可以服务于前端不同场景的通用能力，不断适配前台。事业群按业务模式和业务场景进行调整，成立 3C 电子及消费品零售事业群，强化自营品类的核心竞争力，包含 3C 家电、消费品、全球购等业务；成立时尚居家平台事业群，专注于以 POP 开放平台为主的品类发展，包含时尚、美妆、TOPLIFE 等业务；成立生活服务事业群，专注于以生活服务类业务及虚拟业务为主的品类发展，包含生旅、拍卖及其他虚拟、O2O 相关等业务。中台研发调整为两个部门，即技术中台和数据中台；商城用户体验设计部服务和支持所有部门的业务，属于中台属性；为了更好地支持业务发展，将各业务部门的市场职能进行集中管理，由商城市场部统一提供支持。

3）后台：指为整个商城提供基础设施建设、服务支持与风险管控的职能。其核心能力是专业化、服务意识与能力。包括成立 CEO 办公室，将增长及管理提升部并入，另外承担重大组织及业务变革的整体协调。后台部门主要为中台、前台提供保障和专业化支持。成立 CEO 办公室，将增长及管理提升部并入，另外承担重大组织及业务变革的整体协调；商城各业务部门经营分析职能由商城财务部实线管理，业务部门虚线管理。商城各业务部门 HRBP 团队由商城人力资源部实线管理，业务部门虚线管理。

（3）京东金融大中台

京东数科是京东金融的前身，最初为京东旗下的一个部门，于 2013 年 10 月开始独立经营，2018 年 11 月正式升级为京东数科。公司成立之初主要是以金融业务为主，如做小额信贷、代销金融产品等，2015 年公司业务才逐步升级到为金融机构、商户和企业、政府部门提供全方位的数字化解决方案，致力于数字经济时代的产业数字化。

京东数科成立 7 年，经历了数字金融、金融科技和数字科技三个发展阶段，从 2013 年最初的金融业务，以京宝贝、京东白条等为代表；到 2015 年转型金融科技业务，向金融机构输出风控、资管等科技能力；再到 2018 年以来的数字科技业务，从助力金融机构数字化向推动产业数字化延伸，为金融机构、商户与企业、政府及其他机构提供全方位的数字化解决方案，完成了从 C 端切入 B 端、从京东生态向外部生态拓展的布局。

数字化转型是未来商业模式升级最为核心的部分，是商业战略和业务发展的基础，需要从基础技术数字化、应用技术数字化、业务数字化、场景生态数字化等多个维度全面重塑。2020 年，京东数科提出打造产业数字化"联结（TIE）"模式，为金融机构、商户和企业、政府和其他客户提供"科技（Technology）+产业（Industry）+生态（Ecosystem）"的全方位数字化解决方案，构建合作共赢的数字经济生态。目前，京东数科给金融机构主要提供场景及用户增长、大零售、企业金融、金融市场、智能风控、数据中台、智能营销运营、敏捷 IT 架构八大综合解决方案，主要产品包括信贷科技、信用卡科技、保险科技和资管科技。其中，以"大中台战略"为代表的敏捷化转型方案将数字营销、智能风控等能力以及多样化业务场景整合输出，为金融机构提供定制化解决方案，破解其业务发展"成本—风险—收益"不匹配的困局。可有效降低业务研发成本，减少业务运转时间，组件化提高业务效率，去除不必要的流程，真正实现组织的敏捷、技术的敏捷、产品的敏捷。在促进科技企业内部敏捷化改革和推动金融机构敏捷化能力提升方面发挥了重要作用。

具体来说，京东数科的中台战略定位为：对内支持精益运营、快速创新，对外推进行业服务。中台配备敏捷的前台和高效的后台，共同驱动组织整体敏捷化和对外服务敏捷化。敏捷前台是一线作战单元，强调与中台、后台敏捷交互及稳定交付的组织能力建设；后台则以共享中心建设为核心，为前台、中台提供专业的内部服务支撑，强大的中台支撑核心能力沉淀、支持业务精益运营和快速创新。

京东数科的中台结构包括 6 大类，即技术中台、数据中台、风控中台、业务中台、移动中台和开放平台，如图 9-22 所示。

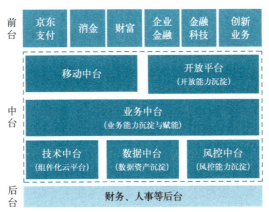

图 9-22 京东数科的中台结构

就各中台在敏捷化转型过程中的作用而言，移动中台、业务中台、数据中台、风控中台具有鲜明特色。

1）移动中台致力于提升效率、打通全端、优化 App 性能和改善用户体验，通过搭建 App 可视化平台、提供可供选择的金融服务，实时响应用户的多样化需求。

2）业务中台为敏捷化转型提供全链路营销、全域交易、全域服务的智能核心。将不同业务能力沉淀封装到一个个模块中，变成标准化的方案和定制化的工具，综合提升组装能力、配置能力、扩展能力，形成标杆案例。从智能化、数字化运营的角度看，业务中台基于用户数据和算法模型形成用户画像，运用人工智能推荐系统、数字化运营核心系统为客户运营和客户触达提供路径。

3）数据中台致力于打破数据孤岛、缓解数据共享难题，有效解决金融机构敏捷化转型的痛点。数据中台提供 8 大核心能力（见图 9-23）：数据整合能力、数据治理能力、数据资产化能力、平台化建设能力、工具智能化能力、数据服务能力、数据风险管控能力和数据生态构建能力。按照业务属性对数据分级分类打标签，通过清洗、计算、整合、关联、建模等一系列流程，建立面向具体业务场景的数据集市和标准化流程，便利业务的衔接和推进。

4）风控中台以数据中台和技术中台为支撑，运用人脸识别、图计算、行为序列、OCR 等技术识别与监测风险，形成数据、系统、专家经验、咨询一体化的风险解决方案，搭建可视化、内容安全、基于指纹和生物探针的风险运营平台、风险处置平台、智能决策平台。对内支撑个人信贷、数字小贷、反欺诈等业务，对外输出至不同金融机构的信贷供应链、资管和财富管理供应链、区块链人工智能等创新业务供应链。

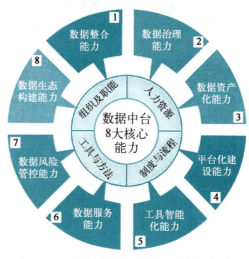

图 9-23 京东数科数据中台 8 大核心能力

3. 应用效果及展望

京东的中台建设已经完成了核心业务领域所有数据的整合，并在其基础上搭建模型，挖掘用户标签、用户画像和商品画像等服务层。针对零售和商城，对分散的数据进行整合，提供经营侧和用户侧两端产品。

经过十余年的精心打磨，京东沉淀通用技术能力和数据资产，打造一系列灵活且稳定的组件、工具和平台，助力各业务的高速发展和敏捷迭代。京东技术与大中台已经打造了全域交易、零售物联、智慧客服、企业级移动开发、一站式大数据和智能资源调度，成为智能零售交易的核心系统。京东零售已经成为一家典型的以技术驱动为主的零售公司，正在以数字化为基础，加速向智能化迈进。未来，技术将成为零售的核心竞争力之一，驱动行业不断升级。京东零售将在数字化的基础上，不断创新技术，推进智能化能力建设。通过大数据、人工智能等各项技术实现行业的降本增效，为用户带来更优的购物体验。京东数科则受益于近几年金融机构数字化转型的加速推进，公司金融机构数字化解决方案收入实现快速增长，逐步成为公司收入增长新动力，已逐步接近商户和企业数字化解决方案收入。

9.3.3 准时达端到端的智慧供应链实时协同平台

准时达（JUSDA）是富士康科技集团旗下的一家专注于专业供应链管理平台服务的企业。其独特的 C2M2C 服务模式为其客户提供了端到端的整体供应链全套服务，从而助力核心企业完成供应链升级转型及商业模式再造。

富士康是以代工起家的大型制造企业，许多世界著名的大企业都是富士康的客户。然而，对于许多欧美核心跨国公司而言，他们在中国和亚太遇到的挑战却是整个端到端的供应链。

首先，整个市场的大环境趋于更加多变和不稳定，消费市场与供应市场的双重波动要求核心企业拥有更敏捷和柔性的供应链。

其次，随着核心企业对其供应链成本和质量方面的持续高要求，促使这些核心企业更深入地管理整个供应链，不仅是几家外包制造商，还有数量更庞大的二、三级供应商，还包括销售渠道端的经销商、代理商、电商平台以及第三方物流供应商。就连资源充沛的欧美核心企业也开始觉得力不从心。更何况整个供应链涉及的大量企业能力参差不齐、同步协作不畅、过程异常较多，自然就不足为奇。这就可能拖累整个供应链，而最终影响核心企业业务的发展。

在此背景下，这些欧美核心企业就需要专业的供应链帮手，协助它们来管好整个端到端供应链，促进协同和执行。这样，核心企业才能更加聚焦其核心业务的发展。因此，富士康旗下的准时达就应运而生。其提供的C2M2C（Component to Manufacture to Consumer）指"从原物料供应商到制造商再到客户"的整个端到端供应链管理服务，如图 9-24 所示。其中，又可以分为两段，C2M 可以称为工业链，而 M2C 可以称为分销链。

图 9-24　C2M2C 全程供应链管理服务平台

1. 问题描述

准时达有一家客户 C 企业，是全球网络解决方案的领导企业。C 企业近年来在中国的供应链管理战略发展方向之一是数字化和绿色物流。然而面对这样拥有上千个供应链节点的庞大供应链网络，这是一项非常具有挑战的任务。由此，准时达作为 C 企业在中国的战略合作伙伴，应邀从数字化驱动及绿色环保的角度，为其打造并优化整体端到端供应链解决方案。

此项目所面临的具体挑战如下。

1）原材料厂商遍布全球各地，供应商超过 400 家。
2）对供应链管理的时效要求高。
3）生产弹性大，需要生产线和供应商随时随地及时做调整。
4）可视化程度高，客户需实时了解货物状况以及进度，以便及时调整生产线。
5）建立具备多语言及全天候 365×24h 的供应链客服中心。
6）对各个库存节点进行精准控制以支持精益准时生产。

2. 解决方案

（1）C2M 供应链协同仓

准时达依托其在全国和全球的网络，根据客户供应商分布，准时达制定了全球供应商交付网络并提供准时达供应链协同仓（VMI HUB）服务，让供应商就近交货，统一集拼，通过规模效应节约整体供应链成本，提升供应链效率。其准时达 VMI 智能系统平台如图 9-25 所示。

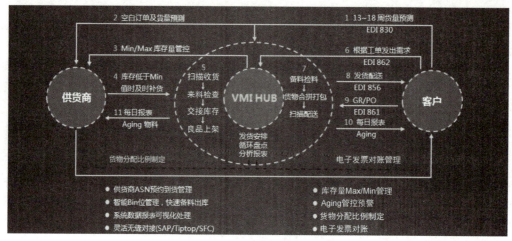

图 9-25　准时达 VMI 智能系统平台

准时达供应链协同仓不仅承担了物流管理和库存管理的角色，也是信息集成、数据分析的核心节点。通过打通供应商、承运商、生产制造商和客户之间的系统，从而及时准确地匹配供需两方面信息，并形成以需求驱动的 JIT 供应模式，即"要货有货，不要货零库存"，更实现了供应方和采购方双赢的局面。同时，通过数据集成并协同，无缝衔接所有操作环节，使得各方人员通过网络平台、AutoMail、移动终端等能即时获取信息并实现可视化，以及通过与 ERP 的信息同步，从而提升供应链上下游的信息透明度，助力企业及时做出正确决策。

（2）C2M 库存管控

库存管控是准时达供应链协同仓的核心优势之一。准时达 Min/Max 安全库存优化如图 9-26 所示。

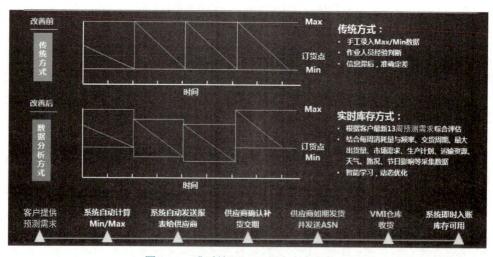

图 9-26　准时达 Min/Max 安全库存优化

库存量太低，容易造成供给不足，导致生产断线；库存量太高，则增加仓储成本，影响作业效率。通过准时达 Min/Max 安全库存优化工具，不但可以实现库存的可视、可管，更可以实现库存的可控，让整个渠道的库存处于最为优化的水平。

传统的 Min/Max 库存量数据是人工计算、一成不变的，准确性差，效果也不好。在准时达的供应链协同仓，依靠工业大数据的应用，提前 13 周采集客户的预测需求，并定期结合每周消耗量与频率、交货周期、最大出货量、市场需求、生产计划、运输资源、天气、路况、节日影响等采集数据，动态优化。

同样，优化结果会自动上传至库存管理系统，由系统驱动管理，自动发送需求、确认和预警，同时产生自动化报表和分析数据，为客户的商业决策提供实时依据。

准时达拥有生产制造领域的丰富管理经验，并掌握制造供应链的广泛数据，成为工业互联网下新供应链形态的最佳实践者。

（3）C2M 自动化作业管理

纷繁复杂的电子料件仓储管理，光靠人工很难实现预期效率和准确率。准时达不断通过精益管理的方法来精简优化流程，同时，也集成了一系列自动化仓储管理工具，让数字驱动供应链协同仓内的作业流程，最大限度地实现实时可视，避免人为干预和人为判断。准时达控制塔+智能运筹中心如图 9-27 所示。

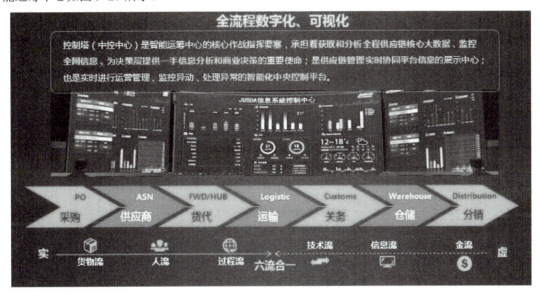

图 9-27　准时达控制塔+智能运筹中心

1）运用 ASN（提前到货通知）及数据处理，优化入场物流，引导车辆顺畅进出与装卸，从而提高运作效率。

2）赋予货物 LPN 条码标签并与货物信息关联，实现数字化精准管理。

3）运用与数据实时联动的操作区域看板，实现及时预判和预警，极大提升了现场管理效率和质量。

（4）深港直通平台

C 客户的成品要销往世界各地。为此，准时达结合陆港大湾区的整体规划理念，打造了"深港直通+港仓"的交付平台，借由香港机场丰富的航空运力资源，将客户产品准时、准确地交往各个终端客户。

借由数字化驱动的规模效应，该项目为 C 客户供应链带来多方位的效益。

1）优化供应商 60%不必要的装卸操作，降低 50%的运作成本。

2）规避多家承运商不必要的交接风险，提高管理效率。
3）运用既有网络，减少项目启动成本。
4）提升深港车辆利用率，降低40%运输成本。
5）减少31.4%的碳排放，实现绿色环保。

（5）M2C前置运力规划

运输行业淡旺季分布明显，不可控因素很多，经常出现运力资源冗余或不足等不平衡现象，最终导致交付延迟。

准时达的控制塔+智能运筹中心利用掌握的生产制造业和物流行业的丰富数据，对行业市场、运输市场进行充分预测，并根据客户的预测需求提前规划并锁定运力资源，提前保障交付需求、服务时效和服务质量。

（6）智能调度+运输管理

准时达智能调度+运输管理系统综合平台如图9-28所示。该平台不仅为客户提供了便捷的可视化查询工具，还实现了车辆和库内作业无缝衔接，通过运输路线优化、实时监控等技术，从而极大提高了运输车辆利用率，降低了物流成本。所有这一切也减少了不必要的能源损耗，体现了绿色供应链的理念。

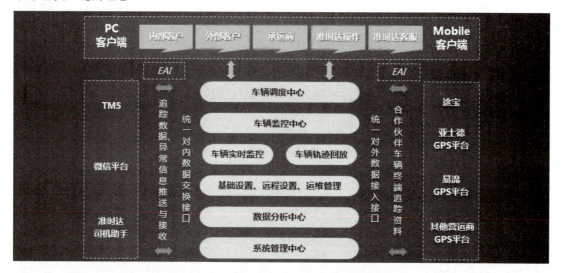

图9-28 准时达智能调度+运输管理系统综合平台

3. 应用效果及展望

在准时达与客户C企业的共同努力下，该项目取得了满意的成果，在保障客户满意服务的前提下，整个供应链库存与物流成本都得到了明显改善，响应速度与效率也得到了提升。为此该项目得到了C企业和准时达双方管理层的一致高度认可。

从这个案例中，可以看到数字化驱动下的端到端供应链管理平台与技术得到了充分证明。准时达运用云平台、物联网、大数据的综合信息分析集成，打造全网化的智慧供应链管理实时协同平台，以科技驱动全程供应链协同管理，在物流、人流、过程流、金流、信息流、技术流六流合一的过程中为客户提供从工业链到分销链的全程供应链系统解决方案。

作为国内最专业的工业供应链的4PL服务者之一，准时达为客户C企业打造的由数字化驱动的端到端智慧供应链协同也将逐步推广到国内企业，助力提升国内制造业的升级转型。

本章小结

供应链大数据运营是现代供应链发展的趋势。大数据的发展加速了供应链行业的数字化转型升级,物联网、区块链、人工智能的应用使得供应链智慧化程度越来越高,大数据运营成为实现供应链降本增效的主要手段。供应链大数据运营,是通过建立供应链大数据平台,连接制造商、供应商、经销商和消费者,用大数据指导运营决策、驱动业务增长,实现供应链企业运营指标的提升,包括在销售和研发环节利用大数据手段增加收入,在采购、制造和支持部门利用大数据技术降低成本,在供应链资本管理环节利用大数据方式优化现金流,在采购、仓储、物流等供应链全场景构建大数据分析模型实现供应商等企业风控预警。

基于 SDAF 对企业数据运营的价值,可构建供应链大数据运营的整体框架,包括供应链大数据管理、基于大数据的供应链业务、供应链大数据运营方法、运营分析软件工具和设计能力。

物联网、大数据、云计算、人工智能等前沿技术的发展,推动着传统"链式"供应链向"网状"供应链转型,这一转型需要企业从供应链的各个环节以及企业管理、员工管理、客户管理、市场管理等各个方面进行全方位的转型,最终实现整个商业模式的创新。供应链企业开展大数据运营的路径通常为确定大数据运营战略→建立大数据运营团队→构建大数据运营平台→设计供应链大数据治理方案→实施大数据驱动供应链企业运营。

本章练习

一、名词解释
1. 数据运营
2. 供应链大数据运营
3. 企业运营框架(SDAF)

二、简答题
1. 大数据在供应链中的主要应用有哪些?
2. 与传统供应链运营相比,供应链大数据运营具有哪些优势?
3. 企业如何根据其供应链大数据运营所处的阶段来选择适合自己的团队组织架构?
4. 影响大数据运营平台的因素有哪些?
5. 供应链企业开展大数据治理的内容包括哪些方面?

三、讨论题
1. 通过调查了解,分析供应链企业在开展大数据运营过程中的机遇与挑战。
2. 通过资料收集与整理,思考大数据如何助力供应链降本增效。

参 考 文 献

[1] 桑德斯. 大数据供应链：构建工业 4.0 时代智能物流新模式[M]. 丁晓松，译. 北京：中国人民大学出版社，2015.

[2] 陈剑，肖勇波，朱斌. 大数据视角下的采购风险评估：基于某服务采购企业的案例分析[J]. 系统工程理论与实践，2021，41（03）：596-612.

[3] 施先亮. 智慧物流与现代供应链[M]. 北京：机械工业出版社，2020.

[4] 北京科捷智云技术服务有限公司. 人机共舞：大数据和人工智能在物流领域的应用[M]. 北京：机械工业出版社，2019.

[5] 文丹枫，周鹏辉. 智慧供应链：智能化时代的供应链管理与变革[M]. 北京：电子工业出版社，2019.

[6] 张宇，王义民，黄大雷，等. 智慧物流与供应链[M]. 北京：电子工业出版社，2016.

[7] 周苏，孙曙迎，王文，等. 大数据时代供应链物流管理[M]. 北京：中国铁道出版社，2017.

[8] 张路. 基于分布式聚类的制造业大数据监测与分析算法[J]. 电子设计工程，2021，29（24）：39-43.

[9] 李佳益，高亚静，刘丹丹，等. 基于 K-means 聚类算法的生鲜食品安全预警研究[J]. 产业与科技论坛，2021，20（24）：31-33.

[10] 任霄. 大数据背景下物流企业供应链管理研究[J]. 商讯，2021（31）：122-124.

[11] 姚兰，戎荷婷，褚超，等. 基于人工神经网络的工业供应链销售预测方法[J]. 计算机与数字工程，2021，49（10）：2057-2061，2144.

[12] 韩璐. 制造企业供应链数字化转型机理与决策模型[D]. 北京：北京交通大学，2021.

[13] 王赛，邱强，王飞，等. 基于二级链结构的跨域数据融合溯源框架设计[J]. 信息安全研究，2021，7（08）：728-738.

[14] 胡炜星. 大数据在危化品供应链追溯中的应用[J]. 中国口岸科学技术，2020（09）：16-20.

[15] 胡佳. 基于数据挖掘的船舶海上物流供应链建模研究[J]. 舰船科学技术，2020，42（10）：202-204.

[16] 李芳. 基于大数据的供应链创新模式与仿真研究[J]. 宝鸡文理学院学报（社会科学版），2019，39（02）：60-63，92.

[17] 黄燕芬，王淳熙，张超. 大数据在价格研究中应用：现状与展望[J]. 价格理论与实践，2017（09）：13-19.

[18] 姜宏. 源数据建设助推商品数据标准化[J]. 条码与信息系统，2017（04）：34-35.

[19] 黄彬. 大数据时代传统物流产业智慧化转型路径研究[J]. 技术经济与管理研究，2021（12）：118-121.

[20] 龚雅娴. 数字经济下的消费行为：述评与展望[J]. 消费经济，2021，37（02）：89-96.

[21] 伊长松. 数据分析挖掘在 V 公司采购选品平台应用研究[D]. 成都：电子科技大学，2015.

[22] 钱海珊. 数据分析对新产品开发决策的影响[D]. 上海：华东理工大学，2017.

[23] 王禹. 市场营销中大数据分析的应用[J]. 区域治理，2019（40）：208-210.

[24] 向立学. 论大数据技术在精准营销中的应用[J]. 技术与市场，2021，28（02）：184-185.

[25] 李卫华. 零售商数据资产外部价值分析[J]. 商业经济，2020（01）：112-116.

[26] 宋华. 智慧供应链金融[M]. 北京：中国人民大学出版社，2019.

[27] 宋华. 互联网供应链金融[M]. 北京：中国人民大学出版社，2020.

[28] 熊励，陆悦. 经济转型背景下基于大数据分析的市场价格监管机制创新[J]. 中国价格监管与反垄断，2016（S1）：55-58.

[29] 王永周，邓燕. 基于大数据预测的消费者购买决策行为分析[J]. 商业经济研究，2016（23）：40-42.

[30] 戴雀桥. 基于大数据技术的物资采购优化与改进探析[J]. 现代商贸工业，2021，42（09）：28-29.

[31] 翟金芝. 基于大数据的网络用户消费行为分析[J]. 商业经济研究，2020（24）：46-49.

[32] 赖李宁. 基于大数据的工业互联网应用探讨[J]. 华东科技，2021（11）：66-68.

[33] XU G，TAN Z，FENG D，et al. FvRS: Efficiently identifying performance-critical data for improving performance of big data processing[J]. Future Generation Computer Systems，2018，91（FEB.）：157-166.

[34] ZHAO P，LIU X，SHI W，et al. An empirical study on the intra-urban goods movement patterns using logistics big data[J]. International Journal of Geographical Information Science，2018：1089-1116.